白丝带丛书 07
White Ribbon Series
主编 方刚　Chief Editor Fang Gang

# 积极行动

## 校园终止性别暴力工具包

方刚 主编　陈亚亚 副主编

**Action Toolkit**
Ending Gender-based Violence
on Campus

中国社会科学出版社

图书在版编目（CIP）数据

积极行动：校园终止性别暴力工具包 / 方刚主编. — 北京：中国社会科学出版社，2017.12
（白丝带丛书）
ISBN 978-7-5203-1579-1

Ⅰ.①积⋯　Ⅱ.①方⋯　Ⅲ.①校园－性别－暴力行为－预防　Ⅳ.①G474

中国版本图书馆CIP数据核字（2017）第286390号

| | |
|---|---|
| 出 版 人 | 赵剑英 |
| 责任编辑 | 郭晓娟 |
| 责任校对 | 王纪慧 |
| 责任印制 | 王　超 |
| 出　　版 | 中国社会科学出版社 |
| 社　　址 | 北京鼓楼西大街甲158号 |
| 邮　　编 | 100720 |
| 网　　址 | http://www.csspw.cn |
| 发 行 部 | 010-84083685 |
| 门 市 部 | 010-84029450 |
| 经　　销 | 新华书店及其他书店 |
| 印　　刷 | 北京明恒达印务有限公司 |
| 装　　订 | 廊坊市广阳区广增装订厂 |
| 版　　次 | 2017年12月第1版 |
| 印　　次 | 2017年12月第1次印刷 |
| 开　　本 | 710×1000　1/16 |
| 印　　张 | 29.25 |
| 字　　数 | 478千字 |
| 定　　价 | 78.00元 |

凡购买中国社会科学出版社图书，如有质量问题请与本社营销中心联系调换
电话：010-84083683
版权所有　侵权必究

本书的写作与出版由法兰西共和国驻华使馆、南京理工大学泰州科技学院资助，但其内容和观点仅代表作者个人见解，不代表上述资助方的观点。

This book is published with the financial support from Tai zhou Institute of Sci.&Tech., NJUST and Ambassade de France en Chine. However, the views expressed in the book are only those of the authors and do not necessarily represent the views of the funding agencies.

Cet ouvrage a reçu une subvention du Fonds de l'Ambassade de France en Chine et Institut des Sciences et Technologies de Taizhou, Unirersité des Sciences et Technologies de Nanjing (NJUST) pour sa rédaction et sa publication. Pour autant, les opinions exprimées sont celles des auteurs, et ne reflètent pas les points de vue des bailleurs de fonds susmentionnés.

**编委会**
**主　任** 方　刚　卢佩言

**编　委**
陈亚亚　温学琦　韩海萍　葛叶奕　王美娴　卢美西

**主　编** 方　刚
**副主编** 陈亚亚
**主编助理** 葛叶奕

**作者（按姓氏笔画排序）**

| 马文琦 | 马艳杰 | 王小蓉 | 王文彬 | 王龙玺 | 方　刚 | 石于乔 | 付　徐 |
| 冯　楠 | 吕　娜 | 朱雪琴 | 张一曼 | 陈亚亚 | 杨阿娜 | 杨张琼 | 杨　梨 |
| 苏　醒 | 李　旸 | 李　春 | 李修杰 | 李薇娜 | 张玉梅 | 张　红 | 张笑颜 |
| 罗　扬 | 卓衍涛 | 周小琴 | 周佳莹 | 赵宏丽 | 胡玉萍 | 黄　伟 | 梁先波 |
| 韩海萍 | 葛叶奕 | 葛春燕 | 董春菊 | 覃　念 | 温学琦 | | |

**其他贡献者**

卢全伶　李献友　岑雪莲　宋　芯　陈佩玉　宗　阳　段清慧
莫华敏　顾　伟

## "白丝带丛书"总序
### 促进性别平等,男性不再缺席

促进性别平等,是 21 世纪重要的国际议题。

在推进性别平等的过程中,国际社会越来越重视男性参与的力量。

1994 年,"男性参与"的概念在开罗国际人口与发展大会《行动纲领》中首次被提出;在 1995 年的北京世界妇女大会上得到进一步强化,《北京宣言》第 25 条明确呼吁:"鼓励男子充分参加所有致力于平等的行动。"

2004 年,联合国妇女地位委员会第 48 届会议呼吁政府、联合国组织、公民社会从不同层面及不同领域,包括教育、健康服务、培训、媒体及工作场所,推广行动以提升男人和男孩为推进社会性别平等做出贡献。

2005 年 8 月 31 日通过的《北京+10 宣言》第 25 条也写道:"关注男性的社会性别属性,承认其在男女平等关系中的地位和作用,承认其态度、能力对实现性别平等至关重要,鼓励并支持他们充分平等参与推进性别平等的各项活动。"

2009 年第 53 届会议上,联合国妇女地位委员会进一步呼吁男女平等地分担责任,尤其是照护者的责任,以实现普遍可及的社会性别平等。

同年,联合国秘书长潘基文建立了"联合起来制止针对妇女暴力运动男性领导人网络"，凸显了对男性参与社会性别平等运动的重视。我于2012年受潘基文秘书长之邀成为"男性领导人网络"成员，也是中国目前唯一的该网络成员。

男性参与促进性别平等运动中，白丝带运动是重要的力量。

"白丝带"运动最早起源于加拿大，1989年12月6日，加拿大蒙特利尔一所大学的14名女生被一名年轻男子枪杀，凶手认为妇女权益运动毁了他的前途。受此悲剧的触动，以迈克·科夫曼博士为代表的一群加拿大男性于1991年发起"白丝带"运动。此运动以表示哀悼的白丝带为标志。

白丝带邀请男性宣誓绝不对女性实施暴力，同时绝不为这种暴力行为开脱，也不对其保持沉默。白丝带提倡以友善的态度和行为对待妇女，在必要的时候，以安全的方式制止对女性的暴力。

目前，先后有80多个国家和地区以不同形式开展了白丝带运动，从而成为最大的男性反对对妇女暴力的运动。

在中国，从2001年起便有男性发起了白丝带运动的倡导工作，但这些工作略显零散和缺少持续性。2013年，在联合国人口基金驻华代表处的支持下，我发起建立了"中国白丝带志愿者网络"。从此，中国白丝带运动的新纪元开始了。

在我的理想中，白丝带运动不仅是男性终止针对妇女暴力的运动，更应该扩展为男性参与全面促进社会性别多元平等的运动。

自白丝带志愿者网络建立以来，开展了一系列可持续的、系统的工作，包括：男性参与促进社会性别平等，特别是反对针对妇女暴力的宣传倡导；性别暴力受暴者的心理辅导、施暴者行为改变的辅导，包括热线咨询、团体辅导、网络咨询、当面咨询多种形式；男性气质与反暴力的学术研究；白丝带志愿者网络的发展和志愿者培训；以及国内外的学术和社会运动经验的交流。电影演员冯远征及其妻子梁丹妮受邀担任网络的形象代言人。

在促进性别平等的运动中，男性长期失声、缺席。这不仅有碍于促进对女性及其他性别弱势族群的维权，同样也阻碍着男性的自我成长。男性要想成为性别平等的一分子，就从成为白丝带志愿者开始吧！

我们的理想是：让白丝带志愿者网络的工作，成为中国男性参与性别平等运动的样板，同时也成为国际男性参与运动中最重要的一支力量。为此，我们还要不断努力。

**方　刚**
联合国秘书长"联合起来制止针对妇女暴力运动"男性领导人网络成员
中国白丝带志愿者网络召集人
北京林业大学性与性别研究所所长
微信公众号：fanggang1968

白丝带志愿者网站：http://www.whiteribbon.cn
白丝带邮箱：bsd4000110391@163.com
白丝带热线：4000 110 391（每天8：00—22：00）
白丝带微信公众号：bsdzyz

# 前言
## 校园反性别暴力：学校工作者的责任与使命

近年来，全国各地校园暴力事件频发，引起社会各界的广泛关注，其中，"性别暴力"是校园暴力的一个重要表现形式，已经严重侵害到了学生的身心健康和安全。

所谓"性别暴力"，是指包括对女性群体的暴力以及基于性别气质、性取向、性别身份等方面的暴力。在校园暴力的受害人中，女学生的比例更高，而且她们遭受性骚扰、性侵害的比例也比较高。还有一些不符合"主流"性别气质或性倾向的群体，如男性气质不强的男生，往往也容易成为校园暴力的对象。

2016年，国务院教育督导委员会办公室印发了《关于开展校园欺凌专项治理的通知》，这是国家在预防和遏制校园暴力方面的一项重要举措，然而该通知没有关注到性别暴力的特殊性和严重性，缺乏性别视角。我们应该把防止校园暴力的教育放进学校性教育、心理健康教育中，并在其中融入性别平等、多元性别等知识，培养学生尊重、平等的意识。同时，在对学校工作者开展的防治校园暴力培训中也加入这方面的内容。

近年来，由方刚博士发起和领导的中国白丝带志愿者网络正在全国各地蓬勃发展，校园反性别暴力是其中重要的工作之一。南京理工大学泰州科技学院积极参与白丝带运动，成立了泰州服务站，并在泰州市妇联的支持下成立民间团体——"泰州白丝带服务中心",在泰州积极推动反性别暴力的工作。

2017年,南京理工大学泰州科技学院与法国驻华使馆合作,资助白丝带志愿者网络开发"终止校园性别暴力工具包",希望以此来推动校园反性别暴力工作。该工具包涵盖各类校园,资源丰富,便于操作。这一成果的完成与推广,将极大地推进我国校园反性别暴力的进程。

工具包的研发得到了来自全国各地四十多位白丝带志愿者的积极参与,特别是那些各类学校长期从事心理辅导工作的老师,他们的贡献促使工具包的开发顺利完成。此外,该工具包还参考了白丝带志愿者网络以前的成果,如方刚博士主编的《中学性教育教案库》、执笔的《电影中的性别暴力》《电影性教育读本》等书。

在此,南京理工大学泰州科技学院真诚地邀请您加入我们,一起走在校园反性别暴力的最前沿!

卢佩言

南京理工大学泰州科技学院妇联主席

心理发展与指导中心主任

中国白丝带志愿者网络项目泰州服务站负责人

# 使用说明

中国白丝带志愿者网络的一个重要工作是针对青少年的性别平等、反对性别暴力的教育。多年来，我们遍及全国的志愿者，特别是各级学校的老师，都希望有一个在校园中进行反对性别暴力教育的工具。今天，这个工具终于有了。

### 一　开展反校园性别暴力工作的重要性

基于性别的暴力普遍存在，其根本原因是传统的社会性别规范以及不平等的性别权力关系。这些权力关系不仅使性别暴力成为可能，在某些情况下也创造、维系了一个容忍乃至纵容暴力的环境。

有研究显示，无论是施暴模式，还是受暴模式，都可能在青春期早期形成，且一旦形成就难以逆转。显然，越早进行干预，效果会越好。学校是青少年生活中的重要组成部分，是其价值观、性别态度形成的关键时期。因此，在学校及相关场所开展反对性别暴力的工作非常重要。教育者有责任带领学生挑战那些支持性别暴力的价值观，提升他们对性别暴力的认知，帮助他们改善已形成的不良态度，从而推动反性别暴力校园环境的建设。

### 二　如何使用本书

本书希望给校园教育者提供一些方便实用的工具，帮助他们尽快开展卓有成效的校园反性别暴力的工作。这套工具适合的教学对象有很多，从幼儿园、小学学生、中学学生一直到大学学生，无论哪个阶段的教育者，都可以从中找到适合的工具。针对成人开展的相关活动，也可以参考这些工具包。我们鼓励教育者、活动组织者在通读全书后，再选择自己想要的工具。在对工具的具体使用方法上，可以灵活多样，比如将不同活动中的环节挑选出来、自行组合后再使用。

性别暴力的知识可以通过教学来传播，而诸如尊重、沟通、移情和批判性思维等技能或价值观则需要通过体验来学习，所以我们努力在工具包中涵盖了各种有趣的体验和互动方法，如小组讨论、角色扮演、情景剧等，以丰富多样的方式来帮助参与者成长。我们希望本书的使用者注意到这点，即我们对于鼓励学生参与的重视。这种学习模式让青少年有机会发展信心，彼此交换意见，根据自己的生活体验来进行讨论，通过合作来实现某些目标。

在这种思想的指导下，我们专门设计了同伴教育者培训工具。与成人辅导者相比，同伴教育者与教育对象地位平等，不太可能被视为权威人物的"传教"，因而可以获得更多信任。同伴教育者了解同龄人的情感、思维和生活经历，他们可以创造一个环境，让参与者在探索诸如性别不平等或性别暴力等敏感问题时感到更舒适。而且，参加同伴教育者培训，能够让年轻人能够看到自己成为榜样的潜力，有机会发展自己作为青年领袖的才能。

本书的内容非常丰富，大致分为八个部分：

第一编是介绍一些基本概念，如针对妇女的暴力、性别暴力、家庭暴力、伴侣暴力、性暴力等，并对这些名词的演变和发展做一个说明，同时提出性别暴力的概念需要扩展。在此基础上，介绍了校园性别暴力的基本定义。最后是两个电影教学案例，展现校园性别暴力的各种形式，以及教师在这方面做出的努力和成效。这一编的内容可用于对教育者进行培训，或者教育者用于自学。

第二编的内容可用于培训家长，家长也可用来自学，了解在校园暴力事件中应该如何帮助自己的孩子。

第三编是对同伴教育者培训的工具，用来帮助同伴教育者更好地开展他们的工作。如果家长、同伴教育者有较强的求知欲，可以自学第一编的内容，了解更多有关校园性别暴力的知识，有利于将三者（学校教育、家庭教育、同伴教育）结合起来，起到更好的效果。

第四编至第六编是教育者用来教育青少年的工具。其中第四编是幼儿园老师的教案，如何通过绘本教学来传递性别平等的理念；第五编的内容较多，有针对一般校园性别暴力的，有专门针对性暴力、亲密关系暴力、家庭暴力、"恐同""恐跨"的，还有帮助学生建立互助互爱关系的；第六编是电影教学，通过电影赏析来引导学生赞同性别平等、反对性别暴力。后两编的内容有的适合中小学，有的适合大学，教育者可根据学生情况自行选择。

第七编至第九编是其他形式的教育工具。第七编是活动设计，供组织者开展相关活动时参考。这些活动形式多样，内容丰富，且有一定的创新性。第八编是心理咨询工具，供心理老师进行团体辅导的时候参考，心理咨询师在对性别暴力当事人进行辅导的时候，也可以用此作为参考。第九编是海报设计、PPT课件，是各种活动中的辅助工具。

### 三　教育者可以采用的策略

当然，仅有工具包是不够的，教育者如果想在校园内顺利地、高效地推进反性别暴力教育，还需要有一些相应的策略。

*1. 不断自我成长*

我们每个人都是父权文化这张大网上的一只虫子，不可避免地受其影响，不可能完全没有偏见。有偏见是正常的，关键是要保持清醒的认识，并且尽量修正偏见，不断地成长。

教育者应该意识到自己内心的性别偏见，时刻警惕，避免在无形中鼓励了性别歧视。例如，教师与女孩之间较低频率、较低质量的互动会降低女孩的自尊心和自我恢复能力，从而增加她们变成受害者的可能性。又比如，教师对男孩和女孩有不同的期望，可能影响到女生的自信心。

*2. 寻求广泛合作*

教育者应该与学校管理者、同事、心理咨询师、学生、父母、医疗保健人员和社区领袖等积极交流，建构关于性别暴力的普遍共识。只有大家团结一致，才会找到解决问题的办法。

积极倡导对学校管理者进行性别暴力的培训，增加性别弱势者（一般为女性）在管理层中的比例。通常情况下，接受过培训的人会支持受害者，并加强关于暴力的保护措施；在管理层中有更多女性（以及其他性别弱势者）的部门通常会加大对受害者的支持，并鼓励对性别暴力的揭露。

积极倡导所在学校为老师、学生和相关组织成员开设培训课程，让大家了解什么是性别暴力，性别暴力与性别偏见的关系，如何辨别、正确处理性别暴力。

充分利用新闻媒体和自媒体的力量，勇敢揭露性别暴力事件。

3. 促进校园安全机制的建立

教育者可以考虑在广泛磋商和合作的基础上，制定校园性别暴力预防计划。确保每个人都能在安全的学校环境中工作和学习，这将比零星的几次教学、行动更有效。

建立一套反对性别暴力的学校制度。如学生报告机制，督促相关机构认真对待学生的有关投诉，妥善处理；心理辅导机制，鼓励学校辅导员或工作人员为受暴学生提供免费心理辅导，帮助他们尽快恢复。

推动在校园里建立性别平等机构，如校园性别平等委员会；推动成立师生可共同参与的反性别暴力社团机构，如校园白丝带组织。

推动安全校园环境建设。提醒学生哪些地方是安全的，哪些地方比较危险，以及什么时候最危险；鼓励目击者不要沉默，发现暴力要及时报告；确保报告人不受报复，给报告者提供相应的保护；鼓励学生互相支持，学习应对冲突的能力。

4. 将学生视为预防暴力的伙伴

将人权和性别平等教育纳入学校课程。帮助学生学习人权知识、性别平等理念，具备将其运用到学校和社区环境中进行分析的能力，提升青少年对性别暴力的认知。

倡导参与式的教学。例如邀请学生参与课堂规则的制定、直接参与课堂教学。

最终目标是引导青少年成为反性别暴力的先锋，具备相关的技能，有信心挑战和制止性别暴力。

执笔：方刚、葛叶奕、陈亚亚

# 目　录

**第一编　教育者学习材料**

性别暴力内涵及其新扩展……………………………………………003
校园性别暴力：新的定义与新的研究视角……………………………018
校园白丝带运动，我们可以做什么……………………………………026
电影教学：《超脱》……………………………………………………028
电影教学：《放牛班的春天》…………………………………………034

**第二编　家长教育**

阅读材料：父母如何帮助受暴孩子……………………………………041
电影教学：《妈妈别哭》………………………………………………045
电影教学：《地球上的星星》…………………………………………050

**第三编　同伴教育者培训手册**

认识我们的性别…………………………………………………………060

校园里的性别暴力 ............................................................065
亲密关系中的性别暴力 ....................................................071
同伴教育的带领者培训 ....................................................079
同伴教育系列活动设计 ....................................................085

## 第四编　绘本教学

《纸袋公主》绘本教案 ....................................................096
《公主不都一个样》绘本教案 ........................................099
《女孩靠边》绘本教案 ....................................................102
《爸爸，你爱我吗？》绘本教案 ....................................106
《朱家故事》绘本教案 ....................................................108
《不要随便亲我》绘本教案 ............................................111
《绝对不能保守的秘密》绘本教案 ................................113

## 第五编　教案设计

全面了解性别暴力 ............................................................119
应对校园性别暴力（1）................................................122
应对校园性别暴力（2）................................................126
对待校园性别暴力的态度和策略 ....................................131
对校园性别暴力说"不" ................................................136
性别、身体与权力 ............................................................141
受过暴力，天空仍然是蓝色的 ........................................152
我的身体我做主 ................................................................157
恰当应对性骚扰 ................................................................161

受到性侵害怎么办.................................................................169

暴露者.................................................................................177

建立反性骚扰的校园环境.....................................................183

校园安全地图.....................................................................188

亲密关系：从暴力到尊重....................................................193

拒绝约会暴力.....................................................................197

认识家庭暴力.....................................................................210

认识"恐同".......................................................................218

不再"恐同""恐跨"（1）.................................................227

不再"恐同""恐跨"（2）.................................................234

理解受暴者的感受..............................................................238

真正的朋友什么样..............................................................243

我会表达我自己..................................................................249

互帮互助力量大..................................................................254

## 第六编  电影教学

《花木兰》赏析..................................................................261

《高跟鞋》赏析..................................................................266

《十三棵泡桐》赏析............................................................269

《天水围的夜与雾》赏析.....................................................273

《素媛》赏析......................................................................282

《狩猎》赏析......................................................................287

## 第七编　活动设计

学习应对网络性别暴力..................................................299

网络自媒体创建指南....................................................303

性别暴力微视频制作展演策划............................................307

性别暴力知识竞赛策划及参考题库........................................311

快速测验你的知识......................................................324

校园性别暴力课题调研..................................................328

读《红楼梦》，认识校园性别暴力........................................332

非虚构创意写作课：激发同理心..........................................336

校园性别暴力剧场......................................................340

## 第八编　心理咨询工具

校园性别暴力施暴学生团体心理辅导方案..................................351

校园施暴学生团体心理辅导方案..........................................360

家庭暴力目击学生团体心理辅导方案......................................376

家暴家庭学生团体心理辅导方案（1）.....................................388

家暴家庭学生团体心理辅导方案（2）.....................................400

遭受性暴力学生团体心理辅导方案........................................412

校园性别暴力叙事取向团体干预方案......................................429

性别暴力创伤咨询方法介绍：消除恐惧法..................................441

## 第九编　PPT与海报设计

# 第一编 教育者学习材料

第一编的内容最为重要，是全书的一个基础。建议学习者至少要将第一编的内容进行通读，掌握一些基本概念、观点后，再具体选择你需要的教学工具、活动工具，这样可以起到事半功倍的效果。

在第一编里，主要是对一些基本概念的介绍，如针对妇女的暴力、性别暴力、家庭暴力、伴侣暴力、性暴力等，并对这些名词的演变和发展做了澄清。这里的一个基本观点是，性别暴力的概念需要扩展，反对性别暴力应同时关注男性受暴者、同性恋伴侣暴力的受暴者、性倾向暴力（针对同性恋者）、性别气质暴力（针对不够阳刚的男人和不够温柔的女人）、美貌暴力（要求符合传统审美的性别文化）、性别选择暴力（针对跨性别与生理间性人）等。

校园性别暴力是性别暴力的表现形式之一。我们认为，校园暴力不仅包括发生在校园空间内的性别暴力，还包括发生在校园周边，甚至远离校园的暴力。只要与校园中角色关系和生活有关的暴力，均可以视为校园暴力。在了解定义的基础上，我们对校园性别暴力的新关注点、新视角、造成的危害、生存土壤以及如何防止等进行了介绍。此外，还对相关的校园白丝带运动做了介绍，呼吁大家参与进来，一起反对校园性别暴力。

这一编的最后是两个电影教学案例。这两个电影都是关于校园生活的，它们展现了校园性别暴力的各种形式，以及教师在这方面做出的努力和收到的成效。教育者（主要是教师）可以用它们进行培训，或者根据这些工具来自学，提升自己在反校园性别暴力方面的意识和相关技能。

# 性别暴力内涵及其新扩展

从 1979 年联合国通过《消除对妇女一切形式歧视公约》算起，人类社会对基于性别的暴力（简称性别暴力）的关注已经三十多年了。其间，我们对性别暴力的理解也在不断深入。笔者主持"白丝带反对性别暴力男性公益热线"（4000 110 391）的工作以来，深刻体会到，我们对性别暴力内涵的理解有待进一步扩展。

## 一 关于性别暴力的现有定义

在国际文书和媒体报道中，经常会看到性别暴力、针对妇女的暴力、家庭暴力等概念被交替使用，但它们内涵和外延不同，不应混淆。下面我们来梳理一下这些已有定义。

1."针对妇女的暴力"（Violence Against Women）与"基于性别的暴力"（Gender-based Violence）

1979 年 12 月 18 日，联合国通过《消除对妇女一切形式歧视公约》，其中提到"对妇女的歧视"一词指"基于性别而作的任何区别、排斥或限制，其影响或其目的均足以妨碍或否认妇女不论已婚未婚在男女平等的基础上认识、享有或行使在政治、经济、社会、文化、公民或任何其他方面的人权和基本自由"。公约第六条强调"缔约各国应采取一切适当措施，包括制定法律，以禁止一切形式贩卖妇女和强迫妇女卖淫对她们进行剥削的行为"。

1992年联合国"消除对妇女歧视委员会"第11届会议通过了关于《消除对妇女一切形式歧视公约》的第19号一般性建议，将"基于性别的暴力"纳入"对妇女的歧视"的范畴中，指出"基于性别的暴力是严重阻碍妇女与男子平等享受权利和自由的一种歧视形式"。建议明确了"基于性别的暴力"是指"因为女人是女人而对之施加暴力，或女人受害比例特大。它包括施加身体的、心理的或性的伤害或痛苦、威胁施加这类行动、压制和其他剥夺自由行动"。

1993年12月20日，联合国大会第48届会议第85次全体会议通过《消除对妇女的暴力行为宣言》，首次明确提出"针对妇女的暴力"（Violence Against Women）的概念，将其界定为"对妇女造成或可能造成身心方面或性方面的伤害或痛苦的任何基于性别的暴力行为，包括威胁进行这类行为、强迫或任意剥夺自由，而不论其发生在公共生活，还是私人生活中"。

该宣言还详细列举了一些"针对妇女的暴力"的形式，包括：（a）在家庭内发生的身心方面和性方面的暴力行为，包括殴打、家庭中对女童的性凌虐、因嫁妆引起的暴力行为、配偶强奸、阴蒂割除和其他有害于妇女的传统习俗、非配偶的暴力行为和与剥削有关的暴力行为；（b）在社会上发生的身心方面和性方面的暴力行为，包括强奸、性凌虐，在工作场所、教育机构和其他场所的性骚扰和恫吓，贩卖妇女和强迫卖淫；（c）国家所做或纵容发生的身心方面和性方面的暴力行为，无论其在何处发生。

1995年第四次世界妇女大会通过的《行动纲领》，在"战略目标与行动"中，提到了"对妇女的暴力行为"，认为"对妇女的暴力行为"是指公共生活或私人生活中发生的基于性别原因的任何暴力行为，这种暴力行为造成或可能造成妇女受到身心或性方面的伤害或痛苦，也包括威胁采取这种行为，胁迫或任意剥夺自由。

第114条补充："对妇女的其他暴力行为，包括在武装冲突情况下侵犯妇女的人权，尤其是谋杀、有步骤的强奸、性奴役和强迫怀孕。"

第115条补充："对妇女的暴力行为还包括强迫绝育和强迫堕胎、胁迫／强迫使用避孕药具、溺杀女婴和产前性别选择。"

第116条强调："某些妇女群体，诸如属于少数群体的妇女、土著妇女、难民妇女、移徙妇女、包括移徙女工、农村或边远地区的贫穷妇女、赤贫妇女、收容所的妇女或被拘留的妇女、女童、残疾妇女、老年妇女、流离失所妇女、遭返妇女、生活于贫穷之中的妇女以及处于武装冲突、外国占领、侵略战争、内战、恐怖主义包括劫持人质等局势中的妇女也特别容易遭受暴力行为。"

2006年，联合国经济社会理事会（ECOSOC）将基于性别的暴力定义为"基于社会定义的男性和女性的差异、违背一个人的意愿对其造成的任何伤害的行为"。

从以上文献不难看出，国际社会基本是在同一个意义上使用"性别暴力""针对妇女的暴力"这两个概念。

2. 家庭暴力（Domestic Violence）与伴侣暴力（Mate Violence）

联合国《消除对妇女暴力行为宣言》中提到的"针对妇女的暴力"形式的第一条便是家庭暴力：在家庭内发生的身心方面和性方面的暴力行为，包括殴打、家庭中对女童的性凌虐、因嫁妆引起的暴力行为、配偶强奸、阴蒂割除和其他有害于妇女的传统习俗、非配偶的暴力行为和与剥削有关的暴力行为。

1995年世妇会《行动纲领》第113条认为，"对妇女的家庭暴力"是指"在家庭中发生的身心和性方面的暴力行为，包括殴打、对家中女孩的性虐待、与嫁妆有关的暴力、配偶强奸、切割女性生殖器官和对妇女有害的其他传统习俗、非配偶的暴力行为以及与剥削有关的暴力行为"。

美国各州关于家庭暴力内涵的规定大都与全美未成年人和家事法院法官联合会于1994年制定的《反家庭暴力模范法典》（以下简称《法典》）第102条的规定一致。该《法典》第102条规定："家庭暴力是指损害或试图损害其他家庭成员之身体权益的行为；使其他家庭成员陷入对人身损害的恐惧之中的行为；使用武力、武力威胁或胁迫手段，违背其他家庭成员的意愿，与之发生性关系。"

在新西兰，1995年通过的《家庭暴力法案》对家庭暴力做出了较为宽泛的解释，在内容方面包括身体、性和心理伤害，在主体方面不仅包括异性夫妻，还包括"伴侣"和"任何按照婚姻的本质关系共同生活的人（无论是同性还是异性，无论现在或过去能否合法地缔结婚姻关系）"。

"家庭暴力"一词是1995年第四次世界妇女大会在北京召开之际才进入中国的。2001年修正后的《婚姻法》首次提到了"家庭暴力"。该法第三条规定："禁止家庭暴力。禁止家庭成员间的虐待和遗弃。"2001年12月27日开始施行的最高人民法院《关于适用中华人民共和国婚姻法若干问题的解释（一）》（以下简称《婚姻法》解释一）第一条对"家庭暴力"进行了具体界定："家庭暴力是指行为人以殴打、捆绑、残害、强行限制人身自由或者其他手段，给其家庭成员的身体、精神等方面造成一定伤害后果的行为。持续性、经常性的家庭暴力，构成虐待。"

2008年，全国妇联、中央宣传部、最高人民检察院、公安部、民政部、司法部、卫生部印发的《关于预防和制止家庭暴力的若干意见》中，也沿袭了这一定义。然而学者普遍认为该定义过窄，主要体现在两个方面：

第一，仅限定于身体暴力，性暴力没有被纳入，精神暴力没有被具体化，未造成伤害后果的暴力均被排除在外[①]。而依据前述联合国各相关国际公约及国际共识，家庭暴力应包含个人为了控制和操纵与之存在或曾经存在人身关系的另一个人而采取的任何暴力或欺辱性的行为（不论这种行为是肉体的、性的、心理的、精神的、语言上的或经济上的）。

《婚姻法》以伤害后果衡量施暴方的行为是否构成家庭暴力，不利于保护受暴人的权益。关于心理暴力的伤害性，有学者指出："心理暴力，是指施暴人威胁要伤害受暴人或当着她的面砸东西、折磨宠物、自虐或自杀等，使受害女性在心理上产生恐惧，进而被迫顺从施暴人。"精神暴力虽然暂时没有看得见的身体伤害，但累积的精神伤害同样会使受暴人出现身体症状，即所谓"心理问题身体化"，如心血管疾病、消化系统疾病、睡眠障碍、不明原因的头痛或浑身酸痛等。[②]

第二，《婚姻法》将家庭暴力严格限定在家庭成员之间，不能涵盖所有的受暴人。学者们主张借鉴相关的国际文件，扩大家庭暴力的定义。例如在讨论家庭暴力概念的时候，应考虑到差异和多元化的社会现实，将"家庭"的概念

---

① 吕频：《中国反家庭暴力行动报告》，中国社会科学出版社2011年版，第11页。
② 陈敏：《呐喊：中国女性反家庭暴力报告》，人民出版社2007年版，第9—11页。

扩大化，既包括家庭成员，指一般传统意义上的家庭成员和现行法律中规定的家庭成员：配偶、父母（含夫妻双方的）、子女及生活在一起的其他家庭成员，包括祖父母、外祖父母、孙子女、外孙子女、兄弟姐妹、叔伯姑侄等，也包括"视为"家庭成员的，即前配偶、同居者（含婚外同居）、具有特殊亲密关系的人如恋人（含同性恋者）。[1]

联合国《有关家庭暴力的法律范本框架》对各国制定有关家庭暴力的立法提出了指导要求，对妇女家庭暴力立法范畴的关系包括：妻子、同居者、前妻或前同居者、女友（包括不同居一处的女友）、女性亲属（包括但不限于姐妹、女儿、母亲）和家庭女佣。

基于以上认识，中国法学会反对家庭暴力网络2003年向全国人大提交的《中华人民共和国家庭暴力防治法》专家建议稿中这样定义家庭暴力："发生在家庭成员之间的造成身体、精神或性或财产上损害的行为"，其中家庭成员指"配偶、父母、子女以及其他家庭成员，具有特殊亲密关系的人或曾经有过配偶、同居关系的人，视为家庭成员"。[2]

最高人民法院中国应用法学研究所2008年制定的《涉及家庭暴力婚姻案件审理指南》第2条提出了对家庭暴力的界定："本指南中的家庭暴力，是指发生在家庭成员之间，主要是夫妻之间，一方通过暴力或胁迫、侮辱、经济控制等手段实施侵害另一方的身体、性、精神等方面的人身权利，以达到控制另一方的目的的行为。"同时该指南第3条规定，家庭暴力包括身体暴力、性暴力、精神暴力和经济控制四种类型。其中身体暴力是加害人通过殴打或捆绑受暴人、限制受暴人人身自由等使受暴人产生恐惧的行为；性暴力是加害人强迫受暴人以其感到屈辱、恐惧、抵触的方式接受性行为，或残害受暴人性器官等性侵犯行为；精神暴力是加害人以侮辱、谩骂或者不予理睬、不给治病、不肯离婚等手段对受暴人进行精神折磨，使受暴人产生屈辱、恐惧、无价值等作为或不作为行为；经济控制是加害人通过对夫妻共同财产和家庭收支状况的严格控制，

---

[1] 吕频：《中国反家庭暴力行动报告》，中国社会科学出版社2011年版，第97—98页。
[2] 中国法学会反对家庭暴力网络：《中华人民共和国家庭暴力防治法》（专家建议稿），载陈明侠、夏吟兰等主编《家庭暴力防治法基础性建构研究》，中国社会科学出版社2005年版，第1—2页。

摧毁受暴人自尊心、自信心或自我价值感，以达到控制受暴人的目的。

基于对家庭暴力对象的认识，越来越多的学者使用"伴侣暴力"代替"家庭暴力"。伴侣暴力可以更准确地传达我们对于家庭暴力对象的理解。本文后面也会根据实际情况交替使用伴侣暴力和家庭暴力的不同概念。

### 3. 性骚扰（Sexual Harassment）

2001年联合国宪章特别设立的妇女地位委员会第45次会议指出，所有形式上针对妇女的暴力包括性骚扰都削弱了妇女享有的人权，并进一步揭示性骚扰与人的尊严和价值不相容，应与之斗争并予以解除。

《消除对妇女一切形式歧视公约》第19号一般建议指出："性骚扰是在工作场所发生的对妇女的一种歧视形式。"第19号建议进一步强调，性骚扰是一种不受欢迎的与性相关的行为，例如身体接触和接近、以性为借口的评论、以文字或者行为表现出来的与色情和性相关的要求。

国际劳工组织专家委员会认为性骚扰是指非本人愿意的性关系，它包括侮辱评论、开玩笑、暗示等以及对人衣着打扮、体形、年龄和家庭状况的不适当的品评等；有损人的尊严的故意讨好或家长式的伤害人的尊严的态度，不管是否伴随威胁；与性相关联的淫荡的表情或姿势；无必要的身体接触，例如触摸、爱抚、拧捏或者伤害等。

2005年，我国修订的《妇女权益保护法》第四十条规定："禁止对妇女实施性骚扰。受害妇女有权向单位和有关机关投诉。"

我国有学者这样界定性骚扰："不受欢迎的性要求，不受欢迎的性接触，不受欢迎的品头、非品头或身体上涉及性的行径；涉及性的行径，借此营造在性方面有敌意或具威胁性的环境。"[1]

## 二 扩展性别暴力内涵的必要性与可能性

虽然我们已经看到，针对家庭暴力、性暴力等性别暴力的定义已经得到很大充实，但是在对性别暴力概念的使用上仍然存在狭窄化的情况。目前中国对

---

[1] 李慧英：《社会性别与公共政策》，当代中国出版社2002年版，第170页。

"基于性别的暴力"这一概念的使用，基本上沿袭1993年联合国通过的《消除对妇女的暴力行为宣言》中的定义，将性别暴力等同于针对妇女的暴力。

在"白丝带反对性别暴力男性公益热线"（4000 110 391）的工作中，我们接触到非常多形式的基于性别的暴力，远远超出上述定义，这需要我们加以重视。

如何定义性别暴力，对于预防和制止性别暴力的工作非常重要。如果性别暴力的定义以偏概全，或者遗漏了一些形式，那些被遗漏的性别暴力便无法得到充分重视，难以得到有力的干预，这会在一定程度上助长此形式暴力的蔓延。

毕竟，许多进行预防和制止性别暴力工作的专业人士，是依据性别暴力的定义来进行相关工作的，比如警察、司法系统依据性别暴力的定义提供干预，社会工作者、心理辅导系统同样根据这一定义来提供社会服务，政策制定系统根据定义来制定相关政策，传媒系统通过这一定义来进行宣传倡导，等等。

显然，只有尽可能地囊括所有形式的性别暴力，才会真正对受暴人起到保护、对施暴者起到警戒和惩罚的作用。当然，这并不意味着我们将无限度地扩大"性别暴力"的内涵。

在笔者看来，只要是基于性别不平等、性别歧视、社会性别刻板印象的暴力，均可归入性别暴力，即性别暴力的概念应该包括所有基于性别政治和性政治权力关系下的暴力。

事实上，"基于性别的暴力"这一名词本身便包括了更广泛的一切与性别权利相关的领域的暴力。我们今天只不过是努力还原这个词汇本该具有的内涵，这需要我们有更强的社会性别敏感，以及对暴力与社会性别机制关系的更深入认识。

国际社会对于随着历史发展而充实性别暴力的定义是持接纳态度的。2006年，联合国第61届会议的秘书长报告——《关于侵害妇女的一切形式的暴力行为的深入研究》中便提到在社会急速变化的时代，"需要对心理、情感虐待和暴力表现出的不同形式、社会和文化规范对妇女的暴力以及随着技术的应用（如计算机和移动电话）不断演变和新出现的暴力进行命名"。

将性别暴力超出针对妇女暴力进行定义，不代表笔者想否定制止针对妇女暴力的重要性，而只是希望同时关注到其他形式的性别暴力，使制止性别暴力的运动能更深入、全面地开展。事实上,"家庭暴力"如今更多地被"伴侣暴力"所取代,这就是家庭暴力内涵的新扩展。

性别暴力定义的完善目前正值其时。这是因为:

(1) 国际社会对于针对妇女的暴力已经有了充分的警惕与认识。妇女无疑是性别暴力最深重的受暴者,如果在针对妇女的暴力尚没有形成共识的情况下,讨论其他性别暴力的形式,可能会转移焦点,甚至影响对针对妇女暴力的干预。而如今我们对暴力多样性的认识更深入,便更有可能促进制止针对妇女暴力的工作。

(2) 国际社会对于性别多样性的认识更深入了。这体现在对于社会性别实践的操演,以及性别身份选择等所有相关方面。进步的学术界与公共社会对于男性气质、女性气质的多样性有了更多共识,对于男性、女性之外的跨性别的平等存在有了更高的接纳度。

(3) 国际社会针对不同暴力形式的伤害有了更清楚的理解。除肢体暴力外,特别是对精神暴力的讨论非常深入。

## 三 性别暴力受暴人与加害人内涵的扩展

还原"性别暴力"本应该具有的内涵,可以从如下几个方面着手:

### 1. 家庭暴力受暴人与加害人内涵的扩展

在中国,2001 年 4 月,"禁止家庭暴力"条款明确写入修订后的《婚姻法》;2005 年 8 月,修订后的《妇女权益保障法》以国家基本法的形式规定"禁止对妇女实施家庭暴力"。这里将女性视为伴侣暴力的唯一受害者。

伴侣暴力的受暴人确实多为女性,但大量调查也显示,约有 10% 的受暴人是男人。考虑到男性更不愿意承认自己受到配偶的暴力,也更不愿意求助,所以这一数字可能还被低估了[①]。即使只有 10%,也不应该被忽视。然而,家庭暴力的研究与行动中几乎完全看不到针对受暴男人的研究,这是严重不足的。

伴侣暴力的体现形式一般分为:肢体暴力、言语及精神暴力、性暴力、经

---

① 方刚:《反家暴立法应有男性气质视角》,《妇女研究论丛》2011 年第 6 期。

济控制。这四种形式也可能是女性针对男性的。白丝带热线咨询中不乏这样的实例。

通常认为，女性对男性的暴力更少。这有观念上的原因，大多数女性无法接受打丈夫的念头，社会文化也不接受女性打男性；其次是生理上的，女性体力较弱。然而在白丝带热线的咨询中，许多女人坦承自己会使用推搡、抓挠、打耳光等方式对男性伴侣进行虐待，甚至有每星期打断一个塑料洗衣板的案例。有人认为，女性对伴侣施暴通常是自卫的表现，事实并非如此。白丝带热线的咨询中，许多来电女性承认，她们是暴力的发起者，男性伴侣对此只是忍让、逃避。

在精神暴力方面，白丝带热线的案例中同样有女性侮辱、谩骂丈夫，不让其睡觉等施虐方式。女性的"唠叨"是否会造成男性的恐惧或伤害？这是有争议的。这种伤害往往被忽视，认为远不如男性加害人带给女性受暴人的恐惧与伤害，或者说，女性的"唠叨"本身是由于男性对女性漠视才出现的。然而，即使这样也不足以成为我们忽视这种形式的伴侣暴力的借口。我们不应该以后果的严重性来衡量暴力是否存在，而应该以是否侵犯人权来定义。

伴侣暴力中的性暴力，通常指"丈夫对妻子强行施加的性行为、性行为企图、非意愿的性评论、性要求和性交易以及其他直接针对他人性特征的强迫行为（如心理恐吓、身体暴力或人身威胁行为）"[1]。不难发现，同样的情况妻子也可以对丈夫实施。白丝带热线的来电中，便有女性对丈夫的性能力进行羞辱性评价，从而构成精神暴力的。

此外，白丝带热线的一些男性来电者抱怨说，伴侣只给他们非常少的零用钱。这不仅是控制他们的经济，更威胁了他们的自尊，考虑到社会对男性经济支配能力的要求，来自伴侣的经济控制使他们在公共空间时常处于窘迫状态，威胁着他们的支配性男性气质。如何评价这种男性气质是一回事，但经济控制对男性心理导致的负面影响是显而易见的。

家庭暴力里的姻亲冲突中，不能回避婆婆与儿媳之间的暴力关系，这可能

---

[1] 孙秀艳：《论丈夫对妻子的性暴力》，载肖扬主编《中国反对针对妇女暴力的研究与行动》，社会科学文献出版社 2012 年版，第 70—77 页。

是直接实施的，也可能是婆婆通过儿子对媳妇施暴。中国文化中的"孝"，使得一些丈夫在姻亲冲突中对妻子施暴。此时，受暴人虽然是女性，但加害者包括女性（婆婆）。婆媳冲突具有鲜明的中国文化色彩，而婆婆对媳妇的指责，通常与女性在私人领域的性别角色相关，所以也应视为性别暴力。

此外，白丝带热线也接到一些同性恋伴侣的来电，讨论他们之间的暴力问题。同志伴侣暴力，也应该属于家庭暴力关注的范畴。

2. 性暴力受暴人与加害人内涵的扩展

根据世界卫生组织出版的《世界暴力与卫生报告》一书的定义，性暴力是指"在任何地点发生的由任何人强行施加的性行为、性行为企图、非意愿的性评论、性要求和性交易以及其他直接针对他人性特征的强迫行为（如心理恐吓、身体暴力或人身威胁），而不论该行为人与受暴人的关系如何，发生地点包括但不局限于家庭和工作场所"[1]。我们可以看到，这个定义中并没有专指男性对女性进行的性侵犯，也没有说女性是性侵犯的唯一受害者。

（1）性骚扰与性侵犯。2005年《妇女权益保障法》（修正案）中第一次明确规定"禁止对妇女实施性骚扰"。这在当时曾引起争论，因为男性也可能是性骚扰的受害者。

暴力的本质是权力关系，即拥有权力的人对没有权力的人实施暴力。当女性拥有权力时，也可以实施暴力，有关案例可参见笔者关于女上司对男下属进行性骚扰的研究[2]。显然，女性对男性的施暴在数量上较少，但不等于不存在。

我们在定义和研究性别暴力时，必须有更全面的视角。例如性骚扰不仅包括异性间的，也包括同性间的。其中异性间的性骚扰，不仅是男人对女人的骚扰，也同样有女人对男人的骚扰，还有男人或女人对跨性别者、生理间性人的骚扰。而同性间的性骚扰，既存在于男人之间，也存在于女人之间，还可能存

---

[1] 孙秀艳：《论丈夫对妻子的性暴力》，载肖扬主编《中国反对针对妇女暴力的研究与行动》，社会科学文献出版社2012年版，第71页。
[2] 方刚：《被性骚扰的男人：立法的研究》，载方刚《多元的性/别》，山东人民出版社2012年版，第200—209页。

在于跨性别者、生理间性人内部。这些性骚扰行为基于不平等的权利关系，本质上是性别歧视。

近年来有媒体曝光，原配妻子对丈夫的情人施暴。例如一位妻子纠集四名女性，当街将"小三"的衣服扒光泼粪等。这种当众扒衣的行为，就明显属于女性针对女性的性侵害。可能有人会说，是那位没有在场的丈夫出轨在先，妻子施暴在后，但这仍然无法改变妻子行为的性质。

（2）强奸。《中华人民共和国刑法》第二百三十六条明确将强奸界定为"以暴力胁迫或者其他手段强奸妇女"的行为。从共犯的视角看，女性可以成为强奸的教唆犯或帮助犯，例如帮助丈夫强奸其他女性的妻子，就是强奸的共犯。

以上刑法条文中，没有涉及女性加害人、男性受暴人的情况。而事实上，女性可以成为强奸的唯一实施者，无论是强奸男性、还是强奸女性。强奸的定义中，应该加入男对男、女对女、女对男这些不同形式的强奸。对这些强奸形式的忽视背后，是对"阴茎插入阴道"这一性交形式的"唯一正统地位"的维护。

有学者认为，强奸必须是"一般意义上的性行为，即男女生殖器官之间的相互作用，丈夫强制妻子肛交、口交或者其他方式的性交合，不构成婚内强奸意义上的强制性行为，而应当以强制猥亵罪或侮辱妇女罪论处"[1]。这些论点大多是对"性"这一概念的理解缺乏现代视角，其实性不只是狭义的性交，而是一个全面的，涉及生理、心理、文化的过程。

中国刑法关于强奸的定义只针对男人强迫女人发生性关系，显然是受到父权思维模式的影响。男人强奸男人，也被中国刑法关注到了，但女人强奸女人、女人强奸男人则被彻底地忽视。在对性别暴力内涵进行扩展时，笔者想强调：强奸不仅是男人对女人的强奸，还包括女人对男人的强奸、同性别间的强奸、对跨性别者及生理间性人的强奸，而且这些都是基于不平等的权利关系的、针对性别的暴力行为。

---

[1] 冀祥德：《婚内强奸的概念界定及构成特征》，载肖扬主编《中国反对针对妇女暴力的研究与行动》，社会科学文献出版社2012年版，第51—59页。

3. 其他暴力形式受暴人内涵的扩展

（1）美貌暴力。原本指针对不符合主流审美标准的女性的歧视。以往在谈论美貌暴力时，均强调是针对女性，但实际上对不符合传统"男性美"的男性的歧视同样存在。他们可能不被指责为"不够美丽"，但同样因为"不够高大"或"太丑"而受到歧视。

（2）拐卖儿童。拐卖妇女儿童一直被认为是性别暴力的内涵之一，然而对男孩子的拐卖也很常见，这同样是针对性别的，因为男性更"值钱"，从而也应该是性别暴力的一种。

当然，针对妇女的暴力是性别暴力中最主要的问题，它一方面反映出权力控制和不平等的状况，另一方面由此产生的各种健康、社会和经济方面的后果也严重限制了妇女的平等参与。性别暴力的根源在于不平等的社会性别关系，性别暴力与传统的性别角色规范和性别权力关系密切相关。妇女、女童、男人和男孩都有可能成为性别暴力的受暴者，但受暴者中无疑大多数为妇女和女童，这是社会中不平等的权力分配导致的。

笔者对于性别暴力加害人与受暴人内涵的扩展，无意否定上述事实，只是想强调：作为研究者，我们不应该忽视还存在其他形式的性别暴力。在我们思考性别暴力议题时，不能单纯以生理性别为标准，而应该以社会性别作为定义性别暴力的标准，这才是真正的对"生理人"的解构。

## 四 针对性与性别多样性的性别暴力

我们不应该再停留于男人和女人的二元性别划分方式上来思考性别暴力，而应该充分考虑其他性别的存在。因为忽视其他性别的存在，本身便是一种性别暴力。

### 1. 针对性别气质的性别暴力

通常指针对不够阳刚的男性，以及不够温柔的女性的暴力。前者被称为"娘娘腔""二尾子"，后者被称为"男人婆""假男人"。不同于主流二元划分的、颠覆了社会性别刻板印象的性别气质的操演，因为破坏"规则"而成为施暴的对象。当有学者认为男孩子不够阳刚，因而提出"拯救男孩"的时候，当全社会倡导女孩子要做"淑女"的时候，不正是一种公共空间中蔓延的性别暴力吗？这种暴力同样制约着那些正忠实地执行性别二元划分规范的性别操演者，如果你敢越雷池一步，就可能成为下一个被施暴的对象。于是，主流社会的人按巴特勒的"表演理论"，拼命地表演成一个男人或女人，同时也更凸显了性别气质多元实践者的"变态"。

谁在对性别气质的"出轨者"施暴？暴力的背后是文化，具体实施者可能是男人，也可能是女人，甚至是国家体制。无论哪种性别的人，都可能成为歧视、打击本性别或另一性别中不符合主流社会性别规范者的力量。"娘娘腔"的男人与"男人婆"的女人，会成为男人和女人共同歧视的对象。要求男人"像个男人"的，不只是男人，也有女人。女性内化了传统性别规范后，会因为男性"没本事""窝囊"而对他实施精神或肢体暴力。此外，鼓吹性别气质二元划分的同时，也是对不符合这一性别气质的人实施暴力，当教育系统强行推行这一性别刻板模式时，便构成一种国家暴力。

**2. 针对性倾向的性别暴力**

针对同性恋者的各种暴力一直存在于我们的文化和社会中，无疑属于性别暴力的一种。

男同性恋者常被认为不够阳刚，恐同与反同势力一直强调男同性恋者的"女性气质"，虽然事实上女性气质并不是所有男同性恋者的共性，而且女性气质也并非"坏"的。恐同者认为，男同性恋者不再是"男女性行为"，而是"男男性行为"，这是无法忍受的，说到底，男同性恋的存在是对传统的支配性阳刚男性气质的一种挑战，是对致力于捍卫这种男性气质的男人的示威。

而女同性恋则因为女性不再是男性的性对象，不再附属于男性，从而无法为男权所容忍，因此我们不难理解那些通过强奸来"治疗"女同性恋的论调和行动；另外，女同性恋的存在也让一些异性恋的、尊重男性霸权地位的女性觉得自己被公然挑战。

针对同性恋者的肢体暴力、精神暴力、性暴力向来都不少。这些表面上是对性倾向的歧视与偏见，实则是基于性别的暴力。

## 3. 针对性别选择的性别暴力

针对性别选择的暴力，主要指针对跨性别及生理间性人的暴力。跨性别（transgender）指传统定义的男人与女人之外的性别。跨性别者包括：变性欲者、变性人、易装者、跨性别表演者、跨性别性工作者、只做了隆胸手术的生理男人、基于性别选择目的做了乳房切割的生理女人，以及其他所有认为自己不属于传统观念关于男人和女人定义的人。跨性别这一词汇的提出，标志着人类对于性别二元划分的挑战，是人类对自身的更深入、真实的认知与探索，这也要求我们对性别暴力进行新的探索。生理间性人（intersex，又译双性人）一度被归入跨性别，但随着生理间性人解放运动的开展，他们越来越无法接受自己被归类于"他者"，而视自己为独立的一种性别。

逾越了传统性别分类与实践规范的人广泛而真实地存在于我们的社会中，只不过在男女二元划分的刻板模式下，他们被认为是需要治疗及改变的病人甚至罪人，他们作为一种性别的存在不被承认，其平等权益被剥夺。生理间性人曾被理所当然地在出生之后便被医学"解决"，从而成为被"屠杀"的人种，不承认他们有存在于世界上的权利。

针对妇女的性别暴力定义指出，暴力可能是发生在私领域，也可能发生在公领域，甚至可能是国家默许的，但无论在何种领域。针对跨性别者的暴力，就有国家默许的成分。

对跨性别与生理间性人的歧视与暴力随处可见：媒体充斥着对跨性别者与生理间性人偏颇、猎奇的报道；公共卫生间只分男女，令跨性别者难以选择；《中国精神病分类与诊断标准》以"易性癖""易装癖""变性癖"等对跨性别进行疾病化、病理化的定义；心理咨询师及精神卫生工作者将跨性别者的性和性别取向作为精神或心理疾患进行"治疗"；社会对跨性别者的污名化可能对他们的身心健康造成伤害；国家规定的变性手术有诸多限制，影响了性别的自主选择；医疗保险未能将变性手术视为"医学需求"，使其无法享受医疗保险福利；医生或父母在未经过本人同意的情况下，对生理间性人进行无法逆转的、旨在改变其性别的手术干预；跨性别者求学、劳动就业的平等权利经常受到侵犯……

2011年6月17日，联合国人权理事会的各会员国在第17届会议中投票通过了关于性倾向和性别身份的人权决议,这在联合国大会或人权理事会历史上还是第一次。决议"对于在世界所有地区,针对性取向和性别认同的暴力与歧视行为,表达严重关切",并强调在世界所有地区,国际人权法适用于"基于性取向与性别认同的暴力和侵犯人权的行为"。

基于性别认同的暴力,当然属于"基于性别的暴力",从而属于性别暴力研究者与行动者干预的目标。

## 五　小结

综上所述,笔者认为:制止针对妇女的暴力,需要男性参与。在这个过程中,我们不能够将男性视为铁板一块的施暴者。男性内部存在差异性,他们也可能成为暴力的受暴人,忽视这一点,会阻碍男性参与的推进。

此外,在同性恋运动、跨性别及其他性别多元运动积极开展的今天,反对性别暴力不能忽视针对性倾向、性别气质与性别多元的暴力。反对性别暴力需要最广大的同盟,这首先需要我们关注所有受性别暴力对待的人的权益。这样做不仅将提升对长期以来被忽视的非针对妇女的性别暴力的重视,还将使反对性别暴力的目标得以实现。

执笔:方刚

# 校园性别暴力：新的定义与新的研究视角

过去二十多年来，性别暴力日益受到全世界的广泛关注，但校园性别暴力却是一个长期被忽视的现象。2013年，联合国教科文组织（UNESCO）发布了《校园相关的基于性别的暴力（GRGBV）讨论文件》[1]，从而将"校园性别暴力"这个词正式推到公众面前。

## 一 性别暴力与校园性别暴力的定义

如前所述，性别暴力的定义本身有个发展的过程。笔者的基本观点是，性别暴力的概念需要加以扩展，反对性别暴力应该同时关注家庭暴力、性暴力中的男性受暴者，以及同志伴侣暴力的受暴者；性倾向暴力（针对同性恋者）、性别气质暴力（针对不够阳刚的男人和不够温柔的女人）、美貌暴力（要求两性符合传统审美的性别文化）、性别选择暴力（针对跨性别与生理间性人）的暴力，这些均应属于"基于性别的暴力"。

校园性别暴力是性别暴力的表现形式之一。发生在校园空间内的性别暴力，无疑属于性别暴力，但笔者认为，我们不应该简单地以物理空间的概念来定义校园性别暴力。发生在校园周边，甚至远离校园，只要是与校园中角色关系和生活有关的暴力，均可以视为校园暴力。比如，社会闲散人员在校园门外骚扰

---

[1] 联合国教科文组织（UNESCO）：《校园相关的基于性别的暴力（SRGBV）讨论文件》，2013年。

或抢劫女生的行为，或一位男生向女同学求爱不成到她家中施暴，都应归为校园暴力。

校园暴力呈现出多种多样的行为，包括但不限于[①]：欺凌，包括言语和肢体上的骚扰；性骚扰，也称为挑逗或者性暗示；以获取优秀成绩或者支付学费作为交换而发生的性行为；非自愿性接触或者性侵犯；教师对学生的诱奸和骚扰；以及在校园环境中对男性主导地位与侵害的容忍或鼓励。在我国，以往对校园性别暴力的研究主要集中在性暴力上，即校园性侵害或性骚扰。

在笔者看来，教学中的性别歧视与偏见同样属于性别暴力，而且是一种被忽视的、名正言顺施行的暴力。

从施暴者与受暴者的身份这个角度出发，笔者将校园性别暴力分为如下几种情况：

（1）师生之间的性别暴力，包括教师对学生施暴、学生对教师施暴，后者长期被忽视；

（2）普通学生之间，包括同一性别的学生之间施暴，也包括对不同性别同学的施暴，其中既有男对女，也有女对男，特别不能忽视针对跨性别学生的暴力；

（3）学生情侣之间；

（4）校外人员进入校园，或在相关情景中对学生或教师施暴。

## 二　校园性别暴力的新关注点

我国校园性别暴力的主流关注点仍旧是男教师对女学生的侵犯与骚扰，这种假设只有学生、女性才会遭受"性"的伤害的观点，不禁令人惋惜。在社会日益多元和人权越来越得到重视的背景下，我们必须看到多元性别下性暴力的存在，必须关注被边缘化的群体遭受到的校园性暴力伤害。例如男学生对女教师、同性学生或者教师之间的性暴力等。

参照笔者对性别暴力概念的扩展，我们同样可以对校园性别暴力的定义进行拓展。例如在校园中，不仅有男教师对女学生的暴力，还存在学生（通常为

---

① UNICEF West and Central Africa Regional Office, *Abus, exploitation et violence sexuels à l'encontre des enfants à l'école en Afrique de l'Ouest et du Centre*, 2006, p.3.

男性）对教师（通常为女性且年轻）实施的暴力，以及女教师对男学生施加的暴力。

联合国教科文组织发布的校园暴力文件中，也提到了一些研究上的空缺，比如[①]：

i. 关于非异性暴力形式的研究：几乎还没有任何关于校园相关的基于性别的暴力（SRGBV）的研究超出异性暴力形式，目前研究所涉及的暴力绝大多数都是男性教师或学生对女性学生实施的；

ii. 学生对教师的暴力：教师，尤其是年轻的女性教师，也会遭受来自其他职员或者年长学生（通常为男性）的性暴力，这样的事实被大大忽略了；

iii. 校园相关的基于性别的暴力（SRGBV）与其他暴力形式之间的关系。对此，我们还将在后面的"影响因素"中进行分析；

iv. 校园相关的基于性别的暴力（SRGBV）和欺凌的区分：对待欺凌问题缺乏性别视角，以及倾向于将其作为一种区别于基于性别的暴力（GBV）现象，这样的做法既无助于对问题规模的了解，也不能最好地解决问题；

v. 对教师看法的了解：针对教师对基于性别的暴力（GBV）的看法以及他们在学校环境中如何处理这些事情，几乎没有任何研究。关于教师在日常目睹或往往参与其中的发生在体制内的暴力时，采取什么样的态度和行为，以及是什么因素在影响着这些态度和行为，我们尚需要进行了解；

vi. 教育、可及性和成就：虽然我们认识到校园相关的基于性别的暴力阻碍了教育机会、参与过程以及教育质量和平等结果的实现，但尚不知道暴力具体是如何影响学生的在校率和学业成就的；

vii. 校园相关的基于性别的暴力（SRGBV）和其他社会领域的关系有待进一步认识。

---

① 联合国教科文组织（UNESCO）：《校园相关的基于性别的暴力（SRGBV）讨论文件》，2013年，第9页。

在所有以往被忽视的校园性别暴力中，恐同欺凌、恐跨欺凌近年来受到较多关注。"恐同（性恋）"欺凌是指基于对同性间的性欲望以及性行为存在的非理性的恐惧而产生的暴力，而"恐跨（性别）"欺凌是指对那些性别认同和/或性别行为与其生理性别或社会性别角色不符的人产生的非理性的恐惧下的暴力。它们有的是欺凌者有意识的行为，有的是欺凌者无意识的行为。它们一直存在，只不过长期被忽视，甚至被普遍接受。在同性恋与跨性别追求平等权益的过程中，恐同、恐跨的校园欺凌才受到重视。[①]

联合国教科文组织在其全民教育（Education For All）的框架下，加强了在消除性倾向和性别身份的校园欺凌方面的努力。该组织于2011年12月6—9日在巴西里约热内卢组织了全球首次关于校园欺凌的国际咨询会，中国的一名青年代表参加了此次会议。会上来自25个国家的参会代表一致通过了《关于恐同欺凌和全民教育的里约宣言》，呼吁各国政府采取措施，应对教育系统内基于性倾向和性别身份的校园欺凌现象。会议结束后，联合国教科文组织发布了一份基于性倾向和性别身份校园霸凌的全球回顾报告，并将在此基础上出版一份关于教育部门应对恐同和欺凌的政策与实践指南。

除了针对性倾向的暴力外，性别气质暴力也开始受到重视。性别气质暴力即针对所谓男生不具备支配性男性气质、女生不够温柔的指责，一度流行的"拯救男孩"论便是这种性别气质暴力的典型表现。

校园暴力的施加方式，除了以往常见的肢体暴力、精神暴力及语言暴力外，互联网暴力是新出现的，它指施暴者通过互联网，以文字或多媒体手段对他人进行长期攻击。学生对互联网的使用率非常高，使得网络文化与暴力结合成为紧密的关系。例如互联网社区中将女性的容貌、身体以及性特征无限放大，就是一种将女性物化、商品化、工具化的性别暴力。语言暴力在互联网上的传播速度非常快，如网友对芙蓉姐姐的话语攻击就产生了巨大的负面效应。

### 三　校园性别暴力的危害

校园性别暴力对安全的校园环境造成威胁，侵犯了学生普遍接受教育的权

---

① 勉丽萍：《基于性倾向和性别身份的校园欺凌在线问卷调查报告》，北京爱白文化中心，2012年。

利。校园暴力中的大多数施暴者和受暴者生活在同一空间，暴力更容易实施和持续，所以校园性别暴力有持续时间长、次数多的特点；校园性别暴力的绝大多数受暴者是成长中的青少年，正处于心理、生理发育阶段，暴力对他们的伤害更大。

受到暴力对待、暴力威胁，都会对受暴者造成负面影响，主要体现在以下几个方面：

（1）学业。校园暴力可能会影响到受暴者对自己学生身份的认知；使受暴者失去学习兴趣，学习成绩退步；一些受暴者无心学习、注意力减弱、缺勤、逃课和逃学；导致辍学，使得受暴者社会技能的发展受到阻碍。女孩最易受影响，从而使得她们未来获得较高收入的能力遭到破坏，更不用说其他与教育有关的发展机会了。[1]

（2）心理健康。受暴经历可能毁坏一个人的自尊心，受暴者可能产生自卑、抑郁、焦虑感，出现失眠、饮食失调、罪恶感、酗酒、自残，甚至自杀的现象；容易愤怒，有报复心理；或长时间处于恐惧状态；一些人因情绪压抑和陌生人发生性行为，这可能影响到其性健康。

（3）生理健康。肢体暴力直接伤害受暴者的身体健康；精神暴力对心理产生的负面影响同样可能转化为生理创伤；强迫性行为还可能造成包括感染性传播疾病、非意愿妊娠以及不安全堕胎等健康问题。

（4）人际关系。受暴者可能出现多种不良表现，与同学间的关系变得不和谐；因为自卑而自我封闭，较少参与学校活动；学校内的暴力环境会导致学生继续实施或遭受暴力。

（5）价值观。影响受暴者对于公平、正义的看法，甚至会彻底改变他们的价值观；他们中的一些人会学习暴力，以暴制暴；性别暴力在学校内被容忍和宽恕时，会对性别平等产生更广泛的社会影响，会超越学校环境而在社会中导致更广泛的不平等和基于性别的暴力。

总之，校园性别暴力不仅是对受教育权的障碍，也是对受暴者基本人权的

---

[1] Leach, Fiona, Máiréad Dunne and Francesca Salvi, *A Global Review of Current Issues and Approaches in Policy*, Programming and Implementation Responses to School Related Gender-Based Violence (SRGBV) for UNESCO Education Sector, University of Sussex, 2013. pp. 20-23.

侵犯，更有甚者，是对整个社会正义的破坏，可能产生非常坏的持续影响。

### 四 校园性别暴力的土壤

校园性别暴力是性别暴力的一种表现形式，其存在的根本原因与性别暴力一样，即整个社会中不平等的性别权力关系。男性对女性、异性恋对同性恋、符合性别规范的人对违背性别规范的人……前者通常比后者更有权力，从而有资格对后者实施暴力。这种权力关系被父权体制所维护，校园中的许多权力关系，如教师对学生、男性对女性、男女对跨性别、上级对下属、高年级对低年级、异性恋对同性恋……的权力，都是父权体制的具体体现。

学校承担着引导学生"社会化"的角色，可能会通过对现状的默许或明确认同，在无形中加剧各种有害的社会性别规范及权力关系，使其合法化，从而制造出使基于性别的暴力得以泛滥的有利环境。

我们可以围绕"校园"这一特定情境对性别暴力滋生的作用做更具体的分析：

（1）学生之间不仅一起学习，还一起生活，具有一般职场或社区中的人所没有的紧密性，特别是大学校园，更像是一个小社会。这种接触频繁、紧密，人际关系多元，使得各种类型的性别暴力的发生比单纯职场或单纯社区都更可能集中。

（2）校园强调其教育、科研与学习的功能，校园性别暴力通常会被视为简单的人际关系处理。即使是高校也倾向于把学生当"孩子"，认为学生间不存在性别暴力，即使发现也倾向于淡化处理。

（3）教育权威地位与光环。受我国传统文化中"师道尊严"的等级观念影响，"老师永远正确"的传统思维定式仍或多或少地在起作用。

（4）教育制度的设计与安排强化了权力关系。特别是在大学，学生的成绩、评奖、保研等均掌握在教师手中，这些权力加强了学生的从属地位。教师拥有权力，学生不敢提出反抗。

（5）防范系统缺失。缺乏防止有害的性别规范和行为的机制，识别和报告校园性别暴力的系统不足和欠发达，针对受害者的社会服务、医疗和其他支持体系很少或者匮乏。即使学生意识到自己的权利、知道报告系统的存在，也可能因为缺乏安全感或得不到保护而不去主动报告遭受暴力的经历。

## 五 校园性别暴力的处置

首先必须明确校园性别暴力的概念，不至于因为概念不清、概念过窄而使许多暴力畅行无阻；其次要应对导致校园性别暴力发生的各种社会因素，呼吁社会各界一起努力。在此基础上，笔者从三个方面提出建议：

### 1. 预防

积极防范是重要的制止暴力的工作，要在暴力发生之前建立预防暴力的机制。

国家应该从政策角度明确禁止校园性别暴力，对教师和学生的行为准则进行修订和实施，涵盖关于性别暴力方面的规定和约束；有关机构就校园性别暴力进行研究、监测、报告，为政策提供有力支持。

学校加强性别平等教育，教学内容（包括课程、教材、教学方法和课堂实践）具有性别平等意识，通过增进教师和学生关于自身权利的认识，从而减少暴力；特别重要的是，去挑战那些固有的、错误的社会性别规范，通过各种非暴力实践来促进宽容和平等。这不仅包括对学生的教育，也有对教师的教育。

大众媒体积极参与，宣传和倡导预防性别暴力，对校园性别暴力给予长期关注。

### 2. 制止与惩处

国家制止和惩处校园性别暴力的法规应该得到有效执行。在受暴者进行求助时，暴力行为应立即被制止，让施暴者受到惩罚。只有确保施暴者受到处罚，才能有效制止性别暴力。

学校应该形成这样的氛围：当有人受到性别暴力时，她（他）会很自然地想到向校方求助，并且能够顺利地找到学校里的专门机构或教师。我国台湾的学校普遍设有性别平等教育委员会，并有"性骚扰申诉与处理委员会"，可以对校园性别暴力做出及时的专业反应。

### 3. 支持

对于受暴者，校方应该提供专业的支持服务，包括充足的、免费的心理咨询，以及帮助受害者重新建立与同学或周围人的良好关系。校方同样有责任履行保密职责，不泄露当事人的隐私。为此应该对教职员工进行培训，以提升他们处理校园性别暴力的技能和知识。

学生间的同伴支持同样非常重要，应该有专门的学生社团或小组关注校园性别暴力，对遭受暴力的学生提供所需的伙伴支持。

这些支持同样也应给予受害人的家属、亲友，他们通常是暴力目击者。暴力具有传承性，针对暴力目击者的心理辅导有助于阻断暴力的传承。

执笔：方刚

## 校园白丝带运动，我们可以做什么

男性参与反对针对妇女暴力的白丝带运动，是否有必要在学校开展，意义是什么，以及应该如何做？这是我在高校演讲介绍白丝带运动时经常被问到的问题，我的看法是白丝带运动绝对有必要在高校开展，错过高校的白丝带运动是残缺的。

记得2012年"反对性别暴力16日"期间，某高校的学生想在校园做反暴力宣传，被该校学生处阻止，理由是"大学校园不存在性别暴力"。然而，校园当然存在性别暴力，性别暴力是全球性的普遍现象，有性别存在的地方就可能有性别暴力的存在。约会强奸算不算性别暴力？招生歧视算不算性别暴力？性骚扰与性侵犯算不算性别暴力？"没有最瘦，只有更瘦""没有最美，只有更美"的"美貌文化"算不算性别暴力？对不具备"大男人气"的男生，以及具备"大男人气"的女生的蔑视与排斥算不算性别暴力……大学校园跟这个社会中的所有场景一样，是充斥着性别暴力的空间。

白丝带的校园运动，可以帮助学生在青少年时代便树立起反对性别暴力的意识，这将影响他们的一生。以大、中学为例，学生已经开始或即将开始亲密关系，白丝带运动可以帮助他们拒绝亲密关系中的暴力。对于那些曾经生活在暴力阴影中的学生来说，白丝带运动有助于他们不成为暴力的传承者。

那么，校园白丝带运动具体可以做些什么呢？

你可以在校园里开办白丝带及反暴力的讲座。不要说你不是专家，普及性的讲座不需要专家，只需要热情。当然，你必须学习，学习的过程就是你进步的过程。只要你愿意，你可以非常容易地找到学习资料。

你可以组织反暴力知识竞赛、征文、演讲、情景剧设计、电影播放与讨论等各种同伴们喜闻乐见的活动，传播反暴力及白丝带运动的理念。

你可以成立男性成长小组，讨论性、性别与亲密关系的话题，比如回忆、分享与父亲的关系，从中感受不同类型的男性气质对男人的影响；分享与他人关系中的暴力情绪，检讨背后的原因，寻找解决的策略……事实上，如果能够聚集几个男人长期坐在一起讨论这些话题，这本身便是对支配性男性气质的改造，因为这种气质并不支持男人的内省与交流。

你可以在看到他人施暴时不再保持沉默。这可能是你的男同学正对女友施暴，可能是在食堂或其他场合男生与女生发生争执时的施暴，可能是课堂上老师的言语暴力，也可能是性骚扰……你以往只会转身离开，或装作没有注意到，甚至围观。从今以后，你要过去阻止。这是白丝带运动要求你做出的承诺：不对他人使用暴力，并且不对暴力行为保持沉默。

你可以打断男生们在一起"谈性"，如果这些话语中有污辱女性的成分、有性暴力的幻想。这样的谈话在我们生活中很常见，性幻想没有错，但污辱别人有错。有暴力倾向的交流，有时可能会酝酿暴力行为，至少会让在场的人觉得，暴力倾向是被大家接受的，暴力没有太大的"错"。所以，你必须表明你反对的态度，这就是白丝带的态度。

最重要的是，你要佩戴白丝带，特别是在每年 11 月 25 日至 12 月 10 日这十六天。在中国传统文化背景下，佩戴白丝带是需要勇气的，因为别人可能很错愕，以为你家里有什么丧事。他们会问你，你可以坦然地告诉他们：你是为那些被暴力虐待致死的女性戴的，你是白丝带运动的一分子，你可能需要详细讲述一下白丝带的故事：1991 年，三位加拿大男性，在一个房间里开始讨论如何让男人行动起来反暴力……

在做这些的过程中，白丝带运动与反暴力的理念就这样传递了，白丝带运动就这样在校园展开了！成为白丝带运动的一分子，很困难，也很容易。困难是你要坚定地站在受暴者一面，这可能需要你挑战和颠覆你自己以及这个社会上的许多观念；容易的是，只要你决定了，你总可以为这份事业做一些贡献。校园白丝带运动，你准备好了吗？

执笔：方刚

# 电影教学：《超脱》

## 一 剧情梗概

亨利·巴赫特是位四处代课的老师，他刚到了一所"学生成绩远低于平均成绩"的学校。校长给他的任务不是如何提高学生的成绩，或激发他们的学习热情，而是"让他们听话"。

第一节课，一个男生骂女生梅瑞狄斯是"肥婆"，被亨利轰到教室外面，但对一个以更肮脏的词汇骂他本人的男生，他表现得和蔼可亲。课后，梅瑞狄斯问他为什么这样，他说："在我这里，不允许他们那样污辱你，但骂我什么没有关系。"

一次课间，一位黑人女学生和她的妈妈一起找到女教师萨莎吵架，因为这位女学生被萨莎处罚了。妈妈破口大骂，脏话连篇，女儿则威胁教师："如果你再找我麻烦，我找人把你轮奸到死。"母女张口闭口骂教师是"婊子"，身为学生的女儿还把一口痰吐到女教师脸上。

一位年龄较大的男教师被安排到一个班上课，几个学生堵在门口用各种脏话和污辱性的语言挑衅他，而他则用更脏的话来微笑

《超脱》，美国，2012年，97分钟

着回敬。双方达成一种和谐，开始上课了。

……………

在这个校园里，各种暴力俯首即是。

亨利的外公住在养老院里，他不定期地去探望。有一次，养老院的女护工不尽职，他对她大声咆哮，似乎很有效果。亨利的母亲在他七岁时自杀了，影片一直以亨利的回忆视角，闪回着他年幼时和母亲玩耍的镜头，以及最后母亲服毒倒地的场景。外公对于亨利母亲的死感到自责，临终前向他忏悔，亨利阻止他说："你没有做什么，那都是你想象的……"

亨利在公交车上遇到一个卖性的女孩子艾瑞卡，他像大哥哥一样关心她，甚至把她带回家。她喜欢上了亨利，但亨利一直拒绝与她有亲密关系，只是像兄妹一样相处。最后，还是让社会福利部门把她带走了。

梅瑞狄斯非常有艺术才华，她也喜欢亨利，亨利同样拒绝了。

亨利代课的最后一天，梅瑞狄斯自杀了。

影片结尾，亨利去看望艾瑞卡，两人紧紧地抱在一起……

## 二　观影前的提示

这部影片中充满各种形式的暴力。观影时，我们不妨留意一下：都有哪些暴力？哪些是性别暴力？以什么方式出现？注意：其中一些是直接呈现的，还有一些是隐晦呈现的。对于这些性别暴力，你怎么看？

## 三　观影后的思考与讨论

### 1. 认识影片中的暴力呈现

影片中充满暴力，肢体暴力、言语暴力（精神暴力）、性暴力都有充分的呈现。例如：

学生对学生的性别暴力：男生骂梅瑞狄斯是"肥婆"，是针对不符合传统审美标准的女性的性别暴力；两个男生在教室里打架，把电脑都打坏了，是张扬男子汉气概的性别暴力。

学生对教师的性别暴力：用脏话骂亨利的学生，是对亨利的暴力；冲到办公室咒骂女教师的母女，是对女教师的暴力；骂年长男教师的男生，是对男教师的暴力。注意，这些骂人的话中，"性"与"性别"的特征是重要内容，它表明这些言语暴力属于性别暴力的范畴。学生原本是在权力关系中居于下位的人，竟然可以向教师施暴，这也向我们展示了权力关系在特定情境与空间中的多元建构性。

教师对学生的性别暴力：年长男教师对污辱自己的学生"以其人之道还治其人之身"，大谈肛门性交等，是性别暴力；女教师训斥女学生不学习、不进取，也是一种暴力。教师是在权力关系中居于上位的人，其对学生的暴力更容易实施，暴力的力度也加倍了。

家长对孩子的家庭暴力：梅瑞狄斯的父亲咒骂她、污辱她，显然是家长对孩子的家庭暴力。从各种迹象来看，影片中的许多学生在家庭中都遭受到暴力。

性暴力：性暴力是性别暴力的一种。嫖客对性工作者艾瑞卡既骂又打，是性暴力；艾瑞卡可能被强奸过，也是性暴力；以上属于公共空间中的性暴力。家庭中同样可能存在性暴力，影片中的一些迹象暗示：亨利的外公对亨利的母亲有性侵暴力，这导致了她的自杀。

影片中其他的暴力表现形式，如几个男学生虐待猫、亨利对养老院护工大吼大叫。

我们看到了多种暴力形式的并存，其中许多都属于性别暴力。可见，性别暴力不是孤立存在的。

### 2. 如何理解教师对学生的暴力

影片中的教师形象并不都是阳光的，教师对学生也存在着暴力。比如很多教师一直使用着充满暴力的语言，影片中的多数教师都有暴力行为……

你对于教师使用暴力语言怎么看？比如你对于年长男教师对学生"以其人之道还治其人之身"的语言暴力怎么看？

一位女教师叫来一位所有课程都不及格的女生，询问她的职业规划，最终大声训斥她，指责她一无是处，认为她所有的职业规划都不可能实现。这是对学生的一种打击，属于精神暴力。你对女教师为了学生的进取而训斥他们，怎么看？

在讨论中，有的教师可能会说：教师这么做是基于爱。然而，许多暴力都是以爱的名义施加的，这种暴力更危险，因为它似乎具有了某种正义性。

影片中有教师主张恢复体罚，这时影片中闪过希特勒的镜头，似乎在暗示我们，这样的想法是法西斯式的。

我们反对暴力，必须用正面的、非暴力的形象去感染学生，给他们非暴力的榜样，而不能成为暴力的榜样。以暴制暴，表面来看"震慑"住了学生，但实际上是在复制暴力，鼓励暴力，只会使暴力不断加强、不断传承。

有一种常见的错误认识：对于某些人，软的没有用，就得来硬的，但事实可能并非如此。像那个在亨利第一次上课时很凶地咒骂他的黑人男生，亨利温情相待，最后一次课，他对亨利依依不舍。

我们必须认识到：以暴制暴，传承暴力，永无宁日。

我们还看到，很多教师的家庭中也存在着各种各样的问题。比如女校长的家庭中，亲密关系就有问题。这也提醒我们：不要把自己的压力施加到孩子身上，让他们成为宣泄愤怒的对象。当然，处于高压力、暴力情境中的教师的心理健康，也应该受到高度重视。学校应该有所作为，为教师提供疏解的渠道。

**3. 建设无暴力的校园环境，不对暴力保持沉默**

课堂上，亨利将骂梅瑞狄斯为"肥婆"的男生赶出教室，这就是"不对暴力保持沉默"，以及"建设无暴力的校园环境"的体现。不足的是，他应该借此时机，对学生们进行反对性别暴力的教育，哪怕只是几句话，重要的是清楚地表达出自己的立场，给学生一个榜样。影片中，教师看到有学生虐猫，立即制止，而且进行了后续教育。这也是"不对暴力保持沉默"。

想一想，你的班级中、校园中，存在哪些性别暴力的现象？你将采取什么措施来制止这些性别暴力？当然，制止性别暴力的时候，要注意保证自己的安全。

影片另外一个情境中，亨利对于性别暴力保持了沉默。公交车上，嫖客对性工作者艾瑞卡进行虐待时，一旁的亨利保持沉默，成为沉默的旁观者。同样保持沉默的，还有司机。下车后，艾瑞卡追着亨利，谴责了他面对暴力的沉默。而这也是我们反对的行为，我们倡导的是：自己不使用暴力，也不对暴力保持沉默。

影片将近结尾时，亨利对学生讲的一段话振聋发聩："你们这一代年轻人，在当下被这样告知，女人都是妓女、婊子，是被排挤、殴打、欺辱、蒙羞的对象，这是一场 24 小时不间断的传销式精神屠戮！它使得我们的后半生，都受这种错误观念的控制，它很强大，蒙蔽了我们的双眼，至死方休。所以，为了保护我们的头脑，阻止这种愚蠢的想法渗入我们的思想进程中，我们要学会阅读，用以激活我们的想象力，耕耘它，提高我们的自我意识、我们的信仰体系。我们都需要这样的技巧，用以抵御保有我们纯粹的精神世界。"

### 4. 家庭暴力对孩子伤害非常大

影片对家长针对孩子的暴力进行了控诉。如梅瑞狄斯在家中一直忍受着父亲的暴力。这种暴力不一定是肢体暴力，但至少是精神暴力。父亲一直贬损她的艺术能力，贬损她整个人。

家长针对孩子的暴力，以及孩子了解到家长之间存在的暴力，都会对孩子的成长造成非常大的负面影响。成为父母前，要学习做父母。教师可以在开家长会的时候，向家长传递家庭暴力危害性的知识与理念，帮助家长成长。

### 5. 反思"反性侵"话语的局限性

影片中，梅瑞狄斯渴望亨利的安慰，她一次次地央求"抱抱我"。这个时候，我们都希望亨利能够紧紧拥抱梅瑞狄斯，给她温暖、爱与支持，但是亨利却将她推开了。她再抱过来，亨利再推开，一次又一次，梅瑞狄斯怎能不伤心？

这是为什么呢？影片给了我们解释。当梅瑞狄斯强行靠到亨利身上时，女教师萨莎进来，正好看到了。萨莎暗指亨利和女学生有不正当关系，涉嫌性侵，她说："你不应该和一个女生单独在这里！"亨利对此指责非常愤怒，他吼道："你以为我是那个老变态吗？！"这句话是对他外公性侵他母亲的暗示，但更是对萨莎无端指责的愤怒。

当梅瑞狄斯渴望亨利的拥抱与安慰时，他本可以给一个女孩子坚定的支持，本可以让她感到温暖，为什么他不能做到呢？因为有那个"师生授受不亲""教师对学生进行性骚扰"的利剑悬在头顶，随时可以落下来，让我们胆战心惊。

我们反对校园性骚扰、性侵犯，但我们不能杯弓蛇影、草木皆兵，更不能画地为牢，将所有教师先假定为性侵者，而不是关爱学生的人，是不合适！梅瑞狄斯自杀了，许多人对此都有责任：同学、父亲、教师、亨利、萨莎、学校的教育理念，乃至社会上一些偏激的"反性侵"理念……

执笔：方刚

# 电影教学：《放牛班的春天》

## 一　剧情梗概

故事从世界著名指挥家皮埃尔·莫朗奇重回法国故地开始，他的旧友佩皮诺送来当年音乐启蒙老师克莱门特·马修老师的日记，从而引发了他对学生时代的回忆。

当年，马修到一所名为"池塘之底"的寄宿学校当学监。这是一所专门为问题青少年设置的"再教育"学校。校长以"行动—反对"原则为准，以暴制暴地管治"问题少年"，体罚在这里司空见惯。马修到学校之后，尝试用自己的方法改善这种状况，最后以组建合唱团的方式，拉近了与学生们的距离，发挥每个人的特长，让学生逐渐找到了自己的位置。

马修教学生们唱歌的过程并不顺利，有时候学生们不肯配合。皮埃尔·莫朗奇虽有音乐天赋，但不肯展示自己的歌喉，不愿加入合唱团，还经常打架斗殴，然

《放牛班的春天》，法国，2004年，96分钟

而马修还是敦促他加入了合唱团。后来莫朗奇发现母亲与老师之间微妙互动的感情，向老师泼了墨水，马修惩罚了他，但也让他更加珍惜在合唱团中的独唱。新来的有暴力倾向的孟丹更让马修头疼，他经常欺负弱小，最后被开除了。后来马修发现孟丹是被冤枉的，向校长申请澄清这件事，但校长认为这不值一提。最后当校长出去争取自己的荣誉时，马修和神父带着孩子们出去游玩，此时发生了失火事件，马修被解雇，临走前带走了佩皮诺。而皮埃尔·莫朗奇凭借自己的天赋和马修老师的推荐信，去了音乐学院学习，最终成为一名指挥家。

## 二 观影前的提示

这部电影有助于帮助老师了解不同形式的校园暴力，思考校园暴力的原因，认识到教师尊重、包容、不带偏见才是对学生最大的帮助。在观看电影时，可以思考一下，影片中体现了哪些校园暴力？其中哪些属于性别暴力？

## 三 观影后的思考与讨论

### 1. 影片中的校园暴力类型

从施暴者与受暴者的关系来看：有老师对学生的暴力，如校长和其他老师对学生关禁闭、体罚等；学生对老师的暴力，如学生偷马修老师的乐谱、伤害马克森斯大叔等；学生之间的暴力，如睡觉时抢走同学的被子，让其必须交钱才能上床睡觉，以及说莫朗奇的母亲是妓女等。

从暴力的形式来看：有语言暴力，如老师辱骂学生、孟丹说莫朗奇的母亲是妓女等；有肢体暴力，如老师体罚学生、孟丹与莫朗奇打架等；有经济控制，如孟丹要求其他人交钱等。

### 2. 影片中是否呈现性别暴力

影片中的性别暴力有这些：

（1）语言中的性别暴力。孟丹在莫朗奇晾床单时突然出现，对莫朗奇说："唱得好，美人，你怎么一个人，我来保护你"；"你妈妈把你放在这里，自己在外面快活。他们说得对，她是一个婊子"。

这里体现了两种性别暴力。首先，是对不同于传统男性气质的男孩的性别暴力。由于莫朗奇长着"天使般的面孔",有些类似女性的美丽,孟丹叫他"美人",说要"保护"他,并且企图有身体上的触碰。其次,是对女性的歧视和侮辱。孟丹骂莫朗奇的母亲是"婊子",在电影中一次课堂对话情景中,还隐约说过莫朗奇的母亲,"想见他母亲的人很多"。女性,尤其是单身女性,如果有较多追求者,或打扮得比较漂亮,就让人认为她有招蜂引蝶之嫌,因而骂其为"婊子"。"婊子"通常是对女人的侮辱,对男性则不会有这样的称呼,这显然是一种针对女性的性别暴力。

(2)性骚扰。两个同学在课间悄悄讨论,一个同学说:"我偷看了校长的女儿。"另一个同学赶紧问:"是裸体吗?"尽管同学回答不是,但这仍然涉嫌性骚扰。从另一个同学的问题中可知,偷看目的很可能是想看对方的裸体,而女性大多是不欢迎这种偷窥的。

为什么孩子会有这样的行为?这些处于青春期的孩子,被封锁在乡间男生寄宿学校里,很少有机会接触异性,但他们对异性充满好奇。影片中还有一个细节,孩子们偷走了马修老师的东西,以为那是色情读物,也是这种心态的体现。显然,让孩子隔绝与异性的接触和与"性"相关的信息,可能引发不恰当的行为。因此,应该让学生有正确途径去了解自己和异性,学习以对自己和他人负责任的态度进行交流。

### 3. 如何评价影片中的老师和孩子

马修老师、马克森斯大叔对孩子们有爱心,以尊重、包容的方式给予孩子自我成长和反思的机会,所以孩子们慢慢在改变。马修临走时,孩子们那些可爱的纸飞机和好听的歌声,是他们得到关爱后的成长表现。校长以暴制暴的方式,则增强了孩子们的反抗和仇恨,最后那场大火,是孟丹复仇的表现之一。所以,教师在面对校园暴力时,应该以和平、关爱的方式来对待孩子,挖掘他们的闪光点,鼓励他们做出改变。

另外,教师还应该避免戴着有色眼镜去看待"问题学生"。在马修到来之前,校长和其他老师都认为这里的孩子必须通过高压方式来管理,但后来慢慢地有老师改变了,跟着马修一起带孩子上音乐课,写信给基金会,为合唱团争取表现的机会。然而当发生失窃事件时,所有人一致认为是孟丹偷了钱,马修老师一开始也这么看，可见要做到真正地平等对待学生是很困难的。

### 4.处理校园性别暴力的注意事项

影片中可以看到，教师在处理校园一般暴力和性别暴力上存在差异，主要区别在于是否及时发现暴力、如何引导学生上。例如马修和其他老师很快就发现了一般的校园暴力，如肢体暴力、经济控制等，并惩罚或警告了学生，但是对于性别暴力，他们似乎没有发现，或者未意识到问题的严重性。然而，母亲被骂"妓女"对莫朗奇的影响非常大，他为此逃学半天，悄悄去看母亲到底在做什么。而男生偷窥校长女儿这件事，完全是孩子们之间的秘密，尚未被发现，这说明校园性别暴力有时非常隐蔽。

面对校园性别暴力，老师首先必须具备性别意识，其次还应该仔细观察孩子的生活，发现端倪，及时干预。比如当孟丹在课堂上说"想见莫朗奇母亲的人很多"时，如果一位有性别意识的老师能及时发现问题，适当引导，对莫朗奇将有很大帮助。而偷窥事件虽然很难被发现，但如果老师可以提前做一些性与性别的教育，也能预防性别暴力的发生。此外，教师还应该意识到，即使发生了性别暴力，也应该用关爱、尊重学生的方式来引导他们认识到自身的问题，自己有意识地做出改变，不要以暴制暴，这样才能打破暴力的循环。

执笔：杨梨

# 第二编 家长教育

家庭教育与学校教育是相辅相成的关系。家庭这个领域，对于反校园性别暴力而言，是非常重要的。学生在学习阶段，大多是两点一线，家庭和学校就是他们的主要活动区域。这两个区域的生活并不是完全独立的，往往有着紧密的关联，在一个区域发生的暴力，很可能会影响到在另一个区域的表现。

因此，许多反校园性别暴力的活动中都有家庭暴力的内容，教导孩子如何应对家庭中的暴力，学校在这方面可以提供何种帮助。同时，我们也会强调，要让家长积极参与进来，配合学校进行反校园性别暴力的教学，尤其是那些受暴孩子的家长。显然，如果家长缺乏足够的知识，也不掌握相关的应对策略，就很可能使孩子受到二次伤害，心理创伤将难以恢复。

这部分主要是给家长提供一些教育材料。如介绍基本的家庭教育方法，平时多关注孩子的情绪，及时发现异常举动，以便采取相应措施；培养孩子反暴力的能力，教会他们一些常用的、保护自己的方法。这里最重要的是表达关爱和支持，这样孩子有什么事情，才会及时跟家长沟通。最后是要避免一些错误的做法，这里列出了一些常见的误区，提醒家长不要误入歧途。

为了让家长更好地理解这部分的内容，这一编里还收入了两个电影教学。其中一个是《妈妈别哭》，讲述女儿在学校遭遇性暴力后自杀，单亲母亲为其暴力讨公道的故事。这个案例强调（家长、社会）要给受暴孩子提供支持，不要轻易责怪孩子，要通过理性的途径（如法律）来解决问题，自杀、以暴制暴都是不合适的处理方式，这是我们需要反对和反思的。另一个是《地球上的星星》，讲述一个特殊孩子遭遇家庭暴力、校园欺凌的故事，它强调家长应该关爱孩子，给孩子提供充分的安全感，帮助孩子消解负能量，建立良好的亲子关系。

# 阅读材料：父母如何帮助受暴孩子

未成年受暴者的家长需要有充分的知识与应对策略，否则很可能使孩子受到二次伤害。这里介绍一些基本的策略。

## 一　关注孩子的情绪

孩子受暴后，不一定会告诉家长。很多时候孩子不说，家长也就不会留意。孩子是不擅长情绪管理的，他/她的情绪波动往往会直接表现出来。比如，有的孩子一回到家就把房间门关上了，这多半就是有情绪的。如果家长没有留意到孩子的情绪波动，孩子会觉得受伤，情绪会更加低落。

因此建议家长在每次同孩子交流的过程中，要关注孩子情绪的反应和细微变化，同时多和学校老师沟通，随时了解孩子在学校的状况。只有对孩子的情绪相对敏感，及时给出适宜的反应，才能获得孩子的信任，孩子才会愿意把内心的秘密告诉家长，从而建立良好的亲子关系。

## 二　训练孩子的反暴力能力

告诉孩子，面对暴力的时候，可以直视对方的眼睛，叫对方的姓名，大声拒绝，比如说："你不可以这样对待我！"讲完后，不需要等对方回答，可以立刻抬头挺胸离开现场。

你要跟孩子进行演练，内向的孩子要多练习几次。就算他/她告诉你，他/

她做不到,也不要放弃,继续跟他/她练习。告诉孩子霸凌者会注意你的身体语言,不用跟对方辩论。

告诉孩子,有人施暴必须立刻报告老师、家长。施暴者不会自行终止暴力行为,把同学错误的行为报告给老师,并不是打小报告,而是保护所有的同学,同时也给那个施暴者改过的机会。家长和老师要让孩子知道,如果将事件告知你,你会帮助他/她处理这件事。

## 三　对受暴的孩子表达支持

### 1. 信任与支持

受暴者最需要的是信任。如果朋友和家庭成员缺乏对受暴者的信任,那么不仅是对受暴者的毁灭性打击,而且可能对他们的关系产生无法挽回的损失,特别是当受暴者是孩子时,他/她鼓起勇气告诉你,而你的不信任、冷漠会让他/她受到再一次的伤害。

周围人对孩子的态度非常重要。当孩子说出受暴经历后,周围人的支持有助于他/她情绪的恢复,反之,他/她的创伤可能超过性侵犯本身。不要责备孩子,要给孩子一种安全感,让他/她在家庭里感受到安全和温暖。

受暴者的家人和朋友应该理解,由于性格、生活经验、周围环境、其他重要人的反应不同,受暴者的反应可能各有不同。不管他/她的反应是什么,他/她都需要情感支持,被鼓励去做那些能让他们减少压力的事情。这意味着受暴者的家人和朋友应该提供大量的支持性陪伴,帮助其尽快恢复。

受到暴力,孩子一般会感到不安全,所以要给他/她安全感。首要的事是结束暴力,让他/她重新回到安全的环境中。

### 2. 避免错误做法

家长知道孩子受暴后,一定要保持冷静,不要因为激愤而采取过激行动,那可能会给自己和家人以及受暴的孩子带来进一步的伤害。

尽量避免采取错误的处理方式,比如让孩子退学、转学,送孩子到外地去等,这些办法看似是在保护孩子,实际上会给孩子带来一种"责怪"的感觉,让他们认为自己有错;在对孩子的重大安排上,要征求孩子自己的意见,并尊重他们的意见。

不要对孩子强化暴力（尤其是性暴力）的伤害，这可能给孩子带来更大的痛苦，应该鼓励他/她："你虽然受了伤害，但你依旧是完美的，你没有任何过错。你不必对这件事承担责任，你的人生依然可以是快乐和幸福的。"

不要责怪无辜的家人。有人会责怪传统意义上负责照顾孩子的母亲，这是错误的态度。要知道，受到暴力不是被侵犯者和照看者的错，这样的责怪会降低家庭的凝聚力，对家庭关系造成伤害，还会让孩子感到"自己是个麻烦"。

### 3. 帮助孩子成长

对怯弱、内向、爱哭的小孩，不要一直关注他们的"哭泣"行为。让他们哭完，擦干眼泪，带着他们面对现实，学习怎么处理这件事。内向的孩子也可以通过练习来对外展现自信，尽管这可能需要更多时间。

帮助孩子学习情绪调解的能力，告诉他们不要纠结过去，要向前看，转移注意力，开发自己的生活乐趣，为未来的人生做准备。鼓励和帮助孩子开展更多的社会活动，培养他们的爱好，重建自我价值，这有助于他们的康复。

创伤恢复是一个缓慢的过程，要接受这个过程，给自己和家人时间。有的创伤很严重，需要数月乃至数年来处理，对此应该有耐心。如果受暴者感觉受到了巨大的创伤，要帮助他们厘清造成重大创伤感的是什么？是暴力本身，还是某些舆论、社会环境的不友好造成的？必要时进行个体面对面的咨询辅导，有条件的情况下也可以做团体辅导。

## 四 孩子受暴后，家长处理的七个步骤

（1）让孩子自己讲清楚状况，不要急着解释，不要马上告诉孩子应该怎么处理，更不要告诉孩子："你就是因为这样那样，所以人家才会欺负你。"

（2）如果家长自己以前曾遭受过暴力，听过有关遭受暴力的惨烈故事，请不要急着在这个时候跟孩子分享，你的激动会增加孩子的恐惧和忧伤。

（3）你可以问问题，把孩子没讲清楚的部分搞清楚。

（4）听完之后，如果孩子识字，把他/她所讲的内容写下来，列成1、2、3、4……给孩子读一遍，问有没有漏掉什么。

（5）认同孩子受伤的情绪，告诉孩子，你相信他的心里一定很不好受。

（6）接下来可以问孩子，你需要我怎么帮助你？如果孩子不知道，你可以换个方式问："你觉得有什么方式，可以让他不要再这样对你？""先不要管做得到做不到，你讲讲看，因为你比我了解他的状况"。把孩子的想法写下来。

（7）跟孩子重复一遍他的建议，确保没有遗漏。你同意的，在旁边做个记号，然后执行。先让孩子自己想办法，可以培养孩子对负面状况自己思考、找到应对方式的能力，也可以在你之后提出建议时，避免重复那些孩子早就知道的问题。

执笔：方刚、葛叶奕

# 电影教学:《妈妈别哭》

## 一 剧情梗概

离异的柳琳与刚入高中的女儿恩雅一起生活,母女俩非常亲密。

恩雅喜欢上了学校的男同学尹祖韩,主动送礼物给他。没想到,却被他及另外两名男生轮奸。由于施暴者是未成年人,又没有充分证据,法院判其中两人无罪,另一人一年半刑期。恩雅母女内心的创伤还没有消除,三名男生又以轮奸恩雅时的录像作为要挟,再次强暴了她。

受到巨大创伤的恩雅割脉自杀。那天正好是妈妈生日,她自杀前给妈妈买了一个蛋糕,在上面写道:"妈妈别哭。"

失去女儿的柳琳决定自己报仇,先后杀死两名施暴男生,扎伤尹祖韩。这时警察赶到,当她再次向尹祖韩举刀时,将其击毙。

## 二 观影后的思考与讨论

### 1. 喜欢一个人,不能只看外表

恩雅喜欢上了尹祖韩。新交的朋友秀敏显然对尹祖韩的人品有所了解,提醒她要"小心",并说他"是个混混儿",但恩雅不

《妈妈别哭》,韩国,2012年,87分钟

以为然。放学时，尹祖韩送恩雅出校门，柳琳看到尹祖韩同另外两位男生在校门口的匪气样儿，有所警觉，提醒恩雅交朋友要注意"人品"，恩雅同样没听进去。那么，恩雅喜欢男生有错吗？恩雅的疏忽在哪里呢？

提示：

喜欢男生没有错，但需要对这个人有一些基本了解。恩雅对尹祖韩完全没有了解，只是偶然看了一眼，觉得"好帅"，便主动示爱。其实，只要略微观察一下他的为人处世、他的社交圈，以及听一听关于他的"传闻"，也许就会敬而远之。这里需要提醒的是，处于情窦初开期的青少年，不能只被对方的外貌所迷惑。

### 2.主动示爱没有错，但要有自我保护意识

恩雅给尹祖韩发短信，要送巧克力给他。尹祖韩约她晚上在楼顶见面，她去了，发现还有另外两名男生。三人将恩雅强暴了，其中一名男生还骂恩雅是"婊子"。回顾这个片段时，启发学生思考，如果你是恩雅，你要如何做，才能更好地保护自己不受伤害。

提示：

送礼物给自己喜欢的男生没有错，主动约男生见面也没有错，但两人不太了解时，应该尽可能地先在公共场所、有他人在场的地方交往，加深了解。晚上约到楼顶，是不妥的，但即使如此，恩雅也没有错，她最多是疏忽了。学校、家长事先缺少对青少年的自我保护教育，也是造成恶果的原因之一。

有人可能会说：女孩子主动约男生，太主动了，不好。这时教师应该引导学生认识到，这样的想法正是和那些强暴恩雅的男生一样，比如那个骂恩雅"婊子"的男生，就是觉得她主动约男生是"咎由自取"，这对受暴者是不公正的。当然，同时也应该引导学生认识到，要具有防范性别暴力的意识。

### 3.受暴者不应该受指责

施暴方的母亲指责恩雅也有错，她叫道："谁说你的孩子没错！"仿佛恩雅要为被强暴承担一定的责任。那么，应该怎么看待恩雅的行为呢？

提示：

在此我们需要再次强调，恩雅缺少防范意识，沉湎于仅基于外貌的单恋，她有不妥之处，但这绝不能成为替施暴者开脱的理由，也不意味着恩雅要为暴

力承担一定的责任。

### 4.受暴者需要心理援助

恩雅被强暴后,在浴缸里不断地清洗,但还是觉得自己好脏,妈妈无语地抱着她一起哭。

法院做出轻微判决后,母女从法院出来,母亲蹲在车边痛哭,恩雅无助地站在一边。

柳琳安慰女儿,想带她去旅游。恩雅拒绝了,她问:"如果事情发生后,假装什么都没有发生,会不会好一些?"柳琳无语。

引导学生讨论,应该如何理解恩雅此时的言行?母女这时最应该做的事情是什么?

提示:

恩雅,包括柳琳,此时最需要的是心理援助。柳琳蹲在车边哭,忽视了更为痛苦的女儿恩雅的感受;面对母亲的痛楚,女儿会更加无助?这对母女在经历重创后,缺少支持的力量,无法走出创伤的阴影。受伤害后,应该及时开始疗伤,这非常重要。

恩雅觉得自己"脏"了,甚至想如果不报警会好一些,这是自我责难。她应该得到正面、积极的支持,告诉她,有错、有罪的,是那些加害你的人,你还是原来的你,你没有错。

影片开始时,柳琳曾对女儿说,千万不要像她一样,因为和恩雅的父亲有了性关系,便不得不和他结婚。这话暴露出柳琳有非常强的"贞洁观",认为和一个男人有了性关系,就"是他的人了"。这种观念对恩雅有潜在的影响,使她无法面对自己被强暴、被夺去"贞操"的事实,觉得自己很"脏"。

我们反对"贞操"观念,"贞操观"是对女性的物化,强化着男女不平等的社会现实。去除贞操观的教育,应该是这部分教学的重中之重。要告诉青少年,即使你被强暴了,你还是原来的你,并没有缺少什么;你只是身体被伤害,与身体其他部位被伤害没有区别。

性侵犯是对基本人权的侵犯,是对身体自主权的侵犯。我们要避免盯着"性",认为性侵犯是对"贞操"的侵犯,这样只会培养青少年对性的羞耻感和罪恶感。

### 5. 面对要挟怎么办

三名施暴男生发短信给恩雅，传来她被强暴时录下的影像，并威胁说，如果不去找他们，便将这些传到网上。如果你遇到这种情况，你会怎么做？

**提示：**

应该引导学生达成这样的共识：对恶势力妥协，不会达到自我保护的目的。无论如何，首先考虑报警。恩雅害怕录像被传到网上，与她被建构起来的"贞操"观有关，她觉得录像让她"丢人"，而事实上，这正好是她伸张正义的证据。

### 6. 自杀，一个坏选择

恩雅再次被强暴后，选择了自杀。她死前给妈妈买了生日蛋糕，特意写上："妈妈别哭"。那么，恩雅为什么会选择自杀？自杀带给了家人什么？

**提示：**

由于第一次被强暴后正义无法伸张的创痛，恩雅认为再报警没有意义，绝望中选择了以自杀来解脱。恩雅爱妈妈，她应该清楚，一个蛋糕与一句"妈妈别哭"，无法弥合妈妈的创伤，她自杀的同时也将母亲送上了死路。

我们选择结束生命时，要再想一想，这对于我们爱的人和爱我们的人，将带去什么？以死亡来逃避痛苦，痛苦并不会真的消失，而是会把更大的痛苦抛给爱我们的人，这同样是对他们的伤害。即使绝望，也应该坚持向前看，努力去争取希望。自杀了，就什么都没有了。

### 7. "替天行道"可取吗

柳琳选择了亲自复仇，她开始一个个地惩处施暴者。你如何看待柳琳的做法？面对不公正，我们应该怎么办？

**提示：**

我们可以理解柳琳作为一个母亲为女儿复仇的心情，也理解她在面对法律无法惩处施暴者时的痛楚，但柳琳的做法同样是犯罪，这绝不是我们应该支持的态度。"替天行道"，许多时候会沦为和施暴者一样有罪的人。此外，柳琳的复仇行动失之鲁莽，几次差点赔上性命，还险些失去将施暴者绳之以法的证据，实际效果也不好。

可以引导学生各抒己见，提出其他解决路径。比如呼吁媒体和社会关注此案，推动法律的变革等。

### 8. 目睹暴力，怎么办

处理这个案子的警察是恩雅好友秀敏的爸爸，他在录像中意外地看到了自己女儿的身影。原来当恩雅第一次被强暴时，秀敏看到了。他打电话给女儿，责问她为什么不报警，为什么不作证。秀敏哭着说，担心被那几个男生报复。如果你是秀敏，你会怎么做？

提示：

应该引导学生充分发声，包容不同的观点，但要努力达成一个基本共识，即保护自己不受伤害的同时，对暴力绝不容忍。比如，你可以在目击暴力时打电话匿名报警，可以寻求匿名作证的方式等。反对暴力，包括不施暴，也包括不对暴力保持沉默。沉默，便将成为暴力的帮凶。

### 9. 父母不能永远袒护你

影片中，三名施暴者的父母几次出场，没有真挚的歉意，只试图用金钱来摆平。从三名施暴男生的谈话也透露出，以前他们做过同样的事，都是父母帮助用金钱摆平的，没有被起诉。那么，他们自己、他们的父母，应该分别承担什么责任呢？

提示：

作为青少年，自己要对行为的后果负责，要对自己的行为进行反思。几名施暴者间张扬男性气质的对话，试图通过性、暴力来显示自己的男性气质，显示自己"够男人"，这都是危险的想法。

父母真的爱孩子，绝不是无条件地袒护孩子，那最终是害了他们。

最后，教师可以引导学生总结这部电影给他们带来的启发，还可以结合另外两部韩国电影《熔炉》和《素媛》来对比思考。

执笔：方刚

# 电影教学:《地球上的星星》

## 一 剧情梗概

影片讲述了一个九岁男孩伊桑和他的美术老师尼库巴的故事。

主人公伊桑很聪明,也非常调皮。在父母眼里,他是一个不听话的孩子,父亲经常打骂他。在老师眼里,他是一个上课开小差、在班上搞恶作剧、各门功课不及格的无可救药的学生,老师们对他失去了信心,罚他站门口,骂他是笨蛋、白痴……学校劝其退学,父母只好把他送到一所寄宿学校。

在寄宿学校,老师的斥责、同学的嘲笑让伊桑十分痛苦,终日过着孤独、害怕的日子,母亲打电话他一言不发,撂下电话就走了,总是一个人默默地躲在没有人注意他的地方。

在伊桑最绝望的时候,美术老师尼库巴走进了他的生活。尼库巴和别的老师完全不同,他主张让学生们保留自己的个性、自由地发展,

《地球上的星星》(*Taare Zameen Par*),印度,2007 年,165 分钟

他从不责备伊桑，还发现了伊桑的绘画天赋，找到伊桑学习成绩差的根本原因是患有阅读障碍症。在尼库巴老师的帮助和指导下，通过伊桑自己的努力，他的读写能力逐渐提高，学习成绩有了很大进步，在学校的绘画比赛上，伊桑战胜尼库巴老师，获得了第一名。

## 二　观影前的提示

电影《地球上的星星》没有普通话对白版，只有中文字幕的外语版，为了保证活动效果，建议在教室以小班为单位组织观看，在大会场可能不太适合。

## 三　观影后的思考和讨论

### 1. 帮助孩子消解负能量，不要让气球爆炸

影片中有这样一个镜头：一群小伙伴在小区踢球，球被踢出去很远，他们命令伊桑去捡，伊桑很高兴地把球捡了回来，却把球扔到了别处。小伙伴们非常恼怒，大声责骂伊桑，一个伙伴还边骂边推搡。伊桑一下子被激怒了，跟那个孩子厮打起来，还咬伤了那个孩子。

又比如在楼道里，已经上了楼梯的伊桑又折回来把花盆踢倒；在楼顶上，他不断地运气，两个小拳头攥得紧紧的，眼泪不断地流下来。

这种情况是很普遍的。经常有家长跟我说，"老师，我的孩子平时挺好的啊，可是今天不知道为什么因为一点小事情大发雷霆，情绪爆发"。大家想一想这是怎么一回事呢？

提示：

电影中，伊桑和小伙伴打架之后的那种暴怒，并不是因为对那个攻击他的小伙伴特别愤怒，而是平时积累了太多的负面情绪所致。

我们每个人每天都会遇到来自工作、学习、生活各个方面的压力，因而产生许多负面情绪。好比一个气球，进入气球的气体是那些我们遇到的不开心的事，当气球里的气越来越多的时候，压力就产生了。而当气球内部的压力很大时，即使遇到很小的外部刺激也可能引起气球爆炸。这里可以用一个气球来做现场演示，气球鼓起来之后，用一根针就可以刺破它，引起爆炸。

那么，我们怎样避免气球爆炸呢？这里有两点建议：第一，避免或者减少

刺激（次数、强度）。如尽量不要对孩子吼叫、发脾气、指责、讽刺、挖苦等，有话好好说。第二，适时放气。可以适时帮孩子"放气"，如周末陪孩子一起郊游，抽时间和孩子一起玩游戏，倾听孩子说话，孩子委屈的时候给他/她拥抱、抚摸等。

特别要强调的是，我们经常看见一些家长对有情绪的孩子（尤其是男孩子）说："忍住，不要哭，（男孩子）要勇敢一点。"这个说法是错误的。首先，哭与勇不勇敢没有因果关系，哭只是宣泄情绪的一种方式；其次，认为"哭"不应该是男孩子的一种情绪表达方式，这是一种性别刻板印象，甚至可以说是一种性别歧视、性别暴力；最后，家长这样说并不能解决问题，就像气球一样，你让孩子忍住，把气球的这头按住了，但是另一头一定会鼓起来（演示），孩子的问题始终没有得到解决，总有一天会爆炸，会出大问题。

**2. 建立良好的亲子关系，给孩子足够的安全感**

心理学上，一般把有阅读障碍的孩子比喻为星星的孩子。因为你看得见他们，却触摸不到，就像星星一样遥不可及。那么，电影中的伊桑是怎样一个孩子？他的父母又是怎样的父母呢？

电影中我们看到，伊桑的父亲一直很冷漠、严肃，说话从来不考虑孩子的感受，他要出差却跟伊桑说："以后再也不回来了。"伊桑很害怕，马上跟爸爸认错，不让爸爸离开他。爸爸也许只是想吓唬一下孩子，让孩子更听话，但是对于一个没有自我生存能力的孩子来说，很容易将此解读为"爸爸不要我了，爸爸要抛弃我了"。接下来，父母出于为孩子好的目的把孩子送到寄宿学校，却没想到又被孩子解读为爸爸、妈妈和哥哥都不要他了。

那么，父母在对待这个特殊孩子的态度和行为上，存在哪些误区呢？

**提示：**

我们往往无意识地做着很多伤害孩子、让孩子安全感缺失的事情。回想一下，我们在孩子小的时候有没有说过这样的话："你不听话就不要你了""你不听话就不喜欢你了""你不听话就把你丢掉"等。我相信家长只是想通过这种恐吓让孩子更听话，可是听话的背后是孩子内心的恐惧。如果这样的事情持续发生，孩子会在以后的人生中一直害怕分离，因为每一次分离都会被他/她解读为抛弃，这种不安全感会持续地影响他/她未来的生活。

有研究发现，孩子最初的安全感来自父母，三岁之前是父母和孩子建立亲密关系、让孩子获得安全感的最重要时期，而安全感是孩子拥有自信的最重要的心理基础。有些孩子可能不是家长自己带大的，这就意味着你已经失去了和孩子建立亲密关系的最佳时期，如果是这样，那么一定不要错过现在，请多抽时间陪伴孩子，和孩子建立良好的亲子关系。

恐吓、威胁、欺骗孩子，不仅会降低家长的威信，更是一种家庭暴力，对孩子的健康成长非常不利。只有给孩子足够的安全感，才能让他们获得自信，能够坚强地面对以后的挫折。尤其对于那些特殊的孩子（比如有阅读障碍的孩子），他们的心理更加脆弱，家长应该有更多的耐心，陪伴、帮助他们成长，如果要送他们到特殊学校去学习，应该征求本人的意见，尊重他们自己的选择。

### 3. 那些针对孩子的暴力

电影中展现了许多针对儿童的暴力。在家里，伊桑的爸爸打他、骂他、大声呵斥他、威胁他；到了新学校，各科老师都不喜欢他、羞辱他，同学也嘲笑他，让他倍感孤独和无助。后来，即使是母亲打来电话，伊桑也一句话不说。他，已经从最初的恐惧变为把自己的内心封闭起来，真的成了一颗看得见却触摸不到的、不说话的"星星"。

**提示：**

这里伊桑遭遇的暴力主要有两大类。首先是家庭暴力，通常指家庭成员之间发生的暴力行为，通常又分为四种：

身体暴力：殴打、捆绑、残害、限制人身自由；以饿冻、有病不给治疗等方式虐待、遗弃没有独立生活能力的儿童、老人、残疾人、重病患者。在家庭中以肢体暴力的方式管教儿童，就属于身体暴力。

精神暴力：对受害人进行侮辱、谩骂、诽谤、宣扬其隐私、无端指责、贬损、恐吓、威胁、跟踪、骚扰等；使用武力、自杀等行为威胁受害者；强迫受害者做其不想做的事情；干扰睡眠、饮食；限制受害者工作、行动、与外界联系。在家庭中呵斥、讽刺、恐吓、威胁孩子，毁坏孩子心爱的物品，构成精神暴力。

性暴力：攻击受害者胸部、阴部等，强迫发生性行为或性接触，强迫与他人发生性关系等。家庭对儿童的性侵犯，是一种性暴力。

经济控制：严格限制家庭成员的经济支付，使其处于非常困窘的境地。家庭里面对儿童的必要开支进行限制，涉嫌经济控制的暴力。

《中华人民共和国反对家庭暴力法》第二十一条首次明确："监护人实施家庭暴力严重侵害被监护人合法权益的，人民法院可以根据被监护人的近亲属、居民委员会、村民委员会、县级人民政府、民政部门等有关人员或者单位的申请，依法撤销其监护人资格，另行指定监护人。"也就是说，父母对孩子实施家庭暴力的，可能会失去监护权。

此外，家长还应该了解，无论是对孩子实施暴力，还是让孩子目睹家庭暴力，对孩子的成长都有严重危害，会导致孩子产生自卑、消极、孤僻、冷漠、残忍、焦虑、沮丧等一系列问题。儿童期处于高度暴力环境的人，长大后更容易成为施暴者或受害者。

其次，伊桑还遭遇了校园欺凌，如老师嘲讽、骂伊桑是"蠢猪"等语言羞辱，大声呵斥、怒视伊桑等精神暴力；老师用戒尺打伊桑的手、让伊桑在教室门口罚跪等身体暴力。

关于校园欺凌，媒体更多关注学生之间的暴力，相对忽略了师生之间，特别是老师对学生的欺凌。面对校园欺凌，家长要注意以下几个问题：

（1）提供一个温馨、和谐、民主、平等的家庭环境。

孩子在家里能畅所欲言，敢于表达自己的想法，在面对家庭外的暴力、面对陌生人的时候才敢说"不"，当自己受到欺凌时，才敢告诉父母。

（2）发现孩子受到欺凌，一定要第一时间和学校联系。

校园欺凌的特点之一是反复性，持续时间较长。一个受欺凌的孩子如果不能及时得到帮助，施暴行为不能及时被遏制，受暴孩子很可能长期被人欺负。所以，发现孩子受到欺凌一定要第一时间和学校联系，要求管理机构介入来处理，同时稳定孩子情绪，理解和同情孩子，多陪伴孩子，给他/她足够的安全感，帮他/她修复心理创伤。

（3）要高度重视孩子的一些变化。

比如身体表面无故出现瘀伤、抓伤，个人物品经常丢失、破损，非得回家上厕所，情绪沮丧，自伤行为，突然不愿上学、逃学、失眠、做噩梦、尿床等反常情况，家长就要想到是不是孩子在外受到了欺凌。

（4）教给孩子应对欺凌的方法，其中最重要的是及时告诉父母、老师。

这里需要再次强调，孩子能及时告诉父母的前提，是父母给孩子提供了一个温馨、和谐、平等、无暴的家庭环境，已经赢得了孩子的信任。

**4. 大家看了这部电影还有哪些收获**

可以请三个家长分享一下自己的感受。

**提示：**

每个家长的观察角度和思考角度都可能不同，分享点也不一样，组织者要及时对每个家长分享的内容给予积极的肯定、鼓励和正面引导。

比如，孩子问题背后一定有原因：

遇到孩子的问题，家长往往以自己的想象去分析和得出结论，很少去深入了解孩子到底遇到了什么问题。电影中，伊桑学习成绩不好、经常写错字，并不是他不认真，而是因为患有阅读障碍症所致。正是因为尼库巴老师找到了伊桑出现学习问题的真正原因，伊桑才有了改变、有了进步、有了成功。

然而，并不是每个孩子都那么幸运，能够遇到像尼库巴那样的老师。学校的老师要面对很多孩子，精力可能不够，真正能给予孩子最大帮助的往往是孩子的父母。任何一个孩子都不会无缘无故出现问题，在问题的背后一定有原因。发现孩子有问题的时候，家长一定要冷静，要有耐心，花时间去寻找真正的原因，以便对症下药。

又如，最好的教育是爱，爱从接纳开始：

寄宿学校来了一位美术老师尼库巴，这是一位真正对孩子充满爱的老师。

因为爱，尼库巴从不责备伊桑。当他看到伊桑面前一直是一张白纸时，他没有批评伊桑，而只是轻声地告诉他："没关系，慢慢画。"当他看到伊桑低头发呆时，赶紧关心地问："怎么了孩子？不喜欢画画？"在老师心里，没有对坏孩子的厌恶，只有对伊桑深深的关爱和担心："他一言不发，经常沮丧和恐惧，他的眼神充满了求救，我害怕他会一直低落下去。"

因为爱，尼库巴努力去了解伊桑问题背后的原因。他通过伊桑的同学瑞杰了解到，伊桑在读写方面遇到了困难。于是，尼库巴马上回到办公室找出伊桑的作业本，仔细翻阅，终于找到了伊桑学习成绩差的原因，即阅读障碍症。

因为爱，尼库巴发现了伊桑的独特之处。罗丹说过："世界并不缺少美，而是缺少发现美的眼睛。"只有对孩子充满爱，我们才能发现那些不完美孩子身上的闪光点。尼库巴老师不仅找到了伊桑考试总是零分的原因，在家访时还发现了伊桑的绘画才能。慢慢地，他用自己真挚的爱帮助伊桑恢复了自信。

爱是最好的教育，爱从接纳开始，接纳孩子的不完美，接纳孩子的一切。

很多家长都会说，我爱自己的孩子，但是我们却经常看到这样的场景，孩子明天就要期末考试了，家长对孩子说："好好考，考好了，暑假妈妈带你去上海迪士尼"，"考试认真点！考不好，你想要的手机就下学期再买吧"。这是爱吗？这不是爱，这是一种交易。真爱是无私的，不附加任何条件，与孩子的外在行为也没有关系。

学会爱，善待孩子。正如尼库巴老师所说："每个孩子都是独一无二的，迟早有一天他们会走出一条属于自己的路。"

愿每个孩子都能成为地球上闪亮的星星！

执笔：李春

# 第三编 同伴教育者培训手册

同伴教育亦称为同伴教学、朋辈咨询、同辈辅导或者朋辈辅导[1]。邦德等认为，同伴教育是具有相似年龄、背景或生理、经历、体验、社会经济地位及相同性别等具有共同语言的人在一起分享信息、观念或行为技能，同伴教育者易唤起身边同伴的心灵共鸣，以实现教育目标[2]。迈克（Michael Shiner）认为，同伴教育应侧重于同伴干预以体现其作用所在，它包括以下三个特征：由同伴组成、干预的目标和方法是工作所预期的、干预中的同伴关联种类（同伴关联用来描述同伴教育者角色的定义）[3]。费梅苹（2011）则认为，同伴教育是利用同伴之间的共性和相似性，通过榜样的示范带头作用，使同伴更好地接受信息，对同伴施加影响，同伴教育是促使行为改变的非常有效的教育方式。[4]

简而言之，同伴教育在青少年性教育中是一种比较好的教育方式，它通过培养青年人，提升他们的性别平等意识、反性别暴力意识，同时也培养他们的同伴教育技能，鼓励其再去引导其他青年人，大家共同学习、提升认识、采取行动，一起参与到反性别暴力的队伍中来。

我们的同伴教育培训手册主要参考了2012年发布的 *Youth 4 Youth: A Manual for Empowering Young People in Preventing Gender-based Violence Through Peer Education*，它来自于五个欧盟国家（塞浦路斯、西班牙、意大利、希腊和立陶宛）青年人的投入，并得到许多学校和合作组织的支持。我们的方案是在它的基础之上，根据国内校园现状进行了一些改编和处理。

这份手册建议的培训内容分为四个阶段：

第一阶段，讨论对性别的认知，涉及生理性别、社会性别、性别刻板印象、性别暴力等基本概念，以及我们在这方面的基本权利。

第二阶段，讨论校园里的性别暴力，通过分析场景的方式增进青年人对校园性别暴力的认知，培养他们对受暴者的同情心，启发他们认识到性别暴力是

---

[1] 朱小曼：《关怀德育论》，人民教育出版社2005年版，第107页。
[2] Bond K, Wolf C., "Social Network and Peer Promotion Program: Method Logical Advances". *American Public Health Association Conference*, 1998 (2): pp. 56-58.
[3] Michael Shiner, "Defining Peer Education", *Journal of Adolescence*, 1999 (22): pp. 555-566.
[4] 罗有利、李胜联：《高校同伴教育工作中存在的问题与几点改进意见》，《中国学校卫生》2005年第8期。

滥用暴力的人的责任,而不是受害者的责任,同时培养他们挑战性别暴力的态度和行为能力。

第三阶段,讨论亲密关系中的性别暴力,通过角色扮演来帮助学生识别暴力,并探索应对的策略。

第四阶段,同伴教育带领者的培训。培训对象是那些有意愿成为同伴教育带领者的同学,他们已经有一些知识积累,也有参与的热情,但可能不太了解同伴教育,也不掌握同伴教育的基本技能,需要通过培训进一步提升。

最后,我们提供了一个在校园里开展的同伴教育活动实例。它主要通过头脑风暴、系列游戏等方式,让学生了解什么是校园性别暴力,如何对待身边的校园性别暴力事件,以及如何倡导反歧视等。

# 认识我们的性别

## 一　培训说明

性别暴力的起源往往跟一些错误认知有紧密关联。在有关性别暴力的同伴教育活动中，首先应该让大家了解有关性别的一些基本概念，如生理性别、社会性别、性别刻板印象等，同时也了解我们在这方面的基本权利。

由于这部分主要是概念的澄清，所以小组讨论是比较合适的方式。通常是分组讨论，4—6人一组，最好有男有女，由不同背景的人组成。每组推举一个报告人，负责记录和汇报本组讨论的情况。在讨论中，提醒同学互相尊重、包容，不要随意嘲笑、攻击别人。负责报告的同学应该尽量涵盖本组的讨论情况，不要只报告自己认同的观点，或者是讨论中占据了上风的观点。

这部分培训的时间建议是 1—2 个课时（45 分钟为一个课时，可根据实际情况进行调整。如果发现同学对某个议题不熟悉，或者存在较多的错误认知，可以适当增加这部分内容的时间，通过更多的学习来确保同学形成了正确的认知。在达到这个目标之前，不要贸然开展进一步的活动。

## 二　培训内容

### 活动一：生理性别和社会性别

1. 学习目标

了解生理性别与社会性别的区别。

2.活动流程

(1) 阅读与选择

让一位学生读出下列语句,请其他学生立即做出反馈,做一个判断。

请问,以下陈述表达的是生理性别还是社会性别?

女人可以生育,男人不能生育。

女生学理工科不行,不如男生学得好。

女人脆弱,男人坚强。

对女人来说,干得好不如嫁得好;对男人来说,事业才是最重要的。

男孩喜欢运动,女孩喜欢安静。

男人更适合做领导,女人更适合做秘书等辅助性工作。

男人个子高,块头大,女人大多身材要小一些。

女人一般是长头发,男人是短头发。

男人的皮肤粗糙,女人皮肤细腻。

男人通常比女人更聪明。

(可准备充足的陈述,持续下去,直到判断基本正确为止)

(2) 分组讨论

生理性别与社会性别的区别是什么?请举例说明。

生理性别可以改变吗?请举例说明。

社会性别可以改变吗?请举例说明。

提示:

生理性别与社会性别并不是固定不变的,尤其社会性别的可变空间很大。学生往往认为社会性别可变,但生理性别不可变。可以举例(如变性人)告知他们,在一定范围内,生理性别也可能发生改变。除了人为干涉(服药、手术)导致的改变以外,随着年龄增长,一些与性别相关的生理因素(如激素)也会发生变化。

(3) 活动小结

这个活动旨在让学生了解生理性别、社会性别的概念。如果学生对此议题已经有一定的认知,也比较活跃的话,那么一开始使用的陈述语句可以让他们自己提供。比如请每个学生写几句涉及两性特点的话,组织者从中选择使用,并记录下来放入资料库,在以后的活动中备用。

**活动二:性别刻板印象**

1. 学习目标

了解性别刻板印象的概念,认识到它(作为僵化的性别规范)可能带来的负面影响,比如限制男性和女性的自由选择,造成性别不平等,使得性别暴力增多等。

2. 活动流程

(1) 分组讨论以下议题

**请根据自己的生活体验,说出你认为的男女两性的区别:**

你平时看到的女孩和男孩的外表分别是什么样的?

你了解的女孩和男孩的心理状态分别是什么样的?

你认为男孩和女孩在学习上有什么差异?在工作上又有什么差异?

你认为男孩和女孩在家庭中需要承担哪些不同的角色?

我们在哪里学到社会性别规范?从什么时候开始学习的呢?

我们在父母、老师、同学身上能看到这些社会性别规范吗?

哪种性别在我们的社会中拥有更多的权利?

(2) 打造性别圆圈

准备一张挂图(或者在黑板上描绘),上面写有男、女字样的两个圆圈,将每个圆圈等分为四部分,分别注明:外表、心理、学习与工作、家庭。引导学生从这四个维度思考,把大家讨论出来、被多数人认同的两性特征写在里面。

写上去的特征可能有:

女性:长头发、皮肤细腻、纤细;感性、脆弱、爱哭;语言能力好、适合低风险的稳定工作、不合适当领导;家庭观念重、母性……

男性:短头发、皮肤粗糙、高大阳刚;坚强、大男子主义、情商低;理工科成绩好、事业心强、适合当领导;不爱做家务、较少参与育儿……

请每一个学生到前面,在每个圆圈的四个区域内做出标记,男、女学生使用不同颜色的笔。如果自己在这个区域的符合程度高，标在靠近圆心的位置；如果自己在这个区域的符合程度低，标在远离圆心的位置；如果完全不符合，标在相应区域的圆圈外面，偏离程度越高，离圆圈越远。活动结束后，引导学生观察，并组织讨论以下议题：

班上的多数人符合性别刻板印象吗？

符合性别刻板印象的男性更多，还是女性更多，还是差不多？

两性在每个区域的表现有什么差异吗？

在哪个区域里，不符合性别刻板印象的人更多一些？

在哪个区域里，符合性别刻板的人更多一些？

以上现象，你认为可能的原因是什么？

你自己符合性别刻板印象吗？为什么？

（3）活动小结

很少有人能完全符合性别刻板印象，每个人都可能在某一个领域无法满足性别刻板印象对我们的期待。作为个体，我们每一个人都是独特的，不可能被嵌入僵化的性别规范中。我们希望别人能尊重这个独特的自己，同时我们也有责任和义务去尊重其他人的个性。刻板印象限制了我们的选择，并产生了性别不平等（女性受到的限制往往更多），这是我们要反对的。

**活动三：这是我的权利**

1. 学习目标

认识到自己有不生活在恐惧、厌憎中的权利。维护自己的权利，从勇于表达开始。

2. 活动流程

（1）主张自己的权利

让学生站起来，说出自己应有的权利，积极主张自己的权利。

例如男生可以这样说：

这是我的权利，我喜欢穿鲜艳的花衣服。

女生可以这样说：

这是我的权利，我不喜欢做家庭主妇。

然后请其他同学表态，是否接纳这样的他（她），是否尊重这样的他（她）。

如果不接纳，是为什么？

（2）尊重他者

有些学生可能会说出一些不太妥当的话，类似这样的：

这是我的权利，我讨厌那些娘娘腔的男生。

这时候要提醒他们，权利和责任同等重要，我们有主张自己穿着、打扮的权利，有表达不符合刻板性别印象的个性的权利。同时，我们也应该尊重其他人的选择，尊重他人的权利。如果我们希望别人能接纳这个独特的自己，那么我们也要努力去接纳不同的他人。

（3）活动小结

敢于发声、表明是反对性别暴力的第一步，也是非常艰难的一步。千里之行始于足下，让我们从这里开始我们的反性别暴力之旅。

执笔：陈亚亚、葛叶奕

# 校园里的性别暴力

## 一　培训说明

校园中的性别暴力之所以存在乃至泛滥，主要原因是大家对此缺乏认识，不够重视，对受暴者没有共情，对施暴者有恐惧心理，于是很多时候听之任之，保持沉默。我们的培训就是要增进青年人对校园性别暴力的认知，培养他们对受暴者的同情心，启发他们认识到性别暴力是滥用暴力的人的选择，而不是受害者的责任。同时，培养他们挑战性别暴力的态度和行为能力。

这部分是同伴教育培训的重点，时间建议长一些，基本是3—4个课时，还可以酌情增加。

## 二　培训内容

**活动一：认识校园性别暴力**

1. 学习目标

了解性别暴力的定义。

2. 活动流程

（1）分组讨论

组织者引导：

当我们符合性别规范的时候，可能得到奖励。而当我们不符合社会性别规范的时候，我们就可能会遭遇处罚，而这就是基于性别的暴力，简称为性别暴力。在校园里，这样的性别暴力很常见，但我们很多时候没能意识到它的存在。现在我们就来讨论一下，我们因为与性别规范的契合或者背离，可能遭遇的处罚与奖励有哪些，分别是由谁给出的？

记录学生对此提供的意见，处罚和奖励可能包括：

处罚：欺负、隔离、嘲弄、谣言、歧视、辱骂、暴力等。

奖励：尊重、名声、人气、影响、更多的机会、自由等。

请学生按照你认为的严重程度，给以上暴力进行排序，然后进一步讨论，为什么你认为这种暴力更严重，或者更不严重？

（2）活动小结

可能有的学生会认为肢体暴力和性暴力更严重，而精神暴力不是那么严重。在讨论结束的时候，应该让大家意识到，所有类型的暴力都很严重，精神暴力也可能带来非常严重的后果。对此可以举出一些具体案例，比如电影明星阮玲玉因为流言蜚语导致的精神暴力而自杀。

此外，还要引导学生去发现，性别暴力（遭遇的处罚）大多是我们自己给出的。欺负那些你讨厌的同学，对他们冷漠，嘲笑他们，传播有关他们的流言（甚至明知其中一些是谎言），乃至对他们辱骂、实施肢体暴力等，大多都是在同学之间发生的。

**活动二：校园性别暴力场景解读**

1. 学习目标

提升对校园性别暴力的敏感度、辨识力。

2. 活动流程

（1）阅读理解

请学生阅读几个校园场景故事，然后就以下议题进行讨论：

这是性别暴力吗？如果是，是什么类型的暴力？

你认为受暴者应该受到"惩罚"吗？他们有什么做错的地方？

施暴者的目的是什么？为什么他要挑起暴力事件？

施暴者和受暴者之间有什么样的权力关系？

受暴者遇到这种事，应该做什么？

如果你是受暴者的朋友，你会如何做？

如果你是施暴者的朋友，你会如何做？

如果你是单纯的旁观者，你会如何做？

场景一：安娜的约会

班上新来了一个女孩，名字叫安娜。她很漂亮，也很时髦，会打扮自己，比如经常穿一些短裙、低胸上衣和紧身衣服来衬托自己的身材。她很喜欢交际，很受男生的欢迎，经常跟不同的男孩约会。在学校里有很多关于她的流言，比如说她很放荡，很容易跟男人上床等。一些女孩因此避免跟她在一起，特意冷落她，认为跟她关系密切可能会影响到自己的名誉。

一个周末，班上的一个男孩跟安娜约会，他们在一起喝了点酒，然后调情、接吻，后来男孩试图跟安娜发生性关系，但是安娜不愿意，大声要他停止。男孩非常生气，骂安娜是个婊子，转身就走了。第二天这件事就在全校传开了，很多人认为这是安娜的不对，是她先招惹了对方，然后又拒绝人家，这分明是在耍弄对方。

场景二：丑小鸭兰兰

兰兰是班上新来的学生，她感到有点孤独，想尽快认识一些新朋友。然而由于兰兰的容貌、装饰普通，成绩一般，加上本人又不善言辞，没有多少兴趣爱好，因此在一段时间之后，她仍然没能交到新朋友。为此她非常沮丧，总想做点什么来改变现状，这一急切的愿望被很多同学觉察到。

有一天，班上一个喜欢恶作剧的女孩说手机没有电了，问兰兰借手机一用，兰兰很高兴自己可以帮助到同学，她认为这是一个交朋友的机会，于是马上同意了。不料女孩拿到手机后，却以兰兰的名义给班里许多男孩发短信，说想跟他们交朋友。这件事在班上很快就传开了，一些同学在背后讽刺兰兰，说她是个花痴，不自量力，长得那么难看，还梦想当个交际花。结果，兰兰在班上进一步被大家冷落了。

场景三：彼得不是男人吗

彼得是班上的好学生。他的学习成绩不错，跟老师的关系也很好，但在同学中人缘却不太好。有人说，这是因为他不会做人，比如当其他学生来问他借作业抄的时候，他都拒绝了，这点让一些人对他很不满，经常在背后说一些彼得的坏话。

彼得虽然有优点，但他也有弱点。他从小体弱多病，一直到现在，体育运动还是他的弱项。一天在操场上活动的时候，一个男孩把彼得推倒在地，并用手机拍下他倒在地上的照片，然后把照片传到了自己的社交网络上，并配上说明文字："这不是一个男人！"一些本来就讨厌彼得的同学看到后，在照片上纷纷点赞。

### 场景四：老处女蕾蕾

青春期的男孩开始对女性产生了兴趣，他们喜欢在网上看一些暴露女性身材的图片，甚至在学校里也时不时聚集起来，用手机一起观看，一边看还一边大声议论，把一些女性的照片和班上的女同学进行比较，刻薄地点评她们的容貌和身材。

女孩蕾蕾对此非常不满，她公开指责这些男孩的做法，认为他们不尊重女性，并要求他们停止这种行为。于是这些男孩开始嘲笑蕾蕾，说她是个"丑八怪""老处女""没有男人要"，甚至给她发一些色情图片和带有性暗示、性侮辱的话语。当他们在一起谈到这件事的时候，没有人对他们的行为提出指责，反而有一些学生附和着在笑。

### 场景五：小明是个同性恋

小明是个英俊可爱的男生，他在同学中很受欢迎，但他一直没有女朋友，这点在许多人看来很奇怪。班上有个女生喜欢他，鼓起勇气对他进行了表白，但他显然对此不感兴趣，立即婉拒了。

这件事传开后，班上有同学在背后议论，说小明可能是个同性恋。一些男生因此刻意疏远小明，害怕自己跟小明的关系被大家猜疑，从而影响他们的形象。还有一些喜欢恶作剧的男生，有意无意地经常公开问小明有没有喜欢的男孩，这让小明非常尴尬。一些老师也听到了这个传言，看到了这些男生的举动，但他们对此不管不问，保持沉默，于是事情越来越糟糕了。

有一天，小明发现自己的课桌上不知道被谁放了一堆资料，一看是同性恋组织的宣传册，他一言不发地扔掉了这些材料。尽管小明很生气，但一些同学却在旁边指指点点，继续嘲笑他，没有任何人来安慰他。

（2）活动小结

最重要的是让学生意识到，受暴者没有错，她的言行不是导致暴力的原因，施暴者才应该为暴力负责，是他选择了使用暴力。每一个人都有权得到别人的尊重，即使他们的一些言行和别人不一样，在某些方面看起来不讨大家的喜欢。

**活动三：站出来反对性别暴力**

1. 学习目标

学会干预性别暴力，阻止暴力的发生和延续。

2. 活动流程

（1）用脚投票

组织者引导：

暴力只有干预才会停止，沉默只能让问题延续，不会打破暴力循环。干预的形式包括发声反对、划清界限、请求教师/家长/朋友/其他成人介入干预等。在这里我们做一次练习，请大家用脚投票，表达自己对如何处理暴力的看法。这是一次针对性别暴力的发声，是积极干预暴力的第一步。

我们假设地板上有一条线，左边是"同意"，右边是"不同意"。请一位同学在讲台上宣读一些声明。每念完一句，大家就做一次选择。如果你同意这句话，站在左边，不同意则站在右边。每次站定之后，请两边的同学进行一个简单的交流，然后推举一个代表出来，说明你们选择这边的理由，同时提出你们的建议，尝试去说服另一边的同学改变观点，站到你们这边来。双方陈述完毕后，再来一次选择，看情形会发生什么改变。

声明内容：

受暴者应该做同样的反击，比如打回去、骂回去。

如果受暴者找父母来介入的话，情况会变得更糟糕。

受暴者如果告诉老师或者报警，可能会给自己带来麻烦。

受暴者可以跟朋友交流，向他们求助。

受暴者可以跟辅导员或心理咨询师讨论这件事，听取他们的意见。

受暴者的朋友不应该干涉，因为这是别人的私事。

旁观者最好不要多管闲事，赶紧离开现场。

（2）分组讨论

**组织者引导：**

在遭遇性别暴力的时候，我们可能非常害怕、紧张，不知道如何面对，甚至会觉得有些羞耻，以至于想要保守这个"秘密"；当我们的朋友遭遇性别暴力时，我们可能不知道该如何安慰他，给他什么样的建议，才能帮助他度过这个困难的时刻；当我们自己实施了性别暴力的时候，我们又是否有勇气来真诚面对这件事呢？下面让我们一起来讨论这些议题：

经历性别暴力时，我们应该保持被动和沉默吗？

如果你遭遇了性别暴力，你会向有关机构报告吗？

如果有人遭遇性别暴力后不报告，会造成什么后果？

为什么受暴后，感觉跟老师、有关机构求助很困难？

受暴者会觉得和朋友聊这个问题更容易吗？

作为朋友，怎么做对受暴者才最有帮助？

你有没有对其他人施加过性别暴力？怎么看待这样的行为？

针对性别暴力，我们可以做些什么？

（3）活动小结

不少学生遭遇暴力后不愿意寻求帮助，这里应该提醒学生，受暴者没有过错，不应该为此感到羞耻或内疚，家长、老师和其他成年人会尽可能地保护和支持他们，当遭遇暴力的时候，请不要沉默，要尽快告诉值得信赖的成年人，请求得到对方的帮助，一起来面对问题。

还要告诉学生，作为朋友或者旁观者，在暴力发生时不应该沉默，要尽可能地表达自己反暴力的立场，同时为受暴者提供帮助，比如给受暴者提供安全的交流空间，让其可以放松地表达自己的感受，帮助他们联系有关机构来处理问题等。

活动结束后，如果学生有进一步的想法，比如要在校园里策划反对性别暴力的活动，可以适当地鼓励他们，给他们提供一些必要的帮助。

执笔：陈亚亚、葛叶奕

# 亲密关系中的性别暴力

## 一　培训说明

亲密关系暴力往往是性别暴力的表现，它在日常生活中很常见，却容易被大众所忽略，认为这是别人家的私事，旁人不应该介入。因此，转变公众认识，帮助他们识别亲密关系暴力非常重要。同时我们也要再次强调，亲密关系暴力的发生不是受暴者的错，不应该责备受暴者，如何积极有效地进行干预才是我们需要探索的重要课题。

这部分培训内容虽然只是性别暴力的分支，但也相当重要，建议培训时间是3—4个课时，并可以酌情增加。

## 二　培训内容

**活动一：迷思与事实**

1. 学习目标

识别关于性别暴力的常见误区。

2. 活动流程

（1）阅读与判断

请一位学生读出下面的陈述，其他学生做出判断。

**请回答以下陈述是迷思还是事实？**

暴力受害者大多很软弱。

肢体暴力通常比辱骂更严重。

暴力是一种短暂的失去自我控制的行为，即施暴者不能控制自己的愤怒。

发生暴力后如果不报告，暴力就会继续下去。

恶意的流言和负面传闻也是一种暴力。

通过社交网站（如微博）嘲笑别人，比直接面对面这样做，严重程度要低一些。

如果两个人正在约会，男方有权力要求发生性关系。

性骚扰的严重性被夸大了，其实大多是无害的调情。

酒精和药物滥用是暴力发生的原因。

亲密关系暴力在成年人中更常见，青少年中不大见到。

家庭暴力在穷人或没有受过良好教育的人中更为常见。

嫉妒是爱你的一种表现。

女人被性侵，大多跟她们的穿着和言行举止有关。

当女人拒绝和她一直调情的男人做爱时，她不是认真的，而是欲擒故纵。

女人更容易被熟人性侵，而不是陌生人。

强奸不会发生在两个人约会时，或者当他们是情侣时。

只要受暴者离开施暴者，暴力就会停止。

（2）分组讨论

**组织者引导：**

现在我们每个人都有了自己的选择，接下来进行分组讨论。每个组就组员的选择进行交流，彼此辩驳，最后达成一个共识，然后把结果写在一张大白纸上，挂到最前面来，让其他人可以看到。每组再选派一个人上来，陈述你们做出这种选择的原因。之后我提供一个正确答案，并进行简短的解释。

**提示：**

①暴力受害者大多很软弱。（迷思）

没有特定类型的人更有可能成为暴力的受害者，它可以发生在任何人身上。强者也可能被欺负，尤其是当他没有支持体系在背后支撑的时候。受暴者并没有固定的特征，因为暴力是施暴者的选择，我们不知道他最终会选择谁。

②肢体暴力比辱骂更严重。（迷思）

语言暴力会导致长期的精神创伤，甚至会摧毁一个人健康的身体，也是一种严重的暴力行为。

③暴力是一种短暂的失去自我控制的行为，即施暴者不能控制自己的愤怒。（迷思）

施暴者再生气，也可以不使用暴力来解决问题。而且施暴者通常并没有失去控制，他们对谁进行施暴、如何施暴往往是理性的、有意识的选择。

④发生暴力后如果不报告，暴力就会继续下去。（迷思）

有很多原因会导致受害者不报告。他们可能害怕施暴者，担心没有人相信自己，或者告诉别人后情况会更糟糕。他们也可能感到羞愧，认为自己应该对暴力的发生负责。应该理解那些没有报告的人，他们不是暴力持续的原因，他们需要得到更多的支持，缺乏支持才是暴力持续的主要原因。

⑤恶意的流言和负面传闻也是一种暴力。（事实）

传播恶意流言或谣言会造成精神暴力，对一个人的心理健康有长期不利影响。

⑥通过社交网站（如微博）嘲笑别人，比直接面对面这样做，严重程度要低一些。（迷思）

通过电子媒介遭受的暴力（不管是通过短信、电子邮件或者社交网站），对于经历它的人而言都是非常严重的暴力。

⑦如果两个人正在约会，男方有权力要求发生性关系。（迷思）

任何人都不应该被迫发生性关系，这与他们之间的关系无关。被迫发生性行为是一种性暴力，与爱情无关。

⑧性骚扰的严重性被夸大了，其实大多是无害的调情。（迷思）

性骚扰在我们的社会中非常普遍，对受害者可能产生严重的影响。性骚扰和调情不是一回事，调情是双方自愿的，而性骚扰是不受另一方欢迎的行为，需要尽快停止。

⑨酒精和药物滥用是暴力发生的原因。（迷思）

虽然酒精和毒品往往与暴力的发生相关，但它们不会使得非暴力的人成为施暴者。施暴者可能把使用酒精和药物作为暴力的借口，但这往往不是真正的原因。很多人施暴的时候是清醒的，而且很多施暴者也从不喝酒和滥用药物。

⑩亲密关系暴力在成年人中更常见，青少年中不大见到。（迷思）

亲密关系暴力在成年人和青少年中较常见，并没有明显的差异。如果说我们更多地看到媒体报道成年人的亲密关系暴力，这可能是青少年对此缺乏认识，或者媒体对此关注不够多的缘故。

⑪家庭暴力在穷人或没有受过良好教育的人中更为常见。（迷思）

家庭暴力在社会的各个阶层都存在，不管是富人还是穷人，它跨越了种族、民族、社会阶层和宗教派别的界限。没有证据支持底层的人中更容易出现家庭暴力，但阶层差异可能对暴力的形式有一定的影响。

⑫嫉妒是爱你的一种表现。（迷思）

有些人会故意激起伴侣的嫉妒，来测试伴侣是否真正关心自己。然而，嫉妒不能与爱相提并论，甚至可能是无关的。施暴者往往把嫉妒作为施暴的理由，但这其实是一种情感的勒索，它并不是伴侣爱你或者关心你的证据，相反，过度的嫉妒往往是信任和安全感缺乏的迹象，是你们感情不够好的体现。

⑬女人被性侵，大多跟她们的穿着和言行举止有关。（迷思）

这是一种常见的责怪受害人的思路。实际上许多被性侵女孩的衣着都很普通，跟其他人没有区别。我们经常听到关于性侵受害者被评论为"自找的"，认为是她们自己勾引了施暴者，但这实际上是为施暴者行为开脱的一种方式。

⑭当女人拒绝和她一直调情的男人做爱时，她不是认真的，而是欲擒故纵。（迷思）

No means no. 当一个女孩人说"不"的时候，你最好认为她的意思就是"不"。我们应该尊重对方的表达，不要用自己的行事标准来妄自揣测他人，如果做出错误的举动，可能会使你陷入糟糕的境地，比如成为强奸犯罪嫌疑人。

⑮女人更容易被熟人性侵，而不是陌生人。（事实）

大多数性侵者是熟人，如男朋友、同事、朋友、邻居或家人等。根据美国司法部的一项研究显示，2/3 的强奸受害者都认识强奸犯。而来自英国 2001 年的一项调查也显示，只有 17% 的人是被陌生人强奸的。

⑯强奸不会发生在两个人约会时，或者当他们是情侣时。（迷思）

有亲密关系并不等于性行为就是自愿的，如果强迫对方发生性行为，那仍然是强奸。

⑰只要受暴者离开施暴者，暴力就会停止。（迷思）

许多情况下，暴力都可以在关系结束以后继续。有研究表明，结束关系可能是最危险的时候，施暴者大多会想要惩罚受暴者。当然这并不意味着受暴者不应该试图离开这段关系，而是她需要更多的援助和支持，帮助她安全地结束这段关系，远离暴力的威胁。

（2）活动小结

最后启发学生进一步思考，关于亲密关系暴力的这些迷思是如何产生的？它反映我们对亲密关系的认知存在哪些问题？你理想中的亲密关系是什么样的？为了实现这种理想的亲密关系，我们应该做出哪些努力？而为了帮助他人摆脱不健康的亲密关系，我们又应该做出哪些努力？

**活动二：角色扮演**

1. 学习目标

能够辨认出亲密关系中的性别暴力，并分析这种暴力是如何呈现的。

2. 活动流程

（1）演出准备和进行

**组织者引导：**

角色扮演如果太逼真，可能会让一些同学的情绪不太稳定。如果有人曾是暴力的受害者，这些表演可能会唤起一些不愉快的回忆。因此在活动中，我们要确保让大家感到，自己是在一个安全的环境里。在活动之前我提醒大家一下，对他人的感受要有一定的敏感性，并且请注意对隐私信息进行保密。

表演需要五名志愿者，分别担任以下角色：男主角、女主角、女主角的男性朋友和女性朋友各一名、旁白者。请想要参与的同学自愿报名，然后根据我给的故事梗概，自行设计你们的表演场景、内容和台词。

我们鼓励用方言进行演出，它会给我们一种更真实的感觉，让观众对你们的表演更有期待。

我们也鼓励对故事进行一定的修改，增加你们想要表达的内容，删除你们觉得不太重要的部分。

**故事梗概：**

一对情侣已经在一起好几个月了，女主角漂亮温柔，男主角英俊能干，两人关系如胶似漆，看上去是天作之合。然后事情逐渐起了变化，他们的关系出现了问题。

一天晚上，女主角提出要去找朋友玩，而男主角通过偷看手机的方式发现，一起玩的人中也有男性，这跟他对女主角一贯的要求不符合，因此他表达了自己的不满，认为女主角应该更顾家，更多留在家里陪自己，并进一步挑剔女主角出门的装扮不合适、太过暴露，于是两人发生了一些口角，后来以女主角妥协（换装）、承认以后会更多考虑男友的感受而暂时得到平息。

这天晚上，女主角到晚上十点还没有回来，男主角非常生气，不停地给她拨打电话，女主角一开始没有听见，发现后，同伴认为男主角这样不断打电话的行为太过分，是在监视女方，建议她冷处理，她听取了朋友的意见，没有回电。

随后，男主角赶到酒吧现场，强行拉走了女主角。在这过程中还跟女主角的男性朋友、女性朋友发生了争执，双方都说了一些不好听的话。

男主角和女主角回到家中后，又开始争吵起来。男主角的怒气越来越大，他威胁女主角，如果她再不听话的话，自己就要采取进一步的措施，暗示要对女主角采取暴力行为。女主角非常担心，被迫道歉，承诺以后不再出去跟朋友玩，尤其不会再跟男性朋友联系。

**（2）分组讨论**

表演完毕后，给观众也发一个故事梗概，然后大家一起讨论以下议题：

你刚才看到的情侣关系健康吗？
有哪些迹象表明他们的关系出了问题？
这段亲密关系中有好的地方吗？请举例。
你认为哪些情况属于性别暴力？请举例。
嫉妒是爱和关心的表现吗？
在亲密关系中，可以通过威胁得到你想要的吗？

受暴者有什么地方做得不够好吗？
施暴者通过暴力想要达到什么目的？
如果故事中的角色互换会发生什么？会有什么不同吗？
为什么现实中女性更多地成为受暴者？
演出中对原来故事进行了哪些修改，你觉得效果怎么样？

（3）活动小结

有些人可能觉得嫉妒是一种爱的表现，甚至觉得那些有占有或支配行为的男孩很酷，是霸道总裁范。及时提醒他们，在健康的人际关系、亲密关系中，应该通过理性沟通来解决分歧，而不是恐吓、威胁和辱骂对方，强迫对方满足你的要求。受暴者不应该被责怪，被认为应为对方的暴力行为负责（比如她是不是没有考虑到对方的感受）。

在浪漫关系中，性别不同，性别暴力的表现形式也会不同。女性往往会因为她们的性别而招致格外严重的暴力，这对她们的健康有长期影响。每个人都值得拥有自由的、健康的亲密关系，阻止亲密关系中的暴力（家庭暴力）并不是在干预私人事务，而是维护社会公正所进行的公益活动。

### 活动三：目击者介入

1. 学习目标

探索如何以安全的方式来应对亲密关系中的性别暴力，如何保护好自己和他人。

2. 活动流程

（1）辩论赛

**组织者引导：**

在前面的活动中，我们已经学会了如何识别亲密关系暴力。现在我们要来讨论，作为目击者（旁观者），是否应该介入（干预暴力）？现在请大家自行组成两队，一队支持介入，另一队反对介入，选出你们的一辩、二辩、三辩、四辩，让我们来开启一场辩论赛吧！在辩论结束后，由现场观众投票，选出胜利的一方。

**注意事项：**

如果一方人数太少，或者处于明显的弱势，组织者可以加入这一方，帮助他们一起参与辩论，而这是为了获得更好的辩论效果。组织者应该提前说明这一选择的缘由，声明这并不代表自己真正的立场和态度。

为了确保在辩论中涉及更多角度，可以安排一个观众提问环节，让双方就此议题陈述意见，然后互相辩驳。如果观众提问的内容在之前的辩论中已经涉及，那么可以忽略掉这一部分，只问剩下的问题。

观众提问（可预先安排好提问人，同时也鼓励自由提问）：

做这个选择（介入或者不介入）的出发点是什么，是基于个人利益吗？

你认为你的选择，体现了你是怎样的一个人？

选择介入，是不是个人英雄主义的影响？

选择不介入，是不是因为害怕遭到报复？

如果你是受暴者的朋友，你会改变你的选择吗？

如果你是施暴者的朋友，你会改变你的选择吗？

你认为对方的选择，对受暴者、施暴者分别会产生什么影响？

（2）活动小结

我们已经知道，旁观者不应该保持沉默，这等于是在纵容暴力，然而当暴力发生的时候，没有经验的个体往往不知道该怎么做。我们可能会因为害怕而不敢站出来，或者因为紧张而不知道该做什么。

干预暴力需要技能。它并不意味着你必须当场站出来，面对施暴者的铁拳和武器。如果你不是散打冠军，有充分的自信可以制服对方，那么你应该在保证自身安全的前提下，采用一些灵活的方式来处理，比如通过问路、借东西等方式，干扰暴力行为的继续。此外，暗地报警也是一种可行的方式，通过及时向有关机构求助，可以阻止更严重的暴力行为发生。

还应该提醒的是，如果你采取以暴制暴的方式，那么应该控制在一定范围内，即控制住事态的发展，阻止暴力的继续就可以了，其他交给有关机构来处理。不要在暴力行为已经被控制的时候，还继续殴打或者责罚施暴者，这可能会触犯法律，给自己带来不必要的麻烦。

执笔：陈亚亚、葛叶奕

# 同伴教育的带领者培训

## 一　培训说明

当学生对性别、性别暴力、亲密关系暴力都有了一定认知后，可以从中招募志愿者进行同伴教育带领者培训。培训对象是那些有意愿成为同伴教育带领者的同学，他们已经有了一些知识积累，也有参与的热情，但他们可能不太了解同伴教育，也不掌握同伴教育的基本技能，他们需要通过学习来进一步提升。

这部分内容的培训时间大概是 2—3 个课时，可以酌情增加。在培训结束后，可以跟这些同性教育伙伴保持长期的联系，例如担任他们的顾问。

## 二　培训内容

**活动一：了解同伴教育**

1. 学习目标

增进对同伴教育的认识。

2. 活动流程

（1）分组讨论

组织者引导：

我们来到这里，是希望了解有关同伴教育的知识，首先是弄清楚什么是同伴教育，以及为什么它是有效的？下面分组来讨论这些议题：

同伴教育的优点是什么？

同伴教育的难点是什么？

同伴教育者是什么样的人？

……

在学生充分讨论、交流后，组织者给出参考答案：

**同伴教育的优点：**

同伴教育的带领者和参与者都是学生，没有年龄上的代沟。他们说着同样的语言，有相近的生活体验，彼此更容易产生信任感。在这种情况下，带领者也会更清楚，怎么样的培训才会有趣，能吸引到同学的积极参与。

**同伴教育的难点：**

由于年龄接近，带领者缺乏权威，可能不被同学重视，有时候可能会被忽略，尤其是在争议爆发时，他们可能无法控制住局面；另外，由于带领者太年轻，没有培训教师那么多的知识储备，在活动进行的时候可能遭遇更多挑战，所以他们往往需要更多的时间去准备。

**同伴教育者是什么样的人：**

同伴教育者与被教育者是平等的，是一个先行者的角色。他身体力行，实践自己所讲的理念，在同伴中起到带头作用，以积极的方式去影响他人，是活动的领导者。他具有一定的领导才能，可以引导小组进行讨论，激发同伴去深入思考，但他不一定是这个领域的专家，更不是权威人士。

（2）活动小结

提醒学生，了解同伴教育的基本概念是为了更好地进行同伴教育，不必因为现阶段还做不到一个完美的带领者而沮丧，甚至萌生退意。多数人都可以通过学习，提高自身技能，发展出具有独特个性的同伴教育技巧，要对自己有信心。

**活动二：技能提升**

1. 学习目标

学习、提升同伴教育带领者的技能。

2. 活动流程

（1）看卡片，学技能

随机发放写有不同技能的卡片，每张卡上写有一个技能（可以重复，确保每个人都能拿到卡片），如良好的倾听技巧、善于沟通、口才好、有组织能力、有同理心、包容、开放、敏感、尊重他人、有创意、幽默、灵活、平等、公正、美丽、热情、懂外语、会计算机……

让每一个同学针对自己拿到的卡片内容，回答以下问题：

这是同伴教育者应该具备的技能吗？

如果是，你在这方面的情况如何，你打算怎么来提升呢？

如果不是，为什么？

提示：

有一些技能是带领者必备的，比如良好的倾听技巧、善于沟通、口才好、有同理心等；有些技能并非必需，但你具有这些技能的话，可以在一定程度上提升培训的效果。例如你懂外语，就可以更多地参考国外的资料，与国际接轨，进一步丰富活动的内容。

（2）分组讨论

讨论以下议题，然后进行交流：

作为带领者，你有哪些常见的困惑？

如果在台上总是感到焦虑，是不是就不适合做带领者？

我对自己没有信心，总觉得自己不够专业，该怎么办？

讨论中同学总是跑题怎么办？

如果参与者觉得没有太多收获怎么办？

怎么判断一次同伴教育取得了成功？

提示：

焦虑是一种普遍存在的情绪，这很正常。克服焦虑的最好方法是大量练习、充分准备和积极实践。此外，焦虑时喝点水、深呼吸、听音乐，也是放松自我的好方法。

同伴教育的领导者不是某个领域的专家，你不需要非常专业，重要的是你比你教育的群体拥有更多专业知识就可以了。如果对方有一些你不知道的知识，你们可以在活动中互相学习，慢慢变成真正的专家。

另外，在活动中控制时间很重要。你需要采取一些技巧来做到这点，比如设置闹铃，时间到了就铃声大作，提醒还在说话的人安静下来。

在这么短的时间内，通过几节课，就想重建对方的认知，挑战他们之前的性别刻板印象、对性别暴力的基本判断是非常困难的，价值观的改变有时甚至需要数年时间。所以如果没能取得太明显的效果，请不要着急。通过一次同伴教育，只能说是播下了智慧的种子，启发参与者开始去思考这方面的问题。

想了解同伴教育的效果，可以通过对参与者进行访问、邀请参与者填写评估问卷等方式来进行。为了确保得到真实的结果，你也可以委托第三方来进行评估。

（3）活动小结

同伴教育者有一些基本的技能需要掌握，有一些理念上的共识需要认同，但它并没有一个既定的模式需要遵循。我们应该鼓励学生提升那些必要的技能，同时尽量扬长避短，在实践中逐渐发展出自己特有的同伴教育培训风格。

**活动三：实战演习**

1. 学习目标

通过演习来加深对同伴教育的认识，提高同伴教育的技能。

2. 活动流程

（1）角色扮演

通过自主报名的方式，挑选2—3名志愿者作为同伴教育的带领者，让他们自己策划、组织、排演一场同伴教育活动，主题与校园性别暴力相关。带领者之间可以分工，每个人主持一部分讨论，或者在同一活动中，进行分工合作。例如他们可以组织一次开放式的讨论，让同学扮演不同角色的学员：

害羞的人：你很害羞，你什么都不主动开口说，但是你会保持与领导者的目光接触，如果他叫到你的名字，你再开始说话。

过于积极的人：你对任何事都有意见，特别想表达，不断地举起你的手，试图开口说话。当你被允许回答问题时，你占用的时间很长，还喜欢重复自己的观点。

无聊的人：你根本没有参加培训的兴趣。活动中你一直在看窗外、玩手机，有时快要睡着了。

讨厌的人（可以有2—3个）：课堂问题制造者，不断发出噪声，跟其他同学聊天、说笑，打扰别人参与活动；或者喜欢提带有挑衅性的问题，故意给带领者难堪。

好孩子：你是班上的好孩子，认真听讲，表达意见时很有礼貌。

在活动开始前，组织者可以给一些参考建议：

如果有些人很害羞，不肯主动说话，就直接叫他们的名字，问问他们的意见；

如果有些人过于活跃，你可以先感谢他们的参与，然后告诉他们，你也想听到其他同学的意见；

如果有人睡着了、心不在焉或者在做别的，可以叫他们的名字提醒一下，或者请他们帮你在黑板上写下相关的内容，尽量让他们参与进来；

如果有人在说话，干扰活动的进行，或者故意提带有挑衅性的问题，可以叫他们保持安静，告诉他们要尊重别人，忽略他们的恶意问题，镇定自如地继续你的活动。

（2）分组讨论

角色扮演结束后，让大家就以下议题进行讨论：

带领者在哪些方面做得很好，请举例说明。

带领者在哪些方面还存在问题，请举例说明。

你对带领者的表现有什么建议吗？

你觉得这次培训有效吗？

组织者给带领者的一些参考建议：

多听少说，多鼓励同学发言，自己只做引导和总结性发言。

尽量与每个人保持目光接触，让他们觉得自己受到重视

有一个开放的姿态，即使某些同学的观点存在谬误，也不急于驳倒他，更不要攻击他，在反驳对方的时候，注意要对事不对人。

（3）活动小结

带领者因为年轻、缺乏经验，在练习中可能暴露一些缺陷，不要太过严厉地指责他们，指出问题就好，尽量以鼓励为主，帮助他们改进和提高。此外，组织者自己要有一个开放的心态，对于带领者提出的一些有创意、取得良好效果的方法，也应该去学习。

执笔：陈亚亚、葛叶奕

# 同伴教育系列活动设计

### 一 活动背景

同伴教育于 1988 年发源于澳大利亚，后来迅速在全球发展起来，目前已经成为一种在社会发展领域内广泛采用的培训方法。

### 二 活动目的

（1）让大学生了解什么是校园性别暴力，面对校园性别暴力时如何自我保护；
（2）如何对待身边的校园性别暴力事件，如何倡导反歧视。

### 三 活动地点

学校教室或会议室，能容纳 30 人即可。

### 四 活动对象

在校大学生。

### 五 场地要求

（1）场地内桌椅需能移动，30 把椅子围成圆圈；
（2）白板、白板笔（可用黑板及粉笔代替、也可用 PPT 代替）；
（3）有投影设备，能播放视频。

## 六　人员要求

（1）同伴教育组织者一位，助教两位（均需提前受训认证）；

（2）在校大学生 30 人，可以是一个班级、一个社团，或招募中主动报名的人。

## 七　活动流程

### 1. 活动准备

发布活动信息，确认活动场地、统计参与人数、准备相关教具。

（1）校园性别暴力词语卡：欺凌、性骚扰、诱奸、性别骚扰、性侵害、性别歧视、性别暴力、恐同（性恋）欺凌、恐跨（性别）欺凌、互联网暴力等（每张卡写一个词，或一副体现校园性别暴力行为的图画）；

（2）大白纸 20 张、彩笔 5 盒；

（3）白板、白板笔（可用黑板及粉笔代替、也可用 PPT 代替）；

（4）校园性别暴力同伴教育活动前测、后测问卷（见附件）。

### 2. 破冰游戏

同伴教育组织者开场，进行 2—3 个破冰游戏，自我介绍可与破冰游戏结合起来。通过游戏，打破陌生感，提升并活跃现场气氛，使参与者放松下来。

（1）大风吹、小风吹

所有人围成圈坐好，组织者选一个人站到圈内并撤掉一把椅子，站在圈内的人对大家说："大吹风"，在座的所有人问："吹什么"，站在圈内的人回答："吹×××的人"（想一个很多人拥有的共同特征，如长头发的人、男生、穿运动鞋的人等）。大家听到口令后，符合该特征的人必须站起来，跑出去抢别的空座，喊完口令的人也立刻去抢座。最后有一位没有抢到位置的人站出来，继续发布新的口令。小风吹的玩法，与大风吹相反，口令发出去后，站起来抢位置的是与口令相反的人（比如小风吹，吹长头发的人，那么短头发的人必须起来抢位置，吹男生，则女生起来抢位置）。

（2）松鼠大树

每三个人一组，两人伸出手搭成一个拱门的样子，代表大树，形成的空间代表树洞，另一个人代表松鼠，蹲在树洞里。大家组合好后，如果有单出来的人，组织者邀请他站在中间发口令：洪水来了、地震了、着火了。

当洪水出现时，代表松鼠被冲走，此时，"松鼠"们必须起来去寻找新的窝；当地震出现时，松鼠跟大树全部变化组合，所有人必须重新与他人形成新的组合；当着火的时候，大树被烧，松鼠原地不动，大树必须寻找新的伙伴组成新的大树后，站到任意小松鼠的上方形成新的组合。

### 3. 制定活动规则

活动规则需大家共同提出，共同制定，便于共同遵守。例如：活动期间不能使用手机，不能随意拍照，价值观中立，不迟到早退，活动过程中要平等、尊重、合作、主动、分享、非歧视、保密等。

### 4. 认识校园性别暴力

（1）头脑风暴

"提到性别暴力会想到什么""哪些行为是校园性别暴力"。

形式1：分组讨论，在大白纸上写出来进行分享。

形式2：将写有校园性别暴力词汇或行为图片的卡片与其余易混淆的普通卡片随机放在地上，让参与者根据判断自行站队，然后进行分享。

（2）知识分享

校园性别暴力的概念、范畴、新的关注点（参看本书相关部分）。

（3）突围与闯关游戏

目的：体验受到校园性别暴力侵害的人如何摆脱施暴者群体。

玩法：8—10人围成一圈站好，每人发两张不干贴纸，圈内选择一个人站在中间，拿贴纸的人手拉手一臂距离站成圈后把手放开，离圈内的那个人1—2米的距离。

当组织者说开始之后，站在圈内的那个人要想办法冲出包围圈，并且身上不能被贴上不干贴纸。

参与者看到圈内人开始动之后，必须想尽办法不让他跑出来，并且将自己手上的不干贴纸贴在他身上（不能贴脸上）。

其余坐在椅子上观看的人，可以给圈内人出主意或者给拿贴纸的人出主意。

**总结与分享：**

圈内的那个人代表校园性别暴力事件的受害者，拿不干贴纸的人代表施暴者，坐在椅子上观看的人代表旁观者及帮凶。

请圈内的那个人分享游戏中的感受及情绪体验。

请拿不干贴纸的人分享游戏中的感受及情绪体验。

请坐在椅子上观看的人分享游戏中的感受及情绪体验。

**启发同学思考：**

你是施暴者、旁观者，还是帮凶？刚才大家的行为带来了什么样的后果？

我们要怎么帮助受害者远离施暴者？如何自我保护及维权？

受害者想要凭借自己的力量远离施暴者，容易吗？他们需要什么样的支持？

施暴者是一种什么样的心理状态？

旁观者是一种什么样的心理状态？

（4）守护天使游戏

目的：认识到校园性别暴力对受害者的伤害，成为校园性别暴力事件的保护者、举报者、守护天使，而不是施暴者。

玩法：所有人围成一个同心圆，外圈的人代表守护天使，内圈的人蹲下代表校园性别暴力事件中的受害者，找一位参与者站在同心圆中间，手握一个空的矿泉水瓶（也可用充气锤、充气棒等代替）。当组织者发出口令时，施暴者可以用手中的空瓶轻敲某位受害者的头，此时受害者身后的守护天使必须及时用双手遮挡受害者的头部上方，为其阻挡空瓶的袭击，保护受害者不被伤害。

守护天使可能会出现有时不能及时反应过来的情况，导致受害者遭受暴力伤害；受害者周围的其他守护天使也许会加入到守护周围受害者的行列中来，也许不会加入。组织者要视现场情况进行临场的总结分享，如发现受害者周围的其他守护者并没有加入守护者的情况，要及时做出引导。

讨论话题：

你只守护你认识的人不受伤害吗？你只守护与你关系很好的人不受伤害

吗？陌生人、校友等遭遇了性别暴力，你会成为守护天使吗？

（5）反歧视排斥游戏

目的：使参与者意识到反歧视的重要性，学会做一个守护者，而不是成为校园性别暴力的帮凶。同时学会不歧视和尊重每一个人。

玩法：十个人左右围成一个圈站好，找一个志愿者戴上眼罩站在中间。组织者对大家说："一会儿我做什么，你们就做什么。"

组织者用手推一下戴眼罩的志愿者，然后其余的参与者开始不停地把倒向自己的志愿者推到远离自己的一边。

大概两分钟后组织者下达停止的命令，志愿者摘下眼罩。

总结与分享：

请戴眼罩的志愿者分享自己在游戏过程中的感受和情绪体验。

请参与者分享自己在游戏过程中的感受和情绪体验。

引导和思考：

①如果戴眼罩那位志愿者是校园性别暴力的受害者，那你们刚才的行为引发了怎样的事件？

②大家想想自己刚才的行为属于哪一种校园性别暴力行为？

③生活中还有哪些情况跟我们这个游戏能对应上？

④如果你身边真的发生了这样的事情，你会参与其中吗？你会怎么做？

⑤该如何学会尊重每个人的个性和其选择自己生活的权利。

## 八　活动总结

（1）回收并整理前测、后测问卷，对问卷数据进行统计分析，形成总结报告；

（2）整理活动照片，并根据活动场次回档存储备份；

（3）对自己在本次活动中的表现及发挥进行小结，与两名助教一起开个小结会。

附件一

### 校园性别暴力知识调查问卷（前测）

1. 就目前而言，你对校园性别暴力的认识程度是：

A. 非常了解　　B. 比较了解　　C. 了解很少　　D. 一无所知

2. 你是从哪儿了解到校园性别暴力的？

A. 网上　　　B. 报纸杂志　　C. 身边的朋友　D. 老师　　E. 电视

F. 影视作品　　G. 文学作品　　H. 其他：_____

3. 你身边是否有人遭遇过校园性别暴力？

A. 有　　　　B. 没有

4. 你认为以下哪些属于校园性别暴力？（多选，在相应词上画钩）

欺凌　性骚扰　诱奸　社会闲散人员在校园门外骚扰　抢劫　勒索　带有交换性质的性行为　非自愿性接触或性侵犯　不同性别间的性别暴力　同性别间的性别暴力　针对跨性别学生的暴力　师生之间的性别暴力　色情图片　恐同（性恋）欺凌　恐跨（性别）欺凌　性别气质暴力　肢体暴力　色情短信　精神暴力　语言暴力　互联网暴力　性倾向暴力　家庭暴力　强迫卖淫　贩卖女童　性凌虐　性奴役　强迫怀孕　强迫绝育　强迫堕胎　伴侣暴力　强迫使用避孕药具　溺杀女婴和产前性别选择　性别歧视　社会性别刻板印象

5. 你参加过校园性别暴力主题的活动吗？

A. 参加过　　B. 没有

6. 你对本次活动的期待是：

_____

7. 如果你身边有人正遭受校园性别暴力，你会：

A. 爱莫能助　B. 无动于衷　C. 痛心疾首　D. 制止、举报　E. 跟我没关系

8. 你知道校园白丝带行动吗？

A. 知道　　　B. 不知道


## 附件二

### 校园性别暴力知识调查问卷（后测）

1. 经过本次活动，你对校园性别暴力的认识程度是：

A. 非常了解　　B. 比较了解　　C. 了解很少　　D. 一无所知

2. 请勾选出你知道的校园性别暴力？

欺凌　性骚扰　诱奸　社会闲散人员在校园门外骚扰　抢劫　勒索　带有

交换性质的性行为　非自愿性接触或性侵犯　不同性别间的性别暴力　同性别间的性别暴力　针对跨性别学生的暴力　师生之间的性别暴力　色情图片　恐同（性恋）欺凌　恐跨（性别）欺凌　性别气质暴力　肢体暴力　色情短信　精神暴力　语言暴力　互联网暴力　性倾向暴力　家庭暴力　强迫卖淫　贩卖女童　性凌虐　性奴役　强迫怀孕　强迫绝育　强迫堕胎　伴侣暴力　强迫使用避孕药具　溺杀女婴和产前性别选择　性别歧视　社会性别刻板印象

3. 你参与本次校园性别暴力同伴教育活动，最大的收获及感受是：
————————————————————

4. 你是否希望今后经常参加我们的活动？
A. 是　　　B. 否

5. 你是否愿意加入校园白丝带行动成为一名志愿者？
A. 愿意　　B. 不愿意

6. 你觉得在学生当中开展校园性别暴力相关活动：
A. 非常有必要　　B. 应该定期开展　　C. 没什么必要

7. 请对本次活动的满意度打分：
完全不满意 ————————————→ 非常满意
　　　　　1　　2　　3　　4　　5

执笔：张红

第四编

绘本教学

绘本是幼儿教育的重要素材，充满表现力的图画和故事是孩子健康成长的精神食粮。通过图画、文字和大人的讲解，我们向孩子传递了知识、理念和思想。因此，绘本在儿童社会化过程中起到了非常重要的作用，绘本中对男性、女性角色的描述，将对儿童的认知和行为产生潜移默化的影响。

不幸的是，儿童绘本中普遍存在性别偏见，倾向于告诉孩子，女人没有男人重要，这主要表现在两个方面：

首先，儿童绘本中男性角色多于女性角色。根据佛罗里达州立大学的珍妮丝·麦凯比等人对凯迪克大奖获奖图书、金色童书系列、威尔逊儿童图书馆核心馆藏书目所列出的约 6000 本绘本的内容分析中，57% 的绘本主角为男性，仅 31% 的主角为女性；23% 的绘本主角为男性动物，只有 7.5% 的主角为女性动物。[①]

其次，绘本对于人物的衣着、职业、言行、性格的表现，大多带有性别刻板印象。例如妈妈通常穿着围裙，爸爸总是穿着西装；男性是医生，女性是护士；男性倾向于克服困难、解决问题，女性外表美丽却无智慧；男性是刚强能干的领导者，女性是美丽温柔的附属者；男性是独立的、探险的、成功的，女性是软弱的、胆小的、情绪化的。

这些书中表现的男性与女性形象，将影响到儿童的身份认同，加固他们的性别不平等观念。而根据社会性别理论，性别暴力特别是家庭暴力，其重要根源之一就是性别不平等。显然，要想改变现状，减少性别暴力，就有必要从幼儿教育开始，让儿童从意识上深刻地认识到什么是性别平等，基于性别平等的性别关系应该是什么样的，从源头上减少性别暴力，减少对性别暴力的容忍和忽视。

令人高兴的是，越来越多颠覆传统性别角色的绘本在不断涌现。这些优秀绘本对人物外形、职业、性格、性别角色等都有更为多元的表现，它们鼓励孩子尊重多元与差异，以更开阔的视角和更包容的心态去面对这个世界。同时，还有一些绘本教育孩子如何应对和防范性别暴力，如性别气质暴力、性侵犯等。在此，我们选取七个优秀绘本编写成幼儿绘本阅读活动方案，供相关教育工作

---

① 王晓艳：《性别平等意识对中国儿童绘本出版的启示》，《出版广角》2015 年第 8 期。

者参考。

其中《纸袋公主》《公主不都一个样》，主要是帮助孩子理解多元的社会性别角色，尤其女性角色可以是多元化的；《女孩靠边》帮助孩子建立起不以性别划分兴趣范围、不以性别限制交往范围、不以暴力解决问题的观念；《爸爸，你爱我吗？》塑造了一个不同于传统的父亲形象，启发我们认识到，父亲也可以像妈妈那样温柔、亲切、细腻；而《朱家故事》则以轻松诙谐的方式，揭示了家庭中家务"共同分担"的重要性；《不要随便亲我》真实地展现小孩的内心世界，培养孩子勇敢地对他人说不，拒绝自己不喜欢的身体接触；《绝对不能保守的秘密》鼓励孩子即使在害怕和痛苦中，也要大声说出心中的秘密，引导他们学习自我保护的技能。

# 《纸袋公主》[1] 绘本教案

## 一 活动意图

性别刻板印象（Gender Stereotypes）是指人们对男性和女性的假想特征所抱有的信念。例如认为女性是亲切、善于教导、考虑周全的，同时又是优柔寡断、被动和过于情绪化的；男性是果断的、自信的和积极的，同时也是具有侵略性、感觉迟钝和傲慢自大的。性别刻板印象对人群进行极为简单化的性别分类，在同一社会文化或统一群体中，性别刻板印象具有相当的一致性，但它又常常与客观事实不符合，成为性别偏见。

《芭比公主》《白雪公主》《睡美人》《灰姑娘》等孩子们耳熟能详的童话故事里，就存在许多性别刻板印象。例如这些故事中的美丽少女大多是弱者，总是要等着王子来拯救。这些童话故事强化了社会性别印象，影响着一代代孩子的成长。

在"文化不利"的情况下，我们需要帮助孩子扭转性别偏见。《纸袋公主》是一本直接反映性别观念的童书，它颠覆了以往童话故事中的王子和公主形象，不再是公主等着王子拯救，而是把两个人物形象做了调换。孩子从小接受这样的教育和引导，有利于消除社会性别刻板印象的不利影响，形成性别平等的观念。

---

[1] ［美］罗伯特·蒙施，迈克尔·马钦科绘：《纸袋公主》，兔子波译，河北教育出版社2009年版。

## 二 活动目标

(1) 知识：认识到女孩也有勇敢独立的一面；

(2) 技能：独立思考的能力，口头表达的能力；

(3) 情感、态度和价值观：挑战社会性别刻板印象，认同性别平等理念。

## 三 活动准备

PPT（演示文稿）；绘本《纸袋公主》。

## 四 活动课时

两课时。

## 五 活动过程

1. 谈话导入

小朋友们看过哪些童话故事，喜欢里面的哪些人物呢？哪位小朋友愿意和大家讲一讲，并说一说喜欢的原因（漂亮、善良等）。

现在我们来看这个图片，有什么不一样呢？对了，这个公主和我们常见的公主不太一样，一般公主穿漂亮华丽的服饰，这个公主却穿得破破烂烂，身旁还有一个可怕的巨兽，那么，她的故事是什么样的呢？今天，我们就一起来读一读绘本故事《纸袋公主》。

2. 学习新课

（1）观看有声绘本，感知故事内容

请小朋友读看绘本，然后分成每4个人一小组，大家轮流学着讲《纸袋公主》的故事，老师巡视指导。最后请2～3个人给全班讲这个故事，老师进行点评，从中找到每一个孩子的优点，以鼓励孩子敢于表达。

（2）内省故事背后的道理

启发小朋友思考，纸袋公主有什么特别的地方，从绘本中哪个部分能看出来？老师提示：纸袋公主和我们平时读过的绘本里的白雪公主、芭比公主不一样，她没有光鲜亮丽的衣服，却非常勇敢、机智。她想办法救了王子，当被王子嫌弃时，却没有难过，而是正面表达了她的看法，离开王子去追求属于自己的自由生活。她是一个了不起的女孩子。

（3）教师总结

男女是平等的，女孩子也可以勇敢、有主见，遇到事情勇敢地面对，而不依靠任何人。

执笔：卓衍涛

# 《公主不都一个样》[1] 绘本教案

## 一　活动意图

社会以各种各样的信息传递给人们诸多思维定式,包括对男人、女人性别角色的认知及定位。本次绘本阅读活动的目的是,通过书中塑造的一个个突破传统思维定式的人物形象,启发孩子们认识到多元社会中有着千千万万与众不同的个体,我们应当予以接纳和尊重。不以性别为标准去选择从业方向,不以性别特征来评判一个人的行为,不因为别人做了与传统性别规范不相符合的事情而对其嘲弄、欺凌。帮助孩子排除自我限定和来自外界的干扰,建立起勇敢追求心中梦想的信念。

## 二　活动目标

(1)引导孩子认识到故事角色并不是千篇一律的;
(2)鼓励孩子打破常规的思维模式,敢于以自己所喜欢的样子展示独一无二的自我。

## 三　活动准备

PPT(演示文稿);绘本《公主不都一个样》;不同风格的公主形象图片,

---

[1] [美] 杰弗里·布恩、丽莎·布恩,瓦莱里亚·多凯博绘:《公主不都一个样》,王玮译,化学工业出版社 2016 年版。

异性同职业者图片。

## 四 活动过程

1. 阅读封面，引导孩子思考性别差异

组织者引导：

大家心目中的公主是什么样子的？穿什么样的衣服？什么样的发型？性格是怎样的？

提示：

孩子们可能会说出传统的公主形象，也可能会说有的公主是短头发、喜欢骑马、能够参与战争等，注意引导孩子意识到女性的形象是可以多样化的。

2. 完整欣赏故事，引导孩子了解多元化社会角色定位

组织者慢速地把故事内容讲给孩子听，叙述中适当引导孩子思考自己以往经历过的、阅读和观赏过的各类社会角色，分别都是什么样的形象。例如海盗是不是都在海上勇猛无敌地航行？人鱼会不会有男有女？有没有遇到过风趣幽默的男性护理者给自己打针？有没有遇到过和你想象中区别非常大的男性或女性？

阅读结束，提出问题，如大家希望自己每天是什么样的形象？你为此做了哪些事情和努力？爸爸妈妈希望你们是什么样子？他们为什么会这样想？

提示：

启发孩子描述自己心目中所期待的个人形象，鼓励孩子坚定信念，通过努力成为自己心目中理想的样子。如果孩子和父母的想法不一致，鼓励孩子平和地与父母交流自己的想法，告诉父母这个角色定位的什么地方吸引了自己，让父母理解孩子的想法。双方不一定要立即达成共识，但可以就此议题做更深入的交流。

3. 组织一次"我喜欢的自己"演出

以个人或小组表演的方式，组织父母现场观看，或者表演时制作成光盘，发给每一个孩子，让他们带回家邀请父母一起欣赏。

**提示：**

组织者尽量鼓励孩子勇敢参与，对于不愿意表演的孩子，可以安排他们参与道具制作、场地清洁、场景搭建等工作，或者作为啦啦队、积极观众（现场打分、事后评论）等，保证每个孩子在此次活动中都有价值体现。

### 4. 活动小结

性别刻板印象在生活中普遍存在，在未成年人中也不乏这样的认知，如男孩子应该穿蓝、白、黑、灰、棕之类的素色衣服，女孩可以穿相对鲜艳的服饰；女孩子柔弱胆小被认为是女性温柔特质的体现，男孩子打闹斗殴被认为是活泼勇敢的表现。

那些与主流性别规范不同的气质和行为很可能遭到诋毁和排挤，性别刻板印象的限定性认知对于孩子的多元认知和同伴间友好关系的建立均有极大的负面影响，需要及时干预。从长远看，孩子的真实自我实现、人生从业规划、社会价值观建立等都需要突破刻板的性别角色和期许，多元价值观、接纳异己、尊重他者的人生态度才能成就其完整的人格发展和事业发展。

执笔：苏醒

# 《女孩靠边》[1] 绘本教案

## 一 活动意图

对于这个绘本，一般是以朋友间的团结友爱、熊妈妈的智慧为角度来解读，其实我们还可以从性别刻板印象的角度来分析。组织者可以此书为引导，帮助孩子建立起不以性别划分兴趣范围、不以性别限制交往范围、不以暴力解决问题的观念。帮助孩子认识到人与人的交往需要去掉性别标签，以多元态度来接纳对方的喜好，尊重对方的感受。

## 二 活动目标

（1）认识到男孩、女孩只是生理特征不同，在兴趣爱好方面有很多共同点；

（2）孩子有权利做自己喜欢的事情，不要以性别来限制，但需要学会尊重他人。

## 三 活动准备

PPT（演示文稿）；绘本《女孩靠边》。

---

[1] ［美］斯坦·博丹，简·博丹绘：《女孩靠边》，张德启译，新疆青少年出版社2013年版。

## 四　活动过程

1. 阅读封面，引起兴趣

请小朋友观察封面上的人物和他们的表情，引导他们思考：

封面上有几只小熊？房子外面有几只？房子里面有几只？外面的小熊是什么表情？里面的小熊是什么表情？发生了什么事情，他们会表现出这样的情绪？（引导孩子注意到熊小妹含着手指、纳闷的样子）

2. 欣赏故事，思考问题

故事简介：

天真活泼的熊小妹擅长运动，喜欢追随哥哥和他的伙伴们一起跑步、爬树、弹珠、打球，然而却受到男孩子的排斥。他们故意躲开熊小妹，在浆果丛岛上建造了一座专属于男孩子的"熊王国男孩俱乐部"，并且在屋子外面挂上"女孩靠边"的牌子，这个举动令熊小妹非常伤心。为了让熊小妹开心，熊爸爸和熊妈妈帮助熊小妹和其他女孩也建立了一个树上俱乐部，庆祝小屋建成时，大家制作的美味食物吸引了男孩们的兴趣，他们顺着香味来到女孩俱乐部。女孩们决定宽容地接纳男孩，邀请他们分享快乐。随着男孩、女孩关系的改善，小熊哥哥也主动邀请女孩到男孩俱乐部品尝浆果。来到男孩俱乐部，大家忘了之前的不开心。小熊哥哥主动跑在最前面，把牌子上的"女孩靠边"改成了"欢迎女孩"。

组织者把故事内容讲给孩子听，并引导孩子关注故事中角色的情绪变化、行为变化，引导孩子思考以下问题：

（1）熊小妹小时候与哥哥和他的伙伴们经常在一起游戏，哥哥们为什么有点嫌弃她？

熊小妹年龄太小，游戏的时候会拖后腿，所以哥哥和他的同伴们不愿意跟熊小妹一起玩。

（2）长大后熊小妹的运动能力增强了，为什么他们更嫌弃她了呢？

熊小妹太出色了，经常在游戏中获胜，这时她会手舞足蹈、打侧手翻、欢呼胜利，得意扬扬的样子令输不起的男孩子难以接受。

提示：

男孩输不起的反应体现出儿童受到社会性别刻板印象的影响，认为男性应该比女性更强才对。

（3）妈妈看到熊小妹跟男孩们一起玩，为什么会担心？

妈妈觉得爬树很危险，怕熊小妹受伤，还觉得女孩跟一群男孩玩显得太特殊。

提示：

妈妈有一些性别刻板印象，总觉得男女有别。爸爸没有性别刻板印象，支持熊小妹参与各种类型的游戏。

（4）熊小妹独自一人玩耍时都做了哪些事情？

给妈妈采花、和蝴蝶跳绳、和洋娃娃喝茶、看书，她也能安静地玩那些文静的游戏。

提示：

一个人喜爱和擅长的领域是多元的，并不是喜欢跟男孩玩，就会影响温柔、文静气质的发展。

（5）熊小妹找到男孩们之后为什么伤心地大哭？

男孩们在屋子外面写上"女孩靠边"，拒绝熊小妹进入秘密俱乐部。

提示：

男孩们的做法是社会性别刻板印象最常见的体现方式，这种"女孩靠边"的排斥行为不可取。

（6）熊爸爸知道男孩们的做法后是怎样反应的？妈妈是怎样反应的？

爸爸很生气，决定去找男孩算账，妈妈拦住了冲动的父女，冷静地告诉他们，男孩、女孩都不可以孤立对方，也不可以强迫对方和自己玩。

提示：

传统的社会性别意识塑造了熊爸爸、熊妈妈这样的性格特点，然而随着社会的进步和多元文化的发展，这样的家庭组合模式已经有了变化。引导孩子们认识到熊妈妈的观点和做法是正确的。

（7）最终男孩和女孩是如何恢复友好关系的？

熊小妹和家人、朋友共同努力建成女孩俱乐部，制作了美味的食物，欢迎男孩一起品尝。于是，男孩们也邀请大家去男孩俱乐部品尝浆果。由于彼此宽容和接纳，双方关系终于友好起来。

## 五　小结

（1）熊小妹做什么游戏是她的权利，熊妈妈应该放下担心，告诉熊小妹一些必要的注意事项后，支持她跟男孩子一起玩耍。

（2）游戏中有输有赢，男孩输给女孩并不是没面子的事。无论男生还是女生，胜利者都需要考虑到失败者的感受，用更恰当的方式庆祝胜利，比如感谢大家的陪伴、鼓励对方加油等。

（3）男孩们用"女孩靠边"的牌子把熊小妹和其他女孩挡在俱乐部外面，这样做是不恰当的。如果有意见不一致，应该跟对方诚恳沟通，和善地表达意见。

（4）熊爸爸想用暴力去解决孩子间的冲突，这是不恰当的。可以参考熊妈妈的做法，学会换位思考，善于自我反省，友好地解决问题。故事中刻画的熊爸爸线条粗放、思维简单、情绪一点就着，熊妈妈却心思细腻、遇事冷静、考虑周到，这是传统社会对家庭中夫妻状态的常规定位，但我们应当意识到，不是所有男性都是熊爸爸这样的，也不是所有女性都是熊妈妈这样的，和谐的家庭关系需要夫妻双方都能够冷静、客观、细致地面对各种问题。

执笔：苏醒

# 《爸爸，你爱我吗？》[①] 绘本教案

## 一 活动意图

它讲述一个黑人小孩和他爸爸的对话，小男孩一遍又一遍地试探，爸爸反复安慰儿子，让孩子知道他的爱是无休止的，充分满足了孩子的安全感。社会上存在的男女性别刻板印象，父亲大多不太擅长表达爱，但《爸爸，你爱我吗？》中的父亲不同，他启发我们认识到，父亲也可以像妈妈那样温柔、亲切、细腻，从而打破了既有的性别刻板印象。

## 二 活动目标

（1）了解父爱的不同表现形式；
（2）理解男性也有温柔、细腻的一面。

## 三 活动准备

PPT（演示文稿）；绘本《爸爸，你爱我吗？》。

## 四 活动过程

1. 导入

通过做游戏的方式引入话题，如：我们先来玩个游戏吧！请抢答：爷爷的

---

[①] [美] 芭芭拉·M. 宙斯、芭芭拉·拉瓦雷绘：《爸爸，你爱我吗？》，余治莹译，长江少年儿童出版社 2014 年版。

儿子是谁？

也可以启发式提问：你的爸爸是什么样的？他爱你吗？

然后引入正题：今天，我们要讲一个关于爸爸的故事：《爸爸，你爱我吗？》。

2. 感受封面

请小朋友仔细观察绘本《爸爸，你爱我吗？》的封面，图中有哪些人，他们在干什么？

提示：

他们是一对黑人父子，父亲和儿子正在相互对视，正在说着什么，可以看出他们的关系非常密切。

3. 读懂内容

教师引导小朋友逐页翻开绘本，生动、完整地将绘本的故事讲述给孩子，同时启发他们思考，引导他们进行讨论。

导语：

让我们打开绘本的第一页，原来啊，这个儿子正在问爸爸："爸爸，你爱我吗？"

你们在自己家里，也向自己的爸爸问过这个问题吗？他是怎样回答的呢？（自由回答）

现在让我们来看看，绘本里的爸爸是怎样回答他儿子无休止的问题的？这是一个怎样的爸爸呢？（很有耐心，让人感到温暖等）

小结：

绘本里的爸爸和我们的爸爸有什么区别吗？是不是不太一样，他像妈妈一样有耐心，让我们感到非常温暖。

4. 明白道理

（1）讨论：这个故事让我们懂得了什么道理？

（2）小结：父爱有很多不同的表现形式，男性也可以像女性一样温柔。

执笔：卓衍涛

# 《朱家故事》[①] 绘本教案

## 一 活动意图

绘本以轻松诙谐的方式揭示了家庭中"共同分担"的重要性。中国大部分儿童在传统刻板的"男主外、女主内"式的家庭氛围中成长,往往理所当然认为做家务是妈妈的事,成家后就是妻子的事。这一绘本的阅读体验是为了帮助幼儿建立"家务事不是女性的天职,家务事是家中每一分子的责任,应该分工合作、共同完成"的观念,由此产生"做自己力所能及的事"的意愿。

## 二 活动目标

(1)理解家务是全家人的责任,不是妈妈(女性)一个人的责任;
(2)产生与爸爸一起参与做家务的意愿。

## 三 活动准备

PPT(演示文稿);绘本《朱家故事》。

## 四 活动过程

1. 谜语导入

猜谜:四肢短,身体肥,有事没事哼哼叫;耳朵大,尾巴小,光吃不做懒

---

① [英]安东尼·布朗:《朱家故事》,柯倩华译,河北教育出版社2009年版。

家伙。（打一动物，猪）

猪有什么特点？（肥胖、懒惰、好吃）

我们今天来读绘本《朱家故事》，"朱"是姓氏之一，可不是哼哼叫的"猪"。这是朱家四口的照片（PPT展示封面），妈妈在哪里？爸爸在哪里？还有两兄弟。找找看，谁很开心？谁很难过（妈妈的表情难过）？

**2. 阅读、理解绘本**

（1）妈妈为什么难过

第1页，朱先生有两个儿子，还有漂亮的房子、车子，妈妈在哪里呢？

第2—3页，每天早晨，爸爸在干什么？两兄弟在干什么？妈妈又在干什么？

第4—7页，每天傍晚呢？妈妈心情如何？（妈妈没有五官，无奈、难过、心情不好）。

朱家爸爸和两个男孩总是大声命令，饭来张口，衣来伸手，妈妈不仅要工作，还要一个人承担所有家务，难怪心情昏暗。

（2）有一天，事情发生了变化

第8—9页，妈妈留下一封信："你们是猪！"爸爸拿信的手怎么了？（变成猪蹄）

第10—11页，妈妈离开了，爸爸和两兄弟变成了什么？（猪头）家里变成了什么样子？

第12—13页，爸爸和两兄弟趴在地上干什么？（家里没有吃的，他们在找可以吃的残渣碎屑）他们这时候最想念谁？黑影子是谁？他们看到妈妈回来，会怎么做？是什么心情？

第14—15页，妈妈回来后，父子三人在做什么？表情怎样？（一起做家务真开心）

第16—17页，妈妈发生了什么变化？（衣着、表情）妈妈很快乐。

（3）组织讨论

妈妈为什么变得很快乐了？你喜欢这样的朱家吗？

3. 联系生活、结束活动

（1）你家里是谁做家务？爸爸妈妈分担哪些家务？你会帮忙吗？你能帮忙做什么？（剥蒜、摆碗筷、丢垃圾等）

（2）帮忙的感觉怎么样？（就像朱家爸爸和孩子们一样，一起动手很开心）

（3）家庭作业：回家后邀请爸爸一起分担家务。

执笔：李薇娜

# 《不要随便亲我》[1] 绘本教案

## 一 活动意图

生活中,很多大人觉得用亲吻来表达对小孩的爱没什么不对,此绘本却真实地展现了小孩的内心世界。培养孩子勇敢地对他人说"不",表达自我的真实感受,拒绝自己不喜欢的身体接触,有助于预防性侵的发生。

## 二 活动目标

(1) 引导孩子敢于对自己不喜欢的身体接触说"不";
(2) 培养孩子学会拒绝,学会保护自我。

## 三 活动准备

PPT(演示文稿);绘本《不要随便亲我》。

## 四 活动过程

1. 阅读封面,引发兴趣

请小朋友观察封面上的人物和他们的表情,引导大家思考:小女孩在干什么?她那张开的伞在抵挡什么?那巨大的黑色影子是什么?小女孩为什么要拿伞抵挡它?

---

[1] [德]佩特拉·敏特尔:《不要随便亲我》,刘敏译,青岛出版社2010年版。

## 2. 欣赏故事，引导思考

莱娜喜欢来访的客人，却不喜欢客人们用亲吻、拥抱的方式来表达对自己的喜爱。她为此焦虑，甚至常常做噩梦……组织者慢速把故事讲给孩子听，然后以问题来引导孩子观察书中图片，思考相关问题：

（1）莱娜不喜欢谁的亲吻？为什么？

奥尔加阿姨有一股难闻的蒜味；埃尔文叔叔有砂纸般的胡子茬；佩尔兹奶奶佩戴着让人恐惧的假狐狸；皮克叔叔满身雪茄味、牙齿黄黄……

（2）因为这些可怕的亲吻，莱娜做了噩梦，这是为什么？

莱娜产生了厌倦、焦虑的情绪体验，对拥抱、亲吻产生了排斥心理。她身体的防御机制给自己提出警告：不能再这样下去了，得想出个办法才行。

（3）莱娜想出了什么办法？

莱娜变成一头有长鼻子、尖牙齿、灰皮肤的大象，她告诉大家："以后，你们再也不要随便亲我了。要是不答应，我就让你们尝尝被大象亲吻的滋味。"奥尔加阿姨回应说："我们不知道你不喜欢我们亲吻你呀！你不喜欢，我们以后再不会随便拥抱你、亲吻你了！"于是大家一致决定，以后不随便亲吻、拥抱莱娜了。

（4）所有人都亮出"V"形手势，莱娜又变成了莱娜，她的心情如何？

莱娜勇敢地说出心里话后，感到放松、惬意。

（5）此后莱娜有什么变化？

对那些不喜欢的事，她能勇敢地说"不"了，她又重新快乐起来了。

## 3. 联系生活，结束活动

（1）在生活中，有不喜欢的人亲吻你吗？

（2）对那些你不喜欢的身体接触，你能勇敢地说不吗？

## 4. 活动小结

从小培养孩子细心体味自己的内心感受，勇敢地向自己不喜欢的事情、行为说"不"，是这次活动的关键议题。

执笔：赵宏丽

# 《绝对不能保守的秘密》[1] 绘本教案

### 一　活动意图

孩子的自我保护能力十分有限。如果伤害发生之后，孩子能不惧威胁，马上把事情告诉父母或老师，就可以得到他们的帮助，这无疑是减少更大伤害的好办法。《绝对不能保守的秘密》鼓励孩子即使在害怕和痛苦中，也要大声说出心中的秘密。在阅读活动中，注意引导儿童学习自我保护的技能。

### 二　活动目标

（1）理解、感受小阿尔弗雷德的痛苦与恐惧；
（2）明白坏秘密一定不能保守，而应该大胆地告诉父母、老师。

### 三　活动准备

绘本《绝对不能保守的秘密》。

### 四　活动过程

1. 导入

首先向孩子说明，将给大家讲一个非常特别的故事。然后展示封面，启发

---

[1] ［澳］杰妮·桑德斯、克雷格·史密斯绘：《绝对不能保守的秘密》，康萍萍译，辽宁出版社2016年版。

孩子思考：你认为这个小男孩是谁？从图片看，你觉得他有什么感受？为什么认为他会有这种感受？

2. 阅读绘本，组织讨论

**故事简介：**

苏珊离婚后，她和儿子阿尔弗雷德的生活变了样，她必须去当地最大的城堡当清洁工来赚取生活费。城堡主人亨利主动帮助苏珊照顾儿子，然而这是一个伪君子，他用游戏的方式去摸阿尔弗雷德的私密处，还威胁孩子不许告诉任何人，否则他们就没饭吃了。孩子为此感到非常痛苦、伤心，不知道该如何做，但最后还是勇敢地告诉了妈妈。妈妈给了阿尔弗雷德一个承诺，让孩子明白，有些秘密必须讲出来，不能保留。

与孩子一起读绘本，并引导作一些简短的讨论。

读1—2页，问：小阿尔弗雷德和妈妈住在哪里？亨利勋爵的城堡看起来怎么样？

读3—6页，小阿尔弗雷德为什么需要亨利勋爵的照顾？他和亨利勋爵相处得怎么样？

读7—8页，这一天，小阿尔弗雷德和亨利勋爵在一起有什么感受？

读9—10页，亨利勋爵的警告带给小阿尔弗雷德什么感受？他会把秘密告诉妈妈吗？

读11—14页，小阿尔弗雷德为什么既痛苦又害怕，也不敢告诉妈妈？

读15—16页，选择保守秘密后，亨利勋爵对小阿尔弗雷德做了什么？他有什么感受？

读17—20页，小阿尔弗雷德这次会告诉妈妈吗？他在担心什么？

读21—26页，秘密告诉妈妈之后，妈妈有什么反应？妈妈做了什么？

读27—28页，说出这个秘密，小阿尔弗雷德的感受怎样？他明白了什么？

3. 思考问题，联系生活

引导孩子思考，别人挠或者触碰你的私密部位时，让你感到不舒服吗？如果有人这样做，你会采取哪些行动？如果对方说这是"我们之间的特殊秘密"，你会保守这个秘密吗？你要怎么做呢？你可以告诉谁？

提示：

有些秘密是善意的秘密，如不告诉妈妈自己准备的生日礼物，或者不告诉朋友要为他/她举办生日派对，这是为了给他们带来惊喜，让他们开心、快乐。然而有些秘密是坏秘密，它让你感到痛苦、难受、害怕，这样的秘密就不应该保守。如果遇到这样的事情，我们应该让那个人停止，并且一定要将这件事告诉我们信赖的人。引导孩子说出可以倾诉的3—5个人，如妈妈、爸爸、老师、朋友等。让孩子学会遇到这种事时，正确处理，降低伤害。

执笔：李薇娜

# 第五编 教案设计

这一编是教案设计，主要是给教师课堂教学做参考的。当然，做团体心理辅导、同伴教育培训的时候，也可以参考这部分的内容。

"性别、身体与权力"等七个工具，主要是帮助学生了解什么是性别暴力，以及性别暴力的类型、表现形式、可能产生的恶劣影响等；能够识别性别暴力，知道性别暴力与性别之间的关系；对校园性别暴力有一个明确的态度，当自身遭遇性别暴力，或者目击性别暴力时，能够积极应对；鼓励学生参与反校园性别暴力的行动；对高年级同学，引导他们去了解性别的多层定义及建构过程，鼓励学生思考自己的性别、身体和社会的关系。

"我的身体我做主"等六个工具，主要是帮助学生了解自己身体的隐私部位，建立身体自主权的概念；知道什么是性骚扰，性骚扰有哪些形式，如何应对性骚扰；了解性侵害的类型，在自己或别人受到性侵害后知道如何应对；了解暴露者与裸露的区别，学会应对暴露者；能够辨识校园性骚扰，积极参与校园反性骚扰行动；制定校园安全地图，识别校园环境中安全和不安全的场所；学习制定规则和协议，创建一个安全、友好、平等的校园环境。

"亲密关系：从暴力到尊重"等三个工具，主要是帮助学生学习如何促进一段建立在相互尊重之上的亲密关系；了解约会暴力、约会强奸，提高自我保护意识，掌握基本的防护知识和技能；掌握家庭暴力的表现形式、特点，厘清对于家庭暴力的认识误区等。

"认识'恐同'"等三个工具，主要是帮助学生了解"恐同"的概念，能够识别那些与"恐同"欺凌有关联的观念和行为，学习防范"恐同"欺凌的措施，树立反歧视反"恐同"、尊重多元的价值观，防止校园"恐同""恐跨"欺凌的发生。

"理解受暴者的感受"等四个工具，主要是帮助学生了解移情的概念，让他们能够设身处地地理解受害者的感受；帮助他们认识到积极的行为对同伴关系的促进作用，掌握用积极的态度和行为来促进同伴关系；了解自信的交流风格的表达技巧，学会用积极的方式表达个人需求；了解寻求帮助和帮助他人的意义，掌握寻求帮助和帮助他人的方法和技巧。在以上技能学习的基础上，探讨预防和应对校园性别暴力的积极策略。

# 全面了解性别暴力

### 一 课名

全面了解性别暴力。

### 二 时长

60分钟。

### 三 教具、材料

多媒体教学设备，五张大白纸，每人一张学习任务单。

### 四 教学目标

（1）了解什么是性别暴力，以及性别暴力的类型及其表现形式；
（2）澄清关于性别暴力的一些误区；
（3）鼓励学生参与反性别暴力的行动。

### 五 教学过程

1. 导入：脑力激荡 —— 板砖的用途

教师PPT呈现一块板砖，向同学们介绍这是一块普通的板砖，请大家展开思维的翅膀，尽情想象一下，这块板砖能有什么用途？

（1）小组讨论交流，将小组所有人的想法写在学习任务单（见附件）上；

（2）请每个小组起来汇报三个本小组最有创意的想法。

**组织者导语：**

刚才的脑力激荡，所有同学都积极参与了，大脑充分发动，几乎将板砖所有可能的用途都想了出来，包括板砖的暴力用途。那么，趁着大家思维的活跃，我们接下来看大屏幕——"性别暴力"，大家看到这四个字，会想到什么呢？

提示：

这个环节有三个目的：放松情绪、发散思维，由此引出"性别暴力"。

2. 活动一：让思维飞——关于"性别暴力"，我们都想到了什么？

**活动步骤：**

（1）每个同学写出八个以上由"性别暴力"想到的关键词或者句子，写在各自的学习任务单上。

（2）以小组为单位，汇总组员想法。按照"性别暴力的概念""性别暴力的表现""性别暴力的危害""性别暴力的原因"分别进行汇总。

提示：

此环节请学生自由联想，不求准确，所有想到的都可以填写在学习任务单上。

3. 活动二：集思广益——讨论与辨析

**活动步骤：**

（1）讲台贴一张白纸，标题为"性别暴力的概念"。

（2）请各小组依次汇报关于此标题本组讨论的内容（关键词或句子），对提出的关键词或句子大家逐一讨论，将得到认可的写在纸上。老师在一旁指导，并对"性别暴力、家庭暴力、性暴力"的概念进行介绍。

（3）重复以上步骤，分别总结出"性别暴力的表现""性别暴力的危害""性别暴力的原因"填写在三张白纸上。

4.活动三:"反对性别暴力,我们在行动"

请大家发表意见,说一说在反对和消除性别暴力中,我们可以做些什么?老师将学生的建议记录下来。

## 六　小结

今天这节课我们一起认识和了解了"性别暴力",并探究了反对性别暴力的一些举措。虽然说到"性别暴力"让我们感觉沉重,但是我们相信,生活中更多的是美好!我们反对性别暴力,就是为了让美好的生活更加美好!

大家课后可以做一个资料搜集,看看世界上都有哪些反对性别暴力的社会运动和组织,他们的行动目标、宗旨、举措是什么?了解了这些,我们就会知道,心怀美好的人到处都是,为理想而付诸实践去努力的人就在我们身边!

**附件:学习任务单**

| 脑力激荡:板砖的用途 | 让思维飞——由"性别暴力"想到的 |
|---|---|
| 性别暴力的概念 | 性别暴力的表现 |
| 性别暴力的危害 | 性别暴力的原因 |
| 反对性别暴力,我们在行动 | 反对性别暴力的社会运动和组织 |

执笔:温学琦

# 应对校园性别暴力（1）

### 一　课名

应对校园性别暴力（1）。

### 二　时长

45分钟。

### 三　教学准备

分组，每排相邻两人一组，如果这一排单出来一人的话，最后一组就三个人。

### 四　教学目标

让学生了解校园性别暴力的形式和应对方法。

### 五　教学过程

1. 导入

**组织者导语：**

同学们，在上课前，想和大家分享一个我亲身经历的故事。我上初中时，班上有一位男同学，他长得非常文静，说话细声慢语，喜欢和女同学玩，还经常摆出兰花指造型。我们班的男同学都看不惯他，叫他"娘娘腔"。他很生气，但也没有办法，只能忍受。

这是一种什么行为呢？这就是我们今天要讲的"校园性别暴力"。在我们的学校生活中，你是否也遇到过这样的现象？如果遇到了性别暴力，我们应该怎么办呢？今天这节课，我们就来说说校园性别暴力。

2. *活动一：何谓校园性别暴力*

**活动步骤：**

教师介绍性别暴力的基本概念和表现形式，然后进行真实案例分享：

2014年9月23日晚间。陕西延安吴起县高中的六名女生闯进同学宿舍，对五名准备上床休息的女生实施暴力，她们用水果刀威胁五名女生脱光衣裤，五名女生反抗，但遭到殴打。被迫无奈脱光衣裤后，遭受了六名女生的凌辱。这是一起性质恶劣的校园性别暴力。

**提示：**

性别暴力不一定是男性对女性，女性对女性、女性对男性也可能实施性别暴力。

注意观察学生，可能会有曾经遭受性别暴力的学生有反应。这时可以加上一句："如果我们曾经被欺负，那也没有关系，这节课就是教会我们如何应对这些问题，只要我们学会了好的方法，一切都会变好的。"

3. *活动二：我们该怎么办*

**组织者导语：**

当校园性别暴力发生时，我们该怎么办呢？下面继续看大屏幕。我整理了一下，从被欺负的同学、欺负同学的同学、目击者三个方面给大家提供一点建议。

（1）被欺负的同学怎么办？

第一，零容忍，敢于应对。当有人欺负我们时，要明确告诉他，这样不可以，请他们停止。当然他们往往不会轻易停止，这时候就要机智应对，比如快速离开那个环境，制造影响，让更多人知道这个地方将要或者正在发生暴力，争取找到其他人来帮助我们。如果这些办法都不好用，还是跑不掉，那就先保护好身体的重要部位，如眼睛、头部，可以用手抱住头，身体蜷缩起来倒在地上，让施暴者伤不着身体的要害。

第二，及时报告。尽量在第一时间告诉老师和家长，或者自己信赖的人、机构，寻找支持我们的力量，帮助我们解决问题。

（2）施暴者如何反思？

第一，尊重不一样的同学。我们每个人都是世界上独一无二的，都有跟别人不同的地方，我们不应该去嘲笑别人的外表、个性或那些与众不同的地方，应该尊重我们的同学，试着去了解、欣赏他的优点。

第二，知法守法。严重的性别暴力可能构成违法，要承担刑事责任，到那个时候后悔就来不及了。我们来看2015年在美国发生的一起中国留学生校园性别暴力的案例。

案件回放：2015年6月，在美国读高中的10名中国留学生对同样来自中国的两名女留学生实施了校园性别暴力。2016年1月5日，施暴者翟云瑶、杨雨涵、章鑫磊和检方达成认罪减刑协议，三人将分别获刑13年、10年和6年，服刑期满后将被驱逐出美国。据说，这样的判罚还算轻的，这样的行为在加州都可以判上25年，甚至终身监禁。

（3）目击者能做什么？

目击者是看到校园性别暴力的人。当看到有同学被欺负时，我们要有"零容忍，不保持沉默"的态度，那么具体该怎么做呢？

第一，进行劝阻。当然这个需要判断，是否能够劝住，如果可以，那就毫不犹豫地上前劝阻；如果不能，就赶紧找其他同学一起来阻止。

第二，要报告给老师，如果情况比较严重，马上报警，让专业人士来处理。

第三，要给被欺负的同学关心、陪伴，让他感到温暖、不孤单、有安全感。

第四，不要歧视施暴者，应该关心他们，帮助他们改正自己的不当行为。

## 六　小结和家庭作业

这节课我们了解了校园性别暴力的形式，介绍了应对校园性别暴力的方法，希望同学们能够将今天学到的内容分享给更多的人,让大家知道当遇到校园性别暴力时,应该怎么应对。让校园性别暴力远离我们,使我们的校园更加安全、和谐。今天的家庭作业是回去订立一个你自己的行动计划,你要怎么做来减少校园里的性别暴力。

执笔:梁先波

# 应对校园性别暴力（2）

### 一　课名
应对校园性别暴力（2）。

### 二　时长
60 分钟。

### 三　教具、材料
大白纸、彩笔、多媒体教学设备。

### 四　教学目标
让学生了解什么是性别暴力，能识别性别暴力，理解性别暴力与性别之间的关系，认识到任何人都可能成为性别暴力的目标，但一些群体比其他人更可能成为袭击目标，性别暴力会给受暴者带来严重的负面影响。

### 五　教学过程
1. 导入

组织者提问，什么是性别？结合学生的回答，讲解与性别相关的基本概念，包括生理性别、性别认同、社会性别等，并进一步给出性别暴力的概念。

2. 活动一：认识和应对性别暴力

**活动步骤：**

（1）分为几个小组。可自行组合，也可随机分组；每组分配给一定的性别暴力场景案例（见附件），可以有重复，比如两个小组拿到同一个案例。

（2）每组发一张大白纸和彩笔，规定时间让小组讨论，并把讨论结果写在大白纸上，每组推选一个发言人，进行小组分享。

**讨论议题：**

哪些团体和个人更容易遭受到场景中的性别暴力？

导致场景中性别暴力的原因是什么？

需要做什么来防止这种情况发生？

如果问题已经发生了，需要用什么方法来应对？

性别暴力事件中有哪些不同的人，都扮演着哪些角色？

**提示：**

学生可能认为弱小者、喜欢打小报告的人或者爱跟老师套近乎的人更容易遭受性别暴力；学生也可能不会认识到暴力与性别之间的关系，可能延伸到同学间开玩笑，不懂得如何处理同学关系、亲密关系等。组织者不必急于纠正，尊重每个学生的观点，创造一个宽松、自由的环境，让学生充分讨论。

如果有学生提到性别或性别相关的问题，比如质疑对女生以瘦为美的社会审美倾向，老师利用自身的权力地位对学生的威胁等，组织者可以及时予以肯定。

对于如何防止和应对性别暴力，组织者更要引导学生充分讨论。在小组展示的过程中，可以鼓励讨论同一场景的小组互评，同时邀请其他小组参与进来。

**小结：**

就像大家刚才所讨论的那样，容易遭到性别暴力的个体与群体的特征很多，但是我们尤其要注意性别这一因素的作用。因为从全世界的情况来看，女性都比男性体验到更多的性别暴力。另外，那些不符合传统性别规范的少数群体也更容易遭受性别暴力。当然，引发性别暴力的原因多种多样，但我们需要注意暴力与性别之间的密切关系。

例如场景一、场景二中男生对女生的性骚扰，场景四中女孩被叫作"肥猪"，场景五中小君骂女生是"婊子"，这些都需要结合社会对男、女两性的角色规范和性别相关的价值观来思考。我们需要认识到,男生经常以对女生进行性骚扰来体现自己的男性气质,社会宣扬女性的"性感美",强调女性"贞洁"的重要性,这些才是导致以上场景中性别暴力的根本原因。

此外,尽管性别暴力更容易发生在女性身上,但男生也可能成为性别暴力的受害者。比如场景2中,小海由于不符合主流社会规范的男性气质,就被其他男生嘲笑,不让他参加篮球队,这也是一种性别暴力。其实不论男孩、女孩,都可以根据自己的喜好打扮自己,这是他们的权利,其他人不能因此嘲笑、孤立他们。

对于性别暴力的预防和应对方案,大家有很多很好的想法,值得肯定,但同时也需要警惕,对于受暴者,我们不能责备其过于懦弱,不懂得反抗,因为他们处于那样的境地,能采取的行动其实很有限;而对于施暴者,我们除了义愤填膺地制定处罚他们的规则外,也应该思考导致其施暴行为的原因,帮助他们摆脱暴力的行为方式;暴力影响到的人还包括旁观者(目击者)。旁观者的态度非常重要,当旁观者看到暴力发生时置之不理,就是在默许这种行为。积极主动的旁观者会想办法阻止暴力,当然我们在保护别人的时候,一定要先学会保护自己。

最后,为了根除性别暴力,我们必须改变不平等的性别关系,以及滋生这种关系的社会制度,如父权制。所以,我们的方案需要包括个体层面和社会层面两方面,除了针对受暴者的支持、对施暴者的惩罚与后续改变外,还要倡导改变不平等的社会性别规范,创设性别平等的社会政策和社会环境。

### 3. 活动二:校园性别暴力的影响

**活动步骤:**

(1) 分组讨论以下议题:

施暴者对待女性、男性、同性恋、跨性别者使用一样的暴力形式吗?

什么类型的暴力主要是男性针对男性的?针对女性的?针对跨性别的?针对同性恋的?

什么类型的暴力主要是女性针对女性的?针对男性的?针对跨性别的?针对同性恋的?

（2）每个小组选一个人上来分享。

提示：

学生讨论过程中，组织者可以走动、观察、引导。鼓励学生放开思维，避免狭隘地只关注受暴者和施暴者，而应该考虑暴力发生的场景中可能出现的所有人。暴力带来的影响也是一样，不能局限在身体伤害上，需要考虑更多的影响。

小结：

通过讨论，我们了解到了性别暴力的严重后果，其中对情绪的影响非常重要。我们还需要区分对不同性别身份的人，影响是否不一样，比如经历暴力的男性、女性、同性恋和跨性别者分别有什么样的感受。当我们能够理解受害者的感受时，就不太可能对其实施暴力，或者容忍对他们的暴力。

## 六 总结

（1）女性、女童、性别少数群体等不符合性别规范的个体或群体更容易遭受性别暴力；

（2）性别暴力发生的根本原因是违反了传统性别规范、性别之间不平等的权力关系；

（3）性别暴力中包括施暴者、共犯、受暴者、旁观者（目击者）等多种角色，防止和应对性别暴力，不能仅靠同情或责备受暴者、严惩施暴者，督促旁观者做出反应，还需要改变社会上的性别不平等的政策及制度规范、文化氛围等。

执笔：杨梨

**参考文献：**

Helen Cahill，Sally Beadle，Michelle Davis，Anne Farrelly, *Preventing Gender-based Violence in Schools-classroom Programme for Students in Early Secondary School*, UNESCO, 2016. 葛叶奕译。

附件：

场景一：小蕊星期四一般都与朋友一起步行上学。但这天朋友有事没有来，她不想上学迟到，于是决定独自一人步行去学校。从家里到学校，她不得不经过由一群男孩组成的某个团伙。当她经过时，他们开始吹口哨，其中一个还摸了她的腿。

场景二：小海是八年级的学生，他很喜欢打篮球。这周星期三，当他去打篮球时，队友们告诉他，他们不想让他加入球队了。后来他问朋友，朋友告诉他，大家觉得他在脸谱网的照片看起来打扮得像个女孩。

场景三：小妮13岁了，暑假期间，她的身体进入青春期而发生了变化。在回到学校的第一天，就有男孩指着她笑。经过走廊时，他们中的一些人试图碰她，其中一个人一直盯着她的胸部看，其他人则在旁边笑。她开始希望自己从来没有回到这个学校。

场景四：小凤长得有些胖，大家给她取了绰号"肥猪"，人人见了都叫她"肥猪"。她很自卑，看到别的女孩子可以穿漂亮裙子，而自己粗腿、粗手臂，似乎穿什么都不好看，她为此很痛苦，不知道该怎么办。

场景五：小君和小磊分手了，小磊开始跟小陈谈恋爱，小君看到心里不舒服，就在朋友圈发布了一些小陈的隐私信息，还说她交过很多男朋友，是个"婊子"。

组织者可根据本地校园的特色，编制更多的校园性别暴力场景，或者请学生提供一些他们知道的真实案例（建议使用化名），这有助于学生认识到性别暴力不是虚构的，而就是他们日常生活的一部分。

# 对待校园性别暴力的态度和策略

### 一　课名

对待校园性别暴力的态度和策略。

### 二　时长

60 分钟。

### 三　教学准备

材料：一封信、信封、空白 A4 纸、笔。

情景剧：依据课堂上呈现的校园性别暴力案例，设计 1—2 分钟的情景剧再现，加深学生对性别暴力的认识，提高学生的参与热情。

### 四　教学目标

了解学生群体对待校园性别暴力的几种基本态度，学会积极应对性别暴力。

### 五　教学过程

1. 导入

组织者导语：

你们每个人进入教室的时候都领到了一封信，这封信来自你的一个朋友小明，他现在遇到了一些困惑，请你对他的提问做出回答。请注意：你可以署名，但是不要写下自己的真实姓名，可以起一个代号。

以下是信的内容：

亲爱的朋友，你好！

有件事情我很早以前就想告诉你，我想了很久。可是我一直担心，如果我告诉了你这件事，你也许就不想做我的朋友了。

这个问题是，我不确定自己是正常人还是同性恋。我某些地方好像跟别人不大一样，比如我从来没有拜倒在女孩的石榴裙下，我对她们不感兴趣。

我现在的同学好像看出什么来了，他们总说我太娘娘腔了，把我当成小姑娘"调戏"，你说这是一种暴力吗？

我现在把自己的烦恼告诉你了，你还会跟我做朋友吗？

事情看来一团糟，我现在非常苦恼，我该怎么办呢？

对了，请你不要告诉任何人这件事，读后并毁掉这封信！

你的好友 小明

提示：

依据参与活动的人数提前准备好信纸和信封，让每个人进入班级时收到信。如果人数较多，可以用多媒体或朗读的方式把信的内容呈现出来。

2. 澄清态度

（1）每个人写一封简短回信，放到桌子上的信封里，接着每个人随机传看其他人的三封信，并表明你的态度和看法是否和他/她一样。

（2）每6—8人一组，小组内交流讨论，分享此次活动的感受。讨论对待性别暴力需抱持什么样的态度，这种态度要怎样表现出来，才叫作真正的态度？

提示：

态度是对人、观念和事物产生的肯定与否定的情感。它包含三个因素，一是认知因素，指认识事物的过程，态度的形成必须先有认知；二是情感因素，对一个事物的态度总是掺杂着或多或少的情感，且情感往往比认知更重要；三是意向因素，态度直接导致人的行为意向。

对待校园性别暴力的态度可以分成很多种，肯定的和否定的，积极的和消极的，但依据态度和行动的结合度，大致可分为四个层次：（PPT 呈现）

第一个层次：无意识。不假思索提出的态度，比如对性别暴力缺乏认知，单纯对暴力行为本身否定的态度。

第二个层次：觉察。经过知识获得或者理性思考后，觉察到性别暴力的危害，从而产生一个态度。比如意识到性别暴力对一个人的学习、生活、心理都会造成严重的危害。

第三个层次：倡导。关注身边存在的性别暴力，积极倡导更多人来反对性别暴力。

第四个层次：行动。在自己的生活中坚持"反对性别暴力"的态度，并付诸行动。

态度的形成受到知识、团体成员等因素影响。通过与他人的态度分享、知识讲解和小组讨论等方式，帮助学生澄清自己对校园性别暴力的态度，并能够积极运用到生活实践中。

3. 头脑风暴 —— 应对校园性别暴力

学生分组，进行头脑风暴。积极讨论面对以下案例时，要如何应对。

大学生面对校园性别暴力时的四种应对措施：（PPT 呈现）

第一种：四不（行动选择：蒙昧—明辨）。

四不指不看不听不知不行，很多同学觉得性别暴力和自己无关，关于校园性别暴力的知识不看，讲座不听，事实不知，建议不行。

案例：一次性别暴力讲座中，一位大学生站起来说，性别暴力只有少数人能遇到，而且性暴力是自找的，是个人的事，为什么要给大家都做这种讲座？

提示：

让学生充分表达自己非常重要。也许有学生赞同案例中的观点，可以适当回应，但不要指责他们，应该鼓励不同意见的同学做出回应，帮助他们明辨是非。

第二种：沉默回避（行动选择：回避—主动）。

案例：大学生小孟与男友相恋一年多，两人感情还不错，但男友会毫不顾忌地对她骂脏话，有时甚至动手打她。有一次，因为一些小事发生争执，男友满口脏话，小孟实在忍不住，就先动手了，没想到对方竟然把她按到地上，用脚狂踢。这一年来，小孟心情非常压抑，可是不敢跟朋友和家人说，只能自己放在心里。

提示：
遭受性别暴力的同学大多会产生很大的心理压力，影响正常的学习和人际交往。这些同学为了不让其他同学看出来，平时会假装没事，但实际上常常伴随抑郁和焦虑。因此回避不是很好的应对方式，积极主动找朋友、家人倾诉，获得支持，或者求助专业人士进行心理辅导，是更好的做法。

第三种：以暴制暴（行动选择：消极—积极）。

案例：小丽听说小雪在背后说自己的坏话，于是邀约了九名同学到宿舍与小雪"谈话"。她们围住小雪不停殴打，有人向小雪头上浇吃剩的方便面汤，有人在小雪脸上用眉笔写字。更为恶劣的是，当着男生的面，她们强迫小雪脱下裤子，暴露下身，并用手机拍下了施暴的照片和视频。暴力过程长达五个多小时，持续至次日凌晨4点。

提示：
同学之间有矛盾很正常，但极端的暴力回应是不正常的，是非常不理智的行为。这种回击方式看似在反抗暴力，实则是违法犯罪，也是一种消极的应对矛盾的方式。出现矛盾和冲突，应该积极沟通，想办法改善同学关系。

第四种：暴力内化（行动选择：妥协—成长）。

案例：一名大三女生和男友发生了性关系，并且意外怀孕两个月，两人为这件事很烦恼，不知道该怎么办。在讨论无果后，男友动手打了女生。该女生内心压力非常大,同时又觉得自己已经跟了男友,应该珍惜这段感情,认为男友是因为自己脾气大才动手的。

提示:

该女生受传统观念的影响,认为自己已经失身怀孕,不值得被更好的人爱了,因此在亲密关系中不断妥协,甚至为施暴者找理由。由于施暴者和受暴者生活在同一个社会环境中,引发暴力和忍受暴力的背后,往往是同样的社会观念,其导致的暴力内化是消极应对性别暴力的隐秘方式。建议在心情特别抑郁时,可以求助心理咨询师,找到让自己真正成长的办法。

## 六 小结

一个人对待校园性别暴力的态度,不是取决于这个人是否遭受过性别暴力,而是取决于他对校园性别暴力的理解。让我们一起呼吁一个宽容、多元、和谐的校园,承诺对校园性别暴力零容忍,当遇到性别暴力时不沉默、不回避,积极反抗,求助专业人士、诉诸法律等都是积极的应对措施。

执笔:马艳杰

# 对校园性别暴力说"不"

### 一 课程名称

对校园性别暴力说"不"。

### 二 时长

45分钟。

### 三 教学准备

教具、材料：多媒体教学设备、纸、笔。

组织者根据课堂人数，以每组六人左右的形式，进行分组。分组后每组产生一个队长，各队围坐成一个圈，给自己的团队起一个响亮的名字，形成团队意识。

### 四 教学目标

让学生对校园性别暴力有一个明确的态度，当自身遇到性别暴力时，能够采取应对措施。

### 五 教学过程

1. 导入

组织者简单介绍以下内容，或者请学生回答，做简单点评。

（1）什么是校园性别暴力？
（2）校园性别暴力的种类有哪些？
（3）校园性别暴力的危害有哪些？

**组织者导语：**

通过刚才的学习，我们了解到了校园性别暴力的危害，相信大家都不愿意看到暴力的发生，但是很多人遇到校园性别暴力时，表现却是这样的：（PPT 展示）

（1）看到情侣之间大打出手，感觉事不关己，高高挂起，完全漠视。
（2）老师对学生提出亲密的要求，学生不愿意，但是默默忍受。
（3）学生给女老师写情书，老师不予理会，该生从此总在课堂上捣乱，不学习。
（4）以牙还牙，以暴制暴。
（5）虽然看不惯，但也不敢制止。

针对上述表现，大家可以审视一下，自己有没有类似的行为。显然，如果大家都是这样的态度，结果只会让暴力更猖狂，后果更严重。为了避免悲剧的发生，今天我们一起来探讨一下校园性别暴力的应对措施。老师这里有几张卡片，每张卡片上有一个场景，请每组抽取一张卡片，在组内讨论应怎么应对，然后以角色扮演的方式呈现出来。

2. 活动一：暴力发生时的应对

**活动步骤：**

每组抽取一张情景卡片，五分钟讨论，然后表演。

情景一：两个男同学嘲笑一个脸上长痘痘的女生，被女生听到了。

情景二：一群学生嘲笑一个长得很秀气的学生，让他去泰国做变性手术当人妖。

情景三：教室自习课上，一个男生拉前面一个女生的内衣带。

情景四：一个男生追求一个女生不成，在放学的路上拦住对方并威胁她。

情景五：女生在学校餐厅买饭，后面男生故意把身体贴得很近，还把手搭在她的肩上。

**组织者导语：**

各小队的表演都很精彩，掌声送给最棒的自己！大家可以想一想，这些行为里面哪些你认为是有效的，哪些可能不太有效，还有其他更有效的办法吗？我们一起来讨论一下。

**提示：**

在公共场所遭遇性骚扰，可大声制止，尽量引起周围人注意。

遭受到基于性倾向和性别身份的校园欺凌时，在保证自身安全不受威胁的前提下，及时向家长、老师诉说与求助。如果自己无法说出口，可以寻求同伴支持，让同伴告诉老师。

尽量避免自己遭受二次伤害，向自己信任的人求助，必要时诉诸法律。

如果男生因求爱不成威胁自己，一定要沉着冷静，可以考虑采用迂回战术，不要当面去激怒对方，从其言语中找出可插入的话题，缓解气氛，分散对方注意力，同时获取信任，让自己尽快脱身。

如果单独在老师办公室，遭遇不轨行为，可先找借口离开，再想下一步的对策。

如果是旁观者，可以在保证自身安全的前提下，对受害者实施救助。

……

如果其他同学还有更好的应对措施，可以补充进来。

**组织者过渡：**

当自己受到性别暴力时，我们要勇敢面对、机智应对；当他人受到校园性别暴力时，在保护自己安全的前提下，我们要尽可能地伸出援助之手。那么，当暴力已经发生，受害者受到伤害，在心里留下阴影时，我们该如何去帮助他们呢？他们又该如何进行自我调节呢？

**3. 活动二：暴力发生之后**

**活动步骤：**

（1）每队分发表格，就暴力发生后要如何做进行讨论。

（2）填写表格。

| 家长 | 学校 | 老师 | 同学 | 自己 |
|------|------|------|------|------|
|      |      |      |      |      |

（3）各小组展示讨论结果。

（4）组织者点评。

对于受暴者来说，后期的心理疏导非常重要。我们要主动给予帮助，尽快让他们摆脱心理阴影，重获自信。出示资料（PPT）

家长：在孩子面前淡化这件事，多给他鼓励和支持，让孩子感受到温暖。

学校：校方履行保密职责，对受暴者提供心理咨询；学校加强性别平等教育，成立专门的团队防范和处理校园性别暴力。

老师：像往常一样对待他，不要让他感觉到被特殊对待，多赞赏其优点，增加他的自信。

同学：像平常一样跟他交流谈心，一起做活动，给他提供心理支持。

自己：相信自己，这只是人生道路上的一种体验。多参加集体活动，心情不好时和同学、朋友谈心，或者写日记，用正确的方式把不好的情绪发泄出来。

提示：

组织者以微笑的姿态到学生中去聆听他们的讨论，鼓励学生多思考，写出更多的调节方法。如果一些方法不妥当，组织者要及时指出来。

组织者过渡：

前面我们讨论了，当暴力发生时我们如何应对，暴力发生后我们如何调节。现在我们来讨论一下怎样预防校园暴力的发生。

4.活动三：如何预防校园性别暴力

**活动步骤：**

学生讨论，分享讨论结果，组织者点评。

提示：

（1）国家应该从政策角度明确禁止校园性别暴力；对教师和学生的行为准

则进行修订和实施，纳入关于性别暴力方面的规定。

（2）学校应该加强性别平等教育，增进教师和学生关于自身权利的认识；开设心理健康教育课，加强青少年心理辅导；建立规章制度，采取有效措施防范校园性别暴力。

（3）大众媒体积极宣传和倡导预防性别暴力，对校园性别暴力现象给予长期关注。

（4）学生应该增强自我防范意识。如建立伙伴支持小组，互相帮助。

## 六 小结

校园性别暴力频发，给校园环境造成了很大威胁。很多情况下，我们碰到这些暴力现象不敢去制止，这样可能会使得暴力行为更猖狂。相信大家都不愿意看到这样的结果，如果你愿意为和谐美好的校园环境贡献自己的力量，请勇敢地与校园暴力说"不"。

现在请全体起立，举起你的右手，跟我一起宣誓：我，×××宣誓，面对校园性别暴力，我不漠视、不忍受、不沉默，我会勇敢地面对和积极处理。

执笔：张一曼

# 性别、身体与权力

### 一　课名

性别、身体与权力。

### 二　时长

45 分钟。

### 三　教学准备

教具、材料：纸笔、纸盒、视频。

课前让学生思考性别的概念，把任何想到的问题或任何困惑写在一张白纸上，带到课堂。

请学生收集话剧《阴道独白》中国版的有关资料，以及北外女生发起的"我的阴道说"新闻事件的有关资料。

### 四　教学目标

了解性别的多层定义及建构过程，开始思考自己的性别、身体和社会的关系，建立对性别暴力理解的基础。

## 五 教学过程

**组织者导语：**

性别这个概念大家一定不陌生，一般从小我们就知道自己的性别，并带着这种自我认同长大，但这个概念真的那么简单吗？性别与身体之间的关系又是怎样的呢？之前我们请大家在课前思考一下性别，并把问题或困惑写在白纸上带来。现在把你的问题折起来，放到这个纸盒子里。在课程结束时，我们会随机抽取一些问题，或许到那个时候大家已经比现在更理解这个概念了。当然，随之而来的可能是更多的困惑，但你不必担心，求知过程就是这样，你懂的越多，就会发现自己不懂的越多。

**活动一：性别化的身体**

分组讨论

把全班分为4—6人一组，发白纸、彩笔，推选小组报告人。

组织者出示三组图片，请大家说出图中人的性别，并解释理由。

第一组：

（图片来源：互联网，百度搜索）

**提示：**

引导学生注意归纳男性和女性的不同生理特点，如生殖器、乳房、胡须；

同时提醒学生注意社会性别的表达，如着装、站姿、发型等。由此引入"生理性别"和"社会性别"的概念：生理性别（Sex）指一个人生来具有的生物属性，比如男性、女性生殖器，与此对应的第二性征的发育（如乳房、肌肉、激素、胡须等）；社会性别（Gender）指个体对自己性别的自我认同，表现为"男性气质"和"女性气质"，代表性别的文化特征。例如女人穿裙子，男人穿裤子，就是文化建构的性别常规，属于社会性别表现。

第二组：

两个知名"伪娘"

"伪男"

144　积极行动：校园终止性别暴力工具包

安能辨我是雌雄？
（图片来源：互联网，百度搜索）

**提示：**

男性气质或女性气质的表达不一定与生理性别一致，像上面这些照片中的个体就是对常规性别的一种颠覆。从小我们就被家长教育"女生要有女生的样子，男生要有男生的样子"，这些话语的作用就是规范我们的性别表达。想象你是一个男孩子，有一天决定穿裙子去上学，会有什么后果？不堪设想是吧？

第三组：

（图片来源：互联网，百度搜索）

**提示：**

我们都很熟悉一个词语"不男不女"，或许在看到这些图时大脑中也闪过这个词，大家知道，这是个贬义词。那么，为什么"不男不女"是贬义？

我们来看这组图，这些图之所以会火是因为图中的人让你无法辨别性别，他们看起来似乎同时具备女性和男性气质，是一种"不男不女"的气质。对于已经习惯了性别二元划分的我们，可能会造成不适感。

**活动二：性别与权力**

（1）分成小组，头脑风暴，在一张白纸上写下小组成员从小到大听来的、学来的、认可的、不认可的、任何关于性别的传统规范，比如女生/男生该如何、不该如何。

（2）小组代表分享本组讨论情况。

（3）组织者小结。

提示：

这个活动并不需要太深入地分析学生的答案，关键在于让学生意识到并反思两性气质的差异，批判性地看待两性性别角色的不同。比如质疑："女性就不需要有事业心吗？一定要以家庭为中心吗？""男性就不能够展现软弱吗？不能够爱美吗"？重点是强调，很多美好的人类品质，如勇敢、上进、温柔、善解人意等，都是普世的，本身不分男女，只是在社会建构的过程中，被分配给了某个性别，这就导致了性别的不平等。

一些同学可能觉得，我家里不是这样啊，我妈说了算，或者在班里班干部女孩子居多啊。这里可以引导学生进一步思考，男性和女性气质的二元对立划分是一种人为塑造，在实际生活中其实很难找到这样绝对化的男性和女性，反例总是存在的。

**组织者过渡**

我们这里说到了男性和女性的权力不平等，大家或许会想这和身体有什么关系？下面给大家看一个视频。

**活动三：女人的身体属于自己吗**

1.我可以骚，你不能扰

播放视频：上海 2012 年夏天"我可以骚你不可扰"的行动。

小组讨论：视频展现的身体和权力关系是什么？

提示：

启发学生思考：他人有没有侵犯我们身体的权利？一些男性为什么认为自己有权利侵犯女人的身体？女人的身体属于谁？如果属于自己，为什么不可以选择暴露自己的身体？如果有人提出男生也不能随意在公共场合暴露身体，反问男生会因为穿着清凉而担心被女性揩油、骚扰吗？这就是权力的不平等。

可以进一步播放视频地铁快闪"我的短裙"。引导学生思考，在现有的性别文化建构下，女性的身体比男性承受了更多的负担、被伤害的可能以及耻辱感。女性身体最私密的部位就是性器官，社会文化认为，女人不应该谈论性、性器官、阴道、乳房，在这种文化下，女性无法言说自己的性器官、性经验，她们的快乐、痛苦都被隐藏了。秘密源于沉默，而力量来自话语。这就是为什么一些女性，比如视频中进行快闪活动的这些女孩，通过大声说出被噤声的话语，或是展露被社会规范视为禁忌的身体部位，去争取对自己身体的所有权。

### 2. 我的阴道说
讨论《阴道独白》（中国版）和"我的阴道说"事件。

**提示：**

这部分内容可以根据前面一个话题进行引申讨论，讨论时需要转移到性的双重标准对女性的性和身体的剥夺上。可以启发学生思考几个问题：女性对阴道的态度与对自我的意识有什么关系？为什么北外女生发起"我的阴道说"时，会遭到那么多的批判？这些批判集中在哪些方面？你认为她们希望表达什么？她们是否有权利这样表达？

### 3. 纸盒释疑
最后如果有时间，随机抽取学生放进纸盒的匿名问题，请全班帮助解答。如果没有时间，将问题随机发放给学生，让他们课后完成。

## 六　小结

一位著名的女性主义者说过"个人的就是政治的"。希望大家今天通过了解性别的多层定义及建构过程，开始思考自己的性别、身体和社会的关系。这个关系就是你作为一个个体，男人、女人、任何性别都可以，与世界的关系。对这个关系的理解和思考，能够让你成为一个更自由的人。同时我们也希望，这一思考有助于性别暴力的教学内容。

## 七　知识与观点链接

1. 女性身体的自主性

在现实生活中，穿短裙或者透视装的女性经常被人攻击，认为她们的着装不检点，这样的女性不稳重、不自爱，容易引发性骚扰。女权主义者做了很多活动，表达对这种观点的反对，她们认为女性有权力主宰自己的身体，有权力在公共空间穿自己喜欢的服装。相关的资料如下：

（1）《阴道独白之我的短裙》[①]

　　我的短裙，我的短裙
　　不是一个邀请、不是挑衅
　　不是象征
　　它不是说我要
　　或者我给你
　　更不是说我想勾引

　　我的短裙
　　不祈求任何东西
　　它不想要你
　　来脱我的衣服
　　或者把它拽到脚这里

　　我的短裙
　　不是一个合法理由
　　你休想说是我招惹了你的强奸
　　尽管以前人们用过这个理由，
　　但在新的法庭上
　　这一条决不能成立

---

[①] 女声网：http://www.genderwatch.cn:801/detail.jsp?fid=302352&cnID=90020。

我的短裙，信不信由你
我的短裙，和你没关系

我的短裙可以透出我漂亮的大腿
我穿着它，可以发现
我的双腿多么强壮有力
我的短裙，可以让秋天的风吹拂
可以让风一直吹到我裙子里的身体
这样我看到、路过或感觉的一切
全都环绕着我自己

我的短裙不是证明
不表明我傻、我柔弱
我犹豫不决
我不是你想象中的无知少女

我的短裙是挑战
它张扬我的勇气和精力
我的短裙是快乐
我就是这个样子
休想把我从头到脚蒙起来
休想扯下我的裙子
看不看得惯，那是你的事儿

我的短裙是快乐
我可以感觉到自己岿然屹立
我就在这儿，热烈刺激

我的短裙是解放的征兆
是我们的旗帜
我宣告这些街道、任何街道
都属于我的阴道国度

我的短裙
有湖水和宝石的蔚蓝色
有花朵在水中、鱼群在游戏
有夏日佳节
明月当空
鸟儿呼唤
列车到达异国的城镇
我的短裙是飞旋的纱轮
轻柔的风
一个探戈舞步
我的短裙是
出发的姿势
去理解、享受
欣喜和激动

但最重要的是，我的短裙
还有里面的一切
都是我的
我的
我的

(2) 上海 2012 年夏天 "我可以骚你不能扰" 的行动 [1]

---

[1] 视频来源：http://v.youku.com/v_show/id_XNTIyNDU2NTA4.html。

2. 《阴道独白》事件

2013年11月，作为对《阴道独白》[①]话剧的宣传，"北外性别行动小组"在网上发布了17张女生举着写有"我的阴道说"标牌的照片，在"我的阴道说"后面加了不同的道白："我要，我想要！""我想让谁进入，就让谁进入！""非诚勿扰！""初夜是个屁！""别把我当作敏感词！"等，引来众多指责和攻击。[②]

网易女性频道为此事发布的特约评论如下：

要消除性侵就要承认女生有权说阴道（作者：吕频）[③]

北外性别行动小组发起的"我的阴道说"活动意外遭到太多负面评价。说是意外，是因为从2003年《阴道独白》中文大陆首演至今已经10年，该话剧的公开演出虽经挫折，但已经顽强发展到很多个城市和高校，这次高调的宣示，却仍然被认为是冒天下之大不韪。可见争取妇女性权利的斗争仍任重道远。

2013年，性侵害成为最受社会关注的犯罪问题之一，海南万宁、河南桐柏、江西瑞昌、云南大关，谈起一起起典型案例，大概无人不义愤填膺。然而，女大学生公开宣布"我的阴道想让谁进就让谁进"，得到的却是无数言语强奸式的回应。没有人意识到这是矛盾的吗？

要从认识性侵害说起。性侵害是以暴力行使性，伤害的是女性包括女童的身体和性的自主权。在性侵害中被侵害的，绝对不是所谓的"贞操"，如果从"贞操"的角度理解和谴责性侵害，那必然会导致这样的结果：第一，认为没有"贞操"的女人被性侵害的问题没那么严重，甚至在一定程度上默认她们是"可以被强奸的"，也就是说，让法律和道德因有没有"贞操"而选择对受害者的保护程度。第二，使因性侵害而"失贞"成为受害者的耻辱，导致她们恐惧、退缩、不敢报案、隐姓埋名、放弃学业……甚至一生都要为不幸付出代价，像那些曾在"二战"中遭遇过日军性暴力的女性一样。

---

① 参见《阴道独白（中国版）》（剧本），https://www.douban.com/group/topic/1609393/。
② 北外女生说"我的阴道说"事件及部分图片，详见：http://www.360doc.com/content/13/1106/08/1630322_327054744.shtml。
③ http://lady.163.com/special/sense/shiping106.html。

然而，热点性侵事件所激起的愤怒，很多仍然基于对受害者"失贞"的叹惋，"蹂躏""奸污""奸淫"这类描述，暗示受害者的贞操被性的肮脏污染了、摧毁了。性侵女童最受谴责理所应当，然而，这一类谴责也最容易嫁接"贞操"价值：女童绝对清白所以可以百分百支持，女童"失贞"最令人不能接受。这就可以理解为什么一些家长会辗转医院，多次鉴定，努力证明女儿已经"处女膜"破裂了：社会观念让他们相信，"处女膜"不破裂就不能证明伤害够大。

在对性侵事件的一致义愤中，对贞操观的反思缺席。很多人没有意识到，真要消除性侵害，就要唾弃"贞操"之说，停止或明或暗地用"贞操"做文章，也不能以通过告诫"自我保护"来反对性侵害，因为这种思路的实质就是要求女性和女童自守"贞操"。基于性的权利，暴力、自由和多元，这三个角度的讨论理应一体，然而在性侵害个案的功利性应对中，暴力被与自由和多元割裂，建构成正义感十足、极具动员力，却不警惕保守及去权的议题。这种一再重复的现象是令人悲哀的：妇女权利个案的解决却无法促进妇女权利的战略性提升，因为个案舆论的武器不带入甚至不接受性与性别的结构性批判。

后患的表现，就是面对"我的阴道说"，以各种理由否认女性的性自主权却不自知霸凌。更等而下之的是那些在口头上复制性暴力，声称要以强奸来回应的人，完全意识不到自己的言论是在加强性暴力的合法性，推广"男人就是有权强奸不守贞的女人"的犯罪逻辑。

我们的社会必须要有更深刻的变革，来终结这种公然的荒唐，治愈在性权议题上的分裂和虚伪。为此必须要有更多的辩论，从揭露到对质，然后才能指望有更多人觉悟和自我改造，北外女生们以身受的种种折辱，为其他人提供了又一个起步的机会。

执笔：李旸

## 受过暴力，天空仍然是蓝色的

### 一　课程名称

受过暴力，天空仍然是蓝色的。

### 二　时长

45分钟。

### 三　课程准备

材料：纸、笔、多媒体教学设备。

课前分成三组，分别收集来自老师、同学及校外人员的校园性别暴力案例。全班同学填写暴力问卷调查（见附件）。

### 四　课程目标

（1）帮助学生认识到，校园性别暴力是侵犯人权的行为；
（2）学会自己和他人遇到暴力时应该如何应对；
（3）引导学生承诺在今后的成长过程中绝不施暴。

## 五  教学过程

组织者导语：

课前布置大家填写调查表和收集案例活动，大家完成得很好。下面先由组长简单汇报案例收集的情况，然后我来点评一下。

提示：

课前收集，课上汇报，可以节省课堂时间。在学生收集的案例中选择比较典型的案例重点评论，加深学生对校园性别暴力的认识。如果学生收集的案例不足，组织者可出示备用案例。

组织者过渡：

大家所收集的案例中有新闻报道、有听别人讲述的，还有自己亲身经历的，形式很多。下面我们就重点讨论一下，如果我们自己或者身边的同学遭遇暴力，该怎么办？

1. 活动一：看到别人被施暴，我怎么办

组织者导语：

从调查表中我们看到，当有同学被欺负时，大部分同学都选择了帮助，这非常好。可是大家知道该怎么帮助被欺负的同学吗？下面我们从收集的案例中选出一个，请几位同学进行角色扮演，然后谈谈自己的感受。最后大家对他们的表演和感受进行讨论。

提示：

组织者可以提示学生，在表演中尽量包括更多的角色，如：

欺凌者：发动欺凌行为的人，通常还带领其他同学参与其中；

受害者：受到欺凌的人；

协助者：跟随欺凌者，直接参与欺凌行动；

附和者：支持欺凌者的行为，如在旁嬉笑或呐喊助威；

保护者：安慰及支持受害者，尝试制止欺凌行为；

旁观者：置身事外，认为跟自己无关。

……

引导学生讨论这样一个问题：如果站出来的结果是让你也受到伤害，你还会选择帮助受害者吗？要让学生认识到，不要轻易向恶势力低头。受害者没有任何过错，应该得到帮助。当然帮助别人也要注意方式、方法，首先要保证自己和受害者的安全，可以采取一些相对灵活的方法。例如找可信赖的大人来帮忙，找同学帮忙，报警、寻求法律援助等。

2. 活动二：如果自己遭遇暴力，怎么办

**组织者导语：**

遭遇暴力会让我们身体受伤，心理健康也受影响。在遭遇暴力的时候，要如何应对，才能减少所受到的伤害呢？

**提示：**

引导学生充分讨论，然后进行小结，可以归纳成一些建议，如：

（1）不要隐忍，要温和而坚定地拒绝对方，如"我不喜欢你这样，请你停止"，平时可以多练习几次。

（2）不要以暴制暴，这样付出的代价太大，也不能解决根本问题。

（3）要敢于求助，不要因为一次求助失败就停止，可以多尝试几次。

（4）及时报告给老师或家长，争取得到他人的介入和帮助。

（5）如果有心理阴影，可以找心理老师寻求心理援助。

（6）报警，如果在大街上可以找巡警干预。

……

据《现代教育报》报道，中华女子学院发布的《初中生校园欺凌现象研究》显示，遭遇欺凌后，不曾选择求助的学生占比近五成（48.9%），52.6%的学生认为，遭遇欺凌而不报告的主要原因是"怕丢脸面，在同学中抬不起头"。由此可见，青少年有很强的自尊心，这一定程度上使得他们在需要外界援助时，迫于"面子"而选择默默忍受。

在讨论中，要重点引导学生认识到，遭遇暴力后报告、求助与面子无关，受害者没有过错，丢脸的应该是施暴者。

3. 活动三：承诺自己不对他人施暴，保证不对暴力保持沉默

**组织者导语：**

校园性别暴力对学生（不管是施暴者，还是受暴者）会产生很多不良影响，所以我们一定要尽量避免暴力的发生。下面我们来一起讨论，如何防范暴力的发生？

**提示：**

组织者引导学生充分讨论，及时、鼓励赞扬提出好办法的学生，激发他们的正义感。最后进行总结：

（1）预防为主，远离暴力

发现校园死角，某些场所容易发生暴力事件，立即报告给老师，请求改善；

不早到，不晚归，不让自己落单；

善用身边资源，如社区工作人员、小区及学校保安、巡警等。

（2）从我做起，终止暴力

首先从自身做起，承诺不对他人施暴，并保证不对暴力保持沉默，认识到沉默也是一种暴力。具体要做到以下几点：

不要因为身体特征、成绩和家庭背景等原因嘲笑别人，要学会尊重和欣赏他人；

不要因为其他人都那么做，你就跟着做，要明辨是非；

不要因为被欺负，就去欺负比你更弱小的同学；

不要在网上散布谣言，辱骂和嘲笑自己的同学；

不要歧视性取向、性别认同与多数人不同的同学；

不要传播与性有关的谣言，或者对同学进行性骚扰。

……

## 六 小结

乌云终究遮不住太阳，风雨过后总会见彩虹。即使受过暴力，天空仍然是蓝的。只要我们学会应对暴力的方法，积极应对暴力，给受害者提供帮助，懂得受暴不是自己的错，敢于面对挫折，接纳自己，就可以减少乃至避免校园性别暴力带来的恶劣影响。

## 附件

### 暴力问卷调查

阅读每个问题,并按照实际情况回答。

日期:
你的名字(假如你愿意写下)_____

| | | |
|---|---|---|
| 在教室里,有没有人对你不友善? | 有 | 没有 |
| 下课休息时,有没有对你不友善? | 有 | 没有 |
| 你有没有觉得同学们不喜欢你? | 有 | 没有 |
| 你有没有被其他人欺负过? | 有 | 没有 |
| 你有没有看过其他同学被欺负? | 有 | 没有 |
| 如果你看到其他同学被欺负,你会不会去帮助他/她 | 会 | 不会 |
| 如果你被欺负了,会告诉其他人吗? | 会 | 不会 |
| 你会告诉谁? | 老师　父母　同学 | |

执笔:葛春燕

# 我的身体我做主

### 一 课名
我的身体我做主。

### 二 时长
45分钟。

### 三 教学准备
将学生随机分成四组,印有人形轮廓的纸若干,每个学生准备红色、绿色彩笔各一支。

### 四 教学目标
了解身体的隐私部位,建立身体自主权的概念。学习处置身体权被侵害的问题。

### 五 教学过程

1. 导入

组织者导语:

各位同学,你们了解自己的身体吗?现在请同学来介绍一下我们的身体部位吧!

现在,大家都认识了我们的身体部位。接下来,请各位同学跟着《我的身体》[①]这首歌做动作。歌曲里唱到哪个部位,我们就用手碰一下这个部位。

提示:

学生可能羞于介绍性器官,或者使用一些模糊的代称,对此组织者应该尊重,不必要求他们改正。组织者可以自己示范,直截了当地使用生物学名称(阴茎、阴道),同时解释性器官和其他身体器官一样,不需要特殊化。

2. 活动一:认识身体的隐私部位

分组讨论:

我们身体的哪些部位是隐私部位?

隐私部位和身体其他部位相比,有什么特殊的地方?

我们可以在公开场合露出自己的隐私部位吗?

我们在自己的小房间里可以露出隐私部位吗?

提示:

当学生讨论时,避免马上做出判断,尽可能地引导学生呈现各种不同的声音。引导学生认识到,我们身体的某些部位是不能随便给别人看或碰的,这些部位就叫作隐私部位,如男性的生殖器、女性的生殖器和乳房等。隐私部位一般不能随便暴露,也不能随便让别人看和摸。在公开场合不要暴露我们的隐私部位,但是在自己的小房间里是可以的。

3. 活动二:我是身体的小主人

组织者导语:

其实除了隐私部位,身体其他部位也一样,没有得到你的允许时,别人是不能轻易触碰的。接下来请大家拿出印有小人的纸和彩笔,假设这个小人就是你,把你愿意被他人触碰的部位涂上绿色,你不愿意被他人触碰的部位涂上红

---

[①] 《我的身体——国语版》视频:http://www.iqiyi.com/w_19rtrv774l.html;

《我的身体——英文版》视频:http://www.iqiyi.com/w_19rtrmctfl.html。

色。完成后，讨论下面这些问题：

你的红色区域是所有人都不可以碰吗？爸爸妈妈可以吗？

在什么特定情况下，陌生人可以触碰你的红色区域呢？

当有人未经你允许就触碰你的红色区域，你会有什么反应？

观察一下，每个人的红色区域一样吗？

有些地方你认为是绿色的，但对别人来说是红色的，那可以触碰吗？

**提示：**

身体界限可能因人、因时、因地不同。我们要清楚不同情况下自己的尺度（比如就医时跟平时不同），才能够真正掌握自己的身体自主权。每个人都有独特之处，我们应该学会换位思考，彼此尊重。如果是因为不了解而触碰了别人的红色区域，应该真诚道歉。如果对方不小心或者因为误解而触碰了你的红色区域，你也需要体谅对方。

4. 活动三：听故事，做分析

老师给同学们分享一个案例，之后请大家思考几个问题，分组讨论。

**呈现案例：**

放学后，烨烨像平常一样坐公交车回家。车上非常拥挤，她感到有人在有意无意地碰自己的屁股，这让她很不舒服。她赶紧躲开，挤到别的位置，可是过了一会儿，那个人又出现在她的身后，紧紧贴着她。烨烨非常尴尬，还好不久就到站了。晚饭时，妈妈察觉到了她的异样，问她怎么了。可是烨烨担心妈妈会责骂自己，并没有把事情说出来。

**讨论议题：**

烨烨的身体权受到侵犯了吗，为什么？

烨烨的反应，有哪里是你认同的？

烨烨的反应，有你不赞同的地方吗，你有更好的处理方法吗？

烨烨为什么害怕被妈妈责骂，这件事情她有错吗？

提示：

烨烨感到不舒服，很明显她的身体权受到了侵犯。烨烨刚感到不舒服时，选择远离是正确的，因为在拥挤的公交车里，可能是别人无心的触碰。当她走开后，陌生人再次挤过来触碰她，这就可以基本判断出别人是在侵犯自己的身体权。这时候可以大声拒绝，或者向周围乘客和司机求助。身体权受到侵犯，烨烨本身并没有错，父母、同学都应该及时伸出援手。

5.角色扮演：我的身体我做主

将学生分成四组，每组合作解决一个问题，并将它表演出来。问题如下：

回家路上，有个陌生男人一直跟在我后面；

在家里，爸爸妈妈的朋友有意无意地碰我，让我很不舒服；

最近同学之前流行一种"游戏"，故意触碰其他男生的下体。

提示：

学生表演后，组织者进行评点时，指出不恰当的做法，引导更合适的应对策略。同时还可以提醒学生，男孩、女孩都可能被侵犯。侵犯可能来自陌生人，也可能来自熟人。要勇敢对那些让你感到不舒服的触摸说不，同时也要认识到，有时别人让你感到不舒服的触摸可能是个误会，可以先拒绝或疏离，然后再做判断。如果确实是有侵犯意图，可以采取进一步的措施。

## 六　小结

身体接触是我们用来表达感情的方式，许多身体接触都是美好的，但也有一些不那么美好。我们每个人的身体边界是不一样的，我们要对让我们感到不舒服的触摸说不，也不要做出让别人觉得不舒服的触摸。我们需要建立自己的身体自主权意识，这不仅是为了保护我们自己，也是为了与他人更好地相处。只有互相尊重，才能营造出一个和谐友善的校园环境。

执笔：张笑颜

# 恰当应对性骚扰

### 一 课名

恰当应对性骚扰。

### 二 时长

90 分钟。

### 三 教具、材料

多媒体教学设备、笔、课堂作业纸

### 四 教学目标

了解什么是性骚扰，性骚扰有哪些形式，如何恰当应对性骚扰。

### 五 教学过程

1. 导入

组织者导语：

近几年，电视和网络新闻频频曝出性骚扰案件，比如公交车上的"咸猪手"以及校园性骚扰事件，为了更好地了解和应对这一状况，我们今天来探讨有关"性骚扰"的话题。

2. 活动一：价值站队 —— 什么是性骚扰

给出以下问题清单，让学生判断是否属于性骚扰，并解释理由，然后组织者进行点评。

**问题清单：**

（1）老师把我单独叫到办公室，让我坐在他腿上，我不愿意，他还是拉我坐，摸我身体，并让我不要告诉别人。（是）

（2）有个同学要和我谈恋爱，我明确拒绝许多次，他（她）还是不断纠缠我，让我避之不及，压力很大。（是）

（3）某同学总是给我发黄色图片，让他不要发还发，真讨厌！（是）

（4）公交车站，几个人站在我身边，故意大声地讲黄色笑话，我表示反对和讨厌，但他们还是讲。（是）

（5）隔壁班上有个男生喜欢穿花衣服，说话细声细气的，有次上体育课，一堆男生围着让他脱裤子，说他"不是男人"，要检查一下。（是）

（6）有人主动向我约炮，让我觉得不太舒服。（可能是，也可能不是。如果只约一次，不算。如果拒绝后，仍然反复约，就算性骚扰了）

**提示：**

性骚扰的界定主要依赖于受害者的主观感知：有针对性的，违反个人主观意愿的、带有性意味的行为或者言辞。性骚扰的问题不在于"性"，而在于"骚扰"。通常我们认为，受骚扰者明确拒绝或者反抗后继续实施的，或者受到胁迫、恐吓无法反抗的，骚扰就可以成立。性骚扰的类型有言语的、行为的、情境的。

强化某种性别是"次等性别"，带有性别歧视或偏见的言论，以及侮辱、贬低抑或敌视某一性别或性取向者的言辞或态度，也是一种性别暴力，有时还构成性骚扰。

最具有侵犯性的性骚扰，主要存在于有权力关系（如职场上下级、学校师生、成人与儿童）的领域中。鼓励学生讨论性骚扰与身体自主的界限：同性恋在街头接吻牵手、恋人当众接吻亲热、某人喜欢讲黄色笑话、个人穿着暴露，这些只要不是有针对性的侵犯性言行，就并不构成性骚扰。性骚扰与一般短信骚扰、电话骚扰的共性：有针对性的，明知不接受（被拒绝）却依旧强行实施。

在性邀约("约炮")是不是性骚扰这个问题上,可以展开讨论以下问题:性邀约与其他邀请有什么不同?受约人可能喜欢而接受,也可能不喜欢,不喜欢的感受是真实的,但可以进一步讨论这种"不喜欢"来源于哪里?以及为什么人们在受到性邀约时的"不喜欢"所表现出来的反应,会比被一个不喜欢的人请吃饭要严重很多?为什么我们拒绝一个饭局不会认为是被骚扰,而拒绝性邀约会感到受骚扰?从主观感受上来看,被"骚扰"是否与"性"的特别化有关?这种"特别化"是否意味着性本身受到污名……通过一系列的引导发问和讨论,让学生体会到性骚扰在不同情境下的复杂性,性骚扰的问题应该是"骚扰"(这违反人的性自主权),而不应该来自"性"的羞耻感。

3. 活动二:观点澄清 —— 是这样吗

将印有一些问题或情境的课堂作业纸发给学生,请学生对这些描述判断对错,组织者公布正确答案,并解释理由。

**问题清单:**

(1)只有女性会遭遇性骚扰;

(2)被性骚扰很丢脸,最好别声张;

(3)夏天女生穿得少,所以容易被骚扰;

(4)性骚扰主要发生在陌生人之间;

(5)同性之间不会发生性骚扰;

(6)只有公共场所才会发生性骚扰。

(上述观点都是错误的)

**提示:**

(1)只有女性会遭遇性骚扰。

性骚扰较常见的是男性对女性,但男性(包括小男孩)也可能是性骚扰的受害者,女性也可能是性骚扰的实施者。

(2)被性骚扰很丢脸,最好别声张。

被性骚扰并不可耻,不应因此受到贬损和污名。忍气吞声解决不了问题,要勇敢表明自己的态度。遭遇性骚扰不是受害者的错,社会需要营造一个友好对待受害者的氛围,以减少和避免对性骚扰受害者的二次伤害。

（3）夏天女生穿得少，所以容易被骚扰。

穿着是个人自由，不是受到骚扰的理由。这样的说法不是保护女性，而是把性骚扰的责任归咎于受害者，没有证据表明性骚扰和受害者的着装有直接关系。人们对裸露的态度具有性别差异，往往对女性裸露者更苛刻，这背后跟性的双重标准有关。个人着装是一个道德层面的问题，男性和女性都应该在公共场所尊重一定的着装规范，不仅是女性。而性骚扰是法律层面的问题。前者是自我约束和公共道德的范畴，后者是法律要介入和干预的。

（4）性骚扰主要发生在陌生人之间。

性骚扰更多地发生在熟人之间，熟人之间的性骚扰更隐蔽，更难以判断，更需要加强注意。

（5）同性之间不会发生性骚扰。

只要是违背个人意愿的，带有性意味的行为都叫性骚扰，不管同性还是异性。

（6）只有公共场所才会发生性骚扰。

性骚扰不仅存在于公共场所，家庭内部也可能发生性骚扰。那些危害比较重的性骚扰往往并不是发生在公共场合的陌生人之间，因为在那些空间里受害人可以通过报警、躲避、明确拒绝、向旁人求助等方式来减少伤害；而发生在熟人之间，特别是实施者和受害者之间存在着某种不平等的权力关系时，如成人对儿童、大孩子对小孩子、上级对下级、老师对学生等，他们之间发生的骚扰行为，受害人很难拒绝、摆脱、抗争，甚至很难求助。

4. 活动三：如何应对性骚扰

小组以抽签方式得到一组写有性骚扰案例的课堂作业纸，讨论如何应对这些性骚扰？并将应对策略简要写到纸上，之后各小组派代表发言。

**参考案例：**

A 组案例：

a. 公交车上，被陌生人故意紧贴着身体，走开一点，又紧贴上来。

b. 经过偏僻的胡同时，有男人裸露阴茎。

B 组案例：
a. 教师借故把学生单独留下，趁没人的时候摸学生的敏感部位。
b. 男生长相秀气，举止温柔，被其他男生嘲笑，经常被搂搂抱抱。
C 组案例：
a. 女上司借与男下属谈工作之机抚摸其身体，以辞退来要挟其做她的情人。
b. 老板带女性员工参加业务晚宴，客户对女员工动手动脚。
D 组案例：
a. 小芳父母在外地工作，委托远房亲戚照顾小芳，亲戚经常强迫小芳抚摸其阴茎，还威胁不让小芳说出去。
b. 小明被同村一大男孩强行带到偏僻地方，抚摸其阴茎。

提示：
对于以上这些案例，可以从以下方面进行引导：
（1）公共场合：在人多拥挤的地方，首先要确认对方是否有意骚扰。如果偶尔碰一下，只要没有再次触碰，就不一定是性骚扰。如果多次这样做，特别是在你已经躲开或者表示拒绝的情况下，还是继续，就很可能是性骚扰了，这时要表明自己的态度，及时回击，回击的方式有很多种。如果感觉受到威胁，可以向周围人求助或者报警。
我们平时遇到让自己不舒服的言行，会明确拒绝或者回避，这是应对"骚扰"的一般方法，对待性骚扰也同样如此。一般情况下，公共场所发生的这类行为，也是自己能够拒绝或者躲开的。有些当事人会积极反抗，这是反转受骚扰者和实施者之间权力关系的一种好方法，但同时我们也需要牢记，任何时候生命安全都是第一位的，不能将自己置于危险中来反抗。
（2）学校内：来自教师的性骚扰是比较敏感的话题。低龄学生对教师高度信赖，同时可能缺乏自我保护的意识，个别没有道德的教师往往借此实施性骚扰。要让每个学生都清楚身体是属于自己的，对于敏感部位的、引起不适的触碰要拒绝。还有，如果对方强迫你触摸他/她的身体，也是性骚扰。
（3）职场等领域：因为有上下级关系，下级容易被骚扰。这部分可以启发学生开动脑筋想出各种应对方法，也可以进一步讨论：性骚扰不仅是异性之间，同性之间也可能存在，女人对男人也可能有性骚扰，关键在于双方是否具有权力关系；我国现有的反对性骚扰的法律不包括男性，这就使得受到性骚扰的男性的权利难以得到主张，但其中规定了用人单位的职责，受害者因此可以得到一定的保护。

（4）家族内：学生通常认为性骚扰来自陌生人，要让学生了解到，有些时候，身边熟悉的人、亲戚、监护人也可能是性骚扰的实施者。判断是否构成性骚扰与这个人的身份无关，而是要依据自身的感受。遇到来自熟人的性骚扰，更要及时表明自己的态度，告知信任的家人、老师和朋友。如果一味忍让、不声张，由于环境的便利，这个人更有可能不断实施骚扰甚至是进一步侵害。

5. 活动四：案例讨论 —— 被骚扰了就是坏女孩吗

将案例展示给学生，让学生分组讨论，之后每个组轮流发言。

**案例：**

小燕是个乖巧懂事的小女孩，每天总是自己上学、放学，路上会经过一条幽静的胡同。有一天放学时，回家有些晚，经过胡同时天暗了。这时，突然从黑暗处蹿出一个中年男人，把小燕拖到暗处，脱下自己的裤子并开始对小燕动手动脚。小燕拼命哭喊，中年男人被一个路人吓跑了。小燕哭着跑回家，她很害怕，不敢跟别人提起这件事情，越想越觉得恶心，她觉得自己不纯洁了，被玷污了，成了坏女孩，非常痛苦。

**提示：**

本案例的讨论中，学生可能呈现多种观点。组织者不要急于评判，要让学生充分表达，尤其是那些内向、不善表达的同学。组织者还可以适当引导大家讨论，为什么有些人会有这样的想法？根源是什么？如果你的朋友、同学是这样的想法，你会怎样对她／他说？如果是你的家长这样想，你会怎样说？

（1）被性骚扰不说出来，并不是代表喜欢或者愿意被性骚扰，而是因为担心受到更大的名誉损害。诸如被周围的人认为是自己勾引对方、是自己不对，这是文化对性骚扰受害者的污名，导致他们"难以发声"，也可能是因为双方的权力关系，使得受害者担心处境不利而难以站起来反抗。我们应当支持性骚扰者站出来指证，对污名受害人的文化进行挑战。

（2）遭遇性骚扰不是自己的错，不要因此而自责。遭遇性骚扰，是那个实施骚扰的人应该被谴责和制裁，不要因此而背上心理包袱。如果感觉非常难受，长时间不能释怀，可以向心理医生咨询，寻求帮助。

## 六　小结

通过本节课的学习，我们知道了任何违反个人主观意愿、带有性意味的行为或者言辞都属于性骚扰。性骚扰在公共场所、学校、职场甚至家庭／家族中都有可能发生。我们还讨论了如何更好地应对性骚扰，如何正确客观地看待被性骚扰者，为被性骚扰者、我们自己营造一个安全友好的社会环境。同时，也要让学生明白，不要因为性骚扰而认为性是不好的。

## 七　知识与观点链接

1. 性骚扰的表现形式

言语上：故意说下流语言；违背对方意愿，讲黄色笑话强迫人家听。

行动上：故意触摸、碰撞、亲吻对方身体的性敏感部位；故意展示色情淫秽图片、广告等，以此表达自己的性欲望，而让对方感到难堪。

2. 日常生活中常遭遇的性骚扰分为五个等级

（1）性别骚扰：一切强化某种性别是"次等性别"的言行，包括各种带有性意味、性别歧视或偏见的言论，以及侮辱、贬抑或敌视某一性别或性取向者的言辞或态度。

（2）性骚扰：明知对方不愿意，依然进行不受欢迎、不合时宜或带有攻击性的口头或肢体上的有性意味的行为。包括强行展示色情图片，故意讲黄色笑话，或掀裙子、强行抚摸女性的胸部或私处，及以暴露性器的方式引起对方惊恐等。

（3）性贿赂：以同意性服务作为交换利益的手段。上司（或教师）以要求约会、占性便宜或者发生性关系作为允诺加薪、升迁或加分、及格等的条件。

（4）性要挟：以威胁或强迫的手段施加性行为。包括情侣或伴侣间，在对方不愿意的情形下强行发生的性行为。

（5）性攻击：强奸以及任何造成肢体伤害的暴力性动作或异常性行为，如性虐待等。

**3. 恰当应对性骚扰的方法**

（1）首先确认是否是性骚扰。

每个人对性骚扰的主观感知可能不同，但一旦感觉到对方针对自己的带有性意味的行为给自己带来不适，就应该明确拒绝，拒绝之后对方仍然继续的，构成性骚扰。

（2）拒绝时态度明确，讲究策略。

拒绝的态度要明确，清楚地告知对方你的不悦，请对方尊重你，也请他自尊自爱。拒绝要讲究策略，当骚扰者攻击性较强时，要注意保护自己，可以利用周围人群吓退骚扰者，必要时可以报警。

（3）向可以信任的人倾诉。

即使事情解决了，倾诉也可以寻求支持及防止事情再发生；若事情还未解决，则必须与人倾诉，一起想办法以阻止事情继续发生。倾诉的对象可以是父母、值得信任的朋友、老师或辅导员等。

（4）注意留存相关证据。

若是经常受到性骚扰，最好把发生的日期、时间、地点和对方的行为、说话记录下来，保留相关证据，以便作为日后投诉的依据。

**4. 关于性骚扰的法律条例**

2005 年，《中华人民共和国妇女权益保障法》修正，性骚扰首次入法。该法规定，禁止对妇女实施性骚扰，受害妇女有权向单位和有关机关投诉。而违反规定的，对妇女实施性骚扰或者家庭暴力，构成违反治安管理行为的，受害人可以提请公安机关对违法行为人依法给予行政处罚，也可以依法向人民法院提起民事诉讼。该规定没有把男性列为性骚扰的受害者，这点是欠缺的。

强制猥亵罪：我国《刑法》第二百三十七条规定，以暴力、胁迫或者其他方法强制猥亵妇女或者侮辱妇女的，处 5 年以下有期徒刑或者拘役。聚众或者在公共场所当众犯前款罪的，处 5 年以上有期徒刑。猥亵儿童的，依照前两款的规定从重处罚。

执笔：韩海萍

# 受到性侵害怎么办

### 一　课名

受到性侵害怎么办？

### 二　时长

45 分钟。

### 三　教具、材料

电脑、纸、笔。

### 四　教学目标

了解性侵害的类型，认识到性侵害与性观念的关系，在自己或别人受到性侵害后知道如何应对。

### 五　教学过程

1. 导入

**组织者导语：**

这节课我们来讨论"性侵害"。顾名思义，性侵害是对他人实施侵犯的多种形式之一，但由于有一个"性"字，它却有了和别的"侵害"不太一样的意味。假如一个人被袭击了,一般会马上寻求帮助,报警、求医等,而如果是不幸遭遇了性侵害,很多人却无法像对肉体伤害一样对待,可能会因为感到耻辱而谁也不想告诉,也不想报警。这是为什么呢?"性侵害"很"特殊"吗?如果自己或者身边的人遭遇性侵,我们该如何对待呢?

2. 活动一:认识性侵害

**活动步骤:**

将同学分为五组,每组负责回答一个问题。这五个问题分别是:①性侵害的定义;②性侵害的形式或类型;③性侵害可能带来什么样的伤害?④遭遇性侵害后有什么应急处理措施?⑤在你的身边,有哪些机构、资源可以给性侵害受害者提供帮助?

每组汇报交流,然后组织者进行点评。

**提示:**

"性侵害"泛指一切违反他人意愿,对他人发生指向性意味的行为,不仅指强奸,还包括性骚扰、性暴力、强制肛交、强制口交、非礼、性虐待、窥淫等。"性侵害"可能包括暴力行为,也可能没有肢体暴力而是胁迫;可能来自陌生人,也可能来自熟人,甚至伴侣;受害方可能是女性也可能是男性;可能有直接的身体接触,也可能没有,如言语骚扰、调戏、侮辱、强迫观看色情品等。"性侵害"的核心是违反对方的意愿,并对受害方主观情感或情绪造成了不快或伤害。

不同于其他形式的侵犯,性侵害的受害方可能承受着沉重的精神伤害,主要是耻辱感。这是因为"性"在传统观念中常被附加"羞耻"的含义,这一点与强加在女性身上的贞操观念共同作用,使得被性侵成为受害方难以启齿的耻辱,甚至可能使受害方内化这种羞耻为自我谴责。

在传统的以男性为中心的社会里,男性作为"第一性",是性的主体,拥有权力;而女性则被视为"第二性",是男性的附属品。女人的"性"是丈夫(或者未来丈夫)的特权,女人失去贞操就是"不纯洁",会遭到社会的唾弃。即使婚前失身是被迫的,也会受到世俗社会的百般指责,而这些规范对男人是没有的,这就是传统性和性别观念的"双重标准"。

这里并不是要淡化性侵的伤害,而是要让受害方去污名化。所谓贞操观念是父权社会对女人的"性"和身体进行客体化而施加的控制手段。因为贞操观,女人不能随心所欲地追求性自由,否则就会饱受谴责和诟病。在中国传统社会中,有一系列制度的安排让"淫妇"失去尊严、现实权利和社会地位。而当社会文明,特别是性别平等的文化发展到现在,人们在面对性侵害时,就可以采取不同于传统社会压迫下的行为。勇于维护自己的身体和权利,付诸法律,寻求帮助,不要因为所谓贞操观念贬低自己。同时,男性也要纠正这个观念,认识到对女人贞操的要求是男权占有欲的表现,是不应该的。

这里重点是强调性侵害侵犯了受害者的什么东西?不是"贞操",而是她/他对自己身体的自主权,是每个人都具有的尊严,不分性别。

对遭到"性侵害"后的应激处理,可以参考学生提供的资料,身边有哪些机构、部门、资源可以为受害者提供帮助?如医疗机构、警察、学校的心理咨询、儿童保护部门等。组织者再进行适当的补偿,整理大致要点如下:

(1)如果身体受到伤害,尽量在第一时间进行医疗评估和创伤处理,非紧急情况下,找医生之前不要清洗,医疗评估可以使身体受到的伤害尽量减少,也可以作为控告罪犯的证据之一。受到侵害后,即使不感到疼,也有可能受到内伤,应寻求医疗检查,并且可能要做妊娠化验和性病化验,把身体的伤害降到最低程度。

(2)建议报警,采取法律手段将施暴者绳之以法。如果报警,最好在事发后第一时间采取医疗求助和报警同步的措施,因为那时证据灭失的可能性最低;尽可能地保护现场完整,并收集相关证据。

(3)心理救助,包括家庭的关怀、专业人士的援助。"性侵害"作为一种创伤经历,可能会给受害者带来强烈的心理或情绪的负面反应,这些都是正常的心理反应。受害人可以找自己信任的人诉说,寻求心理支持,也可以向专业心理或社会工作机构求助。这里需要强调的是:受到侵害,是施暴者的错,受害者不必愧疚、自责。决定是否控告施暴者可能非常困难,不过努力让施暴者获得法律制裁可能是处理创伤的一个手段。

(4)及时采取措施,防范再次被侵害。如果因为没有足够证据或者其他原因,暂时无法让施暴者得到法律制裁,要采取措施,远离施暴者,避免再度受到侵害。

　　这里要和大家反复强调的是，受害方不应该责怪自己，或觉得自己变得肮脏，自我价值降低。记住，被侵害不是你的错！你依旧是以前的你，不会因为这件事有所改变，你依旧是一个值得被爱的人。同时，加强学习防范意识，避免类似的伤害再次发生。

　　此外，进一步请学生思考。为什么谈到"性侵害"这个问题时，我们想到的受害者首先是女性。的确，在受到性侵害的人中，女性占多数，但也有男性被性侵的例子。目前，无论是观念还是法律上，对男性的保护都还很欠缺，我们听到的男性被性侵的事件也很少。大家觉得这是为什么呢？

　　引导学生思考"男性不会被性侵"的观念建构可能有以下原因：①基于"男性在性上是占便宜的"的误区，并相应反思"女人在性上是吃亏的"这种否定女性性自主的话语。②男性与女性受害者都会遭遇心理创伤，男性受害者还有感到"男性尊严"受损的心理创伤。所谓男性尊严，其实是支配性男性气概的表现。支配性男性气概塑造了男性作为主宰者、支配者的一面，认为男性在性上应该是主动的、攻击的、占有性的。男性被性侵害，损伤了这一主流气概。③社会建构男性对性的感受没有那么多"受伤害感"，反之，女性受到性伤害则要敏感得多。

### 3. 活动二：伸出援助之手

**组织者导语：**

　　当我们的朋友或身边的人受到性侵害，或者曾经受到过性侵害，我们要如何帮助他/她？请大家在自己所在的小组内讨论，找一个比较典型的案例，把帮助的方法写下来，形成一个帮助方案，在方案最后，每个组员写下一句你想对受害者说的话。

**提示：**

强调在帮助他人的过程中，要注意以下几点：

（1）保密原则。未经受害方许可不得传播。

（2）注意倾听和陪伴。不要当着受害者的面议论此事，不要反复向受害者询问受侵害的经过和细节。

（3）去污名化。明确遭遇性侵害不是受害人的错，应给予理解、尊重，不要责备和歧视受害方，不能对其持有偏见。要保护遭遇或正在遭受侵害的人，为受害者提供安全的修复环境，帮助他们度过应激期，回到正常的生活轨道上来。

（4）平常化。不强化"性侵害"造成后果的严重性，尽量让受害者感到性侵害并不比一般的身体伤害"更耻辱"。

（5）提供资源。提供相关的法律援助和心理咨询渠道。

## 六　小结

再次对学生强调：谁都不希望性侵害发生在自己身上，也不希望性侵害发生在自己身边，但是谁也不能保证它不会发生。如果这样的事发生在你身上，或者你所认识的人身上，要记住无论发生了什么，生活依然在继续。生活的路很长，你会有更多的经验，无论是好的还是坏的。人类的奇妙在于能够从恐怖的经历中吸取教训，并从这些经验中得到成长，不断完善自己。

## 七　知识与观点链接

1. 性侵害的主要形式

（1）暴力型性侵害

指犯罪分子使用暴力和野蛮的手段，如携带凶器威胁、劫持受害方，或以暴力威胁加言语恐吓，从而对他人实施强奸、猥亵等。

（2）胁迫型性侵害

指利用自己的权势、地位、职务之便，对受害人加以利诱或威胁，从而胁迫受害人与其发生非暴力型的性行为。核心是双方存在于现实关系中的权力关系，如上下级关系、雇佣关系等。

（3）社交型性侵害

指在自己的生活圈子里发生的性侵害，大多是熟人、同学、同乡甚至是亲密伴侣。社交型性侵害又称"熟人强奸""社交性强奸""沉默强奸""酒后强奸"等。受害人身心受到伤害以后，往往出于各种考虑而不敢加以揭发。

（4）滋扰型性侵害

主要形式：一是利用靠近受害人的机会，有意识地接触对方的身体敏感部位等。如在公共汽车、商店等公共场所有意识地挤碰对方；二是故意地、有指向性地暴露性器官，进行惊吓、滋扰；三是向对方寻衅、纠缠，在被拒绝的情况下，仍用语言或行为对对方进行侮辱、骚扰的。

2. 关于男性遭遇性侵害

男性也会受到性侵害。男性遭受侵犯后，除了身体受到伤害，心灵上往往也造成极大的创伤。我国《刑法》中强奸罪的受害人是妇女，男性不能成为"强奸罪"的受害人，这是法律空白。美国、挪威、南非、俄罗斯、澳大利亚等许多国家的法律都规定了男性同样可以成为性侵害的受害者，但在证据采用上各不相同。

3. 有关性侵害的法律规定

强制猥亵妇女、儿童罪：以暴力、胁迫或者其他方法针对妇女（已满14周岁）实施的、伤害妇女的羞耻性，违反正常性行为秩序的行为，既包括直接对妇女实施猥亵行为，也包括强迫妇女自行实施或者强迫其观看他人的猥亵行为（猥亵儿童是加重情节），最低法定刑为5年以下有期徒刑或者拘役，最高法定刑5年以上15年以下。

强奸罪：以暴力、胁迫或者其他手段、违背妇女意志、强行发生、非法的性关系。最低法定刑为3年以上10年以下有期徒刑，最高法定刑10年以上有期徒刑、无期徒刑或者死刑。中国现行刑法删除了"流氓罪"，取而代之的是"强制猥亵妇女儿童罪"。

2013年，四部委《关于依法惩治性侵害未成年人犯罪的意见》（以下简称《意见》）所称性侵害未成年人犯罪，包括刑法规定的针对未成年人实施的强奸罪，强制猥亵、侮辱妇女罪，猥亵儿童罪，组织卖淫罪，强迫卖淫罪，引诱、容留、介绍卖淫罪，引诱幼女卖淫罪，嫖宿幼女罪等。《意见》第二十一条第一款明确规定，对幼女负有特殊职责的人员与幼女发生性关系的，以强奸罪论处；第二十条明确规定，以金钱财物等方式引诱幼女与自己发生性关系的，知道或者应当知道幼女被他人强迫卖淫而仍与其发生性关系的，均以强奸罪论处；第二十一条第二款明确规定，对已满十四周岁的未成年女性负有特殊职责的人员，迫使未成年被害人就范，而与其发生性关系的，以强奸罪定罪处罚。第五条明确要求，办理性侵害未成年人犯罪案件，对于涉及未成年被害人、未成年犯罪嫌疑人和未成年被告人的身份信息及可能推断出其身份信息的资料和涉及性侵害的细节等内容，审判人员、检察人员、侦查人员、律师及其他诉讼参与人应当予以保密；对外公开的诉讼文书，不得披露未成年被害人的身份信息及可能推断出其身份信息的其他资料，对性侵害的事实注意以适当的方式叙述。《意见》第十四条第一款特别强调，询问未成年被害人，审判人员、检察人员、侦查人员和律师应当坚持不伤害原则，选择未成年人住所或者其他让未成年人心理上感到安全的场所进行，并通知其法定代理人到场；第十四条第二款规定，询问未成年被害人，应当考虑其身心特点，采取和缓的方式进行。对与性侵害犯罪有关的事实应当进行全面询问，以一次询问为原则，尽可能避免反复询问。

4. 新闻报道：男学生多年后网上告发中学老师性侵犯[①]

**事件经过：**

2012年6月27日，华东师范大学第二附属中学多名97届毕业男生，在微博上实名指控该校物理教师张大同曾多次以"检查身体"为由，对男中学生做出有违师德的举动。随后，华东师大二附中97届3班多名同学，在该条微博下实名留言，证实此事。虽然微博中并未写明张大同到底做出了什么样的举动，但不少网友认为，很可能是对男生进行的猥亵或性侵。多数网友对这些同学的遭遇深表同情。虽然无法追究张大同的法律责任，但受害者们的网上举报，迅速引发了广泛关注。

**学校处理：**

2013年6月28日，华东师范大学第二附属中学通过其实名认证官方微博发布，华东师大二附中原副校长张大同因有违师德的行为，经研究予以免职解聘，同时提请华二民办初中董事会免去张大同兼任的校长职务。

另一张照片的出现让受害者们感到事情没有结束。这是张大同和一群学生的合影。虽然他已被学校免职，但又被多家培训机构聘请为指导老师。这让当

---

① 资料来源：http://www.shenchuang.com/www/20131230/17077_2.shtml。

年的受害者们感到，他们有必要再次站出来做出提醒。

**法律空白：**

除了在网上举报，受害者们也曾经考虑诉诸法律，但他们遗憾地发现，法律无法给张大同任何处罚。在我国现行的《刑法》中，强奸罪只有在受害者是女性时才成立，而猥亵儿童罪只适用于14岁以下的未成年人。所以，如果是14岁以下的男孩，即使遭到强奸，也只能以猥亵儿童罪起诉，一旦超过14岁，就找不到任何法条来维护自己的权利。

付晓梅是北京市朝阳区检察院的检察官，她曾经办理过6起男孩被性侵的案件，深感法律空白带来的尴尬。付晓梅说："男童被侵害的数量可能比女童要少，但是他们受伤害的程度，不比女童低。""很痛心。法律不给他一个说法，那么对他的伤害又加重了"。

付晓梅认为，可以做到的是招聘时查询对方的犯罪记录，但是公安部门可以查到这个人因为什么罪名被判刑，检察院却很难查到，招聘机构就更难查到。

**长久的创伤：**

龙迪是中科院心理所副研究员，就性侵犯对未成年人的心理影响做过专门研究，和一些受害的孩子和家庭进行过深度交流。她说："几乎每一个儿童性侵犯的受害者都会责怪自己，有的侵犯者会不断跟孩子说是你错了，侵犯者也会跟他们说你不许跟别人讲，告诉别人就会怎么怎么样。"

执笔：董春菊、李旸、朱雪琴

# 暴露者

### 一　课名
暴露者。

### 二　时长
45分钟。

### 三　教具、材料
A4纸若干、彩笔若干、大白纸四张、马克笔12支（红蓝黑各4支）、写有不同故事的卡片。

### 四　教学目标
了解暴露者与裸露的区别，学会应对暴露者。

### 五　教学过程
1. 导入

组织者引导：

新华网有一则新闻标题为"女学生打车遇露阴癖司机，边开车边做下流动作"。新闻中的女大学生秦丽（化名）从学校门口打车，途中司机向秦丽借纸巾，拿到纸巾后，司机双手脱离方向盘，把纸巾放到下体处，做出很"下流"的动作。在余光中，秦丽瞥见司机裤子的拉链是开的。专家称秦丽遇到的这种现象可能是露阴癖，也就是我们今天讨论的话题：暴露者。

那么大家是否有听说过或者自己碰到过这样的现象呢？我们心目中的暴露者的形象又是什么样的呢？让我们一起来进行下面的活动吧。

2. 活动一：画出我心目中的暴露者形象

**活动步骤：**

（1）邀请参与者画出自己心中的暴露者形象。可以是自己听到暴露者（露阴癖）所想到的形象，也可以画出自己遇到过的暴露者的形象。

（2）请几名参与者分享一下自己画的暴露者形象以及自己的看法。

**提示：**

如果参与者不太了解什么是暴露者，组织者可以做适当的引导。画图没有一定的标准，可以画成漫画、抽象画等形式。尽量用语言引导学生，让图画更加丰富一些，例如提出具体、细节的问题："他们的眼神是什么样的？""他们看起来文质彬彬还是粗俗不堪"？"他们喜欢戴项链或耳环吗"？

3. 活动二：怎样认识暴露者

**活动步骤：**

（1）把参与者分为四组，每组发一张白纸，红黑蓝马克笔各一支。

（2）四个小组分别讨论以下议题：

暴露者为什么会出现这样的行为，应该如何看待暴露者的行为？

暴露者是否有错？错在哪里？

暴露者的行为是否有性别差异，遇到这类行为的男女反应有何不同？为什么？

裸露本身是否变态？暴露者和裸露的最大区别是什么？

（3）请每个组派两名同学来分享本组讨论的内容；

（4）组织者分别就这些话题进行讲解。

提示：

（1）暴露者也叫"露鸟侠"，是变态心理学中"露阴癖"的俗称，通常为男性。露阴是指在"不适当"的环境下公开暴露自己的生殖器或臀部或其他敏感部位，引起对方紧张性情绪反应，从而获得性快感的一种行为。传统的心理学认为，这种行为不是以"直接的性刺激"达到性快感，因而属于"变态"性心理的一种，但这实际上是对非生殖目的的性的污名。因此，我们不建议用"癖"这个带有污名色彩的词汇来描述这样的人和行为，而用"暴露者"或者"露鸟侠"这样的中性词来称呼这类人。

"露鸟侠"的问题在于以对方的紧张和惊恐来达到性心理的满足。这种性心理包含着"权力"感和掌控欲，对方的惊恐让实施者感到在这个过程中自己是一个有权力感的人，可以通过暴露性器官来征服对方。这种心理和社会上长期以来对"性"的污名、隐讳和回避有关，越是认为不可言说，或者说污秽的东西，越是有难以正常化的"神秘感"，而这种神秘感就会转化成为一种压力和控制的力量。在大家都衣不蔽体、在户外随意性交的时代，"露鸟"是吓不到人的。

（2）"露鸟侠"的错并不在于裸露身体或者裸露性器官。性器官和其他器官一样，是我们身体的一部分，人有处分自己身体的权利，因此，裸露也是人处分自己身体的一种权利。所谓严禁裸露的文化，实际上是性污名的一个表现，也正是在性和裸体被政治化污名的情况下，性和裸体才常常有了"政治化"的意向，因而裸体和性才可以对周围的环境和他人造成文化挑战和心理压力。因此，裸露本身并不构成错，正是"裸露"被赋予了负面的、羞耻的，进而挑战的、控制的社会文化意义，才使得"裸露"成为一种可以造成他人恐慌、压迫和心理紧张的形象。"露鸟侠"的错在于，明知对方可能因为自己的裸露而受到惊吓而为之，这是一种对对方的精神伤害。也就是说，"露鸟侠"在行使自己裸露的权利时伤害到了别人。从这个角度来说，"露鸟"的伤害和一般的骚扰、恐吓的性质是一样的。

（3）对裸露的爱好并不是变态。穿衣服，把人的身体特别是性器官遮挡起来，是人类社会文明化的产物，这种遮蔽本身也是有历史和文化发展脉络的。在18世纪的西方，维多利亚时期，禁欲文化的主导下，女人要穿长裙，甚至性爱时也不能露出身体。在中国古代，女人要"笑不露齿"，脚也不能被看到。在某些伊斯兰国家和地区，要求妇女从头到脚包裹起来，头遮面纱，只在眼睛的地方留出小洞……这些都是文化关于"裸露"的禁忌。相比之下，文化对于男性的裸露要宽容很多。通常意义上，男性的裸露禁区只有一点，而女性有三点。现在，男性在公共场合的上半身裸露最多被认为是"粗鲁"，而女性则认为是一种"性"的张扬，被认为是"花痴"或者"神经病"。其实，公共场合下"裸露"的文化意义是多元的，有的象征人与自然，有的象征自由，有的象征环保，有的象征抗争……不一定和性有关。

（4）身体裸露与性侵害是有差别的。天体主义、艺术品、裸体模特、裸体抗议活动等在某些特定的情境中并不侵犯他人的权益。

### 4. 活动三：角色扮演：如何应对暴露者

**活动步骤：**

（1）将参与者分为三组，每组选择一个情景表演，主题是如何应对暴露者的技巧。组织者加入其中一组协助表演，作为示范，消除同学的紧张情绪。

（2）将写有不同故事的卡片发给每个组，让每个组根据具体的场景进行表演。

三个不同的故事分别是：

小丽和朋友们在公交车上，忽然发现坐在身边的那个男人把裤子拉下来进行自慰，同时还看着小丽笑，并发出呻吟声，这个时候小丽应该怎么办？

在下晚自习回宿舍的路上，媛媛看到一个男人穿着风衣朝她走来，走近她的时候突然把风衣打开，里面什么也没有穿。媛媛看到了他的裸体，可是旁边没人，这个时候媛媛应该怎么办？

小刚去逛街回来，看到迎面走来一个女人，她走近小刚的时候，突然把上衣往下一拉，上衣里面什么都没有穿，那女人还对着他笑，小刚看到了她的乳房，这个时候小刚应该怎么办？

（3）集体讨论：上面表演的处理方法是否合适，为什么？如果不合适如何改进。

提示：

尽可能地设置一个真实的生活情境。例如公交车上可以有司机、其他乘客，事情发生后，可能要找同学或者家长倾诉，这些人物也可以包括进来，让更多的同学参与演出。

第三个情境与前两个不同，在引导的过程中，注意那些"女性暴露，应该被骚扰或者被强奸"等指责，指出这种评论的不妥之处。这里要引导学生认识到，并不是只有女性才会遇到暴露者，也并不是男性才会做出暴露者的行为。

应对暴露者的一些技巧：保持冷静，不要害怕进而发出尖叫等，忍耐或逃避也解决不了问题。关键是要镇定，不要慌张。"露鸟侠"的目的不是进一步强迫或者暴力实施性侵犯，他们一般会和对方保持一定的距离，以便于脱身。你的慌张和惊恐才是他们希望达到的目的，因此面对"露鸟侠"要保持镇静，可以表现出不屑一顾、轻视等姿态。这类姿态主要是用于和他的权力关系上发生逆转，他希望用他的性器官吓到你，你表示完全没什么可怕的，而且还不屑一顾，这样对他来说就是挫败。

可以讨论一些具体的应对策略，如：镇静走开，就当没看见；对着他大笑："真小"！掏出一枚硬币付费给他；向司机求助；提前走到马路的另一边，避免与他相对；找到可信任的人倾诉，或寻求帮助。

## 六　小结

暴露本身并不是变态，但是需要注意时间、地点还有场合。遭遇暴露者时，我们不要被吓到，应该学会正确去应对。

## 七　知识与观点链接

暴露者，主流变态心理学理论称为"暴露癖"（或称露阴癖或露体癖），指在公众场合裸露自己的身子或故意让人看到自己穿着的内衣裤以达到性快感，尤其指露出乳房或生殖器等性器官者。一般人对这样的人称之为"暴露狂"或"露体狂"。

暴露者不是男性的专利，但以男性居多。我们的社会一般不认为女性暴露身体是变态，认为这个行为吓不到他人，但这种想法是错误的。男性暴露者之所以会引起惊吓，其实是父权文化的建构，裸露本身并没有特殊的含义，但男性故意暴露会被认为是一种性的攻击，反之，女性的故意暴露会被认为是性的勾引，两者有着不同的文化意义。

不同国家、不同文化及不同宗教背景里，裸露有着不同的文化意义。在有些国家里，女性不能让其他人看到她的皮肤，所以女性不能穿短袖衣服或热裤，这种文化是对女性的一种压迫。在南欧及南美国家，当地女性在沙滩日光浴时赤裸上身，也不会被认为是裸露。非洲一些民族的传统服饰是没有上衣的，女性在平日也会露出乳房。不过，基本上在任何国家或地区，都不能在公共场合暴露性器官，尽管某些地区对于"乳房是否性器官"会有争议。

执笔：覃念、王龙玺、朱雪琴

# 建立反性骚扰的校园环境

## 一 课名

建立反性骚扰的校园环境。

## 二 时长

60 分钟。

## 三 教具、材料

大白纸、彩笔、多媒体教学设备。

## 四 教学目标

学会辨识校园性骚扰，进一步强化性别平等的意识，积极参与校园反性骚扰行动。

## 五 教学过程

1. 导入：呈现案例

案例一：某中学的女学生苦恼地说："我身材不错，发育得也很好，夏天穿低胸的衣服，班上男同学总喜欢向里偷窥，穿裙子时他们甚至会趴下来看，我警告过他们，没有用。"

案例二：一位中学男生经常被几个女生开玩笑说"屁股很翘"，有时还边说边轻轻拍打他的臀部，惹得周围的人发出阵阵笑声。这位男生很是困扰，却不知如何是好。

案例三：一位男同学长得很"娘"，喜欢打扮，性格温和细腻，常常被同学嘲笑他"娘炮""不男不女"，甚至老师也嘲笑他说："你能不能像个男人？"这让他觉得很苦恼。

**组织者引导：**

这样的事情，你们有没有遇到过呢？如果遇到，你们的感受是什么？如果对你做出这些言行的人是你的老师，你的感觉又如何？我们今天一起来讨论一下，怎样建立友善的、反性骚扰的校园环境。

**提示：**

不同的学生对这些事的感受可能完全不同，有的同学会觉得不舒服，也有同学觉得是一种友善的玩笑，由个人感受而定。组织者无须对此做出评价，只需为学生营造尊重、友善的空间，鼓励他们自由表达，切勿轻易嘲讽他人的感受。尽量让多种体验都能够被呈现出来，而不遭到压制。

2. 活动一：认识校园性骚扰

全班分为4—6个小组，分组可按就近原则，操作方便，也节约时间。每组发一张白纸和彩笔，根据所给话题进行小组讨论，然后选定小组发言人，进行小组分享。

**讨论话题：**

（1）哪些行为属于校园性骚扰？

（2）校园生活中，哪些同性/异性对你们做出的言行让你们觉得反感和不能接受？

**提示：**

小组汇报时，组织者需注意保护学生的隐私，比如提示学生无须提及任何人的具体名字。

根据学生的讨论结果，补充遗漏的校园性骚扰行为。同时需要强调性骚扰不仅发生在异性间，也可能发生在同性间，不仅发生在学生之间，也可能发生在教师和学生之间，以及教师之间。

需要强调的是，要防止因泛化性骚扰概念而造成的人际交往僵化。一般来说，建议对性骚扰的入法和处罚界定在具有权力关系的领域，比如公权力的使用和配置、职场的上下级关系、校园的师生关系等领域，不宜扩大化。

校园生活中的哪些言行让人不舒服，请学生用具体的例子来说明。比如女生喜欢被别人评论自己的身材吗？哪些词汇是不能接受的？男生呢？这里让大家一起来讨论，哪些词汇是普遍不受欢迎的，哪些词汇只是一部分人不愿意接受的。类似地，也可以讨论哪些行为是不受欢迎的，为什么？哪种情况是故意骚扰，哪种可能是误解？

学生的感受要充分呈现出来，组织者不要进行评价，但应注意防止学生之间可能产生的人身攻击。组织者还可以深入引导学生呈现轻松、幽默、和谐、自然的交往言行，比如，当一些学生认为有些看似"性骚扰"的言行并不让人讨厌时，组织者要鼓励他们呈现、表达、还原这些语境，注意不要因讨论性骚扰而在校园中形成紧张、僵化的人际关系。

3. 活动二：辨析校园性骚扰

以下罗列的行为，请学生分组讨论，辨析是否是"性骚扰"，并解释理由，然后组织者对此进行评点。

（1）侮辱、歧视性多元者。对同性恋、双性恋、跨性别以及其他不符合主流二元对立性别模式者进行攻击、侮辱、嘲笑、歧视，特别是针对其性向、性别特征和人格特质进行侮辱的言行。

评点：属于性骚扰。性多元主体应该获得和其他主体一样被尊重的权利。对性多元者的歧视和侮辱，在校园里并不少见，甚至老师也会不经意间犯这样的错误，因此更需要重视。

（2）性暗示、性挑逗。以双关语、联想的方式表达具有性意味的言行，进行性戏谑；喧哗、调侃展示色情图片或书刊等给不愿意看的人看；不顾对方反对，持续讨论情色事件或给对方发送相关资料；在他人不愿回答的情况下，坚持借题发挥询问个人的性生理状况等。

评点：要看具体语境。不认为有性意味者不构成性骚扰，认为有性意味而接受者也不构成性骚扰，认为有性意味而觉得不舒服的，可以明确反对，对方仍然进行的，构成性骚扰。

（3）性窥视。在他人明确拒绝或者反对的状态下仍乘人不备窥视或者强行窥视对方。如偷看他人上厕所、偷看他人的内衣或者身体隐私部位等。

评点：窥视之所以被人认为不友好，是因为其"窥"而不是"性"。因此，如果在他人拒绝的状态下仍然观看的，性骚扰成立。

（4）性袭扰。故意以肢体碰触异性，或做出足以让异性惊吓、困扰的性袭击和扰乱行为。如强行掀女生的裙子、脱男生的裤子；趁其不备，摸女生的胸部；故意触碰对方的身体，使其感觉不快；强行拥抱、亲吻；尾随、跟踪或阻挡去路等。

评点：性袭扰因其不友好，常造成对方心理上的惊吓、困扰和身体伤害，构成性骚扰。

（5）性攻击。以暴力或胁迫方式，实施攻击性行为，包括强奸以及对其肢体的伤害等。如男生将女生拖至厕所或校园角落进行强行抚摸、强暴的行为。

评点：性攻击行为是很严重的性侵害行为，比一般性骚扰严重。

4. 活动三：如何反对校园性骚扰？

小组讨论后，在班上进行分享，组织者进行点评。

讨论议题：反对校园性骚扰涉及哪些对象，他们各自的责任是什么？

提示：

校园反性骚扰涉及学生、教师、学校。各方的责任和义务有：

（1）学生要从自己的言行做起，平等地看待每个人，不歧视性别和性取向多元的同学。同时要学会各种应对和反击性骚扰的方法，必要时向老师或其他可信任的成年人报告，不要忍气吞声。

（2）教师要从自己的言行做起，以身作则。在日常工作中加强对学生的教育和引导，必要时为学生提供帮助和支持，在态度上重视防止性骚扰。平等对待每个学生，不因学生的性别和性取向差异而有歧视性的差异对待和言行。

（3）学校有义务允许性别多元在校园中的表达和呈现，不对性别多元者进行制度、文化上的打压和区别对待。有责任维护教职员工和学生的尊严和权益，有义务建立完善的性骚扰申述处理机制，并且切实推进性别平等教育。特别是许多学校认为发生性骚扰有损学校声誉，倾向于息事宁人，这种方式不但无法解决问题，还可能造成更大的危机。

5. 活动四：呼吁建立反性骚扰校园环境

小组讨论后，在班上进行分享，组织者进行点评。

讨论议题：如果要写一封呼吁建立反性骚扰校园环境的信，这封信的对象是谁？主要内容包括什么？呼吁信如何呈交学校相关部门？我们自己可以做什么？

提示：

呼吁信的对象可以是校方、全体老师、教职员工、全体学生，内容应包括建立反性骚扰校园环境的重要性、涉及对象的责任、具体建议做法等。

讨论的重点在于我们每个人可以做什么。大部分学生可能会赞成提交呼吁信，那么应该向学校哪个部门提交，以怎样的形式提交？这些都可以讨论。例如可以由组织者代为提交，由学生会（学生社团）提交，或直接呈交校方管理机构等。

如果讨论后决定不呈交，可以将呼吁信贴于本班教室内，由全班同学自由签字认可，达到一定比例则成为全班公约。同时，还可将呼吁信以班级名义，发给每位任课教师，争取得到他们的认可和支持。最后，如果班级管理制度较健全的话，还可以尝试建立反性骚扰委员会，推选出相关委员，为将来性骚扰事件的处理做准备。

## 六　小结

这节课我们一起讨论了如何建立反性骚扰的校园环境，我们了解到每个人（不论性别）都可能成为被骚扰的对象，建立反性骚扰的校园环境，需要校方、老师、学生全员参与，人人有责。

执笔：马文琦、陈亚亚、朱雪琴

# 校园安全地图

### 一　课名
校园安全地图。

### 二　时长
80分钟。

### 三　教具、材料
大白纸（或绘制好的校园简版地图）、彩笔、多媒体教学设备。

### 四　教学目标
让学生识别校园环境中遭受性别暴力可能性大的地方和时间，以及相对更安全的地方和时间；学习制定规则和协议，创建一个安全、友好、平等的校园环境。

### 五　教学过程
1. 导入

组织者导语：

为了预防和制止校园发生性别暴力事件，我们必须了解自己所在的校园环境,所以今天我们将主要关注校园性别暴力的环境因素。大家是否曾听说过校园发生过的性别暴力事件?它们属于什么类型的性别暴力?发生在什么时间?什么地点?

**提示:**

组织者需要提醒同学在分享的时候不要提到事件中涉及的人的真名,也不要责备任何人,提醒大家关注事件本身,尤其是发生的时间和地点。

学生可能会提到很多不同的事件、不同的时间、地点,组织者可以予以总结。当然,也可能学生不是那么踊跃,那么组织者自己需要提前搜索一些本校发生过的性别暴力事件,以便冷场的时候提供素材给学生思考。

**组织者过渡:**

我们发现校园里有一些地方、一些时间段发生了多起性别暴力事件,这说明识别校园环境非常重要。接下来,我们将一起来绘制"校园安全地图"。

2. 活动一:绘制基于性别暴力的校园地图

**活动步骤:**

(1)根据学生人数分小组,每组发一张大白纸和彩笔,让他们绘制简版的校园地图(组织者也可以根据教学时间和学生年龄,直接提供已经绘制好的校园地图),地图包括学校内及周边的道路、小路、主要建筑物等,在必要的地方标记上图标及其含义。

(2)规定时间让小组绘制地图。

**绘制地图需要关注的问题:**

校园内及周边的哪些地方对我们来说是安全、友好的?请用一种颜色标注;

校园内及周边的哪些地方曾经发生过性别暴力?请用另一种颜色标注;

这些地方发生的都是什么类型的性别暴力?请标注出来

(3)分组讨论以下议题,然后选择发言人,全班进行小组分享。

女生、男生及性别少数群体等遭遇校园性别暴力的地方是一样的吗?

哪些地方是性别暴力最容易发生的?哪些地方不容易发生?

为什么这些地方更不安全?而另一些地方更安全?

我们可以做什么来阻止类似的性别暴力再发生?

**提示：**

在大家绘制地图的过程中，组织者可以提醒，请考虑平时到校使用的方式：步行、公交车还是私家车？自己、家人送还是与同学同行？分别存在哪些风险。

鼓励大家根据自己知道的性别暴力事件，尽可能细致地标注好不同颜色和图标。在学生小组汇报后，鼓励大家发现校园地图的共性，以确定校园性别暴力发生的风险地带和安全地带，并积极讨论其成因，从而为进一步提出阻止性别暴力的对策提供思路。

**教学参考：**

组织者可以提供一个校园地图的模板，如下图：

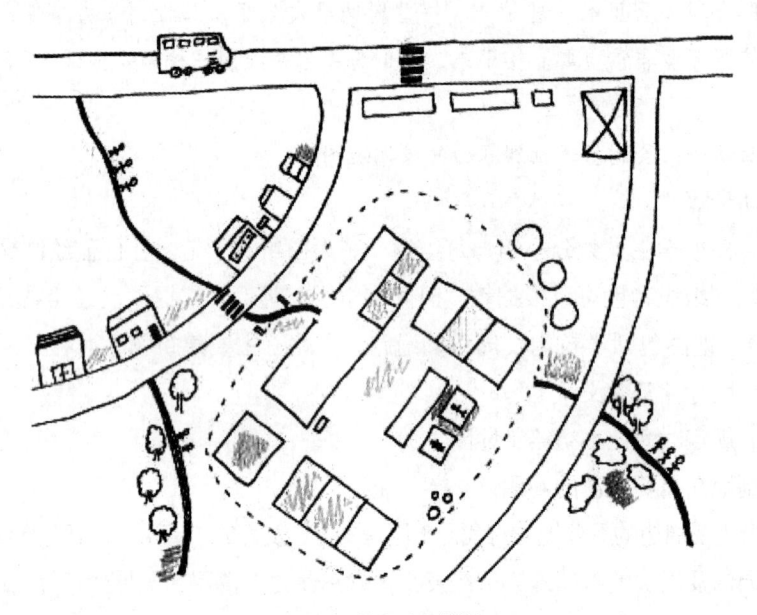

图1　校园地图模板

（资料来源：Helen Cahill, Sally Beadle, Michelle Davis, Anne Farrelly, *Preventing Gender-based Violence in Schools-classroom Programme for Students in Early Secondary School*, UNESCO, 2016, p.81. 葛叶奕译。）

此外，组织者还需要给学生提供性别暴力分类及其图标，供学生绘制地图，如下所示：

◎ 心理暴力，包括威胁、虐待、恐吓、侮辱，让受害者感觉不好，即使没有碰过他们。

■ 身体暴力，包括伤害身体。

▲ 经济暴力，包括损坏或偷取别人的财产，勒索钱财。

☆ 性暴力或性骚扰，指有性接触，但没有得到他人的同意。包括强奸和其他未经许可的性接触，如触摸身体隐私部位。

◇ 语言暴力，辱骂、恐吓、散布谣言或者大喊大叫等。

**组织者过渡：**

现在大家绘制了校园地图，我们从地图中了解到性别暴力可能发生在校园内，也可能发生在从家里到学校的路上，或者校园周边的一些地方，那么我们平时活动就要尽量注意避免单独去这些区域。当然，我们也要注意，那些被我们划定为安全的区域，只是相对安全，仍然需要保持警惕。接下来我们将讨论我们的教室和学校的安全，共同讨论制定可以促进安全的、积极的学校规则。

3. 活动二：为创建安全的学校环境而制定规则

**活动步骤：**

分组讨论，每个小组发一张白纸，每组设计一个具体的规则，写在白纸上，选定小组发言人，在全班进行分享。

**组织者引导：**

如何确保在学校的每个人都安全、快乐？

当你制作这些规则时，想想男孩、女孩和其他不符合传统性别规范的人。

什么样的规则才可以确保每个人在学校里是安全的，能够阻止基于性别的暴力？

校园的某个具体空间需要规则吗？例如厕所、走廊？

**提示：**

让学生参与有关规则的制定，有助于建立一种责任感。组织者可以引导学生结合活动一绘制的校园地图，有针对性地制定规则，同时强调规则要确保每个男孩、女孩和所有不适合传统性别规范的学生都有权利平等参与安全、友好的学习环境，那些不符合性别规范的人可能更容易遭受暴力，我们需要考虑他们的需求，或者直接让他们参与制定规则。针对学校的一些不安全空间，我们要积极讨论、设置新规则，让这些地方更安全。

**教学参考：**

如果希望学生们对规则记忆更深刻，可以通过玩游戏的方式来帮助学生记住规则。具体如下：

找一个物体（例如一个球或柔软的玩具），让学生站成一个圆圈，组织者通过抛物的方式随机抽中学生，被抽中的学生需要说出一个小组分享中提出的规则，然后把球扔给另一个人，让这个人再说一个规则。继续下去，确保大家都能说出所有规则。

## 六 小结

这节课我们一起绘制了基于性别暴力的校园地图，创建了防止性别暴力的校园规则。最后强调一下：

（1）性别暴力可能发生在校园内，也可能发生在从家里到学校的路上，或者校园周边的一些地方。

（2）校园地图显示有的地方更容易发生性别暴力，有的地方相对安全，但这不是绝对的。

（3）我们可以通过制定一些规则来促进建立安全、友好的校园环境。

（4）不论是校园地图还是校园规则，都要考虑到女生、男生及性别少数群体等不同性别身份的人的需求，因为他们面临的性别暴力风险是不一样的。

执笔：杨梨

**参考文献：**

Helen Cahill，Sally Beadle，Michelle Davis，Anne Farrelly, *Preventing Gender-based Violence in Schools-classroom Programme for Students in Early Secondary School*, UNESCO, 2016. 葛叶奕译。

# 亲密关系：从暴力到尊重

### 一　课名
亲密关系：从暴力到尊重。

### 二　时长
60分钟。

### 三　教具、材料
黑板，粉笔，红色、绿色纸卡若干，水笔若干。

### 四　教学目标
学会如何促进一段建立在相互尊重之上的亲密关系。

### 五　教学过程
1. 导入

   组织者导语：

   同学们，我们希望自己的生活是美好的、和平的、幸福的，但是我们也知道，总有这样那样的不美好在我们身边，我们今天要讨论的就是生活中不那么美好的，甚至是残酷、痛苦的现象：暴力。请大家从自己的生活入手，看看在我们生活的周围，哪些言行带来了痛苦和暴力？什么是暴力？暴力可以发生在什么地方？什么人之间？

**提示：**

学生发言的时候，组织者通过引导式发问，尽可能让学生将暴力的形式具体化，聚焦于他们自己的生活，并且询问"你为什么这么认为？""这给你带来怎样的感受？"

启发学生认识到，暴力不仅存在于公共场所、陌生人之间，在家庭等私人领域、熟人之间，也会有暴力的存在。需要注意的是，如果已知或者在课上发现家里有家暴的学生，组织者要注意保护他们的隐私，不要强迫他们说，不歧视、不冷漠，也不给予显现的格外关注。

2.活动一：我们想要怎样的关系？

**活动步骤：**

以每组6—8人分成若干组，每组发下若干红色和绿色纸卡、水笔。每组根据组织者的引导进行讨论，然后在班上进行分享。

**组织者导语：**

大家觉得，有着亲密关系的人之间，他们发生的暴力言行有怎样的特点？这里的亲密关系是指：家人之间，包括夫妻之间、孩子和长辈之间、长辈和长辈之间；情侣之间；长期生活在一起的伴侣之间。大家想一想，把这些特点归纳一下写在红色的纸卡上。

接下来，我们每组的同学再想一想，我们希望的亲密关系是怎样的？包括你和家人的、希望未来你和伴侣之间的，也用一些关键词来形容，写在绿色的纸卡上。

**提示：**

每个组在全班进行分享时，把不同颜色的纸卡分别贴在黑板的左半边和右半边。

关于亲密关系暴力的关键词可能有：分不开，逃不开，不被知道，被控制，说是爱，不自由，骂我，说我丑，说我没用，难以反抗，说不出口……

关于期待的亲密关系的词可能有：相爱的，彼此尊重，不骂人，不打人，好好说话，听我的，宠着我，让着我，对我好，相互帮助，尊老爱幼，相互照顾……

组织者看到那些单方面对自己好的词时，可以启发学生讨论，单方面的好是不是合理？站在对方的立场上可以怎样考虑？最后引导学生认识到，亲密关系之间应该彼此尊重，相互平等。最后和全班学生一起，总结几个得到普遍认同的、表达亲密关系的词。

3. 活动二：从暴力到尊重

**活动步骤：**

（1）短剧表演：将全班分为若干组，每组4—6人，用20分钟的时间准备一个短剧，短剧表演时间控制在5分钟内；表演内容根据抽签决定，有一半小组表演亲密关系中的暴力，另一半小组表演亲密关系中如何以非暴力的方式处理冲突或不同意见；

（2）每组逐一表演，组织者在准备过程中不断巡视，提供帮助，表演中给予鼓励；表演结束后，鼓励提问，让大家就剧情展开讨论。

**提示：**

在剧情设置的时候，需要提示大家，亲密关系是多元的，可以是一对已婚夫妇、一对未婚情侣、同性伴侣、孩子和父母、父母和老年长辈等。亲密关系中的暴力，可以是身体上的，也可以是心理上、言语上的。尽量贴近生活，用你所见所闻的事例作为原型。

在讨论阶段，启发学生思考，亲密关系中有哪些形式的暴力？暴力关系具有哪些特征？遭受亲密关系暴力者的感受如何？哪些因素可能导致暴力产生？彼此尊重的亲密关系具备哪些特征？如果要建立彼此尊重的亲密关系，我们可以做些什么？

引导学生认识到，暴力的表现形式多样，有肢体暴力、言语及精神暴力、性暴力、经济控制等，且不一定发生在男人和女人之间。导致暴力的原因可能有：双方地位不平等，沟通不畅，经济地位差异，对另一方的控制欲以及占有欲，心情不好寻求发泄，转嫁压力，本身的人格障碍等。

要建立彼此尊重的亲密关系，应该从改变自我做起，特别是施暴方应该改变，要发自内心地尊重对方，将双方置于平等的位置，才能更好地交流与沟通，从而避免暴力的发生。

## 六　小结

通过这堂课的学习，我们可以认识到好的亲密关系应该建立在相互尊重的基础上，并且还学到了一些沟通的具体技巧。相信大家在未来的生活中，可以很好地运用这些技巧，体会到建立在彼此尊重基础上的亲密关系是多么美好。

执笔：吕娜

**参考文献：**

中国计划生育协会：《青春健康教育指南》，中国人口出版社 2014 年版。

# 拒绝约会暴力

### 一 课名

拒绝约会暴力。

### 二 时长

45分钟。

### 三 教具、材料

纸笔、大白板、打印材料。

### 四 教学目标

了解约会暴力、约会强奸，提高自我保护意识，掌握防护知识和技能。

### 五 教学过程

1. 导入

**组织者导语：**

今天我们来谈谈约会暴力。我想先了解一下大家对这个概念知道多少，如果你听过这个词，清楚它是什么意思，请举手，给同学们介绍一下这个词。

**提示：**

对学生的介绍简单点评，如果没有人举手，可以直接进入下一项活动。

2. 活动一：什么是约会暴力？

**活动步骤：**

将学生分为 A、B、C 三组。A 组讨论"约会"的定义，并给出例子：什么情况算约会？一定是男女朋友才叫约会吗？B 组讨论"暴力"的定义，并给出例子：一定是身体上的吗？还有什么算暴力？C 组在有条件的情况下，合作上网搜索了解"约会暴力"的定义，没有条件的话，讨论"约会暴力"的定义。

5 分钟后分组展示，组织者负责归纳总结，纠正和补充观念（10 分钟）。最后大家一起得出一个全面的"约会暴力"的定义，进而引申到"约会强奸"的定义。这是强奸的一种形式，是相识的双方在聚会约见时一方以肉体或精神暴力、胁迫或其他手段违背另一方的意志强行与之发生性关系的行为。

**提示：**

引导学生思考，得出一些重要的观点。

（1）"约会暴力"的核心是可能有情感关系的熟人（网友也算），不同于陌生人之间突如其来的暴力；

（2）暴力包括身体上的骚扰或侵犯，也可以是精神、感情方面的虐待；

（3）约会暴力的重点在于"控制"，一个人对另一个与之有感情关系的人在身体、社交、精神、情感、经济等方面，进行违背其意愿的控制。

如果发现学生的观点不全面，可以列出以下问题，让学生进一步思考：

（1）情侣或是熟人之间就不可能发生暴力关系吗？

（2）伴侣想和你有更深一步的性接触，你不愿意，对方以分手作威胁，这算不算暴力？

（3）伴侣摸你的私处，或者进行进一步的性行为，你不愿意但又不好意思强硬阻止，对方也不顾你的反对进行下去，这算不算暴力？

（4）伴侣强硬地不允许你有任何亲密朋友，一发现你和他人比较亲密就对你大发脾气，这算不算暴力？

（5）伴侣经常辱骂取笑你，比如说"你这么丑，除了我还有谁会要你"（不是开玩笑），这算不算暴力？

（6）对方恐吓你，比如说你和他／她分手就去告诉全班人或你父母你和他／

她有性关系，这算不算暴力？

（7）对方跟踪你，在你制止后仍然翻查你的信息、短信、留言，这算不算暴力？

（8）对方以"爱我就要陪我"为名，反复阻止你见其他朋友甚至家人，这算不算暴力？

对这些问题的讨论结果不是黑白分明的，鼓励学生讲出自己的见解和角度，组织者的功能在于梳理学生的思路，让他们掌握关键词"控制"的意思。

**组织者过渡：**

约会暴力发生的方式很多，有些不那么容易分辨，属于"灰色地带"，比如亲密关系中一方对另一方的管制（可举一个刚才讨论中说到的例子）。以上我们得出的"约会暴力"的定义，包括肉体、性、精神暴力，是目前研究界比较认可的定义。曾有一项美国的研究显示，高达95%的受访年轻人报告曾经历过至少一次约会暴力，可见这种暴力普遍存在，只是程度、严重性和频率不同而已。

此外，不论女性或男性都可能成为暴力中的受害者，但是统计数据显示，女性比男性更可能成为受害者。大家觉得这是为什么呢？

**提示：**

这里的重点在于社会性别角度的分析：女性更容易受害，不仅是因为在体力上较男性处于劣势，还因为受传统观念的影响。女性从小就被教育，理想的女性气质是顺从的、听话的、忠贞的、要为伴侣着想的、贤良淑德的……而在霸权男性气质的培养中，会鼓励男性使用暴力或者其他手段来对待女性。这就造成了女性在感情关系中容易成为受控者。

如果有人提到"女性感情比较脆弱"，可引导发问"女生是生来感情脆弱的吗？女生的感情依赖是怎样被塑造的？男生天生就没有情感依赖吗？"类似追问是为了启发学生思考，以便过渡到下一项活动。这里还可以指出，在亲密关系中，女性会使用"性"来控制男性，其中也体现了两性的差异，即性对两性具有不同的意义。

3. 活动二：约会暴力为什么发生？

**活动步骤：**

现有的三组内再分三小组，一共九组，组内讨论以下九条陈述，一组一条（5 分钟）。然后每组轮流向全班分享讨论结果，全班学生在组织者带领下补充意见（15 分钟）。

**陈述：**

嫉妒是爱的表现。

女生穿得太暴露，才会遭遇约会暴力／强奸。

一对情侣打起来是他们自己的事，我看到也不会管。

遭遇了约会暴力／强奸很耻辱，我绝不能告诉别人。

他／她亲了我，就代表他／她同意跟我做爱了。

女人嘴上说"不"其实代表"是"，只是假装矜持。

我喜欢／爱他／她，所以他／她要和我做爱，我就应该同意，不管我自己想不想。

他／她想和我做爱一定代表他／她爱我。

他／她爱我，所以我应该听他／她的话。

**提示：**

组织者对于九条陈述需要分别重点引导：

嫉妒是爱的表现：嫉妒绝不是爱的表现，嫉妒是占有、是控制，嫉妒是出于一个人内心的不安全感和软弱。每个人都是平等的、自主的，没有人有权利出于嫉妒来控制和占有他人。占有的形式很多，从肉体上侵犯，到精神上隔绝封闭他人（比如控制对方的交友），以及言语上侮辱他人。真正的爱是不应该有这样的伤害的。

女生穿得太暴露，才会遭遇约会暴力／强奸：这是非常错误的观念。女性想如何打扮自己是她的自由，穿着开放不是对侵犯、骚扰的邀请。任何性行为都必须建立在双方同意的基础上，女孩穿了超短裙去赴约，也不代表她有与你发生性关系的意愿。

一对情侣打起来是他们自己的事，我看到也不会管：这的确是个灰色地带，社会常有的观念是情侣打架，外人不要多管闲事，因为这是私人的事，但这种观念其实是很多约会暴力的温床。这种时候我们要留意观察，发现冲突升级要及时干预，比如大声问一句"干什么呢？用不用报警？"或者采取其他方式上前阻止，或者立刻报警，可能就会挽救一场约会暴力。

遭遇了约会暴力/强奸很耻辱，我绝不能告诉别人：这是很多强奸犯或暴力施加者不会得到制裁的重要原因之一。很多人在经历了约会暴力/强奸后认为这是自己的错，像之前说的，因为自己穿着暴露，或者识人不当，或者反抗不够坚决，或者觉得被强暴是自己的耻辱；或者认为这是自己与情侣之间的私事，外人不会管，于是就忍气吞声。这样做只会给对方更多机会伤害你，或者你因为创伤得不到疏解，陷入无法排解的自我厌恶和伤痛，使日常生活受到影响，甚至可能发展成严重的抑郁症或焦虑症。要知道遇到这种事不是你的错，要第一时间告诉自己信任的家人或朋友，寻求帮助，考虑报警。

他/她亲了我，就代表他/她同意跟我做爱了：这个观点更常见于男孩中。性行为是复杂的事，亲吻很多时候只是表达好感，不代表对方有做爱的意愿。如果你不确定对方想进行到哪里，可以明确地问对方，得到明确的答复再进行。

女人嘴上说"不"其实代表"是"，只是假装矜持：这个陈述和上一个相关。这是一个非常错误的观念，也是施暴者常用的借口。女生说"不"就是代表"不"，男性要尊重女性的拒绝，女孩子们也要明确表达自己的意愿，不愿意的时候果断拒绝，愿意的时候也不必"装矜持"，避免半推半就可能造成的误会。

我喜欢/爱他/她，所以他/她要和我做爱，我就应该同意，不管我自己想不想：强调爱不等于做爱。拒绝对方做爱不等于不爱对方，最重要的是顺从自己的意愿。如果对方爱你，他/她会尊重你。

他/她想和我做爱一定代表他/她爱我：做爱不等于爱。爱是一种情感，做爱除了情感之外，很大程度上是性欲的满足，有的时候做爱仅仅是为了满足性欲，和情感不一定有关。在双方愿意的前提下，做爱本身没有问题，但不要以"爱"为借口违背自己的意愿去做爱。

他/她爱我，所以我应该听他/她的话：这里有性别差异，可以回到之前的问题，为什么女孩更容易成为受害者？因为她们被社会文化要求更顺从。我们在感情中都是平等的，应该互相尊重。"爱"不是控制的理由，"听话"可能是一个导向约会暴力的危险斜坡。和任何人的交往，如果对方不尊重你的人格，那么暴力就已经开始了。

**4. 活动三：避免约会暴力／强奸**

**活动步骤：**

头脑风暴：学生提出怎样做可以避免约会暴力／强奸，组织者将其归纳到白板上。

**组织者引导：**

了解约会暴力是减少、杜绝约会暴力的第一步，如果我们每个人都清楚地知道哪些行为属于暴力，为什么这些行为会发生，我们就可以更好地保护好自己，避免不知不觉中成为暴力的实施者，或者受害者。那么最后我们来个头脑风暴，怎样避免约会暴力／强奸的发生呢？

**提示：**

一些可能的建议：

（1）避免让自己处于危险的地方。

（2）警惕酒精、药物。

（3）在新媒体技术和网络普及的今天，注意保护自己的隐私，平时自己的照片和个人信息妥善保存，避免约会中不适当的拍照、录像等。

（4）当对对方的行为（比如对方对你动手动脚或有性暗示）感到不适时，不要装糊涂半推半就，要立即明确、坚定地拒绝，让对方知道你的不悦，如果对方还不停止，要想办法尽快离开，紧急情况下要大声呼救，寻求帮助。

（5）小心约会新认识的朋友。对第一次约会的对象，应先了解其背景、品性。约会前可以将约会对象、时间、地点及预定回家时间等告诉家人或朋友，第一次约会最好在公开的场合，避免去僻静的地方。

（6）了解、尊重对方的感受，性兴奋并不能当作你强迫对方有性行为的借口。

（7）如果你从对方那里得到不确定的信息，可进一步问清楚，如发现对方不能确定是否愿意跟你发生性关系，可以停下来进行讨论，不要强迫或者牵制对方。

（8）当对方说"不要"就是代表"不要"，不要将它解读为"其实就是要"。

（9）建立平等、互相尊重的关系，避免自己在关系中被控制，学会表达自己的意见。

尽可能地鼓励学生发言，说出的防御措施越多越好。还可以探讨具体情境下的具体手段，比如如何从危险情况下脱身，也要探讨恋爱关系中的防御措施。如因时间关系不能全部交流，可以把活动延伸到课堂外，作为家庭作业让学生继续思考。

需要注意的是，对讨论中可能产生的交往收缩和过于严苛的行为规训，可以扩展讨论，看有没有既能保证安全又减少自我收缩的方式。

## 六　小结

认识、约会新的朋友是很值得期待的，恋爱关系也应该是美好的，但是安全是最重要的。为了避免不幸的发生，我们希望每个人都可以全面、正确地认识约会强奸，提高自己的自我保护能力、自我控制能力，培养自己的恋爱素养，缔造属于自己的幸福乐园。

## 七　知识与观点链接

（1）约会暴力的定义

约会暴力，是在交往过程中，一方对另一方施加的一系列虐待行为。暴力不一定是指肢体暴力行为，它也可以通过语言、情感、性或财政上的方式表现。约会暴力可能发生在任何人身上，无论种族、性别、性倾向、文化、阶层、年龄及宗教背景。

（2）约会暴力的特点

隐讳：受害者较少主动寻求协助、向外求援。可能是害怕报复，或者感到羞耻。

规范的迷思：指对所谓"亲密关系"的一种迷思，认为亲密关系中可以包含暴力。

性虐待：在美国大学生遭受性侵害的案件中，67%是约会强暴，这打破了对陌生人强暴的迷思。约会性侵害中，女性往往处在持续性的奴隶状态，对方以伤害或威胁的手段胁迫其发生性行为。

毒品与酒精的滥用：吸食毒品、酗酒与暴力关系之间存在某种关联，在意识不甚清楚的情境下，酒精与毒品强化了暴力的可能性。

（3）不做沉默的羔羊。[①]

如果你是一个中学生，你是否遭遇过这样的情况：你的男朋友不断打电话追问你的行踪、威胁你或是强迫你与他发生性关系？如果你是一个学生家长，你是否发现你的孩子行为反常：沉默、一个人哭泣或是不愿意上学、出门？如果这样的情况曾经出现，你就应该警惕了，因为，或许"青少年约会暴力"已经在你的身边发生。

青少年恋爱、约会是现今不可回避的一个话题，最近的一些调查显示，约会关系中发生虐待和暴力的数量惊人。美国疾病预防与控制中心的问卷调查数据表明，每 11 名高中生就有一人承认被男朋友或是女朋友殴打或是扇耳光；而据纽约市政厅调查数据显示：有近 1/5 的高中女生受到约会对象的身体侵害或性虐待。约会暴力已经成为普遍现象，一些青少年甚至在年轻的"亲密关系"中迷失了自我。

暑假即将到来，这客观上给了学生更多的"约会机会"，是青少年约会暴力的高发期，因此，预防和保护工作就显得尤为重要。如何鉴别约会暴力？怎样避免约会暴力？如何保护自己或是自己的子女、朋友？让我们从几个个案说起。

### 一个中断的电话

刘元芬女士是纽约励馨机构的一位主管，这一机构专门协助和服务受到家庭暴力伤害和性侵犯的华裔妇女和儿童。机构设有一部热线电话，为受害女性提供心理辅导、咨询和法律援助。

有一天，她接到了一个小女孩的电话。"很小、很犹豫的声音，伴随着一阵阵的抽泣声，似乎想告诉我们什么，但又总是欲言又止，"刘女士说："凭经验，我感觉这个小女孩就是十三四岁的年纪，她一定受到了什么伤害。"在刘女士的反复安慰、疏导下，小女孩怯生生地说："我……我和男朋友出去约会，但是我也不知道怎么回事……我被他强暴了。"

---

[①] 静姝：《不做沉默的羔羊——青少年约会暴力现象解读》(http://www.sinovision.net/portal.php?mod=view&aid=26797，2007 年 6 月 10 日)，有删节和修订。这篇报道讲述的是美国纽约青少年的约会暴力，但对于中国的青少年、教师和家长也有很好的借鉴和参考意义。

刘女士说:"我很心痛。当时我想了解更详细的情况,包括她是否已经报警或是到医院检查等,但是女孩又一次陷入了沉默,只是用简单的'是''没有'或是'嗯'来回答我的问题。我发现,由于缺少相关的资讯,女孩在受到性侵犯后没有到医院检查,没有到警署报案,以致现在已经没有证据来证明她受到的伤害。因此,我只能对她做心理辅导。就在我想方设法安抚这个女孩的时候,突然听到她紧张地说了一声:'我妈妈回来了!'就慌忙挂断了电话,从此音讯全无。"

刘女士说,按照法律规定,如果受害人不主动找我们,我们不可以再去找她,更不能通知她的家人,所以当电话突然中断后,中心就爱莫能助了。据刘女士透露,从热线开通以来,已经接到很多求助电话,而类似的青少年遭遇约会暴力的事例正逐年增多。

暴力下的阴影

华裔女大学生Jane(化名)曾经遭受到前男友的"死亡威胁"。Jane在读书期间结识了一个华裔男友。开始的时候,男友温柔体贴,对Jane也是百依百顺,但渐渐地,Jane发现,他有很强的控制欲,无论Jane到什么地方去,他都要追查询问,然后就是强迫Jane交出手机,每天查询通话记录,最后发展到限制Jane的行动。这时,Jane提出了分手,男子露出了真面目,他威胁说:"你不知道我有枪吗?而且我也有黑社会背景,所以,你想分手,这是绝不可能的!"后来,Jane将自己的情况告诉了励馨中心。在中心的帮助下,学校对Jane采取了一些保护措施,目前Jane已经顺利升入四年级就读,但是Jane说:"我仍然感到害怕,现在我只想顺利毕业,离开纽约,彻底摆脱他的骚扰和纠缠,彻底走出这个阴影。"

恶性循环的过程

纽约市政厅的统计数据显示,女性在14岁时,因为身体发育成熟而心智不成熟和判断力不强,遭遇强暴的风险最高;16岁至24岁女性由于正处于结交男友的时期,因而其受亲密伴侣暴力侵犯的风险最高。

综观青少年"约会暴力"事件,存在很多共同的特征:第一,青少年亲密关系中的虐待和暴力行为，其特征与其他各种家庭暴力类似，包括人身暴力、性侵犯以及情感或心理上的伤害；第二，亲密关系中的虐待行为是个循环过程，开始时你感到如履薄冰，然后会挨打，或发生其他让你害怕的事情，接着施虐者会道歉，并保证不再犯——这一循环过程会重复发生并不断恶化；第三，许多虐待行为在约会关系早期就已经开始，甚至在关系刚刚开始、尚未有身体上的亲密接触之前就会发生；第四，施暴者通常会以"因为太爱你才想得到你"或是"因为我太爱你，嫉妒也是爱的表现"为借口；第五，任何人都可能成为受害者和施虐者，无关年龄、性别、性倾向、种族、社会阶级和宗教信仰。

调查发现，约会暴力存在于各种社会阶层，同时，男孩子一样有遭遇约会暴力的风险，除了来自女朋友的辱骂，被同性侵犯的比例也很高。这种行为若是不加制止，将会越来越严重。一旦约会暴力发生，对受害者的身心都将造成极大的伤害。这种伤害往往会留下心理上的阴影，有些人变得失去爱心，失去目标，对社会失望，甚至产生自杀念头。

哈佛公共健康学院的米切尔·德克尔教授说："在青少年人群中，约会暴力的数字庞大。遭受过约会暴力的女孩感染性传播疾病的风险比平常人高出2.5倍。"同时据路透社消息，哥伦比亚大学校医院的欧森医生和她的同事发现，遭受过约会暴力的女生，其自杀倾向概率会增加61%。美国疾病预防与控制中心的损伤中心主任伊利亚娜·阿里亚斯也说："我们吃惊地发现，与约会暴力相关的一些问题对健康造成严重的负面影响。举个例子说，自称遭受约会对象人身攻击的青少年也承认参与过酗酒狂欢，有过自杀行为，与同龄人打过架，还参与性行为。我们遗憾地发现，约会暴力这个问题要比大家想象得更为严重。"

约会暴力中"沉默的羔羊"

记者在采访中了解到，在遭受到约会暴力后真正有勇气报警、打青少年热线或性侵犯热线的青少年其实只占受害者的很小一部分。尤其是华裔孩子，在受到伤害后常常选择沉默。由于华人家庭旧有的"面子问题"和传统观念，当孩子尤其是女孩子面对骚扰、性侵犯的时候，她们首先想到的就是"丢脸"。在这样的观念下，女孩子在深深的恐惧中挣扎，充满痛苦却又不敢告诉别人，甚至连自己的父母都不敢信任。

相对于华人的守旧观念，西方家庭的开放和宽容意识更有利于纾解问题。对于西方家庭来说，上中学的孩子有男朋友或是女朋友是很正常的事情，这样的事情是公开化的，子女和父母可以经常交流感受。传统文化中的旧有观念，使受到伤害的华裔女性害怕受到来自社会和家庭的更多伤害，因此选择了沉默。而这种沉默助长了暴力事件的继续发生，对此我们是否应该有所反思呢？

打破沉默，勇敢保护自己

妒忌和占有不是爱的表示。在健康而互爱的关系中，人们应该相互信任和支持，并尊重彼此的独立性。如果你在约会关系中感到不舒服、受到威胁、焦虑甚至感觉害怕，你一定要相信自己的感觉。不论你是什么年龄，如果你成为约会暴力的受害者，你应该立刻拨打报警电话或是到附近的警局报案。同时也要注意保留证据，将医院证明和警方报告复印留底，并且请人将你的受伤害情况拍照记录。

在纽约市，目前有20所高中开展了"亲密关系虐待行为预防课程"（RAPP），这一计划的协调者将为青少年约会暴力的受害者提供法律援助。这20所高中还配备有专门的老师，教导学生如何实施互助和预防暴力。这些课程告诉学生，若看到班上同学在很热的天气也穿长袖高领衫、身上有瘀青、变得少言而不自信、开始酗酒或吸毒等情况，应及时报告老师，老师要及时给予关注。

面对暴力，家长请说STOP

纽约新移民家庭众多，在这些家庭中，父母一般工作很忙，与子女沟通少，对子女的细微变化无暇顾及。然而，在约会暴力这一问题上，父母与子女的沟通非常重要。父母应该告诉子女："不论遇到任何情况，我们都会帮助你。"父母取得子女的信任，帮助子女树立自信、解决矛盾和控制情绪，将有助于青少年更好地处理困境。

正如一些西方家长总结的那样，对待青少年约会暴力，我们要对孩子说"STOP"。这里 STOP 是 Security，Time，Occasion，Person 的缩写，就是说要教导孩子对安全、时间、地点和人四要素做出正确的判断，增强自我保护意识。简而言之，孩子应该知道什么时候是安全的，什么地方可以去，什么样的人可以约会，什么样的人应该坚决拒绝。希望家长的积极参与，能保护更多的青少年不受约会暴力的侵害。

（4）什么是约会强奸？①

实施强奸的不一定是陌生人。事实上，大约有一半的受害者认识强奸他们的人。最常遭到强奸的是女孩和妇女，不过男子也会遭到强奸。大多数的朋友、熟人以及约会伴侣关系不可能导致暴力事件。然而不幸的是，它有时也会发生。相识的两人中一方对另一方强迫进行性行为，被称为约会强奸或熟人强奸。

强奸无关性和激情，与爱情更是风马牛不相及。强奸，是侵略与暴力的行为。你也许会听到某些人说，谁谁谁被强奸是"自愿的"，因为她们衣着暴露，举止轻浮，但这是谬论。被强奸的受害者没有错，强奸犯才是罪魁祸首。即便双方正在约会，关系密切，如果违背他人意愿而强迫进行性爱，就是强奸，因为一个人的身体并不隶属于他人。积极健康的感情关系牵涉到尊重，包括尊重对方的感受。一个真正在乎你的人会尊重你的意愿，决不会强迫你发生性关系。

**酒精和药物：**

约会强奸经常涉及酒精，饮酒能使人越过防线，蒙蔽神智，对有些人而言，酒精能唤醒他们的侵略欲望。此外，药物的影响也不容小觑。γ-羟基丁酸酯和氯胺酮这类"约会强奸"药物可以轻易地混合在饮料中，使人意识混乱，忘记一切。被骗服下此类药物的男女青年都声称自己感到昏昏欲睡，眼前一片模糊，丢失了记忆。这些药物若与酒精混合，其伤害可能是致命的。因此在约会中，我们要对酒精和药物的使用更加谨慎。

**如何保护你自己：**

---

① 根据网络资料改写，原文可见：http://kidshealth.org/en/teens/date-rape.html?ref=search&WT.ac=msh-t-dtop-en-search-clk。

抵御约会强奸最佳的措施是未雨绸缪，将一切可能性扼杀在萌芽状态。

男孩和女孩们可以照以下建议去做：

避开僻静的地方（例如你或你伴侣的卧室），除非你真的信任你的伴侣。

如果某人让你感到紧张不自在，不要与他独处。听从你的本能，远离你所不适应的场所。

保持清醒，提高警惕。

如果你和一个自己并不了解的人在一起，要学会观察周围的情况，保持头脑清醒。

知道自己想要什么。如果你犹豫不决，可以直言相告，请对方尊重你的感受，给你时间。不要屈服于压力，不要违心地做自己不想做的事。

若你感到恐惧，请大胆地呼救。

学习防身术。这不但可以帮你建立自信，也教会你宝贵的自卫技能。

**如何获得帮助：**

即使懂得如何防卫，约会强奸有时还是会发生，这时你可以通过以下方式来获得帮助：

找到一个朋友、家人，或是其他值得你信任的人，向对方倾诉。

如果想报案，必须马上报警。保留所有的物证，切勿换衣或清洗。

如果受伤，请赶快去就诊。如果需要报警，可以要求医生记录下你的症状作为证据，或者在警察陪同下去就诊。

尽可能详细地写下事件的经过，保留原始记录。

强奸不仅会造成肉体上的伤害，还有精神伤害。被自己所熟悉的人强奸，会令人难以启齿，不堪回首。你可以求助于专业的心理咨询师，或有关的机构，在他们的帮助下逐渐治愈自己的精神创伤，走出挥之不去的心理阴霾。

执笔：李旸、董春菊、朱雪琴

# 认识家庭暴力

### 一 课名

认识家庭暴力。

### 二 时长

45 分钟。

### 三 教具、材料

打印的案例。

### 四 教学目标

了解家庭暴力的表现形式、特点，厘清对于家庭暴力的认识误区。

### 五 教学过程

1. 导入

组织者导语：

同学们听说过家庭暴力吗？什么是家庭暴力，它包括哪些内容？我们对此应该持什么样的态度？今天我们就来探讨一下这个问题。

2. 活动一：什么是家庭暴力？

**活动步骤：**

(1) 全班以4—6人为一组，分发事先印好的两则案例；
(2) 小组讨论，案例中哪些现象是暴力？
(3) 总结案例中呈现的家庭暴力的特点。

案例一

"小宝呀！快迟到了，还不赶快起床！"小宝的妈妈在房门外大喊着。

小宝慢慢地从被窝里爬起来，准备起床洗漱。这时候，忽然听到爸爸在客厅里骂爷爷："你个老不死的，又把药洒地上了！你能不能让我们省点心？你怎么还不去死？"小宝心里很难受，自己从小由爷爷带大，跟爷爷感情很好。现在爷爷年纪大了，脑子有点不好使了，经常做错事，爸爸就总是这样骂他，好气人！

小宝在整理自己的书包，妹妹过来让小宝帮忙拉裙子上的拉链，小宝很心烦，转身对着妹妹瞪了一眼："烦死人啦！你这个低能大笨蛋！不要吵我，有本事你再吵一句试试看！！"

爸爸听到了，二话没说跑过来，拉开妹妹，对着小宝就是一个耳光："自己起床晚了还怪妹妹？！谁是笨蛋？！你才笨！再凶一下让你知道老子的厉害！"

案例二

小斌和小玲是一对情侣，同居在一起有两年了。最近一年以来，小斌找工作出现了问题，所以一直是小玲负责两个人的日常开销。两个人的日子过得紧巴巴的，但是小斌还要出去赌钱，小玲为此很不开心，又没办法离开小斌，于是找到妇联，诉说了自己的痛苦：

"我赚的钱都让他拿去了，他每天只给我20块零花钱，其他的他拿去赌，我没有钱。

他一赌输就喝酒，喝醉酒回来就拿我撒气，打我。

有时候上班特别累，晚上回来就想睡觉，但是他总也不让我睡，缠着我要和我那个，我不答应就打我，骂我婊子，白天还跟踪我，看到我和男同事说话就来骂我，到公司吵，害得我丢了好几份工作！

他每次发泄完，又会后悔，缠着我不让我离开，又是哭又是跪，说离不开我，爱我，又说一定改，但是我每次原谅他了，过一阵就又来了，还越来越厉害。一开始是打我耳光，后来就按住我使劲揍，你看我身上那么多伤，现在每次真是觉得他恨不得要打死我！

不知道，谁也不知道，我不敢告诉家里人，说出来多没面子呀。我还是很爱他呀，离不开，要真想离开挺难的，再说我也没钱。我该怎么办呀？"

提示：

案例一里面的暴力有：

（1）身体暴力：小宝的爸爸打了小宝一个耳光；

（2）精神暴力：小宝对妹妹的威胁性话语，爸爸对爷爷、小宝的辱骂。

案例二里面的暴力有：

（1）性暴力：小斌强迫小玲发生性关系；

（2）经济暴力：小斌控制小玲的经济来源，剥夺她的收入，并进行赌博等挥霍；

（3）精神暴力：小斌跟踪小玲，妨碍她的正常社交；

（4）身体暴力：小斌打小玲。

通过这些案例，引导学生认识到家庭暴力的特点：

普遍性：家庭暴力广泛存在于所有的国家、地区、文化、种族、阶级和阶层中，在同一个国家中，无论是在城市和乡村，无论教育程度和社会地位高低，从事何种职业，都可能发生家庭暴力。

隐蔽性：家庭暴力发生在家庭成员之间和家庭内部，外界往往不易察觉，而受害者又因各种原因而常不愿暴露。"打是疼、骂是爱""家丑不可外扬""清官难断家务事"等传统观念和干预系统的不力，容易导致人们漠视家庭暴力的问题，使受害者难以寻求救助，更进一步加深了家庭暴力的隐蔽性。城市的家庭暴力可能比农村更隐蔽，教育程度和社会地位越高，家庭暴力也可能越隐蔽。

习得性：施暴并非天生本能，而是男性在社会化的过程中学会控制他人并维持权力的行为方式。不平等的社会性别制度潜在地教化和允许男人使用暴力对待自己的伴侣，对已发生的暴力的纵容更进一步助长了暴力的倾向。

反复持续：家庭暴力往往不是一次性的，施暴者一般不会主动停止暴力。一旦暴力发生而又没有得到有效的干预，它就非常可能再次上演，并越来越严重。

周期循环：在配偶或伴侣之间，家庭暴力往往以周期性循环的方式持续和加重。首先，经过矛盾的积累，家庭暴力由具体事件引发，施暴者使用暴力控制情境，给受害者造成身心或性的伤害。当情境得到控制后，施暴者可能感到后悔，并通过检讨、道歉、写保证书、送礼物等口头或实际行动请求原谅。此时，受害者一般会原谅施暴者，并反思自己的"过错"，双方言归于好，甚至找回"蜜月"的感觉。然而，随着时间的推移，矛盾再次出现，关系逐渐紧张，暴力将再次爆发，并进入下一个循环。通常情况下，周期间隔会逐渐缩短，暴力程度也会越来越严重。

高度容忍：很多受害者对家庭暴力表现出很强的容忍力，会一次次地忍受暴力，原谅施暴者，不愿离开，在警察面前替他求情、使其免于处罚等，这是家庭暴力受害者特有的表现。究其原因，除了她们仍对施暴者有感情或幻想之外，女性普遍面对的不利社会处境，包括经济地位的脆弱、对离婚妇女的偏见、子女照顾的沉重负担等，都会导致她们没有足够的勇气和能力摆脱暴力。

习得性无助：习得性无助指女性因长期受暴而导致的无助状态。在无数次受暴和缺乏社会支持的情形中，她们逐渐"认识"到自己无力阻止丈夫或伴侣的暴力，而且没有人能帮助自己，甚至认为一切都是自己的错。在这种心理状态下，她们越来越被动，越来越压抑，越来越难以摆脱暴力。不过，这并不表示受害者就心甘情愿地生活在暴力之下。当她们忍无可忍时，可能会采取激烈的行动，自伤、自杀甚至企图杀死施暴者，即"以暴制暴"。

3. 活动二：判断选择

组织者过渡：

通过案例，我们了解了什么是家庭暴力以及其特点，现在来总结"家庭暴力"的定义：家庭暴力是指发生在家庭成员之间的暴力。按照目前的法律规定，家庭成员指彼此间存在血缘、婚姻、收养等关系，并共同生活在一起的人，如配偶、父母、子女、祖（外）父母、孙（外）子女。同时我们还认为，具有恋爱、同居等亲密关系，以及曾经有过亲密/配偶关系者之间的暴力，也应该纳入家庭暴力干预的范围。任何人都可能受到家庭暴力的伤害，但妇女是家庭暴力的主要受害者。

**活动步骤：**

组织者发放选择题的材料，让学生分组讨论，判断每一题的对错，并阐明理由。

材料内容可参考下面的教学提示。

**提示：**

（1）家庭暴力只会发生在穷人家里。（×）

引导点：之所以有这种印象，是因为经济条件和文化程度会影响当事人应对家庭暴力的方式和方法，使家庭暴力的暴露程度有所不同。事实上，所有人群中都可能发生家庭暴力，富裕和教育良好的人也可能是施暴者或受害者。是否会发生家庭暴力，并不取决于当事人的社会身份，而取决于他们对性别角色及关系的认识，周围环境对家庭暴力的态度，以及法律对家庭暴力的惩戒力度。

（2）家庭暴力是别人家的家务事，没什么好大惊小怪的。（×）

引导点：家庭暴力虽然发生在私人领域，但它不是个人隐私，而是人权问题、社会问题。家庭暴力是对人权的侵犯，不属于隐私范畴。在法律上和实践中以隐私为借口而拒绝介入家庭暴力的做法，纵容了暴力，加重了对受害者的伤害。

（3）会发生家庭暴力，是因为这个人做错事，本来就应该被打呀！（×）

引导点：这是施暴者常用于自辩的借口。他们指摘的"过错"，往往是以不平等的交往规范和自己的标准来界定的，如不顺从、没有服侍好丈夫和家人、自主外出娱乐等。这些根本不是"过错"，不能成为施暴的理由。退一步说，即使真有错，也仍然拥有完整的人权，任何人都无权用暴力对其进行惩戒。面对家庭暴力，我们应该建立清晰的是非标准，即：暴力就是错，暴力没有理由，杜绝从受害者身上去寻找暴力原因、为暴力开脱。

(4)被打的人不离开,因为他们一个愿打一个愿挨。(×)

引导点:受害者不离开暴力关系有很多理由。不离开并不意味着他们不想离开,或他们喜欢受暴,而是因为离开可能带来更大的困难和风险。有许多受害者曾多次尝试离开,但很少有人在没有外界支持的情况下做到这点。如果他们的人身安全没有保障,或者不能获得基本的生存条件,或者不能为社会所容的话,他们就不得不放弃。不体察受害者是如何孤立无援,而简单地责备他们没有志气,这是不公平的。这种责备会打击受害者的自信,导致他们更深地陷入暴力中。

(5)施暴者是因为"有病""失控"才打人。(×)

引导点:施暴者中不乏精神或者人格上有问题的人,但需要具体情况具体分析。大多数施暴者对自己的行为是有控制和有选择的,他们不会在公共场所对别人施暴,更不敢向给他压力的客户或上司施暴,而只是向比自己弱小的家人或伴侣发泄。由此可见,酗酒、"有病""有压力"等都是施暴者的借口。如果施暴者真的因病才导致行为失控,那么他们应该接受约束和治疗,以免继续伤害他人,然而事实是,这些人基本上都拒绝接受矫治和辅导,这说明所谓"有病"纯属谎言。

(6)受害者是没用的弱者。(×)

引导点:人们往往对暂时不愿或不能与施暴者分手的受害者感到失望,恨铁不成钢,甚至不愿再提供帮助。其实,很多受害者在与施暴者的长期相处中,掌握了生存和自我保护的独特策略,他们比其他人更清楚怎样做才对自己和家人最有利。他们一方面承担着对家人特别是子女的责任,另一方面努力与施暴者协商和抗争,其坚韧、顽强理应获得敬重。

受害者有权做出他们自己的决定,而助人者有义务尊重他们的选择。助人者必须看到受害者的主体性和能动性,谨防代替受害者做决定;对在寻求外界帮助过程中出现反复的受害者,应该始终如一地给予帮助,鼓励他们运用自己的能力寻找更好的、适合自身需要的解决方式。

(7)施暴者咎由自取,不值得同情。(×)

引导点:施暴者既是家庭暴力的加害者,一定意义上也是家庭暴力的受害者。干预家庭暴力时,首先要保障受害者的人权和尊严,同时也应该依法行事,避免伤害施暴者的人权。我们应该认识到，施暴者有他们自己的困惑和痛苦。他们对性别关系的错误看法、不良情绪和暴力行为，是文化塑造的结果，其个人应该为暴力承担责任，但同时他们也需要帮助。在对施暴者的辅导与矫治中，应该引导他们反思自己与家人和伴侣的权力关系，促使他们自发地改变观念和行为，而不是简单地要求他们自我压抑。

（8）也有女人对男人施暴，现在到处都是"妻管严"。（×）

引导点：妇女对丈夫或男友施暴的现象确实存在，也应该反对。不过从统计上看，绝大多数家庭暴力是男性对女性实施的，男性受暴只占家庭暴力总数的很小一部分。这是因为，男性在总体上享有比女性更高的权力和地位，而女性从体力到地位、权力都处于劣势，不可能对男性有普遍的暴力行为，女性对男性的暴力只是个别现象。

此外，男性对女性采取的暴力一般都时间更长、后果更严重，而且会造成妇女的严重恐惧。而妇女对男性的暴力一般不会造成严重后果，也不会真正造成男性的恐惧，只有在极端情况下，长期受暴的妇女才可能杀死施暴的伴侣。

妇女往往因没有履行好其传统的、从属性的性别义务而遭受男性的暴力。极少部分妇女的社会地位和经济收入高于其伴侣，但其中有些人却反而因此受到暴力，原因是她们淆乱了传统的性别秩序。许多妇女对男性的暴力其实是受暴后的自卫和反抗，当然也有部分妇女内化了传统性别观念，因男性"没本事"而对其实施暴力。

"惩罚"妻子或伴侣往往被认为是男人的正当权利，见怪不怪；而女性施暴则是大逆不道、是反常现象，因而更容易被作为问题提出，被大肆渲染。正因为如此，我们更需要特别重视妇女所遭受的暴力，并向资源相对匮乏的她们提供积极支持。

（9）干预家庭暴力最重要的目标和原则是维护家庭和谐。（×）

引导点：我们总是祝福家庭能稳定幸福。即使发生了家庭暴力，很多人仍然寄希望于夫妻双方相互谅解、言归于好。然而，人首先是独立的个体，其次才是某个家庭关系中的角色。人都有独立的、不受暴力侵犯的权利，家庭关系不能，也不应该成为暴力不受干预的挡箭牌。干预者的责任是制止暴力、保障人权，至于家庭是否还要维系、如何维系，这是当事人的自主选择，其他人不能把自己的愿望强加到当事人身上,更不能以维护家庭和谐为由回避干预的责任。现实生活中,以维护家庭和谐为由,强求受害者忍耐、原谅的情况并不少见,一些案例已经证明这种行为的实质是对暴力的姑息,最终可能给家庭带来更大的不幸。有些人会以影响孩子为由而劝阻受害者离婚,其实充满暴力的家庭环境会对儿童造成更大的伤害。

(10)丈夫打妻子不对,但父母打孩子可以理解。(×)

引导点:在家庭中处于弱势的家庭成员往往更容易遭受暴力,比如未成年人、残疾人、老人等。随着社会对配偶暴力关注程度的提高,人们对配偶暴力甚至恋爱关系中的暴力比较敏感,但是父母对子女的暴力仍被很多人认为是正常的、可以理解的。对针对儿童的家庭暴力的危害性,社会认识比较模糊,也严重缺乏相应的干预措施。

我们应该认识到,对儿童的暴力是对儿童权利的侵犯,其中不少也是基于社会性别规范的暴力。例如女孩受暴往往与男孩偏好、性别歧视有关,男孩受暴则与"望子成龙""不打不成才"等支配性男性气质的养成有关。

暴力不但严重影响儿童的健康成长,还会造成暴力的代际传承。儿童期处于高度暴力环境的人,长大后较容易成为施暴者和受害者。因此,我们要旗帜鲜明地反对所有的家庭暴力,包括家庭中对儿童的暴力。

## 六 小结

我们来回顾一下今天所学的内容,以下问题作为思考题留给大家:
请每个人用一句话来说明你对家庭暴力的看法;
请大家思考回答:谁应该为家庭暴力负责?
你会如何说服别人了解"家庭暴力是不对的"?

执笔:张玉梅、杨张琼、朱雪琴

**参考文献:**

"台北市妇女救援社会福利基金会":《目睹家庭暴力儿童青少年教案成果汇编》。

# 认识"恐同"

## 一 课名

认识"恐同"。

## 二 时长

45分钟。

## 三 教具、材料

纸、笔、问卷。

## 四 教学目标

了解"恐同"的概念，消除对同性恋的歧视和误解。

## 五 教学过程

1. 活动一：情景讨论

**活动步骤：**

全班学生分为6—8组，每组发一张纸和笔，分组讨论，每组选定发言人，讨论完后在全班分享。讨论话题：我该怎么办？

情景：

小南和小东都是我的同班同学，小东是我的好朋友。最近，同学们笑说二人经常出双入对，形影不离，是"很要好"的朋友。我作为旁观者，也看到小南对待小东的态度确实比其他同学更亲密，心中也不禁产生了疑问：小南和小东是同性恋人吗？有同学因此劝我不要再跟小东接近，以免被其他同学误会也是"同道中人"。

组织者引导讨论：

组织者：为什么有同学建议"我"和他们保持距离？

学生充分讨论，认为可能有以下观点：①觉得他们是同性恋，害怕"我"被影响，也变成同性恋，或者被当作同性恋；②觉得同性恋不正常，不该靠近和接触他们；③担心"我"有同性恋倾向，要"我"划清界限，证明自己是异性恋。

提示：

在讨论过程中，可能有学生质疑小南和小东不是同性恋，对此组织者可做简单的解释。

同性恋是指一个人在性欲望、情感上的兴趣主要对象为同性别的人，无论这样的兴趣是否从外显行为中表露出来，和异性恋一样，同性恋属于人类正常恋爱的类型之一。

这里重点讨论的是别人对这种"疑似同性恋者"的态度，而非这两人实际的关系。

有同学提出保持距离的建议，可能是对同性恋存在偏见或歧视，患上了"恐同症"，又称"同性恋恐惧症"（homophobia），指对同性恋行为以及同性恋者的非理性的恐惧和憎恨。

在讨论中，组织者需时刻提醒学生注意用语，理性表达自己的态度和看法，避免用一些带有歧视性的词语（如变态、基佬），尤其要避免直接指向身边的同学。

组织者提问：

如果你是当事人，你的选择是什么？为什么？

学生讨论：①不需要刻意保持距离，维持现状，朋友之间就应该相互支持；

②刻意保持距离，疏远他们，以免被影响变成同性恋，或者被别人误会为同性恋；③无所谓，他们的事和我无关。

**提示：**

让持不同观点的同学分别阐述，然后大家讨论。讨论的重点是为什么要保持距离，借此引出"恐同"的原因：①身为同性恋者，但对此无法接受，心情过度压抑，导致开始恐惧其他同性恋者；②身为异性恋者，由于担心同性恋的存在破坏传统社会规范，以致产生强烈的排斥感，想要远离同性恋者；③因为对艾滋病不了解，认为同性恋大多会得艾滋病，怕被传染；④没有为什么，就是觉得恶心。

组织者应指出，社会规范不一定是合理的，如果对个人的自由选择造成了压迫，就应该及时变革；至于同性恋者自我认同不良的问题，可以通过心理咨询、自我调节等方式进行疏解，同时也要督促社会文化的更新，使同性恋者不再被歧视。随着社会上对于同性恋的认知不断提高，"恐同"也被不断反思，但这有一个过程。认识和反对"恐同"应该是我们能够做的第一步，《联合国人权宣言》中明确说到，禁止基于一切形式的歧视，所以基于性取向的歧视也是错误的。

另外，特别指出同性恋≠艾滋病，艾滋病是一种每个人都可能感染的传染病，并非只有同性恋者才会得。作为个人，可以对同性恋者保持距离，但应尊重其基本人权，基于平等的原则不发表歧视性言论。

**教学参考：关于同性恋的误解**

（1）同性恋是变态

早在1973年美国就将同性恋非病化了，我国在2001年也将同性恋剔除出精神障碍的范畴。同性恋是人类性倾向的一个自然分支。认为同性恋是错误的看法来自于文化、传统和宗教信仰。从医学或心理学的观点看来，同性恋是完全正常的。

（2）同性恋的性生活很乱，容易得艾滋病

艾滋病并不是同性恋者或双性恋者专有的。艾滋病病毒可以经不安全的性接触传播，异性恋者也有机会感染艾滋病病毒。例如，卫生部在2007年11月29日发布的《中国艾滋病防治联合评估报告（2007）》中曾指出：2007年……在5万新发感染者中，异性性传播占44.7%，男男性传播占12.2%，注射吸毒传播占 42%，母婴传播占 1.1%。

组织者过渡：

据称，同性恋者在人群中的比例约为 3%～5%，所以我们多数人的身边都会有同性恋者，他们可能是我们的家人、朋友、同学、师长。尽管越来越多的人开始理解和尊重同性恋者，但"恐同"的力量依然存在并且强大。那么，怎么判断自己是否"恐同"呢？

2. 活动二：认识"恐同"

活动步骤：

全班每人分发一张"恐同"指数问卷，学生独立完成问卷，计算得分，然后根据问卷的题目进行讨论。

提示：

测试前提醒学生，这是了解自己的一个有效途径，需真实作答。测试的分数是学生的个人隐私，不需要在全班公布。测试的目的不是要给学生贴上"恐同"的标签进行评判，而是提示大家在生活中哪些态度和言行是"恐同"的表现。借此增进认识，消除对同性恋的歧视。

**教学参考：**

## "恐同"指数小测试

1. 当童话故事是公主遇上公主、王子爱上王子时，请问你的感觉如何？（　　）

　　A. 沉浸在故事的浪漫情节中

　　B. 不觉得有什么特别

　　C. 觉得好恶心，跳过不看

　　D. 只要没有做爱的情节就可以接受

2. 在大街上，你看到她亲她，请问你会有什么反应？（　　）

　　A. 装作没看见，继续往前走

　　B. 觉得真是不像话，故意大声咳嗽，要她们注意旁边有人

　　C. 不觉得有什么特别的

　　D. 很开心，真心祝福她们

3. 一位同性好友向你表示"嗯，有件事我不知道该怎么说，其实我喜欢的是你"，请问你的反应是什么？（　　）

　　A. 很生气地说："我只是把你当好朋友，没想到你居然说喜欢我！"

　　B. 当场没做出反应，但日后会疏远对方

　　C. 开始回想过去自己和对方相处的感受，如果还不错，会考虑交往

　　D. 感谢对方的欣赏，但表示自己并没有相同的感受

4. 如果你已经结婚生育，你的女儿告诉你"爸爸/妈妈，其实我是同性恋，有交往的对象"，你会怎么做？（　　）

　　A. 称赞女儿交往的对象，希望女儿带回家让你认识

　　B. 不相信女儿真的是同性恋，认为她只是一时好奇，会想办法改变女儿

　　C. 不觉得有什么特别

　　D. 怒斥女儿在学校乱搞，要她交出对方电话，打给对方家长共商对策

5. 若你得知孩子的老师是同性恋，会有什么反应？（　　）

　　A. 那是老师个人的事，不觉得有什么需要特别注意的

　　B. 觉得这是个很好的经验，小孩可从中学习到如何尊重不一样的人

　　C. 无论如何都希望孩子转班，以免受到不良的影响

　　D. 询问孩子老师是否有异样行为，并要孩子小心一点

6. 如果你有投票权，D小姐是位表现优异的候选人，这次更全力投入选举，但她表明自己是同性恋。你会不会投票给她？（　　）

　　A. 不一定会投给她，因为担心万一她当选，可能会助长同性恋的风气

　　B. 不一定会投给她，因为不能认同同性恋

　　C. 这对投票完全没影响

　　D. 若她当选，也许可以帮同性恋群体说话，所以帮她拉票

7. 如果你是老板，是否愿意雇用同性恋？（　　）

　　A. 愿意，可是觉得有点怪怪的

　　B. 不可能，我的公司怎么可以有同性恋

　　C. 不愿意，虽然我不歧视同性恋，可是办公室里有同性恋，会影响其他人工作

　　D. 愿意，是不是同性恋跟工作能力没有关系

8. 请问你是否赞成同性恋婚姻合法化？（  ）

    A. 反对到底，两个女生（男生）怎么可以结婚呢？

    B. 举双手赞成，祝福有情人终成眷属

    C. 不赞成，但是可以赋予同性恋伴侣一些法律上的权益（如继承等）

    D. 没有意见，那是他（她）们自己的事，跟我没关系

9. 请问你是否赞成同性伴侣领养小孩？（  ）

    A. 不赞成，担心小孩长大后也会变成同性恋

    B. 不赞成，总觉得小孩应该有一个爸爸、一个妈妈才正常

    C. 赞成，如果他（她）们会想领养小孩，应该很有爱心，至于领养条件或规范比照现行法令即可

    D. 赞成，但是应该建立一套完整的测验（例如面谈或状况模拟等），才能决定同性伴侣能不能领养小孩

10. 如果你有个朋友是同性恋，请问你是否会因此怀疑他是艾滋病携带者，且担心他将艾滋病毒传染给你？（  ）

    A. 不会怀疑，会不会得艾滋病与是否为同性恋没有关系

    B. 不知道，因为不确定同性恋是否比较容易得艾滋病

    C. 虽然有点怀疑，但又不会跟他发生关系，所以并不担心

    D. 担心得要命，一看到他就躲得远远的

算算看，你得了几分？

| 题号<br>选项 | 1 | 2 | 3 | 4 | 5 | 6 | 7 | 8 | 9 | 10 |
|---|---|---|---|---|---|---|---|---|---|---|
| A | 0 | 2 | 3 | 0 | 1 | 2 | 1 | 3 | 3 | 0 |
| B | 1 | 3 | 2 | 2 | 0 | 3 | 3 | 0 | 2 | 1 |
| C | 3 | 1 | 0 | 1 | 3 | 1 | 2 | 2 | 0 | 2 |
| D | 2 | 0 | 1 | 3 | 2 | 0 | 0 | 1 | 1 | 3 |

总分_____

## 结果分析

**0 分**：恭喜你，你是一个不折不扣的"直同志"。也就是说，虽然你不是同性恋，但对同性恋的看法却相当客观、友善，不但不会歧视他们，反而给予充分的欣赏与尊重，甚至愿意为同性恋争取平等的人权，可说是同性恋最好的朋友。

**10 分以下**：在大部分的情况下，你对同性恋与异性恋者一视同仁。也就是说，你认为同性恋跟一般人没什么不同，不会对他们另眼相看，但对同性恋平权，可能觉得"事不关己"。

**10—20 分**：要注意哦，你是轻微的"恐同症患者"，虽然你并不是非常讨厌或害怕同性恋，但还是会常常出现"虽然我不歧视同性恋，但是……"之类的想法。其实，这些想法的背后隐藏着对同性恋的偏见。

**20—30 分**：你是严重的"恐同症"患者。你非常讨厌或害怕同性恋，"同性恋恐惧症"的症状明显，有时会很直接地表现在生活中，甚至歧视或排斥同性恋。真心建议你放宽心胸，跨出了解与接纳同性恋的第一步，这是国际化好公民的必备条件！[①]

**组织者引导：**

从刚才问卷的选项中，我们可以看到，有些言行对同性恋是友善的，有些言行则会对其造成伤害。那么"恐同"究竟会带来怎样的伤害呢？

学生自由讨论。可能会提到同性恋者因此感到不安全、被羞辱、心理压抑、工作不顺利、难以找到合适的伴侣、缺乏社会支持……

**提示：**

组织者在学生讨论的基础上进行补充。强调"恐同"主要表现为对同性恋施加言语羞辱、不公平待遇，甚至暴力杀害等。例如，在学校排挤、欺负、殴打同性恋者。在社会上，解雇同性恋者、拒绝给其提供住房，以及其他不公平对待。在家里，同性恋者被家人冷落，甚至断绝关系。这些都会给同性恋者带来严重的心理伤害，同时也侵犯了同性恋者的基本权利。

---

[①] 赖钰麟主编：《认识同志手册》，"台湾同志咨询热线"，2001 年版。

**教学参考：**

历史上的极端案例："二战"时，希特勒当局认为同性恋者和犹太人都"玷污了德意志血统"，几十万同性恋者因此被逮捕和杀害，希特勒因此成为最臭名昭著的"恐同者"。

**组织者提问：**

如果发现自己"恐同"，怎么办？

学生充分讨论。可能会有以下的态度和立场：①这太可怕了，我要立刻改变；②嗯，我需要再思考下，看要怎么办；③这没什么啊，挺正常的，多数人都是这么想的吧；④随便了，反正我就这么认为，谁也别想改变我。

**提示：**

"恐同"的原因很多，有的是出于无知，有的是出于偏见。如果是前者，需要去学习相关知识，了解这一群体。如果是后者，需要从强调人权的角度来说明，并反思自己的"恐同"看法来自哪里，文化？宗教？传统观念？家庭？周围人的影响？媒体的影响？可以从哪里得到帮助？就像有人说的：同性恋不是病，但是"恐同"是病，需要治。

发现自己"恐同"并不可怕，也无须惊慌。如果有意愿改变，只需增进对同性恋和艾滋病的了解和认识，在行为上可参照上述问卷中得分较低的选项自行调整。如果经过一段时间的努力，仍旧"恐同"，也可约见心理专业人士，进行更深入的探究。这里应提示学生，"恐同"者如果没有具体言行伤害到同性恋者，也不应对其进行歧视，应该积极帮助其提升认识，或者将其理解为一种认知上的差异。

此外，还可以进一步引导学生思考，在日常生活中还有哪些"恐同"的现象？

## 六 小结

（1）"恐同"指对同性恋行为以及同性恋者的非理性的恐惧和憎恨；

（2）"恐同"的原因根本上是对同性恋存在偏见和误解；

（3）"恐同"会给同性恋者带来身心伤害，并侵犯其权益；

（4）可以通过增进对同性恋的认知，消除或减轻"恐同"心理以及言行。

## 七 知识与观点链接

1. 国际不再恐同日

每年的 5 月 17 日为国际不再恐同日（International Day Against Homophobia, IDAHO），该节日源于 1990 年 5 月 17 日世界卫生组织（WHO）将"同性恋"从精神病名册中除名。现在为了维护跨性别者的权益，这一天也被称为国际不再恐同、恐跨日，这一纪念日的目标是创造一个没有同性恋恐惧，也没有跨性别恐惧的世界，团结积极分子和热心民众为实现这一目标而共同奋斗，让所有人都能够自由地选择自己的社会性别身份、实现性自主。

2. 异性恋霸权

美国学者 Herek 曾将异性恋霸权（heterosexual hegemony）定义为：①一种重视异性恋世界观、价值观的体系；②预设异性恋为唯一的性与爱的表现模式；③视同性恋或其他非异性恋的情欲关系为次等的恋爱关系。

执笔：马文琦、陈亚亚

# 不再"恐同""恐跨"（1）

### 一 课名

不再"恐同""恐跨"（1）。

### 二 时长

40分钟。

### 三 教具、材料

纸、笔。

### 四 教学目标

拒绝"恐同"，防止校园"恐同""恐跨"欺凌的发生，打造安全的校园环境。

### 五 教学过程

1. 导入

组织者引导：

请大家看两张卡片，每张卡片上有1—10这10个数字，分成几组排列，我们来猜一下，是按照什么标准分组的？

| 卡片一 | 卡片二 |
|---|---|
| A 组：1、4、7<br>B 组：2、3、5、6、8、9、10 | A 组：1、3、7、8<br>B 组：10<br>C 组：5、9<br>D 组：2、4、6 |

**提示：**

卡片一：A 组数字由直线组成；B 组数字由曲线组成。

卡片二：按数字读音的声调分组。

**组织者过渡：**

同样是 1—10 这 10 个数字，因为划分标准不同，就有千差万别的组合。下面让我们来做一个名叫"坏坏的分裂者"的活动，进一步体验一下人类的划分标准。

### 2. 活动一：坏坏的分裂者

**组织者引入：**

在活动开始之前，我们先要在班级中建立基本规则。这是一个自由开放的环境，在这里每个人都应尊重他人的发言，包括不打断他人讲话、不嘲笑他人发言、所有人的观点都得到平等重视、没有什么观点是不好的。

**提示：**

当讨论敏感和有争议性的话题时，为了最大化地分享信息，保证学习的有效性，创造一个安全、宽容、支持的环境极为重要。一个有效的做法是在活动前期建立起基本规则，这些规则能告诉学生什么样的行为是被期待的。可以鼓励学生自己来制定活动中的行为规则，建立他们的归属感。将这些规则张贴在明显的地方，如有需要即可参考。

**基本规则的范例：**

我们重视并尊重每一个人的提问和观点。

我们不在课堂外谈论参与者的隐私。换言之，我们尊重并保护个人隐私。

我们不会打断别人的发言。

我们不在课上贬损、批评他人。

我们有权不予回答不想回答的问题。

我们能够选择回避让我们感到不适的活动。

如果我们不想在其他人面前提问，我们可以匿名的方式询问老师（如通过提问箱）。

**组织者过渡：**

今天我们进行的活动叫"坏坏的分裂者"，有哪位同学想来扮演"分裂者"呢？（如果有志愿者就选择志愿者扮演，如果没有，随机选择一名学生或一组学生扮演"分裂者"）

首先，"分裂者"需要根据一定的标准将大家划分为几个类别（类别数量不作限制，可根据课堂人数和划分标准进行调整），只有"分裂者"知道划分的标准（如鞋子或衣服的颜色、名字首字母、身高等）。划分标准应该是容易辨识的，物质或生理特征都可以作为划分标准，但是必须排除具有贬损性的标准。

其次，"分裂者"根据划分标准，将教室划分为几个不同的区域（可以通过在地上圈定、指定特定区域、重置桌椅等方式），依次将大家安排进指定的区域。

最后，新形成的小组需要思考这种划分所依据的标准是什么。

（依据课堂时间安排，通过更换"分裂者"，使活动更丰富多彩。）

提示：

组织者可以根据班级情况，自行决定是否示范扮演"分裂者"的角色，以便帮助学生更好地理解"分裂者"这个概念。

讨论话题：在每个小组都猜出划分标准后，讨论以下议题：

（1）"分裂者"所制定的划分标准是否合理？

（2）在自己可以选择分类标准的情况下，是否还愿意被这样分类？

（3）人们是否应根据某一特征被分类？

（4）现实生活中的"分裂者"有哪些划分标准？（例如肤色、年龄、残疾、种族等）

（5）男女性别角色规范是不是也是一种强加的划分标准？

（6）现实生活中是否有一些"正常"与"不正常"的划分标准？怎么看待

"正常"与"不正常"的划分？

（7）异性恋、同性恋、双性恋、无性恋等，这些由于性倾向而存在的划分标准，是否可以成为歧视的理由？

（8）划分标准可能会带来哪些不良后果？（例如暴力对待、歧视、排斥等）

（9）面对现实生活中的"分裂者"，我们应该如何对待？（策略、方法等）

提示：

讨论重点在于使学生对划分标准带来的歧视和排外有一定认识。同时，使学生对"正常"和"非正常"的划分有一定理解，从而拒绝"恐同"，树立尊重性别多元的价值观。

引导学生认识到：分类标准不是唯一的，还有许许多多其他的分类标准可以采用；分类让我们失去了原先要好的朋友，这样的分类标准让自己感到很不舒服，其他的分类标准可能会更好；人为的分类，可能会造成歧视；有些人没办法和其他人分为一类，可能会造成孤立感；每个人都有权决定自己喜欢的事情、喜欢的人，这不能成为被歧视的理由；每个人都有不同的特点，固定的划分标准会制约发展，使人变得刻板化。

组织者过渡：

现实生活中的"分裂者"按照划分标准来分类，往往会导致歧视和排斥。例如，如果划分标准是T恤的颜色，恰好有一个同学拥有唯一的一种颜色，那么他/她就会落单，被所有组都排除在外。我们要避免成为"分裂者"，让世界多姿多彩。

3.活动二：混在一起

分组：将班级随机分为四个小组。

组织者引入：

今天我们将通过角色扮演的方式来帮助大家理解，为什么青年男女会因为他/她的外表和行为而被歧视。我将为大家提供两个场景，每个小组准备其中的一个场景，在小组内，大家协商决定由谁扮演哪个角色，并给角色取一个名字，注意不要使用自己或班里其他同学的真实名字哦。

场景一：

一个外表很男性化的女孩午饭时间和另一个女孩在校园里牵手。当她发现自己被一群学生注视时，她迅速放开了同伴的手。这伙学生在她吃过午饭回来时嘲笑她。

学生扮演的角色：外表很男性化的女孩，她的同伴，嘲笑她的学生。

场景二：

一个刚刚被大学录取的男生，他的外表不像学校里常见的男生那样（例如：他的穿衣风格、他的说话方式等）。课上，一名老师在全班同学面前评论了这个新同学的外表。这名老师甚至向学生寻求认同，除了一个学生认为每个人都有权决定自己的外表以外，其他人都认同老师的观点。新来的男生反驳说："我怎么穿衣、说话，这根本就和别人没关系！"

学生扮演的角色：外表不同于常规的男生，老师，赞同老师观点的学生，唯一持不同意见的学生。

提示：

给学生十分钟的时间准备，每个小组五分钟的时间展示，然后邀请参与表演的同学说一下表演时的感受，建议从扮演被同学欺凌的角色的学生开始。当向角色扮演者询问情况时，注意使用学生所扮演角色的名字而不是学生的名字。

讨论话题：

（1）在我们的学校/社区/国家，一个女孩看上去很男性化是不是一个问题？为什么？

（2）如果一个男孩的外表和大多数男孩很不一样，是不是一个问题？为什么？

（3）女孩/男孩看起来应该是怎样的？为什么？

（4）如果有人因为你的外表欺侮你，你会怎么想？

（5）如果一个学生在学校因为他的外表被欺凌，应该怎样解决？

（6）你知道"男同性恋""女同性恋""双性恋""跨性别者"和"异性恋"是什么意思吗？

（7）一个女同性恋者或双性恋者是否看上去很阳刚，而且表现也像男性？

（8）一个男同性恋者或双性恋者是否看上去很女人气，而且举止也像女性？

如果这一环节的时间有限，可以相应缩减，但整个活动中要保证提出一些关于男同性恋、女同性恋、双性恋和跨性别者的问题并进行讨论。

**提示：**

组织者也许不知道所有问题的答案。当有问题无法回答时，组织者应该表明："我现在还不知道答案，但我会为你找到合适的答案。"然后询问相关专业人员，得到正确的答案，再反馈给学生。组织者也可以鼓励学生自己做调查，并加开讨论会以保证他们的调查取得积极的结果。总之，提供精准的信息是必要的。

在讨论中，可以通过引入下列声明，灵活地处理偏见和有歧视性的言论，使参与者明确这些言论是不被容忍的。

**声明：**

对性取向、性别认同有不同的见解是被允许的，但因他人身份的特殊性而不尊重他人是不被接受的。嘲笑或欺凌会对他人造成身体上或心灵上的创伤。

没有人应该被消极对待，不管是因为性取向、性别认同还是其他原因。

尊重差异，尊重多元。

每个人都有在安全环境中学习的权利。

每个人都有责任建立相互尊重的环境。

**教学参考：**

以下陈述可以帮助组织者应对与"恐同"相关的偏见和歧视性的言论：

同性恋者是指一个人在身体上、情感上以及／或者在性需求上的兴趣对象为同一个生理性别的人。

跨性别是指一个人的性别认同与生理性别产生偏差。跨性别者可以是从男性跨越成为女性（具有女性的外貌特征），也可以是从女性跨越成为男性（具有男性的外貌特征）。跨性别者不一定追求永久性生理性别改变或其他通过手术实现的其他改变。

被广泛接受的"恐同"定义是：对同性恋者和／或同性性倾向表现出非理智的恐惧、拒绝或者厌恶，通常表现为有偏见的态度或歧视性行为。很大一部分"恐同"言论对的是目前并不认同、在以后生活中也不会认同自己为同性恋者的人群。

被广泛接受的"恐跨"的定义是:对跨性别者和被认为是跨性别者人群表现出非理智的厌恶、焦虑、感觉不适或者憎恨。很大一部分"恐跨"言论对的是目前并不认同、在以后生活中也不会认同自己为跨性别者的人群。

## 六　小结

我们不能仅仅因为一个男孩或男人的外表和行为像女孩或女人,就认为他是男同性恋或双性恋;同样也不能仅仅因为一个女孩或女人外表和行为像男孩或男人,就认为她是女同性恋或双性恋;即使他/她们是,他/她们也有自己选择性别表达方式以及性倾向的自由;他/她们没有理由因为自己是什么人或我们假定他/她们是什么人而受到欺凌。

我们需要意识到社会性别规范与性和性别欺凌之间的联系,树立反歧视、反"恐同"、尊重多元的价值观,积极应对基于性和性别的欺凌,防止校园"恐同""恐跨"欺凌的发生,为所有同学打造安全的学习生活环境。

执笔:吕娜

**参考文献:**

联合国教科文组织:《反歧视反恐同教育教案设计》,2013年4月。

# 不再"恐同""恐跨"（2）

## 一 课名

不再"恐同""恐跨"（2）。

## 二 时长

45分钟。

## 三 教具、材料

纸、笔。

## 四 教学目标

了解会导致"恐同"欺凌的想法，识别与"恐同"欺凌有关联的观念和行为，演示防范"恐同"欺凌的措施，树立反歧视反"恐同"、尊重多元的价值观，防止校园"恐同""恐跨"欺凌的发生，打造安全的学习生活环境。

## 五 教学过程

1.活动一：他们在想什么

组织者引入：

首先，我们一起来看一个例子。

T是学校足球队队长。一个新来的学生和T说想要参加球队选拔。T仅看了这个学生一眼,就断定自己不会喜欢这个人。T认为这个人看上去像是同性恋,他不想让自己的球队里有任何同性恋,于是T撒谎说球队已经不招人了。当这个学生来参加训练时,教练鼓励他参加球队选拔,他最终加入了球队。训练的时候,T经常侮辱和威胁他,希望他因此退出球队。一些队友也会在这时候大笑,有的甚至一起辱骂他。由于这个学生没有退出,T和朋友开始在教练不注意的时候打他。

**讨论话题:**
这些学生在欺负别人时心中是怎样想的?
T和朋友那样做的原因是什么?

**学生讨论:**
心中所想:
那个人活该被欺负;
能占别人便宜是个有意思的事;
别人都在欺负他,我也可以这么做;
通过欺负一个人来赢得朋友的认同;
……

原因包括:
缺乏同情心;
有控制别人的需求;
性格暴躁;
通过攻击他人来宣泄不良情绪;
缺乏安全感;
害怕自己被欺负(可能是怕自己被看作同性恋);
……

**组织者过渡:**
校园里存在各种各样的欺凌,"恐同"欺凌是其中的一种。这种观念和行为通常是在后天社会环境中模仿习得的,因此可以被纠正,我们每个人都可以通过努力来避免欺凌的发生。

**提示：**

在讨论"恐同"欺凌之前，也可以简单说一下校园暴力。因为如果不消除其他形式的校园暴力，消除"恐同"欺凌是不可能的。

2. 活动二："恐同"大作战

**活动步骤：**

全体学生按照报数的方法（1、2、3、4；1、2、3、4；……），随机分为四个小组。

**组织者过渡：**

下面我们按照分好的小组，通过角色扮演的方式展示如何建设性地应对"恐同"欺凌的现象。同学们有十分钟的时间准备，每个小组展示时间为五分钟。

展示结束后，讨论议题：有什么方法可以阻止"恐同"欺凌的发生？如果大家在校园里目睹此类行为，该如何阻止？

**学生讨论：**

可能采取的方法有：尊重他人，尝试换位思考，站在对方的角度想问题；不以貌取人，不把自己的想法强加于人；主动调节自己的心情；合理宣泄不良情绪；学会与不同的人沟通合作；及时制止周围人"恐同"欺凌的行为……

**提示：**

组织者可板书记录阻止"恐同"欺凌的方法，评点并补充。

## 六　小结

我们必须认识到，"恐同""恐跨"欺凌不仅针对 LGBTI 青少年，还包括每一个被传统二元性别划分排除在外的年轻人。它可能在教育系统中的任何层级发生，幼儿园、小学也不例外。它破坏了性别平等，无视对他人的尊重，剥夺了每个人在安全环境下受教育的权利。

在这次活动中，我们一起了解了是什么导致了"恐同"欺凌，并且演示了防范"恐同"欺凌的措施。在今后的学习生活中，让我们共同树立反歧视反"恐同"的信念，尊重多元的价值观，防止校园"恐同""恐跨"欺凌的发生，为所有同学打造安全的学习生活环境。

## 七 知识与观点链接

有研究表明,"恐同""恐跨"欺凌会对遭受欺凌的青少年产生严重影响。"恐同"欺凌经常会导致受害者成绩下降,一些案例中甚至导致辍学。"恐同"欺凌对同性恋、双性恋、跨性别以及间性人(LGBTI)青少年身心健康的潜在负面影响包括很高的自残倾向以及由此导致的自杀高发率。调查同时还显示这些年轻人倾向于高危行为,诸如不安全的性行为和药物滥用等。

执笔:吕娜

**参考文献:**
联合国教科文组织:《反歧视反恐同教育教案设计》,2013年4月。

# 理解受暴者的感受

### 一 课名

理解受暴者的感受。

### 二 时长

60分钟。

### 三 教具、材料

大白纸、彩笔、多媒体教学设备。

### 四 教学目标

让学生了解移情的概念，能够设身处地理解受害者的感受，有能力去想象他们的感觉，在此基础上探讨预防校园性别暴力的积极策略。

### 五 教学过程

1. 导入

组织者引入：

你是怎么确定其他人的想法或感觉的？

提示：

学生可能建议多与对方交流，多倾听他们说的话，观察他们的肢体语言、动作和反应，在听对方讲述的过程中换位思考一下，想象自己处于他们的处境时，有什么样的感受和想法。

组织者导语：

人们能够想象别人的生活方式很重要。有时我们可以通过观察他们的肢体语言，听他们说话的声调，观察他们的行为、表情，来"解读"他们的想法和感受，这种理解他人感受的能力被称为"移情"。

有些人为了人际交往的顺畅，或者为了让自己的行为更得体，可能试图隐藏自己的真实感受，这就是隐藏的情感。假如把情感比喻成一条船，靠近水面以上的是我们看到的表面情绪，而被埋葬或隐藏在水下的，才是最重要和最真实的情绪。这时候，就需要我们换位思考，进入到他们的处境中，体会他们的真实感受。

那么，今天我们就试着去了解一下校园性别暴力受害者的情感反应。

2.活动一：认识校园性别暴力中隐藏的情感

根据学生人数分组，每组分配一定的性别暴力场景的例子（见后面的教学参考），推选志愿者到前面来，通过面部表情和肢体语言展示案例中受害者的情感。然后每组发一张大白纸和彩笔，在规定时间内让小组讨论以下话题，把结果写在大白纸上，选定小组发言人，在全班进行分享。

讨论话题：

场景中受害者的表面情感是什么？

场景中受害者隐藏的情感是什么？

想象我们处于他们的环境，我们会有哪些情感？

思考我们应该怎样帮助他们？

提示：

受害者的情感可能有：伤心、生气、担心、害怕、勇敢、尴尬、羞愧、丢脸、焦虑、孤独、绝望。重点讨论角色试图隐藏的深层情感，以及男孩和女孩在不同压力的情况下，在隐藏某种情绪方面是否也有不同？

启发学生认识到，有人经历了暴力，会相信这是他们自己的错，是他们做了一些事情来吸引暴力，从而忽略了施暴者的责任，他们可能会因此感到羞耻，而为了应付这些情绪，他们会假装暴力没有发生，或者没有影响到他们。

校园性别暴力的例子在我们身边有很多，隐藏自己情感的受害者也比比皆是。面对这样的受害者，我们要能够移情，多和他们交流，多换位思考，设身处地地理解他们的感受，了解他们深层次的情感，以及那些不愿意分享的情绪。当我们感知到身体中这些不愉快的感受时，我们就能够理解受害者的心情，我们就不会成为那种对他人有暴力行为的人。

下一步我们还要思考，怎么能够帮助到这些受害者？首先，我们需要学习和练习倾听别人的技巧，这些技巧很重要，因为人们遇到暴力后，通常不会告诉别人，所以我们应该主动提供给他们理解和支持。

**教学参考：**

以下是可供参考的性别暴力场景（包括一些常见的例子，而不是只有最极端的故事。这有助于学生认识到性别暴力是他们日常生活中的一部分。要求学生提出的场景案例，要确保他们不使用真实的人名）：

场景一

小明因为喜欢穿女性化的服装，同学一直称呼他为"妖精""变态"，给他造成了一些心理阴影无法消除，最终导致他不愿意上学，"大门不出、二门不迈"，把自己封闭起来。

场景二

某小学四年级的一位优秀学生明明（化名），在一次班干部选举中当选为小队长。由于他的好朋友丽丽（化名）当上了班长，他遭到妈妈"连女的都不如！"的训斥，同学们也拿这件事笑话他。结果，一对本来很要好的小伙伴从此不再说话。明明开始自暴自弃，最终导致失眠、上课注意力不集中、学习成绩直线下降。

场景三

某小学一位学生家长称，孩子长期遭到同班两位同学的欺凌，某日更是被两人用厕所垃圾筐扣头。事发后，孩子出现失眠、易怒、恐惧上学等症状，经诊断为急性应激反应。

场景四

小华个头高，人长得帅。然而从初三开始，他的脸上长满了粉刺，同学们喊他"麻瓜"。刚开始还只是几个同学开玩笑，后来所有同学都这么喊。每次被喊"麻瓜"，小华虽然不吭声，但心里很不好受。一天早上，他突然跟母亲说，自己长得难看，要妈妈带他去北京整容。这之后，小华常低着头，不敢抬头看人，后来不愿上学，最后连家门都不愿意出了。

**组织者过渡：**

当我们感知到别人的情感时，我们就能知道自己容易在什么地方伤害到别人。每个人都会犯错，如果我们发现自己做错了什么，最好的办法是道歉，努力使事情回到正确的轨道上。也就是说，当我们意识到我们的行为造成滋扰，伤害到了别人，我们应该鼓起勇气道歉。下面就让我们学习怎样道歉。

3. 活动二：学会道歉

**活动步骤：**

每组发一张大白纸和彩笔。让学生选择先前使用的场景之一（或者自己设定一个他们需要道歉的情况），规定时间让小组讨论，使用道歉脚本编写一段道歉的话，然后在班上进行分享。

**讨论话题：**

是什么样的力量让你承认错误并道歉？

你要做出怎样的承诺，来保证自己不再侵犯别人？

**提示：**

道歉脚本的内容应该包括：

承认自己做了什么（说出具体的行动或行为）；

描述该行为对别人造成了哪些伤害、损害、冒犯或影响；

说出你道歉的意图（希望让对方感觉好一些）；

说明你对此的承诺（提出赔偿／赔偿损失，并保证不再做）；

说对不起；

接受对方的反应，给他们空间和时间考虑你的道歉，道歉不取决于对方的原谅。

## 六 小结

这节课我们一起了解了这样一些内容：①针对校园性别暴力，我们应该学会移情，有能力去想象受害者的感觉；②了解被校园性别暴力欺凌的同学隐藏的情感，学会让他们感到被理解和接纳；③有时我们做的事情会对他人造成伤害，我们应该理解他人的感受，勇于登门道歉，这是抵制未来性别暴力的重要一步，对修复他人的伤害也至关重要。

执笔：王小蓉

**参考文献：**

Helen Cahill，Sally Beadle，Michelle Davis，Anne Farrelly, *Preventing Gender-based Violence in Schools-classroom Programme for Students in Early Secondary School*, UNESCO, 2016. 葛叶奕译。

# 真正的朋友什么样

### 一　课名
真正的朋友什么样。

### 二　时长
40 分钟。

### 三　教具、材料
大白纸、彩笔、多媒体教学设备。

### 四　教学目标
了解同伴关系中，积极和消极的态度和行为有哪些，认识到积极的行为对同伴关系的促进作用，掌握如何用积极的态度和行为来促进同伴关系。知道自己和同伴面临暴力时，可以采取的积极行为有哪些。

### 五　教学过程
1. 导入：热身活动——模仿他人

组织者导语：

请全班同学围成一个大圆圈，从一个同学开始，做一个动作并发出一个声音

（比如用手拍一下自己的头，并说"叮"），其他同学模仿这个动作。

**提示：**

如果班级人数较多，可以分小组进行，每个小组10人以内为宜。五分钟左右完成，尽量让每个学生都有模仿与被模仿的体验。

**组织者引导：**

生活中，我们经常会模仿别人。如果我们模仿的动作是为了学习，或者表示尊重，可能是一个好的模仿，但如果是为了嘲笑或者伤害别人，这种模仿就不值得提倡了。

2. 活动一：来讲个故事吧

**活动步骤：**

组织者准备三个小故事（下面给出了一个参考），请学生来讲一讲，看看谁是最会讲故事的人。如果有人志愿报名，就选择志愿者讲，如果没有，随机选择三名学生来讲。请三位学生到门口准备一分钟，然后依次进来分享。

**教学参考：**

故事一

一只小猪、一只绵羊和一头奶牛被关在同一个畜栏里。有一次，牧人捉住小猪，它大声嚎叫，猛烈地抗拒。绵羊和奶牛讨厌它的嚎叫，抗议道："烦死了！他常常捉我们，我们并不大呼小叫！"小猪听了回答道："捉你们和捉我完全是两回事。他捉你们，只是要你们的毛和乳汁，捉住我，却是要我的命啊！"

故事二

妻子在厨房炒菜，丈夫在她旁边一直唠叨："慢些。小心！火太大了。赶快把鱼翻过来。快铲起来，油放太多了！把豆腐整平一下。哎呦，锅子歪了！"

"请你住口！"妻子脱口而出，"我懂得怎样炒菜。"

"你当然懂，太太，"丈夫平静地答道，"我只是要让你知道，我开车时，你在旁边喋喋不休，我是什么感觉。"

故事三

有个面包商经常到一个农夫那里去购买制作面包所需的黄油。这天，面包商忽然想称下农夫卖给他的黄油够不够分量。这一称不要紧，不仅不够，差得还相当多。面包商气坏了，心想，农夫怎么能这样对待一个熟人和老主顾呢？他决定抛开脸面，把农夫告上法庭。

在法庭上，法官问农夫用的什么量具，农夫回答道："尊敬的法官大人，坦白地说，我使用的计算方法非常原始，但我确确实实有一台量具。"法官问："那么，你到底是如何称量黄油的呢？"

"尊敬的法官大人，"农夫回答道："每天在面包商来购买黄油前，我都会先到他的面包店里购买一磅面包。当他购买黄油时，我就将面包放到我的量具上，称给他相同重量的黄油。"听到这里，面包商满脸羞愧，匆匆离开了法庭。

**提示：**

教师提前准备好故事，故事不宜过长，可以让学生在短时间内记住并呈现。等三位同学出去准备时，教师呈现如下内容的PPT，让其他同学依计行事：

第一位同学讲故事时，只要他一说话，其他同学就大笑；

第二位同学讲故事时，其他同学干其他的事，或窃窃私语，或趴在桌上睡觉；

第三位同学开始讲故事前，其他同学鼓掌，认真听，听完后再次给予掌声。

**组织者引导：**

三位同学在讲故事的时候，他们的感受如何？现场听众的感受如何？这个游戏对我们的学习生活有什么启发？相信你们一定感受到了，在别人发言时，认真倾听是正确的，做自己的事或者打断他，都不合适，这样不利于你们友谊的发展。

3.活动二：友谊中的积极与消极因素

**组织者导语：**

友谊对我们每个人都很重要，但要建立良好的友谊是一件很难的事情。因为害怕孤独，担心不被朋友喜欢，我们可能会刻意取悦朋友，有时甚至忘记了什么才是对的。想一想，在现实生活中，哪些行为对我们的友谊是积极的，哪些是消极的呢？

**活动步骤：**

根据学生人数分小组，分为4—6个小组。每组发两张大白纸和彩笔，根据所给话题进行讨论。然后选定小组发言人，全班进行小组分享。

**讨论话题：**

人际交往中积极行为和消极行为有哪些？在两张纸上分开写。

看到你的好朋友被别人欺负，做什么是积极的，做什么是消极的？

一个好的朋友和一个不好的朋友，他们都有哪些品质？

同性朋友和异性朋友有哪些区别？做什么可以促进同性朋友间的友谊？做什么可以促进异性朋友间的友谊？

**提示：**

请注意，这里没有对或错的答案。活动旨在引导学生批判性地进行思考。不同的学生会有不同的想法，让他们彼此分享很重要。由于需要讨论的内容比较多，课堂时间有限，可以让不同小组讨论不同的问题。

**教学参考：**

如果学生不知道怎么写，或者写得很乱，可以给他们一些参考材料。

| 朋友这样做很好（积极行为） | 朋友这样做不好（消极行为） |
| --- | --- |
| 值得信赖 | 不诚实 |
| 逗你开心 | 散播谣言 |
| 帮你学习 | 专横 |
| 与你分享 | 善妒 |
| 觉得你的笑话好笑 | 嘲笑你 |
| 尊重你 | 让你退出游戏 |

| 50 种友善行为（积极行为） ||||| 
|---|---|---|---|---|
| 制作卡片 | 发送消息 | 微笑、拥抱 | 表达认可 | 分享零食 |
| 邀请他人加入 | 和他人坐在一起 | 倾诉 | 做游戏 | 一起做作业 |
| 一起走回家 | 送张友好的照片 | 一起讲笑话 | 让他人借你的东西 | 邀请他人参加你的生日聚会 |
| 一起唱歌跳舞 | 握手 | 打招呼 | 问候他人 | 分享笑话 |
| 称赞他人 | 请求他人帮助你 | 给他人提供帮助 | 为所发生的事道歉 | 倾听 |
| 在社交媒体上传递友好信息 | 和他人照合影 | 帮助他人完成学习任务 | 一起骑车 | 邀请他人加入你们的运动俱乐部 |
| 告诉他人你不支持欺凌 | 陪他人寻找帮助或指出错误 | 在公交车上和他人坐在一起 | 请求他人帮助你完成任务 | 征求他人的意见 |
| 放学后和他人在一起 | 鼓励别人包容他人的缺点 | 别人欺负他人时，大声说出来 | 向成人报告，防止他人受到欺凌 | 拒绝加入嘲笑或讥讽他人的谈话 |
| 写信 | 发电子邮件 | 分享一些糖果 | 当你看到他人时挥手 | 询问他人的感受 |
| 了解他人的近况 | 和他人分享有趣的故事 | 分享你对他人的看法和感受 | 向他人表示感谢 | 鼓励他人加入 |

**学生讨论：**

积极行为：愿意陪伴我，愿意把好吃的分享给我，我不开心的时候愿意安慰我。

消极行为：给我起外号，和别人一起嘲笑我，随便拿我的东西，和其他同学一起孤立我。

看到好朋友被欺负后的积极行为：过去帮助他，不让别人欺负他，或者告诉老师和家长。

看到好朋友被欺负后的消极行为：因为害怕别人也会欺负我，所以站在远处观察，不敢过去，甚至和其他同学一起欺负他。

好的朋友应该是善解人意的、包容的、大方的、积极进取的、勇敢的、乐于助人的。

不好的朋友可能是奸诈的、消极的、斤斤计较的、有攻击性的、喜欢欺负人的。

同性朋友可能跟我更接近，更能理解我，异性朋友则跟我更互补。同性朋友可能跟我有共同的兴趣爱好，一起做喜欢的事情会促进我们的友谊；在异性朋友需要的时候提供帮助，关心他们的近况，可以促进我和异性朋友的友谊。

**组织者引导：**

人与人之间的互动方式有很多，有些是积极的，有些是消极的，积极的行为和态度对我们的友谊是有利的，相反，消极的行为和态度对我们的友谊则是不利的。人际交往过程中，我们应该选择积极的方式，培养自身积极的品质，选择具有积极品质的朋友，给他们提供积极的、正向的支持，帮助他们解决困难，和他们保持联系，尊重并理解他们。

不同性别的朋友可能在我们的生活中扮演着不同的角色，但我们需要认识到性别差异是相对的，有时候个体差异大于性别差异，对待朋友的方式取决于其个人品质，而不取决于对方的性别。

## 六　小结

人与人之间无时无刻不在发生着互动，有些互动有利于我们关系的健康发展，有些互动则会破坏我们的关系。学会以积极、正面的方式与他人互动，有利于我们更好地和他人相处。

执笔：罗扬

**参考文献：**

Helen Cahill，Sally Beadle，Michelle Davis，Anne Farrelly, *Preventing Gender-based Violence in Schools-classroom Programme for Students in Early Secondary School*, UNESCO, 2016. 葛叶奕译。

## 我会表达我自己

### 一 课名
我会表达我自己。

### 二 时长
40分钟。

### 三 教具、材料
大白纸、彩笔、多媒体教学设备。

### 四 教学目标
了解人们在与他人交流或表达自己感受时常用的三种风格，知道其中的差别，找到最佳的交流风格。了解自信的交流风格的表达技巧，学会用积极方式表达个人需求。了解并掌握在面对性别歧视或者校园欺凌时，更恰当的回应方式。

### 五 教学过程
1. 导入：选择你认为正确的回应

组织者导语：

以下几个场景，如果你是当事人，你会如何回应？选择你最可能选择的回应方式。你觉得哪种回应更好、更积极？这和你选择的回应方式一致吗？如果不一致，你为什么没选择这种更好的方式呢？

情境一

一个六年级的女孩问男孩们是否可以参加他们的球赛。其中一个男孩大喊："别傻了！女孩是无用的！球类运动更适合男孩子！"

回应A：冲男生喊："你跑起来还像个女孩子呢！如果你这个跑起来像女孩子的人还能踢球，那我也可以玩！"

回应B：告诉他："我很擅长球类运动，如果你不让我加入，我感到很难过。如果你们让我参加，我能帮你们赢得球赛。女孩也可以踢好足球的。"

回应C：什么都不说，默默离开，暗自伤心落泪。

情境二

同学未经你同意拿走了你的钢笔，且一直不还。

回应A：去翻他的铅笔盒，拿回自己的钢笔，并骂他是小偷。

回应B：告诉他："你不跟我说就拿走我的东西，当我需要用的时候却找不到，这让我感到很焦虑。麻烦你下次用之前问我一下，而且用完了尽快还给我，因为我也要用。"

回应C：什么都不说，等着他还回来，如果他始终不还，就算了。

**提示：**

在课堂进行选择时，大多数同学都会选择正确的应对方式。教师可以留心观察学生平常的互动方式，与此是否有区别，选择一些作为案例来比较。这一方面可以激发起学生的学习兴趣，另一方面也让学生意识到这三种交流方式在现实生活中真实地存在着。在教学过程中，教师应该特别留心学生对欺凌事件的反应，关注到学生中潜在的欺凌者与被欺凌者。

**组织者过渡：**

面对同样的生活情境，每个人会有不同的反应，会带来不一样的结果。那么，哪种交流方式能更好地表达我们的意愿，并产生最好的结果呢？让我们一起来探索吧！

2. 活动一：我们如何交流

**组织者导语：**

生活中，我们需要用非暴力的形式向我们的家人、朋友、同学或者老师表达我们的需求，或者强调我们的权利。这里我们应该明确一点，不管我们多大，是男是女，我们都有被公平地对待并获得尊重的权利。

人们在表达自己的感受、欲望、观点或者需求时，通常有三种风格，分别是攻击的风格、坚定而自信的风格和顺从的风格。

攻击的风格：一个人用一种暴力的方式，如通过威胁对方，来表达自己的感受和意见。往往只看到自己的权利，忽略他人的权利。比如："这就是我想要的。你想要什么并不重要！"攻击的表达风格是一种对他人施加影响的消极方式。

坚定而自信的（清晰、礼貌和尊重的）风格：一个人表达自己的感情、需要、合法权益或者观点时，不会惩罚或者威胁到他人，不会侵犯他人的权利。一个坚定而自信的人可以礼貌地答应或者拒绝对方的请求，秉持一种"我尊重自己，我也尊重你"的原则。

顺从的风格：一个人不能表达自己的感情、需求、意见或偏好，或者只能以一种间接的方式表达，别人难以理解他们传递的信息。顺从风格的人往往宁肯做一些对自己不好，甚至是危险的事情，也不愿意拒绝别人，因为这会让他们感到内疚。

**活动步骤：**

分组，请每组同学设计、表演小短剧，要求用三种不同的方式回应这个情境：一个学生给另外一个学生起了一个侮辱性的外号。每组上台展示后，其他同学猜猜看是哪种风格。最后请表演者和围观者谈谈感受。

**提示：**

学习坚定而自信地表达，可以帮助我们更好地维护我们自己和他人的权益，可以促进我们发展更健康的人际关系。当我们需要解决冲突或者处理那些让我们感到压力的事件时，坚定而自信的表达不仅是一种礼貌的表达方式，同时也是帮助我们远离危险的或者我们不感兴趣的事件。

这部分的内容比较抽象，难以理解，可能需要结合生活实例并反复练习，才能让学生了解三种表达方式的差异，并认识到坚定而自信地表达的积极性。

3.活动二：使用"我"分享情绪和坚定表达需求

**组织者导语：**

在刚才的互动中，我们看到了在面临冲突或者关系危机时，坚定而自信地表达的积极意义。显然，当我们需要适时地表达我们的感受、偏好、需求或者决定时，用"我……"显得更直接，也更有礼貌，同时也更容易被他人接受。

接下来，每个小组的同学都会拿到一个情境，请按照下面的固定句式完成回应，并分享你们的感受。

**固定句式：**

我感到_____（说你的感受），当你_____（说发生了什么），所以我希望_____（说你的要求）。

情境一：在玩游戏的时候，朋友离开你，站在了别人的阵营。

情境二：你成绩不好，被别人嘲笑。

情境三：别人告诉你，因为你是女孩，所以你不能踢球。

情境四：因为跟别人不一样，你被人取笑。

情境五：未经你的许可，同学就拿走了你的文具。

情境六：你被小组的同学孤立。

情境七：你被别人起侮辱性的外号。

**讨论话题：**

用"我……"有什么好处？

生活中，你在表达自己的需求、感受或者观点时，都有哪些方式？这些方式中哪些可以促进人际关系，哪些会破坏人际关系，为什么？

在表达自己的观点、想法或者需要时，最重要的是什么？

在表达时，我们还有哪些需要注意的？

**提示：**

在同样的情境中，可能有很多种"我……"的表述，教师可以和学生一起讨论，或者进行角色扮演，找出一种或几种比较好的表达。如果遇到不太好用"我……"表达的情境，也可以请学生讨论，什么样的回应方式既能表现出礼貌和尊重，又可以更好地表达自己的需求和意见。

引导学生认识到，当我们处理麻烦时，用"我……"平静而尊重的方式告诉对方我们的感受是一种非常积极的方式。当然，人际沟通的方法和技巧还有很多，大家课后可以进一步学习、练习。

## 六　小结

在生活和学习中，学会用正确的方式表达自己的感受非常重要。坚持平等、尊重、礼貌、平静、直接的原则，不仅有助于我们情感的表达，还会促进我们的人际关系，让我们更好地解决问题。这也有助于在面对他人的暴力行为时，我们用更合适的方式来维护自己和他人的正当权益。

执笔：罗扬

**参考文献：**

Helen Cahill, Sally Beadle, Michelle Davis, Anne Farrelly, *Preventing Gender-based Violence in Schools-classroom Programme for Students in Early Secondary School*, UNESCO, 2016. 葛叶奕译。

# 互帮互助力量大

### 一 课名

互帮互助力量大。

### 二 时长

40分钟。

### 三 教具、材料

大白纸、彩笔、多媒体教学设备。

### 四 教学目标

了解寻求帮助和帮助他人的意义,掌握寻求帮助和帮助他人的方法和技巧。在遇到校园暴力时会寻求帮助,在看到他人遭遇校园暴力时,能提供恰当的支持。

### 五 教学过程

1. 导入:我的互帮互助史

组织者导语:

尺有所短,寸有所长,所有人都会遇到自己无法解决的问题,生活中的你,是否也遇到过自己无法解决的问题呢?在遇到自己无法解决的问题时,你是否主动寻求过他人的帮助？最后结果如何呢？你是否有需要别人帮助，却不好意思开口的经历呢？如果你经常出现这种情况，就请想一想你是否曾被别人求助过？结果如何？你是否提供了帮助？和大家分享一下你的经历吧！

**提示：**

学生可能刚开始想到的都是学习上的互帮互助，教师可以适当地引导，让学生意识到，互帮互助无时无刻都存在着。

2. 活动一：我们什么时候需要帮助？

**组织者导语：**

从刚才的分享中我们已经看到，互帮互助是一种普遍的现象。现在，我们分小组讨论在以下情境中，当事人是否需要寻求帮助？如果需要，该找谁帮助，如何寻求对方的帮助？希望得到什么样的帮助？如果你的朋友是当事人，你愿意为他提供帮助，或者帮他寻求别人的帮助吗？讨论后进行小组分享，看看大家都是怎么考虑的。

情境一

晨晨是校足球队守门员，在一次比赛中，他因为个人失误没拦住球，让对方得了分，最终对方获胜。比赛结束后，球队的一个队员推倒了他。当他想站起来时，另外一个队员又推倒了他，并说："你应该和姑娘一起玩！你个娘炮！你这么弱，让我们丢了比赛！"从那以后，队员们就开始叫他"娘炮"。

情境二

丽丽每天放学路上都会遇到一群大男孩，他们经常对她动手动脚，还威胁她不能告诉别人。丽丽特别害怕，都不敢去学校了。

情境三

美美是个可爱的小姑娘，隔壁的叔叔总是叫她去他家里玩，每次都给她好多零食和玩具，但是后来总是让她和自己坐得特别近，甚至在她身上摸来摸去。美美感到不太舒服，她告诉叔叔她不喜欢这样，却直接被对方忽视了。

情境四

小强已经一周没来上学了，因为之前表现一直不好，老师以为他是无故旷课，给了他一个处分。然而他的好朋友小明知道，其实是因为父亲得了重病，家里没有钱，小强到工地上打工挣钱去了。小明担心小强这样下去，可能不能回来上学了。

提示：

在以上情境中，有的学生可能会不知所措。这个时候，教师应该引导学生意识到寻求帮助的对象不仅是同龄人，而其可以是老师、家长等成人。如果问题比较大，还可以适当地扩大求助范围，包括警察、医生、社工等专业人士。

引导学生认识到，在遇到困难时寻求帮助非常重要，特别是遇到校园暴力行为或者其他威胁到个人人身安全的情境时，要及时告诉家长或者老师，寻求他们的意见和帮助。

3. 活动二：克服求助阻力

组织者导语：

通过刚才的活动，你可能已经意识到了，当遭遇某些校园暴力时，我们不敢求助，因为我们害怕，或者难以启齿。想一想，生活中有没有什么时候，我们希望有个人能来帮助我们，却又害怕别人知道自己的处境？到底是什么让我们不去求助呢？或者我们明明感觉到某个好朋友需要帮助，提出来后却被他拒绝，这又是为什么呢？

活动步骤：

分组，每组发一张大白纸，就以下问题进行头脑风暴，记录大家讨论的情况，选定小组发言人，全班进行分享。

讨论问题：

哪些因素会阻碍我们寻求帮助？

你有没有出现过明明需要帮助但又没去求助的情况，为什么会这样？

你的好朋友有没有拒绝过你友好地提出的帮助请求，你觉得是什么原因？

如何克服这些求助的阻力呢？

提示：

通常情况下，害怕他人的负面评价、对施暴者感到恐惧、害怕被报复、自责内疚、不知道如何求助等都是我们求助的阻力。教师的关注点应该聚焦在让学生认识到，在遇到困难情境时，所产生的负面情绪是因为没有找对求助对象，或者没有正确地表达自己所遇到的困难。学会找对的人，用正确的方式求助，是求助成功的重要保证。

那么我们该如何表达我们的困难呢？建议参照这个句式：谁，在哪，何时，发生了什么。例如，我们可以这样来表述情境一中的困境：晨晨在球场上，球队比赛输了后遭到队员的欺负和辱骂，队员认为他是个"娘炮"，并且到现在还一直这样叫他。

如果时间充足，还可进一步讨论求助对象及求助过程。本环节的教学目标是帮助学生找到求助的正确方式，并且改变在求助过程中出现的一些不合理信念，如独立的人不能求助别人、没有人会帮助我、没有人理解我等。

4. 活动三：我们可以这样帮助别人

**组织者导语：**

在生活、学习中，我们除了要学会向他人寻求帮助外，还要学会如何给别人提供恰当的帮助。接下来，我会呈现一个情境，请你写封回信安慰其中的主人公，表达你的关心和支持。

**情境：**

丽丽把每天放学路上被大男孩欺负的事告诉了老师和爸爸妈妈，爸爸妈妈每天按时接送丽丽上学、放学，并联系当地派出所对这段街区进行整治。一段时间后，丽丽放学路上再也看不到那些大男孩的身影了。然而，这件事情被丽丽的同学知道了，他们在背后说她的闲话并笑话他。爸爸妈妈认为丽丽只要管好学习就行，不用太在乎同学的看法，但丽丽却特别苦恼，给你写信倾诉了她的痛苦。

**活动步骤：**

分组，每组发一张大白纸，讨论后，各完成一封回信。选定小组发言人，进行分享。

**讨论问题：**

当有人向你求助时，你应该做些什么？

哪些方法是有效的支持行为？

**提示：**

当一个人感到难过时，即使只有一个朋友问一句"你怎么了？"就可以安慰到他。如果你想为向你寻求帮助的人提供帮助，那么认真倾听、设身处地地接纳他的感受，提供一些可行的意见、可能有用的资源，都是很有效的支持手段。

学生可能更多地会提到安慰对方，教师需要强调一些更有支持性的方法，例如给出可行性意见、介绍求助的其他途径、接纳他的消极情绪等。通过本环节，力争让学生了解并掌握更多提供帮助的方法。

## 六　小结

人不是独立的存在，人与人之间应该有积极的互动，互帮互助就是积极互动的一种方式。学会向他人求助以及有效地帮助他人，是我们的必备技能之一。在很多情境中，特别是遭遇到校园暴力时，我们可能羞于启齿，不知道向谁寻求帮助；身边有同学遭遇这样的不幸时，你可能也不知道如何提供帮助。本课的讨论和分享相信可以给学生一些启示，帮助学生打开心结，认识到互帮互助的重要性。

执笔：罗扬

**参考文献：**

Helen Cahill，Sally Beadle，Michelle Davis，Anne Farrelly，*Preventing Gender-based Violence in Schools-classroom Programme for Students in Early Secondary School*, UNESCO, 2016. 葛叶奕译。

# 第六编 电影教学

这一编是电影教学，主要给教师做课堂教学、电影沙龙活动的时候做参考。

《花木兰》讲的是中国古代女性花木兰代父从军的故事。在教学中，主要传递以下理念：封建礼教下的女德是对女性的束缚和歧视；对于有男孩气质的女孩，我们要理解和包容，不要随意否定、排挤、嘲笑她们；不要一味崇拜男子气概，做自己是最光荣的。

《高跟鞋》讲述了一个警察有同性恋、跨性别情结的故事。主要传递的理念是：同性恋是正常的性取向，每个人都有爱人的权利，无关性别；社会对跨性别者的偏见和歧视给他们带来了很大痛苦，然而我们每个人都有选择自己的生活的权利，不必为了性别刻板印象去改变、怀疑甚至伤害自己，体验不一样的自己，可以拥有更丰富多彩的人生。

《十三棵泡桐》讲一个中学里面发生的故事，涉及不同形式的性别暴力。第一种是家庭暴力，主要是家长对孩子的肢体暴力，也有父母对孩子关怀的普遍缺失；第二种是校园霸凌，大多是为了张扬大男子气概所致，可说是性别暴力的一种；第三种是性暴力，尤其是教师施加给学生的性暴力，凸显出性别暴力是不公正体制的体现。

《天水围的夜与雾》讲述了一个杀妻杀女的极端家庭暴力案。影片中展示了各种不同形式的家庭暴力，指出对阳刚／支配男性气质的追求是导致悲剧发生的原因之一。实施家庭暴力的男人潜意识深处埋藏着对"不像一个男人"的深深恐惧，于是以暴力来显示、维持自己的强者形象，从而使家人遭受了极大的伤害。

《素媛》讲述了一个小学二年级的女生遭遇"坏叔叔"强暴的故事。通过这个电影，我们可以学到以下知识和理念：对于感觉不安全的求助，要勇敢说"不"；被伤害后，要及时报警，寻求专业人士和机构的帮助；受害者没有任何过错，我们应该关爱受害者，为其提供所需的心理援助（包括专业的心理咨询），这能帮助受害者走出阴影、迎接光明。

《狩猎》讲述了一个教师被无端指控性侵犯的故事，它启发我们去思考这样一些问题：男性都是潜在的性侵犯者吗？我们需要反性侵教育，还是更全面的性教育？现有的反性侵体系存在哪些问题，是否会导致潜在的人际关系危机？在反性侵的活动中，我们要如何才能做到"不冤枉好人，也不放走坏人"？

# 《花木兰》赏析

## 一　剧情简介

　　花木兰是一个正要出嫁的女孩，她背诵"三从四德"，骨子里却希望做真实的自己，因此没能通过媒婆的考核。这时，北方匈奴来犯，国家大举征兵，木兰担心年迈的父亲被征，就偷了父亲的盔甲，女扮男装，替父从军。

　　从军之后，花木兰因为男性气概不足被军中士兵欺侮，但她靠着自己的智慧与勇敢，克服了重重困难与考验。在赴北方作战时，花木兰用机智拯救了整个军队，但她的女儿身却被军中同僚发现，不得不离开军队。

　　在举国欢庆战争胜利之时，木兰发现匈奴混进了城中，她协助曾经的战友与匈奴斗智斗勇，最终拯救了朝廷和百姓。

《花木兰》，美国，1998年，88分钟

## 二 教学流程

**1. 封建社会的"女德"是一种性别歧视**

动画中木兰的第一个镜头就是抄写和背诵女德。文静娴熟、优雅礼貌、泰然自若……

在木兰去见媒婆前,为她梳妆打扮的女人们唱着这样的歌:"想要婆家相中,就应该要端庄,有教养品德好,温存孝顺,心灵手巧,生儿育女,还得要苗条,这样才能争得荣耀……男子出征边疆,女子把儿抚养。打扮好,更漂亮,想让出水芙蓉白又香,男人见了都心花怒放,你为我们争荣光。"

木兰在考核中背诵"三从四德"的"四德"即妇德、妇言、妇容、妇功,妇德指的是卑顺,妇言要少说话,妇容要端庄,妇功要会干活。

教师可以在影片的这部分暂停下来,引导学生讨论,对这些"女德"有什么看法?我们的生活中是否也存在类似的现象,当我们谈论"男孩应该是什么样,女孩应该是什么样"的时候,是不是也有对女性的这些要求呢?

**提示:**

引导学生认识到,封建礼教下的女德是对女性的束缚和歧视。在这类道德中,女性被物化为男性的附属品、生育工具,缺少自我意识和自主权。

文静娴熟、温存孝顺、心灵手巧、生儿育女等词都是社会文化建构出来的社会性别刻板印象,当部分女性的形象、气质与这些特质不符时,这些女性就会遭到社会的排斥。教师应该提醒学生,没有规定说女孩一定要温柔贤淑,男孩一定要阳刚壮硕,每个人都有自己的独特气质,只要不伤害到别人,就没有对错之分。

**2. 平常心对待"假小子"和"娘娘腔"**

木兰搞砸了媒婆的女德测试,媒婆对她说:"你可真丢人,不管你怎么打扮,你也不可能为你们花家争光!"这时周围的邻居纷纷露出惊讶、厌恶甚至嘲讽的表情,并且嫌恶地走开了。

花木兰回到家中,伤心地唱道:"看看我,不是爹娘身边的乖女儿,难成温顺新娘。我不愿,为出嫁装模作样,可若是,违背家族礼教三从四德,定会使全家心伤。那是谁家姑娘，在凝眸将我望？为何我的影子是那么陌生？无论怎么打扮，无法将真心藏。何时才能见到我，用真心歌唱？"

教师可以在这些片段中引导学生讨论：木兰是否受到了伤害？是谁伤害了她？为什么要伤害她？

提示：

引导学生意识到，媒婆的责骂和邻里的厌恶与嘲讽，对木兰是一种性别暴力。木兰因为缺少传统女性气质，行为与封建礼教中对女性的要求不符，而受到媒婆的否定和社会的排斥。因此，木兰伤心而又自责，她在封建规范中不能做真正的自己，又因为不会装模作样而屡屡碰壁。

教师应该提醒学生，对于身边像男孩一样的女孩，或是像女孩一样的男孩，我们要理解和包容，不能因为他们的与众不同就否定、排挤、嘲笑他们，这很容易对别人造成伤害。

3. 不要一味崇拜男子气概

木兰进入军营，军营中的男性抠脚趾、挖鼻孔，木须龙告诉木兰："这才是男人，从现在起，你必须像他们一样，粗野一点。"

木兰由于看起来不像男人，被其他士兵嘲笑欺负，受到不公平的对待。

木兰和其他士兵救皇帝时唱道："男子汉，行动快速像那江河湍急；男子汉，破坏力像那风暴无情；男子汉，满腔热血像那野火压境，神出鬼没像那暗夜的噩梦。"

教师在此可以提问学生：木须龙说的是对的吗？我们班上的男孩子是这样的吗？动画中那些欺负木兰的士兵犯了什么错？我们平时有犯过这样的错误吗？

提示：

认为男性就不爱干净，行为粗野，可以用揍人来打招呼等，都是性别刻板印象。动画结尾拯救皇帝的片段中，木兰和士兵们唱的关于男子汉的歌曲，就属于很典型的男性气质，也是一种性别刻板印象。

士兵们因为花木兰不像男人而欺负她，这是一种基于性别刻板印象的性别暴力。他们不接纳那些不够阳刚的男性，也不接纳不够温柔的女性，用嘲讽、捉弄等方式来排斥他们。

教师应该提醒学生们，这些做法是错误的，是不可取的。动画中呈现的这些崇尚男性气质的情节，只是战争中的一部分，而这些关于男性气质的夸张渲染，也带来鲜明对比，突出了花木兰克服重重困难的智慧和勇敢。

### 4. 女性不是男性的附属品

行军路上，士兵们在歌唱自己喜欢的女孩："女孩佩服我的力量……她厨艺只能好不能坏……她们定会爱上身穿铠甲儿郎……"轮到木兰时，她唱道："她应该聪明又好强，要有自己的主张。"此时周围士兵的表情从期待瞬间变为失望和不屑。

教师可以在此暂停放映，重复播放木兰唱的那一句，让大家关注周围士兵的表情，启发学生思考，士兵们所唱的有什么问题吗？如果你可以唱一句，你会唱什么？你想成为什么样的男孩、什么样的女孩？

提示：

教师应该告诉学生，木兰唱出了自己真实的想法，她希望自己是个聪明好强又有自我主张的女孩，但这不为众人所理解。在一般男人的眼中，女孩不应该有自己的想法，只需要顺从、依附于男人，他们所唱的歌正是他们将女性物化的表现，而这种观念是不正确的。这里需要强调，不论男孩还是女孩，都应该有自己的想法和主张。

### 5. 做自己是光荣的

动画中的花木兰不恪守封建礼教和规范，坚持做自己，用实际行动证明自己可以比男性做得更好。在这过程中，她受到不少来自邻里、战友的性别暴力，但她绝不服输，凭借自己的智慧和努力，化解了无数的困难险阻，成为民族英雄。

教师可以在影片结束后引导学生展开讨论：动画呈现的是中国古代封建社会的故事，但由性别刻板印象带来的性别暴力不仅存在于古代，在今天也十分常见。当我们身边遇到这种性别暴力时，我们应该怎么做？

**提示：**

教师要告诉学生，不论作为当事人还是旁观者，我们需要有自己的判断，什么是正确的，什么是错误的。作为受欺负的人，要坚信自己没有做错什么，不需要为此伤心自责，不妨做好自己，用实力证明自己。如果有一些自己不能解决的困难，可以向老师、家人和朋友求助。作为旁观者，不能和其他人一起去欺负、排斥受害者，而要尽可能地去安慰、帮助他们，从心底里接纳他们。

影片中有一句话："做自己是光荣的。"这里多次出现的一个词是"光荣"，花木兰为了通过媒婆的女德考试而"装模作样"甚至打小抄，因为想为花家带来光荣；花木兰替父从军克服重重险阻，在战场上立功，因为想为花家带来光荣。而在历经千辛万苦之后，花木兰载誉返乡，终于意识到，做自己就是光荣的。

执笔：周佳莹

# 《高跟鞋》赏析

## 一 剧情简介

　　刑警尹智旭（男主角）身手了得，功夫相当好，"首尔那片的混混都想把脱下警服的尹警官埋掉"。尹智旭少年时与另一位少年相爱，但他的恋人因为无法承受来自社会的压力而自杀了。他允诺照顾其妹妹玫瑰，玫瑰一直喜欢尹智旭。尹智旭发现自己内心其实是女人，一直以来在家偷偷化妆，去店里打雌性激素，观看女人如何打扮的节目。经过了痛苦、压抑和接受的过程后，他下定决心出国做变性手术，却因为生活中的种种不得已，成为女人终究只能是一个梦。

## 二 教学流程

### 1. 同性恋不是病

　　尹智旭在少年时与另一位少年相爱，班上的同学把他们的照片贴在黑板上，肆意取笑。尹智旭的恋人在遭到同学嘲笑后开始自我质疑，当恋人对他表白时，他说"我们有病，我们不正常"。最终因为无法承受来自社会的压力，自杀了。

《高跟鞋》，韩国，2014 年，125 分钟

就连已经做了变性手术的海军长官,也觉得他们那个群体是不正常的,见到尹智旭的第一句话是嘲讽地说了一句"我以为会是一个疯老头子,没想到还长得很清秀"。

讨论:什么是同性恋?同性恋是病吗,需要治疗吗?

提示:

尹智旭与另一位少年的爱,如同任何一个少年在青春期时爱上任何一位少女一样,是很正常的。他们一起乘车上学,一起牵手沐浴阳光,一起上课,他们的情感是真挚的、纯洁而美好的。他们没有侵犯到别人,没有打扰到任何人的生活,不应该被歧视。

同性恋是正常的性取向,每个人都有爱人的权利,无关性别。不能因为你的选择与众不同,就认为这不正常。我们应该以包容的态度来看待不一样的性取向,只有整个社会更开放,性少数者才能坦然接受自己的性取向,对其他性少数者也不会再歧视。

2.跨性别者的自我认同

当尹智旭接触到跨性人圈子时,某小姐带他到化妆间去找合适的衣服,某小姐问:"你平时化妆吗?"他说"偶尔"。又问他:"你平时变装吗?"他答:"变装,只是在家里。"从那个圈子回到家,他换上女装并化妆,看着镜子里美丽的"女人",他很开心。等出门进到电梯,电梯里进来一群又一群人,他异常紧张和局促,逃避别人的眼光,接电话也变声了。

电影最后,警察同事振宇看到他变装后的样子,他说:"对不起,让你看到我这个样子。"振宇问他:"真的无法压抑吗?"他坦言压抑自己很痛苦,现在想要接受自己,决定做变性手术。

讨论:这些情节反映了尹智旭什么样的心理活动?

提示:

尹智旭渴望做一个女性,但他却不敢直视自己的这个想法,当他发现自己内心是个女人时,一度开始自残,为了"让自己变得强大,甚至想要杀死自己心里的那个女人"。他喜欢变装后的自己,却担心不被社会所接受,内心非常焦虑。这些心理活动,都体现出社会对跨性别者的偏见和歧视,这给跨性别者带来了很大痛苦。

电影中，尹智旭的同事振宇说："哥，你身为男人，真的很漂亮，真好，竟然可以过两种人生，女超人。"这启发我们从另一个角度来看这件事，我们每个人都有权选择自己的生活，只要不侵犯别人，就可以做真正的自己，不必为了性别刻板印象去改变、怀疑甚至伤害自己，体验不一样的自己，可以拥有更丰富多彩的人生。

尹智旭最终决定改变性别，做变性手术，但由于各种原因没有做成。不过我们可以看到，他开始接纳自己身体里的女性气质。电影最后，他抽烟，轻翘兰花指，看起来更像一个女人了。显然，他将继续过着这样的生活，在做男人的同时，也是个女人，很美的女人。

执笔：付徐、周小琴

# 《十三棵泡桐》赏析

## 一　剧情简介

故事发生在泡桐树中学高二1班。

女主角何风，人称风子，父母离异，与父亲生活。父亲是一家工厂的保安，爱喝酒，酒后打风子，一次打得她鼻子流血，嘴角红肿。

陶陶是班里的一个男生，喜欢用拳头说话，在班中非常有权威。音乐课上有同学唱歌跑调，他会狠踢一脚，被踢者只能低眉顺眼。课上大家乱说话，老师管不了，他一声吼，立即安静了。他喜欢"打抱不平"，比如富二代阿利总被人欺负，陶陶便保护他，不过陶陶也会向阿利"借钱"。

阿利很弱小，总被人找麻烦。放学后，有人会等在校园外抢他的钱；校园里，新来的转校生老包也会找阿利"借钱"，或逼他"请客"。

陶陶原本是风子的男友，但风

《十三棵泡桐》，中国，2007年，102分钟

子吃醋他与另一个女生伊娃亲密，加上反感陶陶设计陷害老包，两人渐行渐远。老包借机与风子亲近，两人在老包家发生了性关系。

　　班主任宋小豆勾引了陶陶，他陷入与老师的性爱中。

　　语文老师对风子进行性骚扰，然后跳楼自杀了。

　　老包因旷考被开除，为了复学，他绑架了阿利，最后被抓了起来。

　　陶陶的父亲在税务局工作，因为受贿，被抓了起来。

　　风子高中没毕业便退学了；伊娃、陶陶考上了大学；阿利继承父业，一个来自乡村的同学金贵成了他的保镖跟班；阿利的父亲对风子有性暗示，她躲了；风子的好友朱珠去新疆当了警察，她坐在车上，去看她……

　　提示：

　　建议此片对高中生使用。观影前，教师应该提示学生，此片不是一部"清纯"的校园片，而是揭示了校园中的暴力、不公正与黑暗。影片作为一个艺术作品，揭示了典型环境下的典型人物。它不是校园生活的教科书，并非所有的校园都是这样的。

## 二　教学流程

### 1. 认识不同形式的性别暴力

　　观影后，教师告诉学生，影片中包括了三种性别暴力。请学生们指出分别是哪三种？分别通过影片中的哪些情节展现出来？

　　提示：

　　三种性别暴力及其在影片中的呈现分别是：

　　第一种：家庭暴力。影片直接呈现了风子父亲对她的家庭暴力，两次都是在酒后施暴，所谓"借酒撒疯"。这个父亲是自卑的，老婆被战友拐跑了，自己在工厂当保安，收入低微，怨气似乎都要撒到女儿身上。母亲弃自己而去，父亲对自己施暴，在这样的家庭氛围中，风子的处境可想而知。影片没有呈现其他学生的家庭暴力，但我们可以观察到父母对孩子关怀的普遍缺失。比如，老包的父母都在外地，他一个人在这座城市读书；阿利的父亲忙着赚钱，把孩子扔到学校"锻炼"……

　　第二种：校园霸凌。近年对性别暴力的关注与干预中，校园霸凌受到了重视。影片中，阿利在校内和校外都受到欺负，陶陶和老包两个男生都争着拥有对阿利的"保护权"，以便向他"借钱"。欺负弱势同学，无论他是什么性别，都可以视为一种性别暴力。因为在这个欺负的过程中，张扬的是一种大男子汉气概，是主宰的、有权势的霸权。陶陶以暴力来"管理"班级，踢踹唱歌跑调的同学，通过一声断喝来达到让班级安静的效果，这些都是暴力。

第三种：性暴力。影片虽然没有明确表示班主任宋小豆与陶陶间的性关系是如何开始的，但几处暗示了是宋小豆主导，陶陶经历由被迫到接纳的过程；而语文老师对风子则是明确的性骚扰。这些教师施加的性暴力，提醒我们注意校园中师生间的权力关系可能带给学生的负面影响。

2. 如何应对家庭暴力

围绕家庭暴力的问题，教师让学生分组讨论：

受到家庭暴力，应该如何应对？

如何在暴力的家庭环境中自我成长？

其他同学受到家庭暴力，该如何帮助他？

讨论之后，让学生分别到讲台上汇报、分享。教师进行点评。

3. 如何应对校园霸凌

教师让学生分组讨论：

遇到校园霸凌，应该怎么办？包括自己受霸凌，以及看到其他同学受霸凌，应该怎么办？

讨论之后，让学生分别到讲台上汇报、分享。教师进行点评。

4. 如何应对性侵犯

教师让学生分组讨论：

遇到性侵犯，应该怎么应对？

影片中，你觉得陶陶在和宋小豆的关系中，得到了什么，又失去了什么？

如果你是陶陶，该如何应对宋小豆？

讨论之后，让学生分别到讲台上汇报、分享。教师进行点评。

**提示：**

陶陶与宋小豆的关系部分，教师可以让学生各抒己见，充分呈现不同观点，最终引导达成共识：尊重自己和他人的身体权、性人权，对自己的选择负责，不做伤害自己和他人的事。在此基础上，可以允许学生有不同的理解。

### 5. 性别暴力是不公正体制的体现

这部分以教师讲述为主，分析性别暴力与不公正体制之间的互动关系。

**提示：**

整个校园充满着权力关系，老包被开除便是校园不公正的一种体现。

蒋校长只停留在学校广播中，风子受老包之托去求情那一场戏，在阴森恐怖的教师楼道中，她胆战心惊，以至于听到校长一声咳嗽便吓得转身跑掉。在校园这一权力关系建构的体现中，学生所处的地位清楚呈现。

教室里，小豆老师是一个高高在上的教育机器，将高考分数看作学生未来的唯一机会。

宣布老包被开除时，校园正在准备开始做广播体操。大俯拍的镜头中学生整齐划一的动作，凸显出手足无措、呆立在那里的包京生。没有人照顾他的感受，没有人关心他被踢出校园后将面临怎样的命运？教育怎么能如此势力？如此践踏人的尊严？

一个反复出现的场面是上课后被锁紧的学校大门，提示着人们，学校不是学生的精神家园，而是一个牢笼。青春无处安放又无路可逃，只好在荒唐中自我消解了。

泡桐，表皮光滑洁净，而内心是空的。

执笔：方刚

# 《天水围的夜与雾》赏析

## 一 剧情简介

该片取材自曾轰动香港全城的灭门惨案。故事讲述中年离异的"港伯"李森从内地娶来年少美貌的晓玲,靠政府救济一家四口在天水围生活。李森平时在家里带孩子,晓玲则在酒楼做侍应。面对自身工作的不顺心及妻子在工作中的周旋有度,李森担心妻子红杏出墙,渐渐埋下妒忌的种子。有时,李森骑单车送两个女儿到幼稚园上学后,便装成顾客到晓玲当女侍应的茶餐厅"监视"她。

李森以前做装修,过去香港地产好时,工作多得做不完;但现在经济萎缩,李森只好整天去河边钓鱼,表面是气定神闲地钓,内心却是无限郁结。一旦有鱼上钩,便把渔线暴力地拔出,将鱼嘴撕破。

晚上李森黑暗的一面更不节制,在床上他通过性虐待晓玲来发泄自己的负

《天水围的夜与雾》,中国香港,2009年,122分钟

面情绪。到半夜晓玲受不了了,逃到楼下公园黑暗的角落偷偷地哭,血从大腿流到小腿,而她只是使劲地深呼吸,尽量去嗅从不远处吹来的大陆气味。

其实李森早就将他的杀人计划宣扬,他用最平淡的语气说过:"一定要做单轰动全港的事,一死就没有一个人逃得了。"有一天,李森把晓玲和两个女儿轰出门,晓玲不知所措,恰巧对门的黄太出来,就热心地把她们带到议员那里寻找协助。

年轻的洪议员很想帮助晓玲,可是他能做的只不过是把事件放入虐妻案件处理机制,转介社工,让她们入住庇护中心。在庇护中心晓玲遇到同乡小莉,受到关心。

李森表示悔过,哄妻女回家。可是当天晚上,李森又再次虐待老婆,还割伤了晓玲的腿。警察出动,把晓玲送到医院救治,之后再送她到妇女庇护中心。李森又来电话,逼迫她马上回家,否则要杀死两个女儿。晓玲担心两个女儿,只能回去找李森。李森一家四口最后一次被电梯里的闭路电视拍摄下来,一家人回到屋里,铁闸关上、木门也被关上。良久,良久,从里面传来刀的声音……

提示:

此影片的教学,主要是介绍家庭暴力的相关内容,组织者可以在课前让学生收集关于家庭暴力、男性气质等方面的资料,分组做成 PPT,在课堂上展示、讲解。

教学过程中,组织者要注意观察学生的情绪,如果发现有学生情绪低落、情绪激烈等异常反应,不排除其家庭中可能存在家暴现象,注意在教学过程中不要伤害这部分学生的人格和尊严,可以在课后通过作业、回访、私下交流的形式了解学生的情况,并做出干预。

## 二　教学流程

1. 认识家庭暴力

组织者导语:

李森杀妻杀女案,本质上是一起严重的家庭暴力案。同学们不妨看一下,在影片中,存在着哪几种形式的家庭暴力?

提示：

学生根据课前准备的资料，结合影片中的情节，进行分享、讨论。

事实上，不同形式的家庭暴力都不同程度地存在于影片所表现的家庭之中。

2."男性气质焦虑"的男人

组织者导语：

在探究家庭暴力的原因时，人们往往会给施暴者找出许多理由，例如施暴者有压力、醉酒，或受害者"有错"等，这些原因的根源在于不平等的社会性别关系，它深植于传统的社会性别制度中。家庭暴力反映的是施暴者与受暴者之间的权力控制关系，施暴者通过行使暴力，向受暴者宣示自己的权力，使其屈服，由此实现和维持对受暴者的支配和控制。

请同学们结合影片，对主人公的社会性别关系作一个分析。

提示：

李森对阳刚/支配男性气质的追求，在影片中表现得非常突出。作为一个无业人士，他是职场的失败者，但他通过对妻子的性暴力、肢体暴力等，满足自己"像个男人"的心理需求。他与儿子吹牛、谈自己的性能力多么强的部分，也是对阳刚/支配男性气质的一种强调。

占影片很大篇幅的李森随妻子晓玲回四川乡下老家的戏份也成为《天水围的夜与雾》中最核心的部分，面对晓玲的寒酸家境和晓玲父母的奉承，李森获得了一种救世主和上等人的心理满足，这是在香港无法获得的感受，在香港没有人会把他这个装修工头称为"工程师"。李森人格的异化正是在这种心理膨胀下完成的，进而觊觎晓玲的二妹，他也觉得理所应当。所以，悲剧从一开始就注定了。

李森与前妻的儿子在接受警方询问时透露了一个重要信息，李森的前妻很凶，李森原本是怕老婆的。因此我们不难理解，为什么李森从四川回香港后就立即离婚了，因为他在新的家庭中找到了"男人"的感觉。这也与我们前面所讲，男性气质具有多种可能，是在不同情境中建构的观点相一致。

李森前妻"很凶"的信息说明，伴侣之间不平等的关系是很容易引发问题的，不管是女方凌驾于男方之上，还是男方凌驾于女方之上。

家庭暴力与传统的性别角色规范和性别权力关系有着密切的关系。传统文化鼓励男性追求"阳刚""勇猛",允许和怂恿他们用暴力来证明自己的支配性地位和解决问题,与此相应,传统文化认为女性的价值低于男性,应当服从男性的支配。这种文化实际上默许了男性对女性施暴,当一个大男子主义思想强烈的男性认为妻子或女友没有忠实履行女性的屈从义务时,他就"有权"对她施行暴力。

男性暴力和男性气质之间相互关联。常见论述大多简单地将男性气质等同于暴力的支持因素,如有学者提出,暴力可以被认为是创造自己性别资本(Gendered Capital)的一种方式。不同的暴力行为对于不同社会背景的人来说是一种实践男性气质的合适资源,暴力行为可以表现出一些男性特征,如坚韧、敢于面对危险。有学者还提出"男性气质焦虑"的概念,指男性在面对自己男性角色瓦解时产生的情绪。当面对男性气质焦虑的时候,当事人会组织或重组认知、行为及记忆来支持其理想的男性气质。在这种焦虑中,当事人的道德推理能力和对受害者的同情心都可能被存在性恐惧所压倒,这也是其可以无自责地实施暴力的原因之一。

暴力是建构刚性/支配趋势男性气质的重要途径,或者说,刚性/支配趋势男性气质为暴力的实施提供了支持,但不同趋势的男性气质与暴力的关系是不一样的。男性气质的学术研究早已经指出,男性气质不是僵死一块,而是具有差异的。影响男性气质的因素可分为许多层次,包括性倾向的、阶级的、年龄的、种族的,等等,它们共同参与了男性气质的建构。因此,男性气质是多样的,不是单一的。

任何男性气质都是具体情境中的实践过程,是一种变化中的趋势,而不是静止的类型。刚性/支配趋势男性气质在强调男性强者形象时,要求男性勇敢、粗犷,凌驾于女人之上。当男人无法通过事业成功及其他方式做到这一点时,就被父权文化贬损为"不像一个男人"。家庭暴力本质上是为了维持"硬汉"形象的一种表现,实施家庭暴力的男人潜意识深处埋藏着对"不像一个男人"的深深恐惧,于是以暴力来显示、维持自己的强者形象,从而使家人遭受伤害。

职场失意,如下岗、无法晋升、被领导训斥等,都可能带来针对自身缺少刚性/支配趋势男性气质的"男性气质焦虑",也都可能转而向伴侣和孩子施以暴力，在施暴的过程中展示其刚性／支配趋势男性气质的一面，以解决其男性气质焦虑。然而，柔性／从属趋势的男性气质、柔性／关系均衡趋势的男性气质等，并不需要通过暴力来获得。

在同性伴侣关系中，也存在家庭暴力，这就不能用简单的"男性"控制"女性"来进行解释了，值得注意的是，同性伴侣之间同样可能存在上述结构性的人际权力关系，因而导致暴力的发生。

3. 家庭暴力的特点

**组织者导语：**

下面请同学们说说，家暴有哪些特点？并结合影片中的情节，分析一下电影中哪些地方体现了这些家暴的特点？

**提示：**

学生根据课前的准备，结合电影内容，分析家庭暴力呈现的特点。组织者尽可能让各种特点都得到呈现，然后进行归纳总结。

4. 家庭暴力的危害与处理

**组织者导语：**

请大家结合影片，以及现实中了解的情况，说一说你认为家庭暴力的危害在哪里？如果自己身边有家庭暴力的现象，你应该怎么办？

**提示：**

我们对于家庭暴力应有的基本态度是：家庭暴力不是个人私事，而是社会公害；家庭暴力是侵犯人权的行为，是不被容许的；暴力没有理由，施暴者要对自己的行为负责；指责受害者是对她们的二次伤害；反对家庭暴力是全社会的共同责任，消除暴力需要每个人的积极行动。

需要强调的是，家庭暴力是对受害者人身和人格的严重伤害，与此相比，诸如导致家庭破裂之类的伤害是第二位的，要防止以"家庭破裂"为由否定受害者的反抗。如果身边的人遇到家庭暴力，我们应该给予帮助，并提醒受害者，家庭暴力具有顽固性，建议认真考虑选择保全婚姻还是避免暴力。

**教学参考：**

家庭暴力最明显和直接的危害是使受害者身体受伤、致残甚至死亡。家庭暴力还会对受害者的精神健康造成伤害，许多受害者会有心理困扰，包括情绪不稳、焦虑、抑郁、无助、恐惧等，并产生畏缩、自我孤立、人际交往及生活工作障碍等一系列行为反应，严重者可能会自杀。

家庭暴力是导致妇女犯罪的重要原因，妻子因不堪受暴而伤害或杀死丈夫的案例时有发生。家庭暴力也是离婚的重要原因之一。

家庭暴力会严重影响下一代的健康成长，目睹暴力会导致儿童产生自卑、消极、孤僻、冷漠、残忍、焦虑、沮丧等系列行为和感情问题，并容易表现出对同龄人的攻击性行为。儿童期处于高度暴力环境的人，长大后较容易成为施虐者或受害者。

施暴者自身也受到暴力的危害，暴力会导致亲人对施暴者的疏离和怨恨，他们有可能因此失去家庭、妻子和孩子，并可能因受害者的反抗而遭遇生命危险。

家庭暴力的危害远不限于个人和家庭。暴力和暴力威胁导致妇女社会和政治参与度下降，影响了妇女的整体发展。因暴力而产生的各类救助和惩戒需求增加了社会运转的成本，例如有研究表明家庭暴力会导致用人单位的经济损失。总体来看，家庭暴力加重了人类的苦难，暴力代代相传所带来的政治和社会不稳定是所有人付出的共同代价。

受家暴者可以做的事情有：报警求助；保存证据；要求司法鉴定；获得法律援助；要求获得保护或/和处罚施暴者；保护个人隐私；避免二次伤害；起诉离婚；获得离婚赔偿。有些时候，我们会听到邻居家可能在发生家庭暴力的声音，如影片中的黄太一样，我们不应该旁观，应该给予帮助，包括必要的时候提供证词。印度开展过一个"按一下门铃"的运动，即鼓励和提醒大众，如果你的邻居家传来施暴的声音，你至少要过去"按一下门铃"，以便阻止暴力的继续。

一些国家和地区已经成立了受暴妇女庇护中心，像影片中所表现的那样。这是受暴妇女的家，可以给她们提供必要的庇护。影片中晓玲第一天到庇护中心，一夜没有睡觉，和那里的受暴妇女们聊了一夜。她说："这是我到香港之后过得最开心的一天。"

**5. 反对家暴，全球在行动**

**组织者导语：**

针对家庭暴力，以及所有针对妇女的暴力，国际上有一些重要的倡导与运动，请大家根据课前的准备来进行分享。

**提示：**

可以用分组的方式，让每个组呈现课前的相关知识准备，并进行全班分享、讨论。

**教学参考：**

国际上已有的倡导活动包括：

（1）国际消除对妇女暴力日

"国际消除对妇女暴力日"源自对多米尼加共和国反独裁斗士米拉贝尔三姐妹的纪念，这三姐妹于 1960 年 11 月 25 日被当地秘密警察杀害，激起了民众的强烈愤慨，从那以后，她们在自己的祖国成为勇气、尊严和力量的象征。1981 年 7 月，第一届拉丁美洲女权主义大会宣布 11 月 25 日为反暴力日，以纪念米拉贝尔三姐妹的牺牲。1999 年 12 月 17 日，联合国大会通过决议，将 11 月 25 日定为"国际消除对妇女暴力日"。

"消除对妇女暴力日"并不仅针对家庭暴力，而是针对广泛的、各种形式的对妇女的暴力，包括强奸、性骚扰、拐卖等。中国自 2001 年起开始出现"消除对妇女暴力日"宣传活动，如今这个日子已经成为反对对妇女暴力宣传倡导的重要时机。

（2）十六日行动

"消除对妇女暴力十六日"是指从 11 月 25 日"国际消除对妇女暴力日"到 12 月 10 日"国际人权日"之间的十六天。在这十六天期间，世界各国包括中国的妇女组织会持续开展各种各样的活动，以提高保障妇女人权、反对对妇女暴力的公共意识，并发动更多人特别是年轻人和学生投入到反暴力行动中。

（3）"白丝带"运动

"白丝带"运动最早起源于加拿大。1989 年 12 月 6 日，加拿大蒙特利尔一所大学工学院的 14 名女生被一名年轻男子枪杀，凶手认为妇女和妇女权益运动毁了他的前途。受此悲剧的触动，以迈克·科夫曼博士为代表的一群加拿大男性于 1991 年发起"白丝带"运动。此运动以表示哀悼的白丝带为标志，佩戴白丝带意味着承诺：绝不参与针对妇女的暴力，也不对针对妇女的暴力保持沉默。目前，"白丝带"运动已经由加拿大扩展到全世界很多国家，成为最大的男性反对对妇女暴力的运动，白丝带也成为反对对妇女暴力的通用标志。

在中国，从 2001 年开始，"白丝带"活动和"消除对妇女暴力日"及"十六日运动"结合，逐渐在全国扩展开来，社区志愿者和青年学生是活动的主力军，活动形式丰富多彩，包括讲座、签名、演出、宣誓、街头宣传等。

（4）零忍耐运动

零忍耐运动源于一项对中学生暴力认识和态度的调查，它于 1992 年由英国爱丁堡地方议会妇女委员会倡导发起。零忍耐运动的口号是："永远没有借口！"这意味着任何形式、任何程度的暴力都是不可接受的，都不应该被忍耐。

零忍耐运动重视各种不同形式的针对妇女暴力之间的联系，注重针对社会公众开展持续的宣传和教育活动，挑战和暴力相关的社会习俗和成见，并主张积极预防暴力，为遭受暴力的妇女和儿童提供高水平的保护和服务。

如今，零忍耐运动已扩展到英国各地及世界上很多国家，中国已有许多地方创建了"零家庭暴力社区"，倡导对家暴的零忍耐态度，并探索家庭暴力社区综合干预机制的创建。

（5）战胜暴力日（V-day）运动

英文"V-day"中的"V"具有多种含义，既代表"Victory over Violence"（战胜暴力），也暗指 Valentine（情人节）和 Vagina（阴道）。V-day 运动源自美国，从 2 月 14 日情人节到 3 月 8 日，主要在国际妇女节期间展开，核心内容是上演话剧《阴道独白》，借此提高公众的反暴力觉悟，并为反暴力组织募捐。

《阴道独白》是美国作家伊娃·恩斯勒以两百多位妇女的采访为依据而创作的话剧，1998 年在纽约正式首演。该剧有两个主题：反对针对妇女和女童的性暴力；挑战传统性别文化，肯定和重建女性主体。如今，此剧至少被翻译成 45

种语言，在 120 个国家上演。《阴道独白》于 2002 年 3 月在中国首演，至今已有全国各地多所大学和中学的学生排演和播放过该剧，它的排练、演出、观看和讨论，远不只是富于魅力的参与式艺术活动，更是所有人共同深思暴力，并进而动员起来共同消除暴力的过程。

执笔：方刚

# 《素媛》赏析

## 一　剧情简介

素媛是一个小学二年级的女生，爸爸妈妈都很忙，她每天早晨自己去上学。这天早晨下雨了，上学路上，一位"坏叔叔"借口要她帮助打雨伞，将她拐到无人处，残酷地强暴了她。

素媛和父母均面临着修复身体创伤、心灵创伤的沉重工作，因为心中有爱，并且得到了周围人的帮助，他们最终走出阴影，开始了新的幸福生活。

## 二　教学流程

1. 对于感觉不安全的求助，可以说"不"

那个雨天，素媛上学的路上，被一个"坏叔叔"拦住了。

教师可以在这里让影片暂停，引导学生讨论：如果你遇到这种情况，应该怎么办？

《素媛》，韩国，2013年，122分钟

提示：

教师应该引导学生认识到，遇到陌生人拦下的情况，应该尽可能躲开，跑到学校或其他安全地方去。即使是未成年人在求助，如果感觉自己不安全，也可以拒绝。比如素媛当时已经感到不安全了，她前后张望，很犹豫，这时完全可以拒绝给那个"坏叔叔"打雨伞，这样做不是不热心，而是为了自我保护。

有时还可以使用一些策略，比如说："我爸爸在后面，马上过来，您找他打雨伞吧。"这样既有借口逃脱，又间接警告了可疑人。

教师还应该提醒同学，上学路上尽可能与其他同学结伴而行，互相有个照应。如果遇到暴力，要勇敢说"不"，但生命是最重要的，任何时候都要把保护生命放在第一位。如果生命受到威胁，可以先妥协，以保全性命。

2. 被伤害后，要及时报警

影片中，被强暴后的素媛，清醒过来的第一个动作，是打电话报警。

教师在这里停下影片，让学生讨论：这是否是最佳选择？如果你遇到这样的事，你第一个电话要打给谁？

提示：

素媛清醒过来第一个电话打给警察，是正确的。警察可以通知救护人员，及时进行救助。当然，第一个电话也可以打给救护人员，因为生命是第一位的。这时如果打给爸爸妈妈，他们可能会很慌张，一时反应不过来。

教师还可以引导学生讨论，如果受害人手边没有电话怎么办？鼓励学生培养应变求助的能力。

3. 你没有任何错

影片中，素媛用被单罩脸，觉得自己"丢脸"。她说："我做错什么了？"谈到去学校的担心时，她也在强调"丢脸"。

教师在这部分停下来，让学生讨论：素媛做错什么了？她真的"丢脸"吗？我们应该告诉她什么？

提示：

教师引导学生认识到：被性侵犯不是受侵犯者的错，是施暴者的错！受暴者没有任何过错，不应该受谴责，也不应该感到自责。即使被强暴了，受暴者还是原来的她，没有因此变得"不纯洁"，更不会因此"毁掉"什么。

影片中，那位心理咨询师的女儿受强暴后自杀，她说施暴者"害死了我女儿"，但我们要认识到，害死受暴者的，还有我们自己的观念。如果我们认为被强暴者有责任，或者被强暴者因为受暴而"人生毁掉了"，那么受暴者就更容易走绝路。

讨论中可能会涉及：受暴者如果穿着暴露，是不是受暴者的错？受暴者如果不尽全力反抗，是不是受暴者的错？教师应该让学生明确地认识到：穿什么衣服是每个人的自由，不能成为被强暴的理由；受到性侵犯而不尽力反抗，可能是受暴者被吓晕了，也可能是出于保护自己生命的考虑，总之不是错。

4. 关爱受暴者

影片中表现了有关各方对于受暴者及其父母的充分关心。比如，医院为素媛安排单人间，躲避记者和其他病人的注意；素媛妈的朋友荣植妈小心翼翼，不想让素媛被强暴的事让自己的儿子荣植知道；荣植妈送饭送菜，关心素媛妈；警方和心理咨询师充分考虑素媛的心理状况后，才让她指认施暴者；素媛的同学在她家门上贴满祝福与问候的话；荣植在素媛上学后，每天跟在她后面"保护"着她；学校领导也"和老师们交代了"，关心素媛的心理感受，包括"近期不和男老师接触"……

教师引导学生讨论：这样做的意义是什么？你觉得还有哪些应该做的？

提示：

性暴力受暴者内心会留下严重的心理创伤，修复这个创伤需要一个过程，一些不经意的举动，可能给受暴者带来二次伤害。比如，媒体报道中有受暴者的真实姓名和影像，警察取证时不顾及受暴者的感受，亲友同学的议论纷纷等。这需要我们在面对受暴者的时候要格外小心，呵护他们受伤的、脆弱的心灵，不要伤害他们。

荣植等同学在素媛重返校园后，写祝福纸条鼓励她，默默地陪伴她上学，都是对素媛最好的心理支持，也显示出他们正在成长为负责任的人。

教师可以让学生讨论：如果我们身边有同学受到了性侵犯，我们应该做什么？讨论中，引导和鼓励学生列出尽可能多的支持、帮助受暴者的方式。

影片中还有一个细节：荣植的爸爸原本是想安慰素媛的爸爸，在车上说，你就当这是一场事故，都还活着，还能怎样。素媛爸爸听了这些话，反而非常愤怒。教师可以引导学生分析：为什么荣植爸爸的好心好意，反而伤害了素媛爸爸？这需要我们学会如何去安慰别人，常见的一种安慰方式是告诉受害者：你遇到的没有什么大不了，这不算什么。而这会让受害者感到：你根本不理解我，你太轻描淡写了。好的安慰方式应该是充分理解受害者（也包括其家人）的感受，告诉他们，你也很难受，你完全理解他，你和他在一起……

### 5. 心理咨询很重要

影片中，心理咨询师告诉素媛的父母，他们不仅需要身体治疗，也需要心理治疗，全家都需要。素媛的妈妈一开始对此非常反感，不能接受，但事实是，心理治疗最终帮助了他们。

**提示：**

教师提醒学生认识到：现代人应该学会关爱自己的心理健康，特别是遇到重大创伤时，要寻求专业人士的帮助，走出心理阴影。遇到痛苦的事，自己扛着，不是好的选择。受到性别暴力要寻求心理帮助，遇到其他重大创伤，也是一样的道理。当然，寻求心理帮助的时候要慎重、认真选择，因为不称职的心理咨询师可能会给当事人带来二次伤害。

### 6. 放下阴影，迎接光明

影片总体的基调是向上的。虽然由一个悲惨的故事开始，但几乎所有人都充满爱心，积极努力，最终素媛和她的父母都走出了阴影。

教师请学生总结：哪些情节显示了素媛一步步走出阴影？

**提示：**

素媛本身是个坚强的小女孩，她在受暴后首先想到报警，躺在病床上勇敢地指认罪犯，都是她坚强、勇敢的表现，但她毕竟是个小孩，有过内心非常痛苦、封闭的时候，比如用被子将自己罩起来，不说话，等等。在这个过程中，心理咨询师的介入，特别是爸爸妈妈的努力，帮助她一步步走出阴影，变得更加成熟和坚定。

影片将近结尾的时候，她指出是爸爸在扮演那个可爱的玩偶一直逗她，并且牵着爸爸的手一步步走回家，给爸爸擦汗，都显示出她内心变得更强大了。这种成长，如果不是因为父母的爱，是很困难的。

最感人的场面是，法庭轻判了施暴者，素媛爸爸冲过去，要亲自向施暴者报仇。而素媛紧紧地抱住爸爸的腿，阻止了爸爸。这场面之所以令人感动，是因为一个小女孩，一个受暴者，阻止了以暴易暴，她让我们学会放弃暴力，抛下阴影，向前走。

影片结尾，素媛的弟弟出生了，她抱着他，脸上荡满灿烂的微笑。这象征着一家人已经走出阴影，开始迎接新的生活了！

执笔：方刚

# 《狩猎》赏析

## 一　剧情简介

　　一个小镇上，人们亲密地交往着，快乐地生活着。年过四十的卢卡斯刚刚和妻子离婚，还在和妻子争论儿子马库斯可以有多少天和他一起过。他养了一条名叫芳妮的狗。

　　卢卡斯工作的小学倒闭了，他到镇上的幼儿园工作。他和那里的小朋友打成一片，孩子们都很喜欢他，其中便有他"最好的朋友"西奥的女儿克拉拉。卢卡斯下班后常送克拉拉回家，克拉拉非常喜欢芳妮，常带芳妮散步。

　　一天，克拉拉送给卢卡斯一个心形手工制品，还嘴对嘴地吻他。卢卡斯躲开克拉拉的吻，告诉她，只有和父母才可以那样接吻，并让她把心形制品送给别的小朋友。

　　年幼的克拉拉感觉被卢卡斯伤害了，于是编造出被他性侵犯的谎言，告诉了幼儿园的负责人。负责人按规定开始了

《狩猎》，丹麦，2012 年，115 分钟

调查：专业人士来和克拉拉谈话，通知所有家长询问孩子是否做过相关的噩梦，警察也开始调查……

虽然克拉拉后来一再说："他什么都没有做，我只是说了一堆蠢话。"而且幼儿园的负责人也知道，"克拉拉非常有想象力"，但是在对性侵犯高度敏感的情况下，人们宁愿相信克拉拉前面的指控。调查人员约谈克拉拉时，都是引导她说出卢卡斯对她进行了性侵犯，告诉她"不要怕"，而不是鼓励她说出真相。比如调查人员会诱导克拉拉：卢卡斯的举动是不是让你很不舒服？

克拉拉告诉母亲，卢卡斯什么都没有做，但克拉拉的母亲说：我知道你这是潜意识中选择忘记。对于克拉拉的否认，大家都认定这是她受伤害的"心理创伤"造成的。

全镇的人对他们心目中的"变态佬儿"卢卡斯同仇敌忾，昔日最好的朋友都以他为敌。他不仅失去了工作，女朋友也远离了他。儿子马库斯也被连累，在超市购物时被轰了出来。

幼儿园老师、家长和警察问了幼儿园中的每个孩子，很多孩子都表示卢卡斯对他们进行了性侵犯。虽然孩子们的这些答话很可能像克拉拉接受询问时一样是被诱导出来的，但人们相信孩子不会说谎，说谎的一定是拒不认罪的卢卡斯。于是警察拘捕了卢卡斯。

预审时，一个有力的证据使得卢卡斯被释放了。那便是，所有的孩子都说到过卢卡斯家的地下室，还绘声绘色地描绘出他家地下室沙发的色彩。但是，卢卡斯家里没有地下室！

回到家中的卢卡斯日子并不好过，人们仍然坚信他实施了性侵。有人扔砖头砸碎了他的窗户，有人残忍地杀死了他的宠物狗芳妮，超市拒绝卖食物给他……

圣诞夜的教堂里，卢卡斯再也忍受不住，愤怒地拳击克拉拉的父亲西奥。他被推出了教堂，但这也让西奥开始反思。克拉拉再次告诉父亲西奥："他什么也没有做，都怪我说了一些蠢话……。"西奥感到内疚，拿着酒去看望卢卡斯，表达了他的悔意。

一年后，春光明媚，卢卡斯的儿子马库斯成年礼时，镇上的许多人都参加了庆祝，包括曾经将卢卡斯打出超市的人，也包括西奥。这意味着人们相信了卢卡斯。

克拉拉也来了,向卢卡斯问好。卢卡斯不避嫌疑地将她抱起来,这暗示着走出阴影的卢卡斯仍然会像以前一样爱孩子们。

然而,成年礼后,当卢卡斯带着儿子马库斯在森林里狩猎的时候,一颗子弹险些击中了他,一个人影在远处急急地逃遁了。影片以此告诉我们,仍然有人坚信卢卡斯是有罪的,仍然想"替天行道"……

## 二 教学流程

此片适合讨论过《妈妈别哭》《素媛》等反性侵影片之后观看和思考。

在此片的讨论中,主要是对反性侵教育进行深入反思。在当前中国缺少全面的赋权型性教育、简单的"反性侵"教育被强调的背景下,引导学生思考此电影,更具有时代意义。它提醒我们,由于对性侵的憎恨,容易使得我们忽视什么?为什么一个小女孩经不起考证的一句话,会险些将一个热爱学生的老师的生活彻底毁掉?整个事件的背后是什么样的社会情绪在推动?为什么会产生这样的社会情绪?

### 1. 男性都是潜在的性侵犯

此片真实、深刻地反映出对性侵犯憎恨、谴责的过程中,可能使我们失去理智,甚至成为施暴者。虽然小女孩儿克拉拉一再更正自己最初的谎言,但没有人相信她。人们只相信女孩子说自己遭受了性侵犯的话,却不愿意相信女孩讲的并没有受性侵犯的话,这是何等的荒谬。更糟糕的是,人们甚至毫无依据地不再相信司法。卢卡斯被警察释放后,人们并不相信他无罪,甚至怨恨以证据办案的法律系统,对他进一步敌视。

仇恨性侵犯的实施者,这是可以理解的,但如果对性侵犯的仇恨使得我们杯弓蛇影,失去了理智,以至于不尊重事实,就不应该了。这种非理性的社会情绪的成因,恰恰是一种偏颇的反性侵犯社会舆论的反映。这种舆论一般先假定男性是潜在的性侵犯,随时准备对女性进行性侵,而女性永远是受害者,不可能说谎、诬告,也不可能出现错觉。

在电影中,如果不是偶然的证据(孩子们声称进入了卢卡斯家并不存在的地下室），以及"受暴者"父亲的觉醒，卢卡斯可能要在监狱中度过余生，但是在预防性侵犯的强大语境下，没有人会为此感到不安，只会庆幸又抓起来一个"十恶不赦的男人"。

这样的社会情绪，在中国现在的反性侵教育中，也是需要时刻警惕的。影片虽然呈现的是西方社会，但对当前中国也具有非常强的现实意义。

### 2. 我们需要全面的性教育，而不只是反性侵教育

教师引导学生讨论，克拉拉为什么会说谎？什么样的教育才是真正有益的性教育？

提示：

克拉拉说谎，恰恰是缺少性教育的结果。因为缺少好的性教育，克拉拉不懂得如何表达自己对卢卡斯的喜爱之情；因为缺少好的性教育，克拉拉不懂得她随口说出的指控意味着什么；也正因为缺少好的性教育，克拉拉才会说出那几近"真实"的谎言……

孩子怎么可能编造出性侵犯的谎言呢？在接触不到充分性信息的时代和社会，这也许是不可能的，但是在现代社会，却并没有那么困难。比如影片开始的时候，就是克拉拉的哥哥在看色情图片，让克拉拉看到了，这可能也为她后来的谎言提供了"素材"。

克拉拉和她的小伙伴们，需要充分接受关于身体、性、亲密关系的教育，才不会无端指责别人，也不会在面对"诱供"的情况下乱说一通。当然，我们说这些不是指责孩子，而是谴责那些剥夺了孩子受到全面性教育的机会的成人，特别是那些只讲预防性侵犯，而回避全面性教育的人。

### 3. 现有的反性侵体系还缺少什么

从影片中可以看出，故事发生的国家对于校园性侵犯的举报有一套相对完整的应对程序，比如及时停止教师的工作，约谈幼儿，通知家长进行更广泛的调查，给家长发放相关的辅导手册，等等。那么，这套程序的缺陷是什么？引导学生通过本片的情节进行思考。

提示：

针对性侵犯发生后的应对体系，是非常必要的，但是本片暴露了这套体系中的一个重要问题，即这个貌似完善的体制中，一直在假定性侵犯真的发生过。我们以为青少年是不会撒谎的，但他们其实经常撒谎。尽管有时候不是出于恶意，而是他们的心智无法理解这些谎言的后果，或者难以分辨现实与幻想之间的界限。

我们强调是否存在性侵，以当事人的感觉为准，这是否意味着性侵的指控就不再需要证据了呢？只要自己说遭受了某人的性侵犯，那个人就要对此承担责任？这种简单的判断方法，其实是无视现实生活中的复杂情况。

还有一种观点，认为存在着权力差异的两个人之间的性关系，一定是有权力的一方对没有权力的一方进行性侵，这也忽视了当事人的主体性，忽视了权力关系在实践中复杂的建构过程。

面对这样错综复杂的社会，我们在建立反性侵体制的时候，如何避免无辜者受害？也是需要认真思考的议题。

4. 潜在的人际关系危机

面对卢卡斯性侵的指控，西奥不再相信"最好的朋友"，女友不再相信自己爱的男人，儿子开始怀疑父亲……

卢卡斯关爱克拉拉，带她回家，和孩子们打成一片，反而成为他实施性侵犯的"依据"；卢卡斯最好的朋友也对他说：我说过你不要管得太多，我早讲了……

教师引导学生讨论：这样的高度敏感、人人自危，可能给人际关系带来什么？

提示：

对于性侵犯的这种过度敏感，无疑将严重损害人际关系的健康发展。

任其发展下去，成年人将不能对孩子表达喜爱，教师为避免瓜田李下也只能对学生敬而远之。那些直接与青少年接触的职业，特别是教师，将成为"高危职业"。这样的结果，未必是那些整天高喊反性侵的人士所乐于看到的。

### 5. 如何做到"不冤枉好人，也不放走坏人"

影片中的克拉拉，是无意中对她喜欢的老师卢卡斯构成伤害的，但在现实生活中，也有一些人是有意对别人进行污辱中伤的。

教师引导学生讨论，如何做到"不冤枉好人，也不放走坏人"。

**提示：**

如果我们的反性侵教育，只教青少年"自我保护"，不教青少年懂得敬重人与人之间正常的交往，这样的反性侵教育就是在毒害青少年。教师应该引导学生认识到，性侵犯是一个非常严重的指控，做出这个指控之前，要深思熟虑，做到对自己和他人负责。如果真的存在性侵犯，不要轻易放过施暴者；如果没有性侵犯，也不要因为自己的敏感，或者其他目的，而轻易去指控他人。

同时也可以引导学生讨论：如果你受到这样的冤屈，你会怎么为自己争取公正？

影片中，唯一相信卢卡斯的一位朋友说："世界上存在太多恶意，我们相互支持，恶意才会远去。"这话也许会给我们一些有益的启发。

**教学参考：**

2014年9月11日，三十多名学者、大中小学教师、大学生，针对中国当时一些反对校园性侵犯的呼声，发表了《反对单纯强调"预防性侵犯"，呼吁推动全面的学校性教育联合呼吁书》。全文如下：

近年来，随着性侵犯案件的集中曝光，防范校园性侵犯的呼声增强，各种反对性侵犯的组织、活动如雨后春笋。在教师节前后，也有民间女权组织发起了呼吁校园建立反性侵机制的联署，其中一份是面向中小学教师的，另一份是面向高校教师的。我们相信：所有这些活动发起者的动机，都是好的，都是想造福青少年的。

但是，好心不一定办好事，不一定有好的效果。

首先，我们坚决反对任何形式的性别暴力，包括校园性侵犯。我们中许多人的工作都包括反对校园性别暴力的内容。但是，我们认为，根据中国目前教育的现状以及反性侵的主流话语，包括前述两份联署的文本表述，令人忧虑。

理由如下：

（1）几乎所有反性侵倡议与行动，都只强调反性侵，不强调全面的性教育；前述两份联署只是呼吁教育部出台反性骚扰的行政规定，却不呼吁出台性教育的行政规定。主张讲反性侵的人可能反问：推动反性侵，有错吗？当然没有错。但是，在中国当前的语境下，全面的性教育普遍缺失，只讲反性侵会造成社会、学校和家长进一步以反性侵代替性教育，阻碍全面性教育的发展。至少在普遍缺少性教育的社会现状中，单纯的、一味的反性侵的舆论必然造成的结果是：增加青少年对于性的羞耻感、罪恶感。有学者到一所进行过防性侵犯的中学调查，问学生："提到'性'，你想到什么？"所有学生写下的都是"强奸、性骚扰、痛苦、怀孕、性病、流产……"这些负面词汇，没有一个人写下"愉悦、快乐、爱、亲密关系"这类的正面词汇。

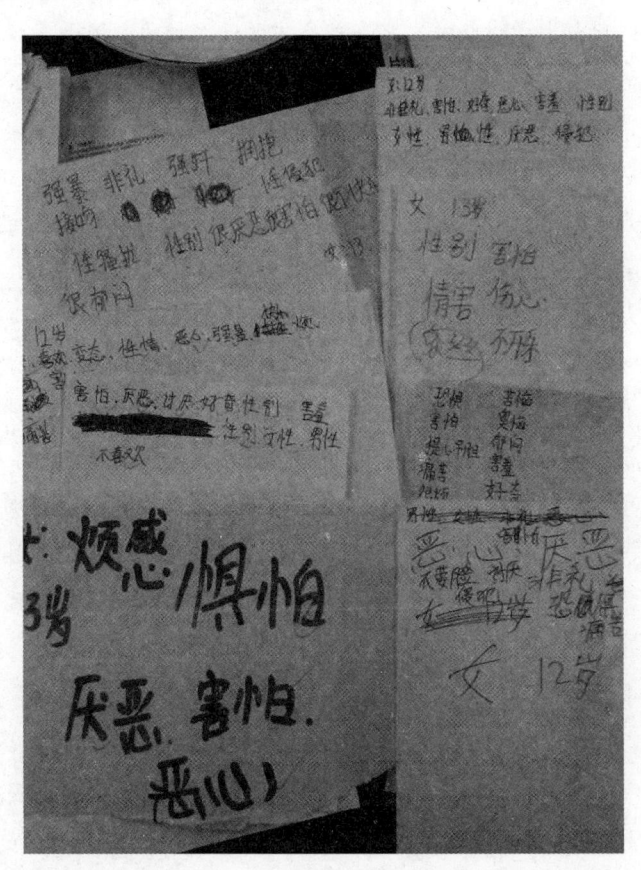

学生写的字条

（2）一些反性侵的活动，只谈女性被男性性侵，极少谈到男性也受性侵，同性间也存在性侵。这进一步强化着性的刻板印象，引导女性将自身置于"当然的"受害者地位，远离性别平等；同时忽视了校园中重要的性别暴力：针对LGBT群体的暴力。

（3）几乎所有反性侵的倡议与行动，只谈性的害处，不谈性的正面价值；这其实就是臭名昭著的"守贞教育"改头换面，以反性侵的面目在中国的再次登场。"守贞教育"已经被历史证明是非常有害于青少年成长和社会公正平等的。

（4）前述两份反性侵的联署倡议，将师生间的权力关系简单化、身份化，认为"教师"这一身份就必然拥有权力。而今天中国内地校园中的权力关系是非常多元的，比如大学教师并未拥有想象中的学术权力，绝大多数教师更无掌控学生命运的能力。现代教育理念更趋平等开放包容多元，高校入学也日趋平民化，校园师生关系已不是早前的隔膜、威权，而更多呈现合作、互助成长、亲密友善、彼此关怀的平等自由状态，我们不能一味以"和国际接轨"为由，忽视中国校园，特别是高校的文化现状，来简单化地看待师生间的情欲关系，将权力关系单向绝对化。

（5）绝大多数反性侵犯的倡导，均假定所有具有权力关系差异的人之间发生的亲密关系，一定是表面上权力更大的教师利用了这个权力进行的性侵犯。这是对双方有可能形成的亲密合作关系，以及彼此的自主权，特别是对日趋成长的学生对亲密关系的自主权的无视。按这个逻辑，沈从文骚扰了张兆和，鲁迅骚扰了许广平。这种一竿子打死的做法，疑似对人权的粗暴干涉。前述针对大学的建议，甚至无视大学生是成年人，他们已经具有结婚的权利，更何况选择恋爱对象的权利？这种倡议干涉和剥夺了一个成年人在性的方面自我决定和赋权的机会。

（6）几乎所有的反性侵倡导，均忽视了学生的主体权利，对学生的成长只会造成压迫。一方面没有提供全面的性教育，使学生的亲密关系、性别平等、婚姻恋爱等基本能力得不到提升，另一方面又将具有自主选择亲密关系能力的学生归入"不好的""坏的""非学生"的范畴。学生即使对教师有爱情，也不敢表述；教师即使对学生有爱情，也不敢示爱。结果是断送了许多美好情缘。我们反性骚扰究竟是要保护（性）权利，还是要限制、剥夺（性）权利？我们要警惕：以反性侵犯的名义，试图控制青少年，包括大学生的身体自主权，那将使反性侵本身成为"性侵犯"。

（7）主流反性侵话语，只谈反性侵，不谈身体自主权，无助于青少年真正具有自我保护的能力。反性侵犯的能力，不是靠简单地上几节"说不"的课就可以具备的。历史证明：它需要的是全面的自主权、能力的建设。而这需要全面的、赋权的性教育。只谈"反性侵"的结果，是青少年在面对性侵犯时，没有能力说"不"。

（8）一些主流反性侵犯的倡导，将性骚扰概念扩大化、简单定义、粗暴定义。前述高校联署文件中"性骚扰的界定不在于加害者的动机是否故意，而是取决于受害者的主观感受"的论断，显然缺乏科学性和严谨性，有着致命的缺陷。前述针对高校的联署中，课堂上"讲性"也可能是性骚扰，这将让许多教师无法正常教学，因为性是我们生活和社会中重要的组成部分；进一步来看，它也极可能阻碍性学的发展，教师因为忌惮"讲性"这一"性骚扰形式"，而不敢开设和性学有关的课程，也不敢讲授这方面的重要知识。我们不禁要问：是什么使我们对性如此恐惧？此一联署文中，"不受欢迎"的言行被列为性骚扰，问题是：如何事先判断这一言行是否受欢迎，莫非在讲每句话之前，均说一句"我将要说'……'，你欢迎我说吗？"同一联署文中，"不当的言行、指导和对待，损害学生学习和科研热情"也是"性骚扰"，但是，教师同样的指导方式，对于不同的学生可能会有不同的效果，简单冠以"不当的"，将令教师不知该如何指导学生。

（9）主流反性侵话语，实质上是"反性"的话语，和谐的校园可能被过度"性化"，反而突出"性"的意味。将"性骚扰"无理性地扩大化，将造成教师无所适从，只能时刻警惕远离学生，以免被视为性骚扰。原本自然和谐的师生关系，反而被"对号入座"成某种损害单方或双方的权力关系；原本自然和谐的教学相长，反而成为性侵害与规避性侵害的逐力场。结果将是使师生隔离，破坏了校园的和谐气氛，影响老师与学生之间建立平等、友爱、关怀的关系，更可能影响学生全面学习知识、得到成长。更甚之，它可能让男硕导、男博导因唯恐"瓜田李下"而不敢招收女研究生，这会强化女生受教育权的不公。

最后，我们想强调的是：

我们坚决地反对性骚扰，正如我们坚决反对一切侵犯人权的行为。但是，我们认为，反性骚扰、性侵犯的教育，必须放到全面的性教育当中进行，必须通过赋权于青少年来实现，只有青少年真正得到成长了，他们才有可能成为反对性骚扰和性侵害最有力的力量。

对性骚扰的定义，不能忽视文化背景；对于师生间权力关系的理解，不能离开时代背景。

不能以反性侵犯的名义，剥夺任何人的身体自主权，将师生间的情欲关系简单污名化，变成视身份而论的"有罪推定"。

我们更要警惕：反性侵犯运动沦为道德保守主义下性保守力量回潮的借力板，成为对不同性价值观人士进行打击的手段。

2014 年 9 月 11 日

联合呼吁人：方刚（起草人）、李银河、彭晓辉、朱雪琴等

执笔：方刚

# 第七编 活动设计

这一编的内容主要是一些相关的活动设计，供有关工作者开展教学活动、倡导活动的时候作为参考。这些活动非常重视参与性，主要是让学生参与进来，成为活动的主体，组织者和主持者起引导和支持的作用。

随着（移动）互联网的日渐普及，青少年在网上遭遇性别暴力的情况正在加剧。为了应对这个新现象，我们设计了两个活动："学习应对网络性别暴力"，旨在组织青少年讨论网络性别暴力的发生情况以及如何积极应对；"网络自媒体创建指南"则用于帮助那些有意愿通过建立网络自媒体来消除校园性别暴力的学生更好地发声。

"性别暴力微视频制作展演策划""性别暴力知识竞赛策划及竞赛题库""快速测验你的知识""校园性别暴力的调查研究"等活动，主要是招募学生来参与，通过让他们进行微视频制作、知识竞赛、实地调查研究等，了解什么是校园性别暴力，在不同的地区有什么不同的表现；如何应对性别暴力，怎么保护自己、帮助受害者；协助有关部门了解校园性别暴力的现状，有针对性地采取措施来解决问题。

活动形式的多样性，有助于让不同兴趣爱好的学生都能参与进来。例如"读《红楼梦》，认识校园性别暴力"可以吸引那些古典文学的爱好者，有助于其加深对校园性别暴力的理解，提升对性别暴力的敏感度以及分析有关问题的能力；"非虚构创意写作课"可以吸引那些写作爱好者，通过写作和阅读的方式来帮助学生增进对校园性别暴力的认识，激发他们对受害者的共情，从而改善校园中的人际关系。与文字形式的传播教育不同，戏剧是通过呈现和主题相关的事实，利用矛盾和冲突来推进情节，引发观众思考。"校园性别暴力剧场"的活动设计包括如何策划、排练一个戏剧，并通过表演、观众参与和教学讨论相结合的方式来传递有关性别暴力的知识，启发公众反思性别不平等观念如何影响我们的生活，鼓励大家参与到消除性别暴力的行动中来。

最后，"校园反对性别暴力海报设计"也是一个相当有用的工具。因为我们的很多活动都需要进行宣传，而海报是最常见的宣传方式。这里我们展示几个优秀的海报案例，供相关工作者参考。

# 学习应对网络性别暴力

## 一 活动背景

随着（移动）互联网的日渐普及，青少年（尤其是女性）在网上遭遇性别暴力的情况正在加剧，已经引起了社会的普遍关注。2015年，联合国发布了一份题为《反对针对妇女和女童的网络暴力》的报告，其中提到有73%的妇女曾暴露于或经历过某种形式的在线暴力，该比例还随着新信息技术的发展而不断增长，针对妇女和女童的网络暴力正在成为一个全球性的问题。

这份报告还显示，18—24岁的女性更容易遭受网络性别暴力，除了身体受到威胁外，还可能经历各种缠扰和性骚扰，这给她们的心理状态、日常生活都造成了很多困扰，而大多数受害者并不会对此进行报告。联合国因此呼吁，应该通过在社区中开展培训来预防网络性别暴力，促进社会对此的态度和行为转变。

显然，学校里的学生（尤其是女学生）由于社会经验不足、支持系统不健全，很容易遭受网络性别暴力的威胁，而管理机构在这方面的作用相对匮乏，这种现状急需得到改变。

## 二 活动内容

组织青少年讨论网络性别暴力的发生情况以及如何积极应对。

## 三　活动目的

帮助青少年了解网络性别暴力，增强其应对能力。

## 四　参与者要求

参与者应该对网络性别暴力有一定了解。自己经历过类似的事件，或者目睹过这类事件的发生，有一定的经验可以分享。

鼓励男生参与。有意愿参与的男生如果对此缺乏认识，可以建议他们在工作坊开始之前的一段时间内，使用女性的名字在网上发言，并故意挑起争端，体验一下女性在网上经常遭遇的语言暴力。

## 五　活动流程

### 1. 招募参与者

可在校园网、校园公告栏处公开招募参与者。在选择参与者的时候，综合考虑其角色定位，可以是网络性别暴力的受害者，也可以是施害者、目击者。这样可保证有不同的视角，有更丰富的讨论内容。

### 2. 分组讨论

视学生参与的情况，将其分成（也可以让其自由选择组成）几个小组，进行讨论。每组推选一人作为记录人、一人作为报告人，记录人负责记录大家讨论的情况，报告人负责在讨论结束后，向其他人通报本组的讨论内容。讨论议题如下：

（1）个人体验分享

每个人分享所遭遇、所参与、所目睹的网络性别暴力。在记录下这些事件后，简单统计分析一下，这些事件大多是在何种网络平台上发生的？其中多少是女性受害者，多少是男性受害者？施害者中的性别比例又如何？网络性别暴力的表现形式主要是什么，大致可以分为几种类型？有多少事件得到了妥善处理，有多少始终没有得到处理……

讨论中，提醒参与的同学保持开放心态，对一些有错误认知和行为的同学

（如施害者）有一定的包容度，便于讨论能够正常进行，并有一定的深度。

（2）认识网络性别暴力

针对刚才分享的个人体验，组织者（可以是辅导老师，也可以是自告奋勇的同学）简短总结一下，哪些网络平台更容易发生性别暴力？什么样的人更容易成为受害者，或者施害者？网络性别暴力的主要表现形式是什么？受害者普遍采用的应对方式有哪些，效果如何……

在此基础上，针对上一环节讨论的内容，每个人都谈谈自己的感受。当听到这些网络性别暴力事件时，你内心是什么样的感觉，有不舒服和吃惊吗？你是否同意组织者刚才的总结？你认为这些现象背后的根源是什么？为什么青少年女性更多地遭遇网络性别暴力，而男性更多是在实施网络性别暴力？

（3）如何创建安全的网络环境

鼓励同学"大开脑洞"进行头脑风暴，提出各种有助于创建安全网络环境的建议，并进一步讨论这些建议是否在某些网络平台实践过，效果如何？

组织者在引导讨论的过程中，应该提醒同学，建议要有具体的对象。比如有对受害者的建议，包括如何积极应对网络性别暴力，避免受到更大伤害，以及如何反击等；对施害者的建议，包括如何控制自己的不良情绪、不合理的欲望，减少在网上对别人的伤害；对旁观者的建议，包括在目睹网络性别暴力发生时应该如何反应，如何支持受害者；对网络管理者的建议，包括应该采取何种措施来减少、消除网络性别暴力；对网络平台的建议，针对具体社交网络平台的建议各有不同，比如对微博、微信、豆瓣和知乎的建议应考虑到这些平台的特征，做到有的放矢。

鼓励那些更有操作性的建议。例如校园 bbs 的参与者多是本校同学，个人真实身份易被发现，线上暴力与线下暴力结合起来可能对当事人造成更严重的伤害，但正因为是本校的网络平台，针对校园 bbs 提出的一些管理建议，由于与校方、同学的沟通相对容易，也更可能得以实现。

（4）订立个人计划

鼓励每个参与者写下自己的行动计划。计划主要涉及如何通过个人努力来解决网络性别暴力泛滥的问题，如承诺不再实施网络性别暴力，不再对这类事件保持沉默、遇到网络性别暴力会积极应对和抗争……

## 六 活动小结

网络性别暴力是互联网时代的新鲜事物，传统的反暴力思维模式往往不能很好地解决这个难题，且它随着信息技术的发展会持续升级，从而解决方式也要做相应的升级。通过校园工作坊的模式，可以会集众多参与学生的智慧，一起找到应对网络性别暴力的有效方法。

执笔：陈亚亚

# 网络自媒体创建指南

### 一 活动背景

网络自媒体也称为"公民媒体",通常指公民通过电子化方式向大众或某个社群传递信息的新型媒体,国内常见的自媒体平台有:邮件组、微博、微信公众号、互联网论坛、网络电台、网络视频、网络直播……

媒体作为社会交流的一部分,对转变公众的固有思维有积极作用。消除校园性别暴力需要媒体的参与,然而目前与校园性别暴力有关的媒体节目,大多由成年人、职业媒体人主持,更多地传达出成年人、媒体人对此的立场和态度,相对而言缺乏青少年自己的声音。因此,有必要鼓励青少年通过建立自媒体的方式来发声,参与到消除校园性别暴力的队伍中来。

### 二 活动内容

给创建网络自媒体(主题为校园性别暴力)的学生提供支持。

### 三 活动目的

帮助那些有意愿通过建立自媒体来消除校园性别暴力的学生更好地发声,从而达到消除校园性别暴力的目的。

## 四　参与者要求

公开招募参与者。可要求预先提供自媒体创建计划书，尽量选择那些更有创意、计划相对完善、有一定运营新媒体基础的参与者。

鼓励参与者组成团队报名，也可以建议那些主题和形式重叠较多的参与者组成团队，团队中最好有男有女，比例相当。

## 五　活动流程

### 1. 自媒体创建的技术指导

辅导老师不一定是自媒体运营专家，未必有相关经验，最好是请比较成功的自媒体实践者来做讲座，帮助学生跟这些人建立联系，获得他们的指导，从他们那里学习到自媒体创建的技能。

### 2. 议题报道指南

给学生介绍相关的报道指南，如国际记者联盟对妇女暴力的报道指南、中国法学会反对家庭暴力网络的《家庭暴力报道专业准则》、Les+ 发布的《LGBT 媒体报道建议手册》，以及联合国"中国社会性别研究和倡导基金"第五批招标项目"基于新媒体的性别平等倡导与实践活动"发布的"网站性别议题报道指南"等资料。（以上资料可在互联网上搜索获取）

在以上资料的基础上，对有关校园性别暴力的报道提出以下简单建议：

（1）体现性别平等

在可能的情况下，努力听取和传达女性的观点，尤其是女性专家、学者、当事人、利益相关者的意见，赋予女性平等的表达权利和表达机会。

避免对两性进行性别刻板印象的描述和呈现，如不以女性的身体、容貌、婚姻等作为评判的核心价值观，避免女性处于被观看、被物化的处境。

（2）维护个人权益

有受暴经历的人可能不愿被描述为"受害者"，可称其为"幸存者"。

在任何情况下，避免暗示幸存者该受指责，或该对其所受的暴力负责，如指责受害者软弱、忍让、不投诉等。

尊重个人隐私，尽量避免给当事人带来麻烦。如非必要，不使用受害者的真实姓名，对其他个人信息也要进行相应的处理，避免其身份被公开。当暴力责任者是有权势的机构和个人时，这一点尤其重要。

不使用淫秽、粗俗、带有性别歧视和偏见的词语来描述当事人；不使用攻击个人身体和性特征的语言；尽量回避那些将当事人尤其是女性暴露在负面状态（包括心理和身体伤害）中的详细描述，如关于性侵犯的细节等。

（3）关注社会背景

应充分考虑到校园性别暴力发生的政治、社会、文化环境，关注暴力对当地社会体系和文化的破坏，以及对弱势者（如女性）地位的损害；尽量呈现事件中所涉及的各方声音，将暴力本身而不是施暴者看成问题所在，在更大的社会背景中来探究解决问题的可能性。

（4）提供有效信息

注意介绍有关的救助、维权信息，以及最新的国内外预防和制止校园性别暴力的现状、理论研究和社会实践等。同时，报道中要关注到受害者的能动性，如实反映其防止暴力、摆脱暴力以及走出暴力阴影、重建生活的能力，努力传递校园性别暴力应该也可以被消除的理念。

（5）倡导性少数者权益

除非跟新闻直接相关，否则个人的性少数身份不应该在报道中被提及。

在有关性少数的报道中，努力做到以下几点：

尽量避免歧视性用语，如人妖、不男不女、变态、不正常等。如果一个人的外表特征或装扮跟其生理性别不符，应征求其个人意见，使用其偏爱的人称代词。

不猎奇、不迎合主流文化，呈现鲜活个体，尊重个性差异，传达平等观念。

避免将同性恋等同为男同性恋，要看到女同性恋的存在；类似地，避免将性少数者等同于同性恋，看到其他性少数者的存在……

3. 主题日报道策划

在某些节日来临时重点策划，推出有针对性的报道，可取得事半功倍的效果。

这些节日大致可分为三类：

第一类是国际女性权益日。如 3 月 8 日的妇女节，3 月 18 日至 24 日的国际女性反性骚扰周，11 月 25 日的国际消除对妇女暴力日，11 月 25 日至 12 月 10 日的消除对妇女的暴力"十六日运动"。

第二类是性少数者的节日。如 5 月 17 日，国际不再恐同日；11 月 20 日，国际跨性别纪念日。

第三类是相关节庆。如 2 月 14 日的情人节，可倡导反对亲密关系暴力；3 月 7 日，不少学校有女生节的活动，也可趁机做一些宣传。

## 六  活动小结

网络自媒体在提升公众意识、建设公共话语空间上有着重要意义，这主要表现在：有影响的自媒体报道可能引发某个议题的热烈讨论，从而极大地提升公众的性别意识、反暴力意识，促使决策者采取积极行动来改变现状。因此，我们积极为那些有意愿建设自媒体的同学提供技术支持，有助于提升公众的性别平等意识，从而达到消除校园性别暴力的目的。

执笔：陈亚亚

# 性别暴力微视频制作展演策划

### 一 活动背景

性别暴力是指基于不平等的性别观念和性别权力关系的暴力。近年来，性别暴力越来越受到社会关注。对性别暴力的施暴者和受害者特征、性别暴力发生的场所与形式等进行了解，有利于帮助学生快速辨别危险情境，学会有效地应对策略，避免受到伤害。

### 二 活动内容

以"对性别暴力说'不'"为活动主题，学生自主组织小组，进行微视频创作。

### 三 活动目的

（1）了解什么是性别暴力，以及它发生的场所和形式；
（2）学会如何应对性别暴力，避免受到伤害。

### 四 作品要求

（1）故事主题明确，逻辑合理，条理清晰；
（2）与现实相符，有启发性和可学习性，传递正能量；
（3）有可观赏性和艺术性，避免血腥、暴力或色情镜头；

（4）每件参赛作品总时长不超过 15 分钟，存储格式统一为 MP4 格式。

## 五　活动流程

（1）作品提交：20＿＿年＿＿月＿＿日前，将参赛作品压缩为".rar"格式发送至邮箱：＿＿＿，请以"作品名＋参赛人员年级、班级、姓名"为邮件主题。

（2）作品展演：20＿＿年＿＿月＿＿日至＿＿月＿＿日课外活动时间。学校网站将开设专门网页，上传各参赛作品，展演期间根据网络投票初选出 10 部入围作品，参加下一步专家评审。

（3）专家评审：20＿＿年＿＿月＿＿日课外活动时间。聘请性教育专家、视频制作专家、学校心理教师、学生代表组成专家评审团，分三组对 10 部入围作品进行打分，评出一等奖 2 名、二等奖 3 名、三等奖 5 名。

（4）点评与颁奖：同日，由专家代表团合议，对每一部入围作品进行专业点评，阐明优点与不足，由嘉宾对获奖作品进行颁奖。

## 六　发布会地点

×××学校第一报告厅。

## 七　活动对象

活动面向全校师生开展，可寻求校外人士帮助，但制作主体应为我校师生。

## 八　活动单位

×××学校政教处主办，微视社团承办。

## 九　活动前期准备工作

（1）整体调度。负责人＿＿＿＿＿＿＿

（2）活动宣传。负责人＿＿＿＿＿＿＿

（3）作品收集与整理。负责人＿＿＿＿＿＿＿

（4）联系评审场地及场地布置。负责人＿＿＿＿＿＿＿

（5）发邀请函，邀请嘉宾评委。负责人＿＿＿＿

（6）确定组织者。负责人＿＿＿＿

（7）作品评分表、证书制作。负责人＿＿＿＿

（8）现场收集作品评分表、总分计算。负责人＿＿＿＿

（9）PPT、背景音乐制作，现场设备调试。负责人＿＿＿＿

（10）活动记录、拍照。负责人＿＿＿＿

（11）后勤。负责人＿＿＿＿

（12）机动组。负责人＿＿＿＿

（13）活动后收集反馈信息。负责人＿＿＿＿

（14）撰写活动总结。负责人＿＿＿＿

适时召开协调会议，发现各组问题，解决问题，确保活动顺利开展。

**十　专家评审活动流程**

（1）活动开始前，带领学生有秩序入场并维持活动现场秩序，确保快速有序入座。

（2）播放音乐，渲染活动气氛。

（3）邀请嘉宾入场、入座。

（4）活动开始，各组微视频播放，完毕后统一收取评分表。

（5）中场休息。后台计分，列定奖次，专家合议，形成对每一部作品的评审意见。

（6）邀请嘉宾为获奖者颁发证书，专家对每部获奖作品进行点评。

（7）活动结束，嘉宾离场。

（8）学生有秩序退场。

（9）清理活动场地，回收可利用资源。

**十一　活动后期总结**

（1）调查观看视频展演的教师与学生，了解此活动的效果与影响。

（2）就此次活动成效做出总结，分析成功与不足之处，为以后系列活动的举办积累经验。

## 十二　预计经费

（略）

编写：石于乔、温学琦

# 性别暴力知识竞赛策划及参考题库

### 一 活动背景

性别暴力是指基于不平等的性别观念和性别权力关系的暴力。近年来,性别暴力越来越受到社会的关注。对性别暴力的施暴者和受害者特征、性别暴力发生的场所与形式等进行了解,有利于帮助学生快速辨别危险情境,学会有效的应对策略,避免受到伤害。

### 二 活动目的

(1) 了解什么是性别暴力,以及它发生的场所和形式;
(2) 学会如何应对性别暴力,避免受到伤害。

### 三 活动主题

"性别暴力知多少"知识竞赛

### 四 活动时间

(1) 预赛:20___年___月___日课外活动时间,"二进一制",选取前4名进入决赛;
(2) 决赛:20___年___月___日课外活动时间,评选优秀班级并颁发证书(设置一、二等奖)。

### 五　活动地点

×××学校第一报告厅。

### 六　活动对象

活动面向全校学生开展，以班级小组的形式报名，每班三人，男女不限。参赛小组初步设置为16组。

### 七　活动主办单位

×××学校政教处主办，×××社团承办。

### 八　活动前期准备工作

（1）整体调度。负责人＿＿＿＿＿＿＿

（2）活动宣传。负责人＿＿＿＿＿＿＿

（3）参赛小组报名，确定比赛顺序。负责人＿＿＿＿＿＿＿

（4）联系场地及场地的布置。负责人＿＿＿＿＿＿＿

（5）发邀请函，邀请嘉宾评委。负责人＿＿＿＿＿＿＿

（6）确定组织者。负责人＿＿＿＿＿＿＿

（7）赛制制定、证书制作。负责人＿＿＿＿＿＿＿

（8）竞赛题目收集。负责人＿＿＿＿＿＿＿

（9）PPT、背景音乐制作，现场设备调试。负责人＿＿＿＿＿＿＿

（10）竞赛计时人员、计分人员。负责人＿＿＿＿＿＿＿

（11）活动记录、拍照、录像。负责人＿＿＿＿＿＿＿

（12）后勤。负责人＿＿＿＿＿＿＿

（13）机动组。负责人＿＿＿＿＿＿＿

（14）活动后收集反馈信息。负责人＿＿＿＿＿＿＿

（15）撰写活动总结。负责人＿＿＿＿＿＿＿

适时召开协调会议，发现各组问题，解决问题，确保活动顺利展开。

## 九　竞赛制度

抽签决定对手，每两组竞赛为一轮，每轮包括以下题目：

（1）选择题，抢答形式，参赛队员独立作答（共 5 题，每题答对得 3 分，答错扣 2 分）；

（2）判断题，抢答形式，参赛队员独立作答（共 10 题，每题答对得 3 分，答错扣 2 分）；

（3）论述题，两组均作答，每组队员有 2 分钟讨论时间，第 2 题时交换小组作答顺序（共 2 题，每题 10 分，由评委酌情打分）。

注意事项：

（1）抢答要在组织者宣布"抢答开始"后，选手举手并站起来回答；

（2）计时人员和计分人员要公平和公正。

## 十　活动后期

（1）调查观看知识竞赛的教师与学生，了解此次活动的效果与影响；

（2）就此次活动成效做总结，分析成功与不足之处，为以后系列活动的举办积累经验。

## 十一　预计经费

（略）

编写：石于乔、温学琦

**附：性别暴力知识竞赛参考题库**

此样题涉及家庭暴力、性暴力、拐卖妇女儿童、校园暴力和针对 LGBT 群体的暴力等。

### 一、选择题

1. 家庭暴力的形式包括（ABCD）。（多选题）

A. 肢体暴力　　B. 精神暴力　　C. 性暴力　　D. 经济控制

2. 家庭暴力的特点不包括（ C ）。（单选题）

A. 普遍性　　B. 隐蔽性　　C. 偶然性　　D. 习得性

3. 下列说法正确的是（ D ）。（单选题）

A. 家庭暴力是个人私事，外人最好不要管

B. 大多数受害者自己也有过错

C. 干预家庭暴力最重要的目标和原则是维护家庭和谐

D. 指责受害者是对她们的二次伤害

4. 目睹家庭暴力的方式包括（ ABC ）。（多选题）

A. 直接看见　　B. 间接听到　　C. 事后观察　　D. 从书上看到

5. 性别暴力的根源是（ B ）。（单选题）

A. 受暴者做错事　　B. 不平等的社会性别权力制度

C. 性格差异　　D. 暴力偶然发生，不存在根源

6. 下列属于性暴力的有（ ABCD ）。（多选题）

A. 强奸、非礼等身体接触　　B. 猥亵等言语侵犯

C. 偷窥、露体等非身体接触　　D. 婚姻关系中违背一方意愿的性接触

7. 艾滋病的传播途径有哪些？（ ACD ）（多选题）

A. 血液传播　　B. 唾液传播　　C. 母婴传播　　D. 性传播

8. 人们对男性或女性角色特征的固有印象，表明了人们对性别角色的期望和看法，这一概念是（ C ）。（单选题）

A. 性别认同　　B. 性别角色　　C. 性别刻板印象　　D. 性别差异

9. 性别刻板印象又称（ B ）。（单选题）

A. 性别认同　　B. 性别偏见　　C. 性别差异　　D. 性别角色

10. 联合国大会确定（ A ）为国际消除对妇女暴力日。（单选题）

A. 11月25日　　B. 11月1日　　C. 12月25日　　D. 12月1日

11. 国际艾滋病日为（ D ）。（单选题）

A. 11月25日　　B. 11月1日　　C. 12月25日　　D. 12月1日

12. 1991年，以迈克·科夫曼博士为代表的一群加拿大男性，发起（ B ），集结更多男性反对对妇女的暴力。（单选题）

A. 红丝带运动　　B. 白丝带运动　　C. 绿丝带运动　　D. 粉红丝带运动

13. 中国白丝带志愿者网络为哪些性别暴力当事人提供服务？（ABCD）

　　A. 施暴者　　B. 受暴者　　C. 目击者　　D. 重要他人

14. 2006年12月修订的《未成年人保护法》，首次将（ C ）写入法律。（单选题）

　　A. 禁止对儿童实施家庭暴力　　　B. 禁止拐卖儿童

　　C. 禁止对儿童实施性侵害　　D. 禁止阻碍解救被拐卖儿童

15. 霸凌行为被定义为"长期欺负他人的恶意行为"，它的特征包括（ABCD）。（多选题）

　　A. 具有欺负他人的行为　　B. 具有故意伤害意图

　　C. 造成心理或生理上的伤害　　D. 两者势力（地位）不对等

16. 将亲生孩子送与他人，其目的在法律上分为"非法获利"和"私自认养"，以下不属于"非法获利"的是（ D ）。（单选题）

　　A. 将生育作为获利手段，生育后即出卖子女的

　　B. 明知对方不具有抚养目的，或者根本不考虑对方是否具有抚养目的，为收取钱财将子女"送"给他人的

　　C. 为收取明显不属于"感谢费""营养费"的钱财将子女"送"给他人的行为

　　D. 家庭遭遇重大变故或经济出现困难，为了孩子的教育考虑，通过熟人送给收养者抚养

17. 拐卖妇女、儿童是指以出卖为目的，有（ ABCD ）妇女、儿童的行为之一的。（多选题）

　　A. 拐骗、绑架　　B. 贩卖　　C. 收买　　D. 接送、中转

18. 女同性恋者、男同性恋者、双性恋者与跨性别者的群体，其英文简称为（ D ）。（单选题）

　　A. GAY　　B. LGTA　　C. BTYQ　　D. LGBT

19. 女同性恋者、男同性恋者、双性恋者与跨性别者，统称为（ AB ）。（多选题）

　　A. 性多元　　B. 性少数　　C. 性变态　　D. 精神病

20. 对同性恋、双性恋者的暴力，称之为（ B ）。（单选题）

　　A. 性别气质暴力　　B. 性倾向暴力　　C. 性别选择暴力　　D. 性侵犯

21. 一个长相举止比较像女生的男生，被同学们笑称为"娘娘腔"，这属于（C）。（单选题）

　　A. 性倾向暴力　　B. 性别选择暴力　　C. 性别气质暴力　　D. 性侵犯

22. "LGBT 群体"中的 L 指的是（B）。（单选题）

　　A. 双性恋者　　B. 女同性恋者　　C. 跨性别者　　D. 男同性恋者

23. "LGBT 群体"中的 G 指的是（D）。（单选题）

　　A. 双性恋者　　B. 女同性恋者　　C. 跨性别者　　D. 男同性恋者

24. "LGBT 群体"中的 B 指的是（A）。（单选题）

　　A. 双性恋者　　B. 女同性恋者　　C. 跨性别者　　D. 男同性恋者

25. "LGBT 群体"中的 T 指的是（C）。（单选题）

　　A. 双性恋者　　B. 女同性恋者　　C. 跨性别者　　D. 男同性恋者

26. "消除对妇女暴力十六日"是指（C）。（单选题）

　　A.9 月 25 日至 10 月 10 日　　B.10 月 25 日至 11 月 10 日

　　C.11 月 25 日至 12 月 10 日　　D.12 月 25 日至 1 月 10 日

27. 以下不属于家庭暴力的是（B）。（单选题）

　　A. 辱骂配偶　　B. 从不干家务　　C. 婚内强奸　　D. 控制配偶金钱消费

28. 以下关于 LGBT 群体的说法，正确的是（C）。（单选题）

　　A. LGBT 是性少数人群，本着少数服从多数的原则，他们应该被治疗

　　B. LGBT 人群的性取向是不正常的，跟他们接触久了，会被传染，正常人应该远离他们

　　C. 尊重和支持 LGBT 人群的权利，是社会文明和进步的表现

　　D. LGBT 的人权可以被尊重，但他必须洁身自好，这样才能减少艾滋病的传播

29. "他/她亲了我，就代表他/她同意我跟他/她做爱了"，关于这个说法，论述正确的是（ABC）。（多选题）

　　A. 这个观点可能更常见于男孩中

　　B. 亲吻很多时候只是表达好感的一种方式，不代表对方有做爱的意愿

　　C. 有的女孩也会有这样的观点

　　D. 这个说法有一定的道理，既然不想深入发展，就不该发生亲吻

## 二、判断题

1. 家庭暴力的实质是极端的权力和控制造成对家人人权的侵犯。（√）
2. 家庭暴力主要发生在落后地区和没文化的人身上。（×）
3. 家庭暴力的发生往往具有反复持续的特点。（√）
4. 丈夫打妻子不对，但父母打孩子可以理解。（×）
5. 家庭暴力属于道德范畴，并没有触及法律。（×）
6. 家庭暴力的根源在于不平等的社会性别关系。（√）
7. 家庭成员一方对另一方的经济控制不属于家庭暴力。（×）
8. 家庭暴力往往以周期性循环的方式持续和加重。（√）
9. 性别刻板印象常常与客观事实不相符合，因此又称为性别偏见。（√）
10. 在同一社会文化群体中，性别刻板印象具有相当的一致性。（√）
11. 对性别多元者的歧视、伤害和侮辱等现象的发生，如欺负、侮辱、隔离表现阴柔的男生、表现阳刚的女生、同性恋等，不属于"性骚扰"的范畴。（×）
12. "公交车站，几个人站在我身边，故意大声地讲黄色笑话，我表示反对和讨厌，他们还是讲"，此行为不属于性骚扰。（×）
13. 不只女性会遭遇性骚扰，男性也会受到性骚扰。（√）
14. 所有的性犯罪者都是心理变态者。（×）
15. 性侵犯者的主要动机是性，是由于性需求没有其他的发泄口。（×）

注：性欲发泄当然是性侵犯者的直接目的，但性侵犯者获得心理快感的主要方式还有权力——即为了制服和控制另一个人。性侵犯是欲望发泄和权力控制的结合。

16. 性侵犯都是冲动性的行为。（×）

注：有研究表明，大多数性侵犯是有预谋和计划的，特别是来自"熟人"的性侵犯，施暴者更希望在对受害者不利的情境下实施侵犯。

17. 施暴者的暴力行为来源于后天习得，而非天生的本能。（√）

注：施暴并非天生本能，是施暴者在社会化过程中学会控制他人并维持权力的行为方式。

18. 施暴者都有精神疾病或心理障碍。　　　　　　　　　　　　　（×）

注：部分施暴者有精神疾病或心理障碍，但并非全部。

19. 大多数性侵犯来自认识的人，如网友、朋友、上司，甚至伴侣。（√）

20. 当男性受到性攻击时，没有女性受害者的创伤那么大。　　　（×）

21. 校园暴力是指发生在校园内的暴力、欺凌行为。　　　　　　（×）

注：放学后同学间的欺负行为也属于校园暴力。

22. 以非法获利为目的出卖亲生子女的，给予警告，不追究刑事责任。（×）

注：最高法规定，以非法获利为目的，出卖亲生子女将依法追究行为人的刑事责任。

23. 两个同学在我面前搂抱、接吻，让我很尴尬。这属于性骚扰。　（×）

24. 拐卖妇女儿童罪中，妇女是指年满 18 周岁的女性。　　　　（×）

注：根据有关司法解释，妇女指已满 14 周岁的女性，既包括具有中国国籍的妇女，也包括具有外国国籍和无国籍的妇女。

25. 被拐妇女、儿童是否卖出，即犯罪目的是否实现，并不影响拐卖妇女、儿童罪的成立。　　　　　　　　　　　　　　　　　　　　　　（√）

26. 非异性恋的心理都是不正常的，并且是可以治疗的。　　　　（×）

注：2012 年，世界卫生组织声明，强调同性恋性倾向是人类性倾向中的一种正常类别，对当事人和其亲近的人都不会构成健康上的伤害，所以同性恋本身并不是一种疾病或不正常，无须接受治疗。

27. 性暴力既可能是男性针对女性，也可能是女性针对男性。　　（√）

28. 有个男生喜欢穿花衣服，说话细声细气，总喜欢黏着某个男生，有次上体育课时一堆男生围着他让他脱裤子，说他"不是男人"要检查。这属于性骚扰。　　　　　　　　　　　　　　　　　　　　　　　　　　　（√）

29. 干预家庭暴力最重要的目标和原则是维护家庭和谐。　　　　（×）

30. 男性性侵犯的施暴者一定是男同性恋。　　　　　　　　　　（×）

31. 邻居阿姨经常捏我的脸，夸我长得好，我很不舒服。这构成性骚扰。　　　　　　　　　　　　　　　　　　　　　　　　　　　　（√）

32. 张丽男友说："你要是不跟我做爱，就是不爱我，我们就分手。"张丽不想跟男友分手，只好去宾馆开房，与男友发生了性关系。张丽男友的行为不属

于性别暴力。　　　　　　　　　　　　　　　　　　　　　　　（×）

33. 女生穿得太暴露，所以会遭遇性骚扰或者强奸　　　　　　　（×）

34. 遭遇性侵犯是件很丢人的事情，尽量不要让别人知道的好。　（×）

35. 他／她爱我，所以我应该听他／她的话。　　　　　　　　　（×）

36. 他／她爱我，所以他／她应该听我的话。　　　　　　　　　（×）

注：我们在感情中都是平等的，应该平等合作、互相尊重，"爱"不是控制的理由。"听话"可能是一个导向暴力的危险斜坡。

37. 同性恋因为不能繁衍后代，所以是违反人类自然本性的。　（×）

38. LGBT 群体会将周围的人传染成跟他们一样的性取向，正常人应该远离他们。　　　　　　　　　　　　　　　　　　　　　　　　　　　（×）

39. 中国白丝带志愿者网络的咨询热线是 4000 110 391，每天 8：00—22：00 提供免费、私密、专业的咨询服务。　　　　　　　　　　　　　（√）

## 三、论述题

### 1. 说一说性骚扰的应对方法

**参考：**

（1）首先确认是否受到性骚扰

每个人对性骚扰的主观感知可能有所不同，但一旦感觉到对方针对自己的带有性意识的行为给自己带来不适，就应该明确拒绝，拒绝之后对方仍继续的，构成性骚扰。

（2）拒绝时态度明确，讲究策略

拒绝的态度要明确，平静、清楚地告知对方你的不悦，请对方尊重你，也自尊自爱。在拒绝侵犯的要求时，要注意下列要点：言语：简单直接，如"不好""不行""走开""停止"；声调：大声坚决；动作：抬头直视、摇头拒绝；神情：愤怒憎厌；行动：保护自己前提下的反击、转身离去或利用周围别的力量吓退骚扰者。当骚扰者攻击性较强时，要注意保护自己，必要时可报警。

（3）向可以信任的人倾诉。

即使事情解决了，与人倾诉，也可以寻求支持及防止事情再发生；若事情未解决，则必须与人倾诉，一起想出办法以阻止事情继续；倾诉的对象可以是父母、值得信任的同辈、老师等。

（4）注意留存相关证据。

若是经常受到性骚扰，最好将发生的日期、时间、地点和对方行为、说话记录下来，以便作为日后投诉的证据。

（5）遭遇性骚扰不是自己的错，不要因此而自责。

遭遇性骚扰，是那个实施骚扰的人该被谴责和制裁，不要因此背上心理包袱。如果感觉非常难受，长时间不能释怀，可以向心理医生咨询，寻求帮助。

2. 当你有施暴的习惯时，怎样进行自我调节

参考：愤怒的时候可以采取暂停法，让自己调整呼吸，冷静下来，走到另一个房间，或暂停讨论；拟定自我改变的计划书，认真按照计划执行，逐渐改变行为方式；培养文明的沟通方式，提升沟通的能力，学会换位思考；提升性别意识，增强对性别暴力的认知。

3. 世界上反对性别暴力的社会运动都有哪些？其具体行动宗旨、目标和举措都有哪些？（说出三个以上）

参考：

（1）国际消除对妇女暴力日

1999年12月17日，联合国大会通过决议，将11月25日定为"国际消除对妇女暴力日"。"消除对妇女暴力日"不只针对家庭暴力，也针对广泛的、各种形式的对妇女的暴力，包括强奸、性骚扰、拐卖等。

（2）十六日行动

"消除对妇女暴力十六日"是指从11月25日"国际消除对妇女暴力日"到12月10日"国际人权日"之间的十六天。在这期间，世界各国的妇女组织会持续开展各种活动，以提高保障妇女人权、反对对妇女暴力的公共意识，并发动更多人特别是年轻人和学生投入到反暴力行动中。

（3）零容忍运动

零容忍运动的口号是"永远没有借口！"这意味着任何形式、任何程度的暴力都是不可接受的，都不应该被忍耐。零容忍运动重视各种不同形式的针对

妇女暴力之间的相互联系，注重针对社会公众开展持续的宣传和教育活动，挑战和暴力相关的社会习俗和成见，并主张积极预防暴力，为遭受暴力的妇女和儿童提供高水平的保护和服务。

（4）联合国秘书长"联合起来制止针对妇女暴力运动"

2008年，联合国秘书长潘基文发起了"联合起来制止侵害妇女的暴力行为"运动，这是一项旨在全世界范围内防止和消除对妇女和女孩暴力行为的长期努力；该运动呼吁各国政府、民间团体、妇女组织、青年、私营部门、媒体和整个联合国系统，共同努力，应对遍及全球的对妇女和女孩的暴力问题。

（5）白丝带运动

"白丝带"运动最早起源于加拿大，以迈克·科夫曼博士为代表的一群加拿大男性于1991年发起"白丝带"运动。此运动以表示哀悼的白丝带为标志。"白丝带"邀请男性宣誓"绝不实施对女性的暴力"，同时"绝不对这种暴力行为开脱和保持沉默"。中国白丝带志愿者网络成立于2013年，主要服务内容包括：针对性别暴力当事人的心理咨询、团体辅导；针对公众社会的宣传倡导。网络创始人与召集人是联合国秘书长"联合起来制止针对妇女暴力运动"男性领导人网络唯一的中国成员方刚博士。

**4. 对于受校园性别暴力伤害的同学，我们可以给出什么建议**

**参考：**

（1）强调生命是第一位的，任何时候生命都是最宝贵的；

（2）建议灵活应对，不要以硬碰硬，要学会保护自己；

（3）悦纳自己，接受自我，爱自己，不要因为别人的暴力而怀疑自己；

（4）坚决反对以暴制暴；

（5）告诉家长或教师，必要时报警，寻求保护；

（6）如果问题仍不能解决，可以考虑通过媒体，包括微博等自媒体披露受到的伤害，引起社会关注；

（7）重要的是相信：如果你不采取行动，暴力不会自行终止。

5. 霸凌行为被定义为"长期欺负他人的恶意行为",同学间的打闹与霸凌在哪些方面存在区别?

参考:

(1) 面部表情:打闹时面部表情是自然愉悦的;霸凌时双方表情是狰狞与痛苦的。

(2) 参与意愿:打闹是孩子可以自己决定是否参与的;霸凌则是被迫参与。

(3) 用力程度:打闹时的力道会控制,不会使全力伤害他人;霸凌时大多非常激动,会失去理智地攻击他人。

(4) 角色转换:打闹时孩子们的角色会转换;霸凌时通常是固定姿态。

(5) 是否群聚:打闹结束后孩子还是会一起玩;霸凌结束后大家则是一哄而散。

(6) 蓄意程度:霸凌通常有明显、故意伤害别人的意图。

(7) 重复发生:霸凌行为一般是长期的,会重复发生。

6. 目睹家庭暴力会对青少年造成哪些影响?

参考:

(1) 行为层面

包括外向性(攻击与反社会)及内向性(压抑内心)的行为。

(2) 情绪层面

如高度焦虑、悲伤忧郁、过度害怕、愤怒(对施暴者/自己)、合理化(接受暴力及暴力的理由)、责备自己(认为暴力的发生是自己的错)、觉得自己不被爱也不值得被爱。

(3) 认知层面

如认为暴力是正常的、普遍的;处理冲突的有效方法是使用暴力;暴力可以是愤怒情绪的发泄方式;任何人都可以使用权力对待弱小的对象;对性别角色形成扭曲的概念;家是伤害人的地方;爱伴随着暴力是很正常的现象。

(4) 学校与社会适应

在学校适应上:对家人安危不时感到担心,造成其在学校生活中注意力不容易集中、失神(恍惚)、忘东忘西;因担心受暴者会遭受伤害,或是因课业表现不佳及人际关系不好而经常缺课或拒绝上学；因为身心症状（如头痛、胃痛、厌食、嗜睡等）或将过多能量关注在家里，影响其学业表现。

在社会适应上：认同施暴者的行为模式，习惯以暴力攻击方式解决人际冲突；为了保守家庭秘密而产生同伴疏离；对性别角色形成僵化的刻板印象。

7. 放学后，小红路过过街天桥，看到一个流浪汉正冲着她不怀好意地笑。当小红从他身旁经过时，他突然脱下裤子，露出自己的生殖器。请给小红一些建议，如何恰当地处理这种场面。

论述要点：

（1）露阴癖追求的是得到关注之后的满足感；

（2）可以这样处理：一是不要表现出惊吓的表情，要稳定情绪，面不改色；二是要漠视对方，假装看不见，不给出反馈；三是要尽快离开当时的环境和现场，远离露阴癖的人。

8. 初一女生小佳生活在一个暴力的家庭里。她在校很沉默，不与同学来往，功课稍有些跟不上，经常上课发呆、恍惚，同学或老师叫她做什么或是和她说话时，她经常没有听到。作为她的同学，你觉得可以做点什么来帮助小佳？什么事情是不能做的？

论述要点：

（1）对待心理受伤的同学，这些事情不能做：贴标签、另眼相待、孤立嘲笑、以暴制暴、过度关心……

（2）对于生活在暴力家庭的同学：

我们不能改变的是：他（她）的家庭和他（她）的遭遇。

我们能做的是：改变自己对待他（她）的方式，以谅解的态度了解他（她）的困难并以平常心对待他们，多鼓励、支持他（她）的正向表现，如多与他们一起玩，认真听他们的倾诉，安慰他们，鼓励他们积极向上，努力生存。

请注意，如果同学不愿意提及家暴的事，我们也不要主动提，以免触动他的伤心事，但是我们可以默默地关心他、帮助他。

执笔：石于乔、韩海萍、温学琦

## 快速测验你的知识

使用下面的一些问题来检查你对校园性别暴力的认识程度。

（前 15 题为选择题，后 5 题为判断题）

1. 性别是（C）。

A. 由出生的月份决定

B. 男女之间的身体或生理差异

C. 一种态度，作为男人或女人，行为、说话、穿着和表达方式等不一样

2. 性是（B）。

A. 由出生的月份决定

B. 男女之间的身体或生理差异

C. 一种态度，作为男人或女人，行为、说话、穿着和表达方式等不一样

3. 以下哪一项没有性别刻板印象？（C）

A. 女性是顺从的

B. 男人很厉害并且占主导地位

C. 女人可以生孩子

D. 男人擅长数学和科学

4. 以下哪一个是校园性别暴力范围里的身体暴力的例子？（C）

A. 一个男孩大声嘲笑一个女孩

B. 一个女孩因为另一个女孩穿的衣服很难看，拒绝与她说话

C. 一个男孩认为另一个男孩不够男子汉，把他推倒在地

D. 一群学生对一个新来的女孩吹口哨

5. 以下哪一个是校园性别暴力范围里的语言暴力的例子？（A）

A. 一个男孩称另一个男孩是"娘娘腔"

B. 两个女孩排斥另一个女孩和她们一起学习

C. 一个男孩和一个女孩在一起学习时，未经她的许可就试图碰女孩的腿

D. 一群男孩子在足球比赛后打架

6. 以下哪一个是校园性别暴力范围里的性暴力的例子？（B）

A. 一个老师告诉一个女生她不应该去上大学，因为大学是为男孩准备的

B. 一个男学生跟一个女学生进厕所，并说她的身体变化很大、很迷人

C. 一个女孩偷了另一个女孩的项链

D. 一个女孩因为男孩说她很丑，就推了他一把

7. 以下哪一个是校园性别暴力范围里的心理暴力的例子？（A）

A. 男孩们戏弄和骚扰一个看起来很女性化的男同学，不让他参加他们的游戏，并告诉他去和女孩玩

B. 一个女孩为了省钱，试图搭免费车去学校，被出租车司机拒绝了

C. 一群男孩因为另一个男孩太笨，拒绝他和他们一起踢足球

D. 两个男孩因为一个女孩子打架

8. 以下哪一种情况说明这个校园性别暴力行为结束了。（D）

A. 施暴者在他人压力下承认错误

B. 施暴者离开了现场

C. 老师对施暴者进行了教育

D. 以上皆不是

9. 下列哪一项不正确？研究表明，学生们喜欢老师这样做（C）。

A. 微笑并与学生打招呼

B. 关心学生在做的事

C. 使用严厉的惩罚

D. 为学生感到骄傲

10. 当一个学生报告有暴力时，下列哪个不是老师应该说的？（C）

A. 我乐意帮忙

B. 关于这件事，你能多告诉我一些吗？

C. 我不想再听到这些

D. 学校想要阻止这种事发生

11. 校园性别暴力受害者的特点是什么？（D）

A. 身材弱小

B. 衣着裸露的女生

C. 性格懦弱

D. 以上皆不是

12. 校园性别暴力对受害者可能产生的影响不包括（B）。

A. 辍学

B. 促进学习成绩的提升

C. 感到焦虑

D. 对别人不再信任

13. 当一个女孩拒绝与一个互相爱慕的男孩做爱时，她的意思是（B）。

A. 欲擒故纵

B. 当她说"不"的时候，她的意思就是拒绝

C. 嘴上拒绝，心里其实是接受的

D. 以上皆有可能

14. 同桌告诉你他／她是变性人，并请求你保守这个秘密时，你应该（A）。

A. 替他／她保守秘密，仍然像以前那样对待他／她

B. 请求老师调换座位，疏远他／她

C. 偷偷告诉其他同学，并且跟同学一起嘲笑他／她

D. 变性人会影响其他同学的学习环境，应该劝他主动退学

15. 校园性别暴力发生的原因是（D）。

A. 酗酒

B. 不爱学习

C. 滥用药物

D. 以上都不是

16. 判断（对）

与老师关系较好的学生更倾向于努力做事，并且更常求助于老师。

17. 判断（错）

身体暴力带来的影响比心理暴力更严重。

18. 判断（错）

施暴者通常是不能控制自己愤怒情绪的人，暴力是一种短暂的失去自我控制的行为。

19. 判断（错）

如果被性骚扰的人没有求助的话，说明他/她并不排斥被骚扰。

20. 判断（对）

恶意的流言和负面传闻也是一种暴力形式。

执笔：葛叶奕

### 参考文献

Helen Cahill，Sally Beadle，Michelle Davis，Anne Farrelly, *Preventing Gender-based Violence in Schools-classroom Programme for Students in Early Secondary School*, UNESCO, 2016. 葛叶奕译。

# 校园性别暴力课题调研

### 一　活动背景

校园性别暴力在许多学校都存在，表现形式各有差异，对此进行调研，不但可以增进公众的认识，也有利于管理部门了解现状，有针对性地采取措施来解决问题。由于专业的研究者人数有限，不可能在所有地区都开展调研，因此鼓励学生组织起来进行调查，撰写调研报告并发布，有助于弥补这方面工作的欠缺。

### 二　活动内容

对有意开展校园性别暴力调研的同学进行辅导，提供交流平台，帮助其完成调研工作。

### 三　活动目的

（1）通过活动提升学生的调研能力；
（2）通过学生的调研活动，增进公众对校园性别暴力的认知，促使有关机构采取措施来解决问题。

### 四　参与者要求

公开招募参与者，个人或团队都可以参与。可要求提交调研计划来进行筛选，尽量选择那些计划相对完善、操作性强、在本地开展活动、体现出本土性的报名者。例如民族地区的学生在研究计划中考虑到了民族因素的影响，农村地区的学生考虑到了当地经济发展的影响等。

调研计划一般分为两类。一类是定量研究，多为问卷调查；另一类是定性研究，主要是访谈、观察等。在选择调研计划时，注意到两类计划的平衡性。如果有学生的调研计划基本重合，可建议其组队参与。

为使活动顺利完成，可以通过一定的奖惩措施（如交纳保证金，奖励最终完成者）来激励参与者完成调研计划。

## 五 活动流程

视情况可以安排一次工作坊，或者一系列工作坊。内容如下：

### 1. 提升调研技能

这部分内容如果辅导老师不熟悉，可邀请专业学者来做导师，请他们给学生开书单、做讲座、担任指导老师等。邀请导师时，注意选择那些有性别平等意识、从事过相关研究的学者。如果条件所限，邀请不到专业学者，也可以邀请相关专业的大学生、研究生来交流，帮助参与的学生提升调研技能。

### 2. 分组讨论：调研注意事项

在调研开展之前，让学生分组讨论以下议题。每组推选一个组长，分享本组的讨论情况，然后学生修改自己的研究计划，并具体实施。

议题一：研究团队中的性别平等

研究者自身具有社会性别，这对研究成果会产生一定的影响。如果是单个的研究者，可以建议他在调研中注意听取不同性别者的意见，借以克服自身的性别偏见。如果是研究团队，可考虑其中的性别结构，使两性比例大致相当，不让某一个性别占据绝对优势。

此外，还可以通过阅读女权主义书籍、参加女权主义讲座、邀请女权主义者担任顾问等方式来减少性别偏见对调研的不良影响。

议题二：定量研究中可能出现的问题

这类研究大多以问卷调查的方式来收集数据，对数据处理有一套相对成熟的模式，但容易忽略个人的独特性，不太重视个人经验的收集和整理，这可能使得受害者（多为女性）的经验不被看见，而这些对消除校园性别暴力有非常重要的意义。

解决办法可以是同时辅助以定性研究。比如在设计问卷的时候，有一个选择题是"请愿意接受访谈的人留下联系方式"，然后对留下联系方式的人进行访谈。在选择访谈对象的时候注意两性比例，确保不同性别的声音都被听到，同时也要注意到在同一性别之中，社会地位、阶层、民族、文化等带来的差异性。在最终报告中涵盖访谈的内容，用来进一步解释定量研究中的数据。

如果人力有限，做不到一一访谈，可以公布一个电子邮箱，邀请有故事的人发邮件来讲述自己的故事，选择采用那些可信度高、相对完整的故事来丰富你的调研报告。

### 议题三：定性研究中可能出现的问题

常用的访谈法往往并不中立，很容易受到研究者的偏见和观念干扰，它一般以某种不易被察觉的方式悄悄地起作用，很难被发现和克服。此外，定性研究中研究者与被访者之间的关系更紧密，这可能对弱势的被访者（尤其是受害女性）带来一定的风险。

解决办法是提升研究者的伦理意识，让其注意到自己与被访者之间的权力差异，在访谈中更多地倾听被访者的心声，避免自己表述不当给被访者带来过多的心理压力。此外，我们还要对可能发生的不良后果保持警惕，在必要时为被访者提供帮助和支援。

### 议题四：如何使用调研成果

调研报告完成后，可以提交给有关机构，如校方、教育管理部门、媒体等。最好在报告中提及对这些机构的具体行动建议，如校方应该如何加强学校内部管理，教育管理部门如何加强对学校的管理，媒体在报道有关议题时的注意事项等。

调研结果还可以通过媒体来发布。这里的媒体不仅指有影响力的传统媒体，也包括有影响力的网络平台。如果前期没能得到传统媒体的支持，可以先通过网络平台的发布引起公众关注，进而在线上线下互动，形成相应的议程。

## 六　活动小结

社会调研是改变社会的方法之一，它帮助人们了解现状，并意识到改变现状的迫切性，同时还提供相应的解决方案。一份严谨、科学的校园性别暴力调研报告可以促使有关机构认识到问题的严重性，积极采取措施来应对，同时它也鼓励更多的个人参与进来，成为消除校园性别暴力的志愿者。

执笔：陈亚亚

# 读《红楼梦》，认识校园性别暴力

### 一 活动背景

校园性别暴力古来有之，并不是当代新出现的事物，只不过古时候并不以性别暴力为名，也没有明确提出过要消除这种暴力。我们今天可以通过阅读和讨论传统经典名著中的这类案例，对古代校园（又称为学堂、私塾）中的性别暴力进行分析。这种方式启发学生用一种相对新颖的方式来欣赏名著，有助于其加深对校园性别暴力的理解，提升对性别暴力的敏感度以及分析有关问题的能力。

### 二 活动内容

一次讨论《红楼梦》中校园性别暴力的工作坊。

### 三 活动目的

（1）增进对校园性别暴力的认知，了解其在历史上的形态；
（2）借古鉴今，讨论我们可以从古人那里学到什么，来应对今天校园里的性别暴力。

### 四 参与者要求

公开招募活动参与者，对参与者的要求有：事先看过《红楼梦》，对第九回、第十回中涉及"众顽童闹学堂"的内容有一定了解。

如果有兴趣的人较少，可适当放宽要求。比如看过电视剧的同学也可以参与；或者通过在课堂上介绍情节、播放电视剧片段等方式，让没有读过原著的同学也可以参与到讨论中。

此外，参与者还应该对性别暴力已经有所了解，不需要再对此详细解释。

**五　活动流程**

（1）请一位或几位学生来介绍小说中的这一段故事。如果有条件（当学生比较活跃时），可考虑现场招募学生，通过角色扮演的方式来重现书中场景，以加深学生对这段故事的理解。

（2）就以下议题，请学生分组进行讨论，教师进行适当引导，最后每组推选一位代表来进行分享交流。

议题一：古代学堂与现代学校之间的差异

小说中的学堂属于义学，带有一定的公益性，比如免收学费、提供饮食、经费由族中有能力者赠与等。这种义学通常对入学者有较严格的要求，比如必须是族中弟子，或者由得力的亲戚引荐。这看起来有点像现在的公立学校，不过公立学校通常对当地所有人（有的地方只对有户籍者）开放，办学经费由国家下拨。可以说，古代学堂在办学和管理上更多受到宗族势力的影响，而现代学校则主要接受国家政策、法律的规范和引导。

议题二：书中纠纷属于校园性别暴力吗？

这次纠纷发生在学堂（古代的校园）中，且与性别有关，所以应该属于校园性别暴力，其具体表现有以下几种：

言语暴力。一些学生对贾宝玉、秦钟以及另外两位学生（香怜、玉爱）之间的关系不满，不但在背后诽谤、造谣，还当面讥讽、侮辱。男男之间的情爱关系、性关系在当时乃至现在都属于少数人行为，经常遭遇歧视，所以这种讥讽、嘲笑、诽谤、造谣构成一种性别暴力，主要是针对性倾向的暴力。

性骚扰。在自以为抓到把柄的情况下，金荣威胁同学要"抽头"，这是一种性骚扰行为，当然也是一种校园性别暴力。这里可以对抽头、贴烧饼等几个词做一解释，前者指性勒索（要求对方跟自己发生性关系），后者是男性之间性行为的隐语。

**议题三：教师（管理者）对此的处理合适吗？**

贾瑞作为代管理者（其父亲是实际管理者，当时不在，由他代为管理）处理不公，不但没有主持公道，反而因为私怨而对受害者呵斥，导致双方矛盾激化，最终引发群体斗殴。等到事情闹大后，因为害怕承担责任，贾瑞为息事宁人，不问是非缘由，一味讨好其中更有权势的一方（即贾宝玉），而逼迫另一方道歉。

这种管理行为当然是错误的。对校园性别暴力的处理要秉持公正，不应该徇私和媚权。在这个案例中，金荣是始作俑者，有很大错误，但只让他一个人磕头认错，也是不公正的。根本上它不是基于正义，而是权衡利弊的结果。这样一种处理方式，弱势方的权益很容易遭受损害。

**议题四：当事人家长的态度有什么问题？**

金荣的母亲因为家里穷，不愿小孩失去这个学习、免费吃饭和结交阔朋友的机会，于是不管是非，只要求金荣忍让，这种态度也是不妥的。

从这个案例中我们可以看到，古代学堂中发生性别暴力后，当事人如果本身没有势力，大多求助无门。由于缺乏合理、透明、公正的制度，施害者和受害者的角色随时可能发生反转，个人权益无法得到保障。这充分说明建立反校园性别暴力的制度的必要性，且光有处罚制度还不够，反对性别暴力应该以预防为主，等暴力发生后再来处罚，只是亡羊补牢了。

**议题五：你会怎么续写这个故事？**

有关校园性别暴力的故事在小说中就这么结束了，在后面的章节没有再提及，不免让人有些意犹未尽。那么，你认为这个学堂的性别暴力会消失吗？如果再次出现类似的暴力事件，会有什么结果呢？如果让你来写同人小说，续写这个故事，你会如何来构思小说情节？

这是一个开放性的议题。学生的续写可能有政治不正确的地方，比如安排施害者与受害者相爱、让正义无法实现等。教师不必对此大肆指责，还是应该耐心引导，让学生意识到文学创作和真实生活的差异。文学创作中一些对暴力的描写可能给读者带来阅读上的快感，但在真实生活中这会伤害到我们每一个人。

## 六　活动小结

校园暴力、性别暴力都是从国外引入的概念，我们以前可能认为这些都是舶来品，不够本土化，与我们的传统文化相去甚远。不过今天一分析，这种看法可能就改变了。当然，这里对《红楼梦》中相关情节的解读只是个案，以后在阅读其他名著时我们可以参考这种方式。

执笔：陈亚亚

# 非虚构创意写作课：激发同理心

### 一　活动背景
消除校园性别暴力，最根本的是要改变容纳性别暴力滋生的校园环境，这就需要增强同学之间、师生之间的同理心。只有当彼此能够产生共情，出现意见和冲突时才能真诚地为对方考虑，通过有效沟通来解决问题，校园性别暴力才会大幅度减少。非虚构作品的写作与传播在一定程度上可以增进校园中人与人之间的理解，激发同理心，因而是减少校园性别暴力的有力工具。

### 二　活动内容
一次或一系列主题为"校园性别暴力"的非虚构创意写作课。

### 三　活动目的
（1）让学生学会用非虚构写作的方式来表达对"校园性别暴力"的认知；
（2）帮助学生增进对校园性别暴力的认识，激发公众对受害者的同情，从而改善校园中的人际关系。

### 四　参与者要求
公开招募活动参与者，对参与者的要求大致有：
（1）有一定的写作能力，可要求提交以前的作品来进行筛选。

（2）有时间和精力参与整个过程。在活动开始前，可以要求学生做出一定的承诺（比如承诺书、保证金等）。

（3）对校园性别暴力已有所了解，有途径可以接触到校园性别暴力的当事人。可要求提交选题计划来进行筛选，选题计划应该包括：主题（与校园性别暴力有关的主题）和写作计划（包括采访谁、观察谁、写作的时间节点等）。

## 五　活动流程

视情况可以安排一次性的活动，也可以安排一系列活动，每次一个主题，有针对性地进行辅导。如果只有一次活动，建议在活动前后通过邮件、电话等方式保持联系，在见面的活动中重点讨论收集资料和写作中的问题。

### 1. 如何选题

如果是一次性的工作坊，选题可预先让学生提交。辅导老师从中挑选出合适的选题后，帮助学生进一步完善。如果有学生的选题是重合的（比如都要写同一个校园性别暴力事件），可以安排他们组成团队，共同完成写作。

鼓励那些更有创意、以前较少被人写过的议题，同时也鼓励那些微观的、更具体的选题。刚练习写作的学生，太大的主题往往很难驾驭，容易流于空洞，从小的角度来切入，可以写出更有深度的作品。

如果是多次工作坊，可以就选题进行一次专门的讨论，引导学生对其要表达的主题加深认识，如作品的主要内容是什么，侧重点是什么，是要展示校园性别暴力的现状，还是探究受害者、施害者的生活状况，以及旁观者对这事的看法和态度，管理者在这件事上的行为等。

### 2. 做好充分准备

在写作的准备阶段，给学生推荐相关文献。这些文献可以是有关校园性别暴力的优秀非虚构作品，也可以是关于非虚构写作技巧的辅导材料。在阅读文献的基础上，让学生进一步修改、完善他们的写作计划。

引导学生思考写作中可能出现的困难，做好相关预案。例如当学生提出要去访问施害者、近距离观察施害者的生活时，如何避免可能出现的危险？

鼓励学生自己想出应对的方法，同时也要提醒学生，安全第一，随机应变，在紧急情况下可以放弃计划，及时向外界求助（可能的援救者包括警察、老师、朋友等）。

### 3. 工作中的注意事项

这个阶段最为关键。如果是一次性的工作坊，这是重点讨论的部分。如果是多次工作坊，可以就下面的小议题展开更深入的讨论。

如何面对你的当事人？首先是要尊重当事人，尊重你的写作对象。对于受害者，我们往往怒其不争，觉得可怜之人必有可恨之处，于是轻视、看不起对方；对于施害者，我们又往往非常愤怒，无法用客观中立的态度来对待对方；对于袖手旁观者，我们也常有厌恶心理。应提醒学生尽量克服这些情绪的影响，在访谈和观察中保持开放的心态，学会倾听，不要急于下判断。写作者可以有自己的立场，但这些应该建立在客观、理性的基础之上。

如何维护当事人的权益？注意到你的工作不要给当事人带来危险，让他们（尤其是校园性别暴力的受害者）受到不应该遭受的损害。为了避免这点，你应该做哪些工作呢？例如是否需要公开自己的身份，告知对方你的访问目的？如果有不利于他们的事情发生，你要如何来应对，是直接给他们提供帮助，还是转介给有关机构来帮忙？这些问题大多是开放性的，鼓励学生尽可能地提出多元化的解决方案，并进一步分析其中的优劣。

特别要提醒的是，施害者也有人权，他们应该为自己的行为付出代价，但这是在一定范围内的。我们在保护受害者的同时，也要维护施害者的合法权益，尤其当施害者是未成年人时。此外，施害者的家人很可能是无辜的，我们的工作也不应该给他们带来不必要的麻烦。

### 4. 怎样写得更好

在写作之前，可以教给学生一些写作技巧，例如怎样刻画那些有感染力的细节（配以相应的图片，调动读者的视觉感受），成功地将读者代入你所想要营造的气氛之中，使其对你所描写的人物产生情感态度；设置好叙事结构和展开的节奏，其中关键场景、开头和结尾都要精心打磨，力求精练，删除不必要的枝节，突出重点等。

组织学生讨论：在作品初步完成后，是否要请当事人审读、修订其中的错漏之处？这样做的好处是什么，可能有什么负面效应？

*5.作品的发布与传播*

挑选出比较优秀的作品，帮助学生在传统媒体、网络媒体上发布，同时提交给相关管理方（如校方），争取获得正面反馈。

## 六　活动小结

消除校园性别暴力的根本在于改变性别不友好的校园环境。对这类议题的非虚构写作是一种比较新颖的应对校园性别暴力的方式，通过对这些事件的撰写和传播，将使得更多人理解校园性别暴力事件中被卷入的人（包括施害者、受害者、旁观者、管理者），对受害者在其中遭受的伤害感同身受，从而在校园中激发出一种同理心，这对改变校园环境非常重要。

执笔：陈亚亚

# 校园性别暴力剧场

## 一 活动简介

与文字形式的传播教育不同，戏剧活动不是强行灌输演员的价值观给观众，而是呈现和主题相关的事实，利用矛盾和冲突来推进情节和冲击观众，引发观众思考。

校园性别暴力戏剧指策划、排练一个戏剧表演并面向观众进行演出，借此让观众了解性别暴力的发生过程，并通过戏剧表演、观众参与和教学讨论相结合的方式传递性别暴力的知识，反思性别不平等观念如何影响我们的生活，鼓励大家参与到消除性别暴力的行动中来。

在活动中，戏剧的策划团队需要对性别暴力有正确的认识，将戏剧编排与教学要点相结合。团队可以参照附件的剧本，也可以自编剧本，还可以鼓励教学对象参与搜集性别暴力的故事，用于设计剧本。团队中最好有人对戏剧表演有一定经验，然后招募校园学生作为演员，经过一段时间的排练后正式演出。

## 二 特点/优势

（1）表演形式吸引观众，具有艺术性、趣味性，效果好的话，对现场观众具有很强的冲击力，容易引起情感共鸣，从而对观众产生较大的影响；

（2）根据已经发生的校园故事创作的剧本，贴近观众生活，能给观众更深的印象；

（3）比起讲课，戏剧形式对学生更有吸引力。通过戏剧表演后的互动还可以引发学生对性别暴力的讨论和思考，从而提高学生的参与度。

### 三　挑战/劣势

（1）剧本创作需要结合青少年熟悉的故事和希望传递的性别暴力观念，用大众化的表达方式来表述，具有一定的挑战性。而后续表演则需要有一定经验的工作人员作为培训者，还需要有积极参与的演员持续投入时间排练，对团队和演员都具有挑战性。

（2）戏剧表演后的互动环节，需要调动观众的参与，可能会出现冷场。

### 四　活动流程

#### 1. 招募成员

特别需要具有戏剧导演、表演意愿和能力的同学参加。

#### 2. 开发剧本

如何设计情节和人物冲突？剧本是否体现了性别暴力？是否易于演出？如何从中传递出反性别暴力的正确价值观？

（1）通过团队中的队员挖掘有关故事，在既定主题下进行改造，最终形成剧本创作；

（2）每个剧本分为几幕，每一幕围绕一个主题，如校园性侵犯、性别气质暴力、同性恋暴力以及恋爱中的性别暴力等。每一幕从故事起因—故事发展—冲突高潮—矛盾结局的四个步骤来进行编写。

#### 3. 戏剧排练

根据剧本，演出团队进行表演排练，并在排练过程中共同讨论、完善剧本；后勤团队根据最终确定的剧本和场地准备道具材料；最后进行彩排演出，可邀请一些观众参与。

### 4. 前期宣传

提前开展广泛的宣传活动，通过印发宣传单、张贴海报或通过学校社团相关方、班团组织等方式宣传。

### 5. 确定演出时间、地点

在演出地点进行剧场布置、演员彩排、设备调试；准备好相应的道具材料；安排好观众席的座位。

### 6. 开场

组织者活跃气氛，介绍戏剧演出目的，简要说明戏剧的剧幕主题，提醒观众观看中如对戏剧中反映的故事有疑问可记录下来，后续互动环节欢迎大家提问。

演员自我介绍，并介绍自己饰演的剧中人物。

### 7. 戏剧演出

演员演出。可以利用投影设备提示戏剧剧幕、场景、主题等背景信息。

### 8. 观众互动

可以根据现场情况来选择互动方式。

（1）"你来演"

第一遍演员表演结束后，组织者介绍互动规则。现在演员会再演一遍，大家观看的过程中觉得哪里需要暂停，以改变故事发展走向，请举手示意。然后我们会邀请举手的人来表演，你可以选择希望饰演的角色，然后按照自己的想法继续演绎故事。

（2）提问观众并讨论

直接向观众提问，请他们分享看完戏剧的感受，存在哪些困惑，或者有不认同的地方，或者故事有改写的可能等。启发大家讨论，这样的性别暴力故事大家是否听说过？为什么会发生这样的事？如果自己遇到类似的情况，要如何应对？

（3）"演员的心声"

请演员说出自己饰演角色过程中的感受，如何理解自己所扮演的角色等。观众可就此提问，双方展开交流。

9. 活动总结和评估

观众说出对活动的反馈，这场表演中印象最深的点，并谈谈通过戏剧活动自己对性别暴力的认识和理解是否有改变，以及对未来应对性别暴力是否有更多的信心等。

组织者总结，升华此次话剧的主题。

附件：
剧本1
人物：
（1）李老师
（2）大四学生小芳

（时间，下午6点。李老师打电话。）

李老师：喂，小芳。你一会儿有时间吗？

小芳：嗯，李老师，有时间，怎么了？

李老师：过来一趟，我觉得你的论文还有很多问题要改一改。

小芳：（略带紧张）有什么问题呀？

李老师：过来当面跟你讲吧。

小芳：好的，李老师。

（小芳挂了电话，惴惴不安地往李老师办公室走。）

（李老师办公室门口，小芳敲门。）

李老师：请进。

小芳：李老师，我来了。（小声地）

李老师：（面带微笑）哦，小芳，来来来，坐这里（一边关门，一边指着办公室的长条沙发，两人在沙发上坐下）。

李老师：你的论文我看了，还有一些问题要改。你可是要读研的，得对自己要求高一点，一篇优秀毕业论文对考研面试可是很加分的哦。

小芳：李老师说得对，麻烦您多提意见，我一定会好好修改的。

李老师：修改当然是要修改的，现在时间也晚了，要不这样吧，我们去咖啡厅坐坐，边吃东西边聊。

小芳：（有点为难）李老师，不用了吧。您也挺忙的，您就直接跟我说怎么改吧。

李老师：（往小芳那边挪动位置）没关系的，我今天有空。你今天穿这裙子真漂亮，显得腿长（边说边做想摸小芳小腿的动作）。

小芳：（猝不及防，当李老师的手摸到自己腿的时候）李老师，您干什么？

李老师：（色色的眼神看着小芳，继续靠近小芳）不用害怕，让李老师抱抱。

小芳：（赶紧往李老师的反方向后退）不要，李老师！

李老师：（显得不悦）都什么时代了，抱一抱有什么！你这年轻人，怎么这么不 Open？

小芳：（紧张，赶紧站起来往办公室门口走）李老师，我还有事。

李老师：（伸手拉她）不着急啊，论文还没说呢。

（小芳又着急又害怕，使劲挣脱他的手，试图打开办公室的门。）

（这时，外面楼梯传来脚步声，李老师下意识地松了一下手，小芳趁机打开门跑出去了。）

剧本 2

人物：

（1）小君：班里一位不符合传统阳刚男性气质的男生

（2）小玲：女同性恋者，小君班里的一位异性好朋友

（3）吴凯以及甲乙丙丁：欺负小君和小玲的坏同学

（丁零零～下课铃响了）

（小君自然地翘起兰花指喝水，班里同学在旁边看到，又是一阵窃窃私语，小君赶紧把手放下，被前桌的小玲看在眼里。）

（小玲转过身）

小玲：哎，我们一起去接杯热水吧！

小君：好，一起去。

（小玲和小君拿着水杯一起走在去热水房的路上。）

小玲：哎，最近吴凯那群人还有经常欺负你，骂你娘炮吗？

小君：（无奈地叹气，低着头说）差不多吧，自从上次他们被叫了家长之后，有了一些好转吧，但有时还是会很过分！

小玲：你记住，他们只要欺负你、嘲笑你，你就一定要告诉李老师和家长！

小君：可能我真的和你们不一样吧，可能我天生有些毛病，我自己也不知道怎么回事。

（到了热水房，遇到经常欺负小君的吴凯等人，他们一阵哄笑声。）

吴凯：哟，真巧啊，娘炮也来接水啊！

（小君和小玲沉默不语，排在他们后面。没一会，前面吴凯接水，故意将接了一半的热水泼在小君鞋上。）

小君：（大叫并且跳起来）啊！

小玲：（扶着小君说）你们干吗！有必要这样欺负他吗？！

吴凯：（装模作样地说）啊，不好意思，不小心泼到你了。

小玲：（大声争论）你这是不小心吗？明明就是故意的！

吴凯：（大声怒道）故意的又怎样！他就是娘炮！而你！这个百合，这个变态的家伙，你没有资格教育我！

（没等小玲回应，小君就拉着小玲走了出去。回到教室，小玲气得直跺脚。）

小君：算了，不要和他们争了，我们能躲就躲吧，还是不要招惹他们。

小玲：为什么要躲！你又没有做错什么！我也没有做错什么！你这样他们只会觉得你好欺负，一直欺负你！

（小君沉默不语，甚至也有些怀疑自己有问题，但又想到医生说他一点问题都没有，不禁又苦恼起来。）

小玲：不管怎么样，我都会一直做你的好朋友，我一点不觉得你和其他男生不一样。你的那些行为只是你的一种习惯，而我喜欢女生也是我的选择，关他们屁事啊！

小君：（轻声说）嗯，谢谢你。

（两个月后的一天，小君在学校上厕所，吴凯和一群男同学跟过去。）

吴凯：（对几个男生说）快，去把他拉过来，让我瞧瞧看他到底是不是个男的。

（小君被强行拉过去）

吴凯：（对着几个男生说）把他裤子扒了。

（男生们开始对小君动手）

小君：（极力反抗并且大叫）你们放开我，你们放开我！（向周围同学求救）求你们救救我吧，救救我吧！

（但周围没有一个人去制止这样的行为，都抱着看戏的态度。最终小君因为反抗遭到一顿拳打脚踢。）

剧本3

人物：

（1）小玲：女同性恋者

（2）小梅：小玲从小玩到大的好闺蜜

（3）赵鹏：小梅交往了三个月的男朋友

（小梅家，这天小玲正在和小梅讲自己和好朋友小君在学校的遭遇。）

小玲：真不知道为什么大家不能接纳小君和我这样的人，老是要欺负我们。

小梅：是啊，真搞不懂。你不要被他人的看法影响，做好自己就行！

小玲：嗯，我知道，我才不会怕他们！我爱怎样就怎样，他们管不着！

（丁零零，小梅的电话响了。）

小梅：喂。（满心欢喜）哦哦，好的，我待会就过去，嘻嘻，么么哒！

小玲：什么事啊？这么开心。

小梅：对了，我一直没机会和你说，我新交了一个男朋友，已经三个月了！

小玲：啊，你速度可真够快的！那我就不打扰你去约会了，记得下次带给我看看啊！

小梅：哈哈，好的！我很喜欢他，希望这次可以和他长久！

小玲：嗯嗯，祝福你，我先走了，拜拜！

小梅：拜拜！

（小玲走后，小梅美美地打扮起来，然后开心地出门了。）

（小梅到了她和赵鹏约好的餐厅。）

赵鹏：哎，小梅，在这里。

（小梅满脸开心地走过去。）

赵鹏：怎么又来这么迟啊，就不能来早一点吗？

小梅：刚刚和小玲在家聊天，走晚了一些。

赵鹏：小玲？是你一直说的那个好朋友吗？女同性恋？

小梅：是她，可你不用强调她是同性恋，她人很好的。

赵鹏：我劝你啊，还是少和她接触，她那种人啊心理一定有问题！

小梅：（怒道）我不准你这么说她！

赵鹏：（发现情况有些不对）哎，算了算了不说了，吃饭吧，菜都上来了。

（小梅低头闷闷不乐开始吃饭，赵鹏看了看她。）

赵鹏：等下吃完饭去看电影吧。

小梅：（过了几秒，低着头答）嗯。

（吃完饭，小梅和赵鹏一起来到电影院，看了一部正在火热上映的电影《致青春》。）

（电影播放到郑微陪阮阮去堕胎的情节。）

赵鹏：（轻声对旁边的小梅说）这个人真是不自爱啊！还没结婚就做出这样的事！

（小梅看向身旁的赵鹏，若有所思，但欲言又止。）

赵鹏：一个女孩最重要的就是她的贞洁，现在她连最珍贵的东西都丢了，已经一文不值了。

（听到这些，原本心情不好的小梅更加焦虑不安，仿佛在担心一些事。）

（电影终于播放完了，两人走了出来。）

小梅：鹏，我想跟你说件事。

赵鹏：你说吧。

小梅：其实，其实我曾经交往过男朋友，和上一个男朋友在一起的时候发生过关系。

（赵鹏顿时一脸难以置信的表情。）

赵鹏：什么意思？！发生过关系？你说说看，你这是什么意思？！

小梅：就是那个了，你知道的。

（赵鹏不敢相信向来乖巧的女朋友竟然做过这样的事，而这是他接受不了的，怒火顿时冲了上来。）

赵鹏：什么！为什么在我们恋爱前你没有和我说过这些？！

小梅：那我们都还没恋爱，我为什么要和你说这些。况且，现在都什么时代了，我以为你根本就不会在乎我这些！今晚听到你看电影时说的那些话之后，我才觉得我可能需要和你说明这件事。

赵鹏：不在乎？我怎么会不在乎！你这就是欺骗！没想到你也是这么不自爱的女生！

小梅：（一边哭一边说）我看你根本就不爱我！你爱的只是那层膜！

赵鹏：（大声怒道）你这样一个不自爱的人就不配得到我的爱！你滚吧！

（小梅含泪匆匆离去。）

执笔人：杨梨、胡玉萍

**参考文献：**

玛丽斯特普青年先锋项目：《青年失疯——青少年性教育活动参考手册》，2015年。

# 第八编 心理咨询工具

本编的内容主要是心理咨询老师（及有一定心理学基础的老师）做团体辅导时使用的工具，其中一些方法也可以在个体辅导时使用，或者在普通班级教学的时候使用。

在进行团体辅导时，组员通常是志愿报名和老师推荐相结合。在形成新团体后，第一次活动通常会邀请组员一起确立共同的团体目标和规范，建立团队信任感，确保个人隐私不会被泄露。而后在每次活动开始时，大多要做一个热身游戏，帮助组员尽快熟悉起来，便于在后面的活动中可以良好沟通，起到互相支持的作用。

这些团体辅导方案主要根据辅导对象的不同来进行划分，分别有针对施暴学生、家庭暴力目击学生、家暴家庭学生、校园欺凌者与被欺凌者、性受暴学生的辅导方案。从内容上来看，大多包括这样几个方面：①澄清基本概念，帮助学生了解性别暴力的定义、类型，以至于能够分辨这些暴力，认识到这些暴力的危害；②破除迷思，帮助学生去除一些与性别暴力有关的迷思，如施暴者是强者等，引导学生认同"尊重、平权、非暴力"等核心价值观，实现认知重建；③掌握应对暴力的有效策略，学会正确地处理危机方法；④帮助学生释放施暴、受暴、目击暴力时的负面情绪（恐惧、无助、愤怒、怨恨等），学会自我情绪管理，提升自我价值感，保持积极心态；⑤获得团体其他成员的接纳和支持，强化个人内在力量，学习建立友好人际关系的技能，改变有缺陷的行为模式。

最后一个工具是性别暴力创伤咨询方法（消除恐惧法）的介绍，它的辅导对象是受过性别暴力创伤、有严重后遗症的学生。这是一套治疗恐惧症相当有效的技巧，即使恐惧症已经维持很多年，但如果能纯熟运用这套技巧，恐惧症就可以在短时间内消除，不过要比较专业的心理咨询师才能运用适当，取得较好的效果。

在使用这些工具的时候，我们不必完全照搬，可以根据实际情况进行修改、调整。例如一些案例的使用，就可以进行修改。最简单的做法是改变案例中人物的性别，这将使得其中蕴含的性别刻板印象得以凸显。比如我们的案例大多是男性对女性施暴，如果改为女性对男性施暴，就可以借此引发讨论，让学生对性别暴力的类型加深认识，了解到虽然多数情况是男性对女性施暴，但男性也可能成为暴力的受害者。

# 校园性别暴力施暴学生团体心理辅导方案

### 一 团体名称

"卸刺换装别动队"——校园性别暴力施暴学生团体心理辅导。

### 二 团体目标

（1）协助施暴学生认识暴力类型，明确暴力不等于强壮，施暴者也是"受害者"；
（2）使施暴学生体会到校园性别暴力对自己和他人的伤害；
（3）催化施暴学生在原生家庭中对目睹或遭遇家庭暴力的情绪宣泄；
（4）学习正确的情绪宣泄和友好的人际交往模式；
（5）检视情绪困扰的不合理信念，引导学生重建认知，从而改变其行为模式；
（6）引导学生认同"尊重、平权、非暴力"等核心价值观。

### 三 团体性质

封闭性团体。

### 四 团体对象

8—10人，性别不限。曾有过校园暴力，希望通过活动来改变人际交往应对方式的小学生。

## 五　组员筛选方式

自愿报名与教师推荐相结合。

## 六　团体时间频次及次数

每次 1.5—2 小时，每周 1 次，共 4 次。

## 七　理论基础

（1）社会环境中处处充满暴力元素，很容易令儿童对暴力产生误解，如把暴力视为"强壮"的象征，或者将暴力当作获得权力与控制的手段，这凸显了帮助儿童认识暴力的重要性。施暴儿童往往缺乏与他人良好沟通的技巧，他们需要学习倾听他人、自我控制情绪的方法，进而学会用友善的行为反应替代攻击的行为反应。

（2）负面记忆通常会扭曲关系的真相。生活在家庭暴力威胁下的儿童，由于不断接受家长的暴力示范以及家长合理化其暴力行为的动机，也会将暴力内化为唯一且正常的情绪表达方式与问题解决途径，甚至慢慢内化"暴力是正常的""错了就该被打"等错误信念，然后反映在其行为模式中，如习惯性地暴力攻击他人。进入小学阶段的儿童，其主要生活场域逐渐从家庭延伸至学校，是协助施暴儿童扩展生活经验的最佳时机。我们可以通过活动提供不同于家庭角色的示范与引导，教导儿童认识到暴力的本质与类型，帮助儿童学习到暴力是不对的，没有人有权利对他人施暴，也没有人应该接受他人的暴力，即使父母也不该如此。通过不断强调暴力是不被允许的，让施暴儿童修正价值观，从而改变其偏差行为。

（3）根据皮亚杰的认知发展观点，小学儿童大部分以具体性为主，少部分由具体形象思维到抽象逻辑思维过渡。因此，生动的故事和表演，能更有效地帮助儿童真实表达感受和重新塑造情感体验。对于施暴儿童曾经历的心理伤害，可以通过游戏方式使受压抑的情绪和攻击性得以释放。

（4）根据阿德勒的基本概念，一个行为不当的孩子，在其不良行为背后，是想要有所归属，但不知道该怎样以一种恰当、有效的方式来达到这一目标。

因此，帮助施暴儿童仔细审视自己施暴行为背后的认识与想法，对于改变其施暴行为有着重要意义。

## 八 团体单元设计大纲

| 单元 | 活动名称 | 活动目标 | 活动内容 |
| --- | --- | --- | --- |
| 一 | 触摸长满"刺刺"的外衣 | 1.活跃气氛，打破僵局，加速组员之间的了解；<br>2.能认识何谓暴力，知道暴力包含哪些类型，并对"暴力"形成正确的概念，了解暴力行为不但伤人，而且伤己；<br>3.能辨识什么是校园性别暴力，并澄清"施暴者是强者"的错误迷思。 | 1.结识有缘人<br>2.听故事，"摸刺刺"<br>3.我身上的刺刺<br>4.总结 |
| 二 | 抱抱曾被"刺刺"伤害的自己 | 1.学生之间建立温暖、安全接纳的信任关系；<br>2.引导学生感受触摸布偶的感觉，借助游戏疏通曾被暴力伤害的情绪；<br>3.引导学生分享曾被施暴的负面记忆，重新以另一个角度来看到暴力对人对己的伤害。 | 1.能量传送带<br>2.疼痛的布偶<br>3.情绪互动椅<br>4.总结 |
| 三 | 发现"刺刺铠甲"里面的秘密 | 1.能以丰富的语汇或语言描述不同的情绪反应；<br>2.帮助施暴儿童仔细审视自己施暴行为背后的认知与想法；<br>3.增强施暴学生辨析情绪的能力，练习与他人互动的技巧。 | 1.情绪万花筒<br>2.刺刺铠甲下的真相<br>3.演一演<br>4.总结 |
| 四 | 卸刺换装，让爱流动 | 1.明白暴力不是解决问题和人际互动的有效方法；<br>2.增强自我调控的能力；<br>3.练习和谐温暖的人际互动模式。 | 1.拔钉子<br>2.暴力急刹车<br>3.我是"止暴"高手<br>4.总结 |

### 第一单元：触摸长满"刺刺"的外衣

**活动目标：**

（1）活跃气氛，打破僵局，加速组员之间的了解；

（2）能认识何谓暴力，知道暴力包含哪些类型，并对"暴力"形成正确的概念，了解暴力行为不但伤人，而且伤己；

（3）能辨识什么是校园性别暴力，并澄清"施暴者是强者"的错误迷思。

| 活动名称 | 活动流程 | 活动目的 | 器材 |
|---|---|---|---|
| 结识有缘人 | 1. 组员围成一个圈；<br>2. 大家在圆圈里自由走动，边走边与同学握握手，问声好；<br>3. 当咨询师说"停"时，每个人必须要与别人握住手、面对面。这时握住手的两个人，就是你的新朋友，双方做详细的自我介绍；<br>4. 从步骤2重复游戏。 | 1 | |
| 听故事，"摸刺刺" | 1. 组织者给同学讲故事：《长出刺刺的亮亮》（附件）<br>讨论：<br>（1）亮亮用什么方法来表现自己又强又厉害？<br>（2）亮亮的这个方法收获到友谊了吗？为什么？<br>2. 讨论【故事一】<br>（1）亮亮身上会长出刺来，是因为他做了一件伤害别人的事情，请问具体是什么？<br>（2）其他同学看到亮亮身上的刺，会有什么反应？<br>（3）说明什么是身体暴力。<br>3. 讨论【故事二】<br>（1）亮亮做了什么伤害别人的事情，所以才会长出两根刺？（取笑、威胁）<br>（2）猜猜看，被亮亮取笑和威胁的小刚会有哪些感觉？<br>（3）说明什么是心理暴力。<br>4. 讨论【故事三】<br>（1）小明为什么突然掉下眼泪？<br>（2）亮亮做了什么伤害别人的事情，所以身上又长出一根刺？<br>（3）说明什么是性暴力。 | 2 | 附件 |
| 我身上的刺刺 | 1. 分角色演一演<br>场景一：亮亮被球打到头时，怎么做比较好？<br>场景二：小刚想要加入游戏，亮亮应该怎么回复才对呢？<br>场景三：如果亮亮只是想和小明开玩笑，想和小明交朋友，他可以怎么做？<br>2. "照镜子"<br>（1）找出自己曾经像亮亮一样想证明自己又强又厉害的事件；<br>（2）明确性别暴力的概念；<br>（3）讨论：当自己长出刺刺后，身边人的感受是什么？他们还愿意跟自己待在一起吗？<br>（4）强化学生的认知，即施暴者不是强者，反而处于被孤立的状态。 | 2, 3 | |
| 总结 | 1. 什么是暴力？校园性别暴力行为有哪些？<br>2. 暴力带给人的感受是什么。 | 2, 3 | |

**附件:《长出刺刺的亮亮》**

亮亮很想交朋友,并且希望大家崇拜他,觉得他又强又厉害,所以只要有其他同学惹亮亮生气,亮亮就会伸出拳头去揍他,只要有其他同学让亮亮觉得不开心,他就会大声吼回去。本来想交朋友的亮亮变得越来越凶,再也没有同学敢靠近他了,奇怪的是,因为一天比一天凶,亮亮身上长出越来越多的刺。亮亮心想:"现在大家都这么怕我,应该是因为我真的又强又厉害,所以很崇拜我吧!可是,为什么我一个朋友也没有呢?"

【故事一】什么是身体暴力

下课了!亮亮跑到操场和大家一起踢球,玩得正开心,被一个踢得又高又远的球打到了头。他生气地转头一看,发现是小兰踢的,小兰赶紧跑了过来,但什么话都还来不及说,就被亮亮狠狠打了一拳:"哼!你个女孩子,踢什么球!你的球打到我了!"小兰痛得坐在地上哭了起来。这个时候,亮亮发现他的身上竟然长出了一根刺……

【故事二】什么是心理暴力

游戏时间,亮亮跟几个男生玩得正开心,小刚走过来想要加入,亮亮跟其他男同学都不同意。亮亮说:"你就不像个男子汉,你还是跟女生玩比较合适。"几个男同学也都大声嘲笑小刚,亮亮还起头喊:"娘炮!娘炮!"被拒绝和羞辱的小刚难过地哭了!这个时候,亮亮发现他的身上又长出了两根刺……

【故事三】什么是性暴力

扫地时间,亮亮走到厕所,刚好看到小明正认真地拿着扫把扫地,亮亮突然想起一个恶作剧,他冲上前伸手往小明的"小鸡鸡"抓过去,小明吓了一跳,眼泪开始掉了下来。这个时候,亮亮发现他的身上又长出了一根刺……

## 第二单元:抱抱曾被"刺刺"伤害的自己

**活动目标:**

(1) 学生之间建立温暖、安全接纳的信任关系;

(2) 引导学生感受触摸布偶的感觉,借助游戏疏通曾被暴力伤害的情绪;

(3) 引导学生分享曾被施暴的负面记忆,重新以另一个角度来看到暴力对人对己的伤害。

| 活动名称 | 活动流程 | 活动目的 | 器材 |
|---|---|---|---|
| 能量传送带 | 1. 组员围成一个圆圈坐好；<br>2. 与身边的组员相互拍手，做两个八拍；<br>3. 听咨询师口令，同时做：双手放平互碰；手腕相互碰；大拇指交叉相碰；右手抱拳击左掌；左手抱拳击右掌；双手擦擦耳朵；<br>4. 组员闭上眼睛，深呼吸；<br>5. 将自己的手放在相邻组员的手上方，手心相对，感受彼此的温度和热量。 | 1 | 椅子 |
| 疼痛的布偶 | 1. 播放轻柔音乐，让组员放松、闭眼，请大家冥想生活中最难过（或害怕）的一件事；<br>2. 组员在咨询师引导下，捏出一个自己觉得很可怕的魔鬼，并在上面装上"刺刺"，然后一手布偶、一手扎满刺刺的魔鬼，用"怪兽"去触碰布偶；<br>3. 请大家分享活动时布偶的感受，邀请大家用各种方式用力摔打魔鬼，请大家安慰、呵护布偶；<br>4. 分享进行此活动时的感受。 | 2 | 布偶、剪好的刺刺、黏土、CD |
| 情绪互动椅 | 1. 两人一组，站立，面前放两把椅子，彼此讲述自己被暴力伤害的经历和感受；<br>2. 引导两人都坐到椅子上。其中一个组员坐在自己的椅子上，想象对面组员是施暴者，对他讲出自己一直想讲但没讲过的话和委屈；<br>3. 施暴扮演者说出他/她当下的想法和感受，组员说出听了"施暴者"的话后的想法和感受，反复沟通几次，直至组员觉得委屈的感受不再强烈，体会到施暴者其实跟自己一样对情绪失控的无能为力；<br>4. 角色互换体验。 | 3 | 椅子 |
| 总结 | 被暴力伤害是痛苦的、受伤的、害怕的、恐惧的，任何暴力都是错误的、会让人受伤的。 | | |

## 第三单元：发现"刺刺铠甲"里面的秘密

**活动目标：**

（1）能以丰富的语汇或语言描述不同的情绪反应；

（2）帮助施暴儿童仔细审视自己施暴行为背后的认知与想法；

（3）增强施暴学生辨析情绪的能力，练习与他人互动的技巧。

| 活动名称 | 活动流程 | 活动目的 | 器材 |
|---|---|---|---|
| 情绪万花筒 | 1. 出示情绪词汇表范例，然后请学生写出自己的情绪词汇表（自己常出现的情绪、常用的表述语，见附件一），并找出哪些是正面情绪，哪些是负面情绪；<br>2. 写出平时让你最"喜、怒、哀、乐"的原因，并把当时的表情脸谱画下来（见附件二）；<br>3. 说说哪些是我们在实施暴力时出现的情绪，并给自己实施暴力时的情绪从1—10赋分（1是最低分，10是最高分）。 | 1 | 附件一和附件二 |
| 刺刺铠甲下的真相 | 1. 组员回想自己最近情绪失控出手（出口）伤人的一件事；<br>2. 完成"刺刺铠甲下的真相"卡和"转念"卡（附件三），组员相互分享；<br>3. 讨论：同一件事，为什么转念一想后，结果就发生了变化？你更喜欢哪种结果？ | 2 | 附件三 |
| 演一演 | 1. 两人一组；<br>2. 将"转念"卡中自己的故事演出来；<br>3. 换对方的故事演。<br>**提示**：表演时注意引导组员表达当下的感受。 | 3 | |
| 总结 | "刺刺铠甲"下藏着我们的真实需求，有时我们想要得到友谊、关心、赞扬……当我们的需求没有被满足时，我们就会被激怒。有需求、有期待没有错，但施暴绝对是错的！同一件事，改变我们的想法，就可以改变我们的行为。 | | |

## 附件一：情绪语汇表

爱——好、喜欢、关心

喜悦——高兴、愉快、快乐、快活、开心、有趣、欣慰、兴奋、满足、振奋、陶醉、自豪、幸福、轻松、得意、松了一口气

伤心——忧郁、绝望、无望、不快乐、悲哀、悲伤、难过、苦恼、痛苦、烦恼、失望、沮丧、生气、羞愧、愧疚、罪恶感、丢脸、后悔、孤独、寂寞、挫折、灰心、不安、困窘、遗憾、同情、委屈、担心、忧虑、无助

恐惧——害怕、惊慌、恐怖、震惊、屈辱、焦虑、紧张、忧虑、不自在

惊讶——怀疑、疑虑、尴尬、忐忑

生气——气愤、烦躁、不满、不高兴、愤怒、挫折、生气、震怒、悲痛、

讨厌、愤慨、懊恼、厌恶、轻蔑、羡慕、困扰、嫉妒、不情愿、怨恨、痛恨、仇恨、残忍

**附件二：**

请写出平时让你最"喜、怒、哀、乐"的原因，并把当时的表情脸谱画下来：

1. 我高兴　　　　　　2. 我生气

　因为：　　　　　　　因为：

　表情脸谱：　　　　　表情脸谱：


3. 我难过　　　　　　4. 我快乐

　因为：　　　　　　　因为：

　表情脸谱：　　　　　表情脸谱：

**附件三：**

"刺刺铠甲下的真相"卡

事件发生的起因是：_____

让我发火的原因是：_____

事件发生时我的想法（感受）：_____

当时身体上的感觉有：_____

事件最后的结果是：_____

事件结束后我的感受是：_____

"转念"卡

如何想会让自己没那么生气：_____

如果是上面这种想法，我的做法可能是：_____

事件在行为改变后的结果是：_____

改变后的结果给我的感觉是：_____

## 第四单元：卸刺换装，让爱流动

**活动目标：**

（1）明白暴力不是解决问题和人际互动的有效方法；

（2）增强自我调控的能力；

（3）练习和谐温暖的人际互动模式。

| 活动名称 | 活动流程 | 活动目的 | 器材 |
| --- | --- | --- | --- |
| 拔钉子 | 1. 每人十个钉子，一块黏土。用黏土捏出咨询师要求的形状（可以是任何造型和形状），并为制作好的黏土命名；<br>2. 咨询师喊"钉子行动"，组员往黏土上插钉子，然后咨询师说："钉子扎在黏土的身上，突然它后悔了，不想再伤害它（黏土的名字）"；<br>3. 组员拔除钉子，观察黏土是不是恢复到原样？<br>4. 分享感受。 | 1 | 钉子、黏土 |
| 暴力急刹车 | 1. 每人发放一盒水彩笔，一张纸，将其对折；<br>2. 咨询师引导组员体会情绪失控时的自己，用水彩笔在纸张的一半涂画出来；<br>3. 咨询师讲解，掌管情绪的大脑"杏仁核"在暴怒前想要"刹车"，这大概需要7秒钟，然后组员一起背诵刹车秘诀："1234567，除去刺刺换新衣"；<br>4. 引导组员想象控制住情绪的自己，在纸张另一半的位置涂画出来；<br>5. 分享两幅画的意义和感受。 | 2 | 水彩笔、纸 |
| 我是"止暴"高手 | 情境：你刚打扫完教室，比你瘦弱的某同学不小心把你收拾干净的书包弄到地上，书散了一地，教室也被搞乱了。<br>1. 请组员讨论在这种情境下自己会有什么感觉，怎么做才能帮助自己控制情绪；<br>2. 咨询师和一位组员进行角色扮演（此为示范表演，咨询师要注意引导两人的对话）；<br>3. 请组员两人一组，分角色扮演；<br>4. 请组员分享感受。 | 3 | |
| 总结 | 暴力不是解决问题的方法，当我们穿着长满刺刺的铠甲去跟人交流时，会伤害自己和身边的人。只有卸下这身刺刺，包容和爱才能传递给身边的人，别人的关怀和爱也才能走近我们。 | | |

执笔：杨阿娜

# 校园施暴学生团体心理辅导方案

### 一　团体名称

和谐的人际关系——校园施暴学生团体心理辅导。

### 二　团体目标

（1）让学生认识到暴力行为对人对己的危害；
（2）让学生学会有效的自我情绪管理，以正确的方式发泄情绪和精力；
（3）进行同理心训练；
（4）学习正向的人际交往手段和模式，建立良好的交际圈，改善同学关系。

### 三　团体性质

封闭性、结构式团体。

### 四　团体对象

8—10人，性别不限。

### 五　成员筛选方式

曾有过暴力行为的学生，通过班主任推荐的方式参与。

## 六　团体时间频次及次数

每次1.5—2小时，每周1次，共7次。

## 七　理论基础

（1）校园暴力，是一个学生对一人或多人的负面行为（如欺负或骚扰），包括校内，也包括在学校周边针对同学的负面行为。具备以下要件：

具有欺负他人的行为；

具有故意伤害的意图；

造成心理或生理上的伤害；

两者势力（地位）不对等。

（2）校园暴力的行为内涵不单是暴力本身，还潜藏着某种友情的需求情结，正是因为这样的情结，才让施暴者通过暴力来满足内心的需求。这些学生为什么想要用暴力来获得友情呢？因为他们在成长过程中，对于人际关系及人与人之间的互动方式并没有获得很好的引导。这里可能有家庭因素：疏于管教、权威式家庭、家人间高度冲突、经常打骂孩子等。孩子在这样的环境中，耳濡目染之下，就会习惯以暴力来解决问题。此外，有个人性格的因素，比如易怒暴躁等。当然，还有社会环境与大众传媒对暴力的不当宣传，使孩子产生错误认知，导致一些模仿的暴力行为。

（3）人本主义心理学强调人的正面本质和价值，而并非人的问题行为，同时重视人的成长和发展，即自我实现。因此，首先要接纳暴力学生，对其表达关怀、尊重，让他们意识到，自己的不当行为需要纠正，但作为一个完整的人是被接纳和尊重的。

（4）情绪管理理论认为：情绪的管理不是要去除或压制情绪，而是在觉察情绪后，调整情绪的表达方式，通过一定的策略和机制，使情绪在生理活动、主观体验、表情行为等方面发生一定的变化，从而学会以适当的方式、在适当的情景中表达适当的情绪。

## 八　团体单元设计大纲

| 单元 | 活动名称 | 活动目标 | 活动内容 |
| --- | --- | --- | --- |
| 一 | 相逢是首歌 | 1. 小组成员相互认识，初步了解；<br>2. 放松身心，体验成长需要；<br>3. 订立团体规范。 | 1. 小小动物园——自我介绍<br>2. 成长三部曲<br>3. 团体规范<br>4. 总结 |
| 二 | 认识校园暴力 | 1. 认识什么是校园暴力，暴力行为有哪些；<br>2. 体会暴力关系中不同角色的感受；<br>3. 认识暴力行为对人对己的危害。 | 1. 情景连连看<br>2. 暴力情景再现<br>3. 讨论<br>4. "每人一句话"小结与家庭作业 |
| 三 | 我们都一样 | 1. 放松身心，增强组员的人际信任；<br>2. 了解自己产生暴力行为的原因；<br>3. 学会恰当调控自己的暴力行为；<br>4. 帮助学生了解如何用平等尊重的态度建立良好的同学关系。 | 1. 疾风劲草<br>2. 自我剖析<br>3. 自编短剧<br>4. 短剧展示<br>5. 讨论<br>6. 小结 |
| 四 | 良好的沟通从倾听开始 | 1. 让学生掌握倾听的言语和非言语技巧；<br>2. 学习良好的沟通模式。 | 1. 我说你画<br>2. 倾听的技巧<br>3. 秘密红账<br>4. 沟通练习<br>5. 小结 |
| 五 | 人缘来自好性格 | 1. 通过游戏让学生体验人与人之间的心结可以通过共同努力而解开；<br>2. 引导学生发现自己的独特性，思考自己的与众不同，培养自信；<br>3. 协助组员了解人际交往中受欢迎的人格特质；<br>4. 让组员检视自身的人格特质，发展受人欢迎的特质，克服不良特质。 | 1. 心有千千结<br>2. 我的核桃<br>3. 魅力测试站<br>4. 小结 |
| 六 | 面对暴力，该怎么做？ | 1. 体验人际交往中的交互原则：人际交往中喜欢与讨厌、接近与疏远是相互的，以此增强学生同理心；<br>2. 目睹暴力时如何伸出援助之手；<br>3. 自己遭遇暴力时应该怎么办。 | 1. 爱在指间<br>2. 情景讨论<br>3. yes or no 守则<br>4. 小结 |
| 七 | 一路走过 | 1. 让组员学习看到别人身上的优点；<br>2. 让组员意识到需要大家共同创造互相尊重、和谐的环境；<br>3. 互送祝福，结束团体。 | 1. 优点轰炸<br>2. 制定和平公约<br>3. 背后的祝福<br>4. 小结 |

## 第一单元：相逢是首歌

**活动目标：**

（1）小组成员相互认识，初步了解；

（2）放松身心，体验成长需要；

（3）订立团体规范。

| 活动名称 | 活动流程 | 活动目的 | 器材 |
| --- | --- | --- | --- |
| 小小动物园——自我介绍 | 1. 教师自我介绍，并说明团体的意义、目的、主要内容等；<br>2. 小组成员各自我一种最能代表自己或者自己最喜欢的动物，写在卡片上，同时将自己名字写上，向其他成员说明自己选择这个动物的理由。 | 1 | 卡片 |
| 成长三部曲 | 1. 小鸡的成长状态为：<br>蹲着……鸡蛋<br>半蹲、煽动胳膊……小鸡<br>站立、煽动胳膊……大鸡<br>站立……人<br>2. 成员们最开始都是鸡蛋，然后找同为鸡蛋的成员用猜拳的形式决胜负，赢了的成长为小鸡，输了的还是鸡蛋；小鸡找其他成长为小鸡的猜拳，赢了成长为大鸡，输了变回鸡蛋，重新找另外的鸡蛋猜拳；大鸡之间猜拳，赢了成长为人，输了的变回小鸡。<br>3. 讨论：<br>（1）最后剩下的三位成员有何感受？<br>（2）最快成人的成员是如何做到的？感受如何？<br>（3）游戏过程中的感受是什么？对自己有何启发？ | 2 | |
| 团体规范 | 1. 拿出团体规范卡（附件）；<br>2. 请小组成员逐条审核通过，检视规则，看是否还有什么需要修改的；<br>3. 请成员逐个签名以表示同意；<br>4. 保密仪式：请大家站起来，伸出右手，摆出"赞"的姿势，其余四指握住右边成员的拇指。每个成员都完成后，教师示范：我，×××，愿意遵守今天在团体中订立的团体规范，离开团体后，我不会将团体中的事情告诉团体以外的人。 | 3 | 附件 |
| 总结 | 对这次团体进行总结，并就下次团体进行预告。 | | |

## 附件：团体规范

（1）我一定准时参加所有小组活动，因为我的缺席会对整个小组活动造成影响；除非不可抗拒的因素，但仍需请假。

（2）我绝对保守团体每一位成员在团体活动中透露的隐私。活动外我不做任何有损小组成员利益的事。

（3）小组活动时，我对其他成员持信任态度，愿与他们分享自己的情感和认识。同时，对他人的表露持尊重态度。

（4）我愿意尊重团体中的每一位成员，不随意打断他人的话，不随意插话，不在团体中使用暴力或言语伤害其他成员。

（5）我愿意全身心投入到团体中来，团体活动开始之前关闭通信工具，不在团体活动时吃零食、开小差，不做任何与活动无关的事。

（6）以上承诺我愿意接受团体中任何人的监督。

承诺人：_____

## 第二单元：认识校园暴力

**活动目标：**

1. 认识什么是校园暴力，暴力行为有哪些；
2. 体会暴力关系中不同角色的感受；
3. 认识暴力行为对人对己的危害。

| 活动名称 | 活动流程 | 活动目的 | 器材 |
| --- | --- | --- | --- |
| 情景连连看 | 1. 三人一组，发事先印好的"连连看"课堂作业纸每人一张（附件一）；<br>2. 教师讲解校园暴力的定义，然后让学生完成课堂作业纸上的"连连看"任务，将案例与校园暴力类别一一对应，并讨论每一类暴力行为的表现形式和特点（附件二）；<br>3. 教师公布"连连看"的正确答案，并请每组代表分享讨论的情况；<br>教师简单总结暴力的类型及表现特点。 | 1 | 附件一和附件二 |

续表

| 活动名称 | 活动流程 | 活动目的 | 器材 |
|---|---|---|---|
| 暴力情景再现 | 1. 三人小组，分别在自己组内表演；<br>2. 每组表演三轮，每人都扮演一次施暴者、受暴者和旁观者；<br>3. 分享表演时的感受。 | 2 | |
| 讨论 | 1. 讨论以下问题：<br>(1) 施暴者、受暴者和旁观者的感受分别是什么？<br>(2) 暴力行为对这三者分别有何影响？<br>2. 教师总结：暴力事件对学生有许多不良影响，不单受暴学生会产生情绪问题、学业问题，施暴学生以及旁观者也有许多不良影响。（附件三） | 2，3 | 附件三 |
| "每人一句话"小结与家庭作业 | 1. 教师小结：通过活动，我们了解了什么是校园暴力，以及校园暴力的分类和特点，同时也体验了暴力关系中不同角色的感受，最重要的是认识到了暴力对自己和别人身体和心理的伤害。请每人用一句话谈谈今天的感受。<br>2. 家庭作业：回忆一次自己的暴力行为场景。 | 3 | |

## 附件一："连连看"作业纸

| 肢体暴力 | 小玲自从戴牙套后，就开始了一连串的梦魇，班上同学给她取"牙套妹""丑八怪"等难听的绰号，不管她走到哪里，这些绰号都会紧跟着她，小玲很生气，又很难过。 |
|---|---|
| 精神暴力 | 一名七年级的男生，只因不满隔桌的女同学在上课时讲话，竟冒用她的姓名及电话，上网散布该女生找援交的消息，害得女同学接到大量询问援交的短信和电话，困扰不堪。 |
| 语言暴力 | 小明举止轻浮，喜欢对女孩子揩油，比如动不动摸一把，这让一些女生非常反感，说他是咸猪手。 |
| 性暴力 | 小强经常欺负女孩子，抢她们的零用钱，还会殴打那些试图反抗的人。 |
| 互联网暴力 | 小志长得比较纤弱，不够阳刚，一些男生不喜欢他，在背后说他的坏话，导致他在班上被大家冷落，因此他觉得很不舒服。 |

## 附件二：暴力类型及表现形式和特点

| 暴力类型 | 表现形式 | 特点 |
| --- | --- | --- |
| 肢体暴力 | 殴打身体、抢夺财物…… | 有具体行为，通常会在受暴者身上留下伤痕 |
| 精神暴力 | 排挤孤立、操弄人际…… | 最常见，易被忽视，经常让受暴者觉得无助、沮丧 |
| 语言暴力 | 出言恐吓、嘲笑侮辱…… | 常见，所造成的心理伤害有时比肢体暴力还严重，且言语暴力可能是肢体暴力的前奏 |
| 性暴力 | 性骚扰、嘲笑性取向…… | 受暴者常难以启齿，较为隐蔽 |
| 互联网暴力 | 散布谣言或不雅照片…… | 匿名、传播速度快、渠道广、杀伤力大 |

## 附件三：暴力造成的影响

| 施暴者 | 受暴者 | 旁观者 |
| --- | --- | --- |
| 有暴力倾向，容易与人发生冲突；旷课、逃学；反社会行为倾向比一般人高；很难获得社会认可。 | 身体伤害；害怕，易做噩梦，睡眠不足，抑郁，产生自杀的念头；因对学校产生恐惧而旷课，成绩下降，丧失信心。 | 害怕或者焦虑，担心自己成为下一位受害者；认为"力量远胜于公平"，甚至学会以暴力来解决问题。 |

## 第三单元：我们都一样

**活动目标：**

（1）放松身心，增强组员的人际信任；

（2）了解自己产生暴力行为的原因；

（3）学会恰当调控自己的暴力行为；

（4）帮助学生了解如何用平等尊重的态度建立良好的同学关系。

| 活动名称 | 活动流程 | 活动目的 | 器材 |
| --- | --- | --- | --- |
| 疾风劲草 | 1. 一个组员站中间，其他成员围站一圈；<br>2. 中间成员双手抱胸，肢体后仰，脚跟着地，身体随周围成员手掌的力量顺时针转一圈；<br>3. 小组成员轮流在中间当一次"草"；<br>4. 讨论游戏过程中自己的感受。 | 1 | |

续表

| 活动名称 | 活动流程 | 活动目的 | 器材 |
| --- | --- | --- | --- |
| 自我剖析 | 4—6人一组，交流上节课的家庭作业，讨论：<br>（1）回忆自己的暴力行为，当时是怎么想的？<br>（2）何种原因导致了自己的暴力行为？<br>（3）回忆生活中有暴力想法而没有付诸行动的时刻，自己是如何做的？ | 2,3 | |
| 自编短剧 | 请小组成员用10分钟时间准备两个情景短剧，一个是暴力中的同学关系，另一个还是这两个人物，表现彼此平等尊重的同学关系。 | 4 | |
| 短剧展示 | 先表演暴力关系，再表演彼此尊重的短剧。 | | |
| 讨论 | 1. 表演过程中，每个人的感受有何不同？<br>2. 如何建立平等尊重的同学关系？为此，我们能做些什么？ | 4 | |
| 小结 | 教师总结：通过刚才的交流与短剧表演，我们体会了平等尊重的同学关系带来的美好感觉，同时我们也知道了暴力不是解决问题的好方法，唯有"有话好好说"，平心静气地沟通，才能取得好的效果。我们将探讨有关"良好沟通"的话题。 | | |

## 第四单元：良好的沟通从倾听开始

**活动目标：**

1. 让学生掌握倾听的言语和非言语技巧；
2. 学习良好的沟通模式。

| 活动名称 | 活动流程 | 活动目的 | 器材 |
| --- | --- | --- | --- |
| 我说你画 | 1. 团体成员自由组合，形成若干个两人小组，教师给每组中的一名成员出示附件一，确保不让另一名成员看到。然后请前者向后者描述图片的内容，后者再根据前者的描述画出来。要求在描述的过程中，只能通过言语表达。然后两人互换角色，重复上述游戏；<br>2. 组员分享活动中的感悟；<br>教师总结：人际沟通是一个双向的过程。有时候你所表达的不一定是别人所理解的，你所听到的未必是别人想表达的。沟通并不是一件简单的事，需要双方不断反馈、调节沟通方式，才能达到最佳效果。 | 1 | 附件一、白纸 |

续表

| 活动名称 | 活动流程 | 活动目的 | 器材 |
|---|---|---|---|
| 倾听的技巧 | 1. 分小组讨论"可以运用哪些言语技巧和非言语技巧来表达你在认真倾听"，然后小组代表分享。<br>2. 教师总结：<br>（1）倾听的言语技巧，如避免沉默不语；变换回答方式，不要总是回答"嗯、嗯、嗯"等；适当插入提问，或要求对方补充说明，表达对对方所说内容的兴趣；指出共同的经历和感受；用自己的话简要复述对方所说的内容，表达对对方所说内容的理解等。<br>（2）倾听的非言语技巧，如身体面向对方，适当前倾，使对方感觉你在洗耳恭听；保持目光接触，表示对对方所说的话感兴趣；停下手中正在做的事；面部表情随对方所说内容而发生变化；利用积极的面部表情和头部运动，如微笑、点头、扬眉等；避免双手交叉在胸前，保持开放的姿势，表达对对方话题的接纳态度等。 | 1 | |
| 秘密红账 | 1. 请每位成员观察团体中其他成员的良好倾听行为，把它们写在纸条上，放入小纸箱内。要求：<br>（1）只记好的行为，不记不好的表现；<br>（2）写清楚被赞扬成员的姓名；<br>（3）允许记录多个成员的良好倾听行为。<br>2. 教师当众宣读纸条，以激励成员在今后的团体中自觉练习倾听技巧。 | 1 | 纸条、小纸箱 |
| 沟通练习 | 1. 请每位成员谈谈，当朋友向你倾诉他的烦恼时，你一般做何反应？简要说明这样做的理由；<br>2. 每个小组发放打印好的"沟通练习"课堂作业纸（附件二），针对这两个情景，经过成员讨论后选出自己认为的恰当做法；<br>3. 每个小组公布自己的选项并说明理由。 | 2 | 附件二 |
| 小结 | 人际沟通的关键在于让朋友感觉到，你是在认真听他说话，而且理解了他的意思。这里的几个答案中，只有最后一个反应最恰当，但很少有人选。因为它只是用自己的话把别人所说的内容简要翻译一遍（这种沟通方法被称为"意译法"），似乎是在说废话。<br>很多人都有好为人师的倾向，误以为朋友向自己倾诉是要自己帮出主意，因此在沟通中急于表达意见或提出劝告。事实上倾诉者才最清楚自己需要的是什么，才能为自己的行为作选择。他通过倾诉，希望寻求的只不过是一种关心、理解和心理支持，意译法恰好可以满足这种心理需求。因此，把对方所说的意思简要地反馈给对方，就是最简单但又十分有效的人际沟通小窍门。 | | |

附件一:"我说你画"图1

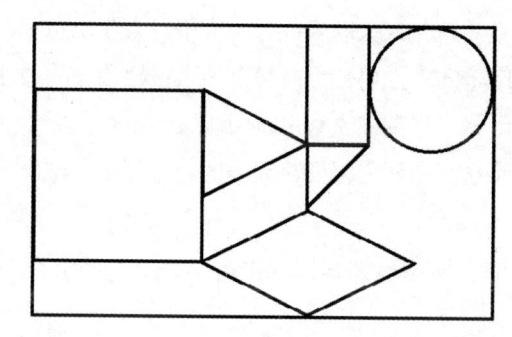

"我说你画"图2

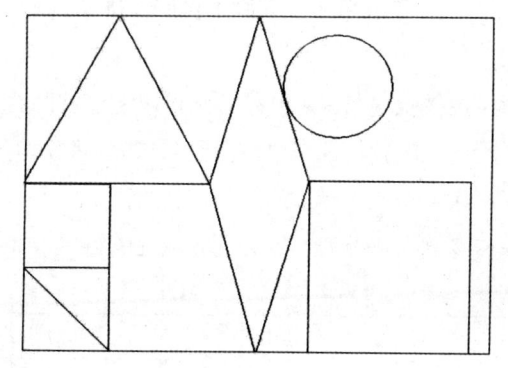

附件二:"沟通练习"作业纸内容:

1.朋友向你倾诉:"期中考试的试卷发下来了,又没考好,不敢告诉父母,为了供我上学他们拼命赚钱,已经很辛苦了。我不想让他们知道。每天早晨起来,我都鼓励自己要努力学习,但感觉压力很大,要考上重点好难呀!"

你会如何回答?

A. 你要想开一点,面包会有的,只要努力一定能考上。

B. 你不用太悲观,这次好多人都没考好。

C. 你应该告诉你的父母,他们也许能帮你,和你一起想办法。

D. 你不敢把这件事情告诉父母,怕他们担心你。可是你的压力也非常大,不知道自己一个人是否扛得过去。

2.朋友向你倾诉:"我最近倒霉透了,谈了两年多的女朋友居然把我给甩了。哎,我真想一死了之!"

你会如何回答？

A．你怎么这么想，一次失恋就成这个样子，太没出息了。

B．哎，是挺倒霉的。你再想想有没有什么跟她和好的办法？

C．我比你更倒霉，我都被人家甩过两次了。

D．不用这么难过，俗话说得好，天涯何处无芳草，改天我帮你介绍一个更好的。

E．谈了两年的女朋友居然和你分手，你一下子接受不了，所以觉得活着没意思了？

## 第五单元：人缘来自好性格

**活动目标：**

1. 通过游戏让学生体验人与人之间的心结可以通过共同努力而解开；
2. 引导学生发现自己的独特性，思考自己的与众不同，培养自信；
3. 协助组员了解人际交往中受欢迎的人格特质；
4. 让组员检视自身的人格特质，发展受人欢迎的特质，克服不良特质。

| 活动名称 | 活动流程 | 活动目的 | 器材 |
| --- | --- | --- | --- |
| 心有千千结 | 1. 全体成员手拉手围成一个圆，面向圆心；<br>2. 所有人伸出右手，握住对面那个人的右手；然后伸出左手，握住与你不相邻且没有与你握住右手的那人的左手；<br>3. 现在想办法解开自己小组形成的这个大结；<br>4. 讨论：游戏给我们的启示是什么？<br>5. 教师小结：每位同学都希望用自己最真诚的心去解开自己周围、自己与他人所有的结，只是在解这个结时，有太多内部和外界因素干扰着我们。也许是我们年轻气盛，也许是我们固执偏强，也许是我们自我意识太强，也许是……，相信当我们彻底抛开这么多的"也许"时，也就有了自我解开万结之结的方法。 | 1 | |
| 我的核桃 | 1. 每人发一个核桃，让小组成员花五分钟认真观察自己的核桃，调动一切感觉通道，如视觉、嗅觉、触觉等，先用眼睛观察，然后闭上眼睛，感觉核桃的触觉特征；<br>2. 五分钟后，将自己的核桃和别人的混在一起，看看每个人是否能找到自己的核桃，然后再次将成员的核桃混合，每人闭眼去找自己的核桃；<br>3. 思考与讨论：引导大家思考自己的优缺点，并与小组成员分享，讨论如何改善自己的缺点。 | 2 | 足够数量的核桃 |

续表

| 活动名称 | 活动流程 | 活动目的 | 器材 |
| --- | --- | --- | --- |
| 魅力测试站 | 1. 下发印有"情景描述"的课堂作业纸（附件）。<br>2. 讨论<br>（1）你最不愿意和哪三种人做朋友？<br>（2）最想和哪三种人做朋友？简要说明理由。<br>3. 请每位成员在心底对自己作一评判（不需要说出来），认为自己最类似于其中哪两种人？优缺点各选一个。仔细倾听其他成员对此的评价，了解自己的性格在人际交往中的受欢迎程度。<br>4. 教师根据成员的发言，记下每种性格的魅力指数。最想和哪三种人做朋友，根据喜欢程度的高低，这三种性格分别记 +3，+2，+1 分；反之，最不愿意和哪三种人做朋友，根据讨厌程度的高低，分别记 −3，−2，−1 分。计算每种性格的总分，得出该性格的人际魅力指数。<br>5. 分组讨论<br>（1）如何培养最受欢迎的三种性格？<br>（2）如何克服最不受欢迎的三种性格？ | 3，4 | 附件 |
| 小结 | 你认为自己身上什么性格品质给你带来了好人缘？或者如果你的人缘不太好，是什么原因导致的？试着反思自己在人际交往中所体现出来的性格特点（比如是否因一时愤怒而失去了曾经的知己；是否因太自我中心、忽略他人感受而被周围的朋友渐渐疏远），找出自己需要继续发扬和改进的地方。 | | |

**附件："情景描述"课堂作业纸**

情景：你参加了一个夏令营，在里面结识了很多性格迥异的人，有真诚的、善解人意的、乐于助人的、体贴的、热情的、善良的、活泼开朗的、风趣幽默的、聪明能干的、自信的、心胸宽阔的、脾气古怪的、不友好的、饶舌的、自私自利的、自负傲慢的、虚伪的、恶毒的、不可信任的、性情暴躁的、孤僻的、冷漠的、固执的、心胸狭隘的，等等。

## 第六单元：面对暴力，该怎么做？

**活动目标：**

1. 体验人际交往中的交互原则：人际交往中喜欢与讨厌、接近与疏远是相互的，以此增强学生同理心；

2. 目睹暴力时如何伸出援助之手；

### 3. 自己遭遇暴力时应该怎么办？

| 活动名称 | 活动流程 | 活动目的 | 器材 |
|---|---|---|---|
| 爱在指间 | 1. 将团体成员分成两组，一组围成一个内圈，再让另一组站在内圈同学的身后，围成一个外圈。内圈成员背向圆心，外圈同学面向圆心。即内外圈的成员两两相视而站。<br>2. 当教师发出"手势"的口令时，每个成员向对方伸手指：<br>（1）伸出 1 个手指表示"我现在还不想认识你"；<br>（2）伸出 2 个手指表示"我愿意初步认识你，和你做个点头之交"；<br>（3）伸出 3 个手指表示"我很高兴认识你，想对你有进一步的了解，和你做个普通朋友"；<br>（4）伸出 4 个手指表示"我很喜欢你，很想和你做好朋友，与你一起分享快乐和痛苦"；<br>3. 当教师发出"动作"的口令时，成员按下列规则做出相应动作：<br>（1）如果两人伸出的手指不一样，则站着不动；<br>（2）如果两个人都伸出 1 个手指，各自把脸转向自己的右边，并重重地跺一下脚；<br>（3）如果两个人都伸出 2 个手指，那么微笑着向对方点点头；<br>（4）如果两个人都伸出 3 个手指，那么热情地握住对方的双手；<br>（5）如果两个人都伸出 4 个手指，则热情拥抱对方。<br>4. 每做完一组"手势—动作"，外圈成员就分别向右跨一步，和下一个成员相视而站。跟随教师口令做出相应的手势和动作。以此类推，直到外圈、内圈的每位同学都完成一组"手势—动作"；<br>5. 教师小结：人际交往中，我们有个共同的倾向：希望别人承认自己的价值，支持、接纳、喜欢自己，但别人喜欢我们是有前提的，往往也要我们喜欢他们，承认他们的价值。也就是说，人际交往中喜欢与讨厌、接近与疏远大多是相互的。一般而言，喜欢我们的人，我们才会去喜欢，愿意接近我们的人，我们才会去接近他；对于疏远、厌恶我们的人，我们也会疏远或厌恶他。因此在人际交往中，应遵循交互原则。对于交往对象，应主动敞开心扉，接纳、肯定、支持、喜欢他们，这样别人才会接纳、肯定、支持、喜欢我们。 | 1 |  |

续表

| 活动名称 | 活动流程 | 活动目的 | 器材 |
|---|---|---|---|
| 情景讨论 | 1. 教师导语：通过以前几节课的讨论，我们学会了如何调控自己的行为，如何与人建立良好的人际关系，约束自己不再做出暴力行为。可是当我们作为旁观者碰到暴力时，该如何做呢？<br>2. 小组成员按4—6人一组，下发事先印好的"暴力情景"课堂作业纸（附件一）；<br>3. 分组讨论：<br>（1）作为旁观者看到这种暴力，该怎么做？<br>（2）如果受暴者是自己，该怎么做？ | 2, 3 | 附件一 |
| yes or no 守则 | 1. 给每组下发"yes or no 守则"课堂作业纸；<br>2. 与小组成员一起讨论"yes or no 守则"（附件二）。 |  | 附件二 |
| 小结 | 拒绝校园暴力，维护校园稳定与和平，人人有责，保护自己不被暴力，同时看到同学被欺负，我们也要伸张正义，及时伸出援助之手。做校园反暴力的和平天使。 |  |  |

**附件一："暴力情景"课堂作业纸**

自从转到新学校，小伟一直闷闷不乐，他在班上没有朋友，所有的同学都不喜欢他，甚至一起排挤他。更过分的是，有些人还当着他的面，嘲笑他是娘娘腔，让他觉得很受伤。有一天，阿强突然抢走他的书包，而且打他、威胁他不准跟老师说这件事，之后更变本加厉地假借各种理由向他借钱，稍有不从便对他拳打脚踢，小伟非常害怕，却又不知如何是好，只要一想到每天上学都要面对这些同学，他就觉得生不如死。

**附件二：**

参照"台湾儿福联盟"提出的"yes or no 守则"，请大家一同帮助施暴者和受暴者。

Yes——遇到被嘲笑或欺负的情形，要温和但坚定地拒绝对方。

例如"我不喜欢这样，请你停止。"并且多练习几次。

Yes——遇到其他同学被嘲笑、排挤或欺负，应该要想办法阻止。

如果担心施暴者同学反过来欺负你，请大人来帮忙！帮助弱小不是"打小报告"！

Yes——请同学帮忙想办法，和同学一起解决问题。

No—— 不要因为身体的特征、成绩、家庭背景等原因嘲笑别人。
每个人都有优缺点和与其他人不同的地方，应该互相尊重和欣赏。
No—— 不要因为其他人都这么做，就只好跟着做。
即使是你的好朋友有暴力行为，也要勇敢地说"不"！
No—— 不要因为一次的求助失败就放弃。
多尝试几次，你也可以变成校园反暴力的和平天使。

## 第七单元：一路走过

**活动目标：**

1. 让组员学习看到别人身上的优点；
2. 让组员意识到需要大家共同创造互相尊重、和谐的环境；
3. 互送祝福，结束团体。

| 活动名称 | 活动流程 | 活动目的 | 器材 |
| --- | --- | --- | --- |
| 优点轰炸 | 1. 大家围圈而坐，用3分钟在小纸片上写下自己的名字，以及自己的优点，把小纸片折好放在盒子里；<br>2. 请一位"天使之手"上台抓阄，抓到谁的名字，就请谁上台，大家轮流说说这位组员的优点；<br>3. 被赞成员发言，说一说哪些优点是自己察觉到的，哪些是还不知道的。 | 1 | 小纸片、盒子 |
| 制定和平公约 | 1. 给成员下发"和平公约"课堂作业纸（附件）；<br>2. 共同讨论每一条款，添加或修正相应条款；<br>3. 每人在上面签名，形成我们这个团体的和平公约，为营造互相尊重的校园环境，尽自己一分力量。 | 2 | 附件 |
| 背后的祝福 | 1. 每个成员在背后别一张白纸，请其他成员写一句话的祝福或建议，留作纪念；<br>2. 每个成员看看其他成员给自己的留言，发表感想和收获，交流参加这个团体的感受。 | 3 | 白纸 |
| 小结 | 1. 最珍贵的东西是金钱买不到的，如亲情、友情。人生最珍贵的东西是生命，我们要善待自己和他人，处理好与同学的关系，让我们的校园环境更加友善，让我们的人生更加充实精彩！<br>2. 校园是单纯美好的场所，是我们学习成长的地方，让我们共同努力，营造美好的校园环境，让我们的学习生活留下更多美好的记忆！ | | |

**附件：和平公约**

我们会尊重不同的做事方式及信念——尽管我们并不赞同。

我们会尽力和平地去解决问题。

当看见别人受到不公平的对待时，我们能挺身而出。

我们会养成说：请、谢谢、对不起。

礼仪是一种尊重，尊重他人也尊重自己。

我们以期待别人对待我们的方式善待他人。

我们尊重彼此。

执笔：韩海萍

**参考文献：**

林明杰：《矫正社会工作与谘商犯罪防治的有效要素》，中国台湾华杏出版社 2011 年版。

《反校园"暴力霸凌"手册——教师版》（http://www.docin.com/p-645421421.html）。

《反校园"暴力霸凌"手册——学生版》（http://www.docin.com/p-501112356.html）。

《校园霸凌事件的防治与辅导》（http://www.doc88.com/p-493278207157.html）。

《学生霸凌事件处理与辅导作为》（http://wenku.baidu.com/link?url=I09rBphOxDuJ56DTGsCN9PqFc73YZRJJKGhQHeIw2TKwuSoUZJCdNC5ujkIGC3RcbzAdXc9XSmJClWe_97MQg-ohDwl-f_lb_y37Zl-ZL7C）。

《中小学生人际交往团体心理辅导方案》（http://www.docin.com/p-825274969.html）。

# 家庭暴力目击学生团体心理辅导方案

### 一 团体名称

"能量魔法站"——家庭暴力目击学生团体心理辅导。

### 二 团体目标

(1) 协助学生认识暴力类型和家庭暴力；
(2) 催化学生对目睹家庭暴力的情绪宣泄；
(3) 增进学生对目前危机处理的觉察；
(4) 检视学生的信念，如有引起情绪困扰的不合理信念，引导学生认知重建；
(5) 提升学生的自我概念和自我价值感；
(6) 协助学生发展有效的因应技巧；
(7) 传播"尊重、平权、非暴力"的核心价值观。

### 三 团体性质

封闭性团体。

### 四 团体对象

8—10人，性别不限。曾目击过家庭暴力，希望通过活动提升解决应对方式的小学生。

## 五　组员筛选方式

自愿报名与教师、家长推荐结合。

## 六　团体时间频次及次数

每次 1.5—2 小时，每周 1 次，共 5 次。

## 七　理论基础

（1）心理研究及实务经验均发现，目击儿童所受到的伤害并不亚于直接受暴者，目睹家庭暴力对其生理、认知、行为、情绪、人际关系、自我概念等方面会产生严重的创伤，从而影响其健全成长；而且，目击儿童长期身处暴力环境所承载的心理压力及学习暴力行为的结果，导致相当比例的目睹儿童在成年后成为施暴者，成为暴力的传承者。因此，教导儿童学习有效的情绪管理方法，提升儿童的自我价值感，通过情绪教育来降低儿童未来施暴与受暴的可能性，向他们植入"尊重、平权、非暴力"的核心价值观就显得尤为重要。

（2）根据皮亚杰的认知发展观点：小学儿童大部分以具体性为主，少部分由具体形象思维到抽象逻辑思维过渡。因此，生动的故事和表演能更有效地帮助儿童表达真实的感受和重新塑造情感体验。

（3）游戏治疗是以游戏为治疗手段来帮助儿童处理恐惧、愤怒、敌意等情绪障碍的一种情绪治疗方法。对于目击暴力儿童所造成的心理伤害，经游戏方式使受压抑的情绪"玩出来"。研究表明，玩想象游戏较多的儿童快乐、活泼，在区别幻想和现实的能力、合作、语言的流畅性等方面，都有促进作用；游戏干预在实际运用过程中，通常采用言语和非言语的方法混合使用的方法。言语中的描述、询问、提问、提示、建议、重述等方法，是游戏干预的媒介，而带领者的面部表情、动作提示、示范等非言语方法，对儿童期的目击暴力者有一定的干预效果。

## 八　团体单元设计大纲

| 单元 | 活动名称 | 活动目标 | 活动内容 |
|---|---|---|---|
| 一 | 暴力行为有哪些 | 1. 活跃气氛，打破僵局，加速组员之间的了解；<br>2. 认识何谓暴力，知道暴力包含哪些类型，对"暴力"形成正确的概念；<br>3. 辨识家庭暴力与类型，澄清"施暴者就是强者"的错误迷思。 | 1. 串名字游戏<br>2. 听故事，动脑筋<br>3. 我做小演员<br>4. 家里面的刺刺<br>5. 总结 |
| 二 | 情绪宣泄魔法包 | 1. 和学生建立温暖、安全接纳的信任关系；<br>2. 引导学生体验触摸黏土的感觉，借助黏土宣泄压抑的情绪；<br>3. 引导学生分享目睹暴力的情绪，并能以另一个角度重新来面对困境。 | 1. 热身游戏<br>2. 打击魔鬼<br>3. "撕"而复得<br>4. 总结 |
| 三 | 我的情绪我做主 | 1. 以丰富语汇描述不同的情绪反应；<br>2. 根据经验区分情绪的类型和强弱；<br>3. 理解遭遇家暴事件对情绪的影响；<br>4. 增强自我调适、自我调控的能力。 | 1. 热身活动<br>2. 情绪对对碰<br>3. 情绪调节我来试<br>4. 总结 |
| 四 | 跟恐惧说拜拜 | 1. 明白负面情绪对身体的不良影响；<br>2. 协助学生宣泄及表达内在的恐惧和不安；<br>3. 催化学生表达内在真实的感觉；<br>4. 了解学生面对危机时的心理动力。 | 1. 热身游戏<br>2. 发泄棒<br>3. 我和另一个我<br>4. 总结 |
| 五 | 避雷魔法 | 1. 知道当家庭气氛紧张或有冲突时，避免冲突扩大的方法；<br>2. 知道要以冷静的态度来处理危机事件，思考安全的解决策略；<br>3. 了解家庭暴力的求助渠道。 | 1. 热身游戏<br>2. 别踩到地雷<br>3. 谁能来帮忙<br>4. 总结 |

### 第一单元：暴力行为有哪些

**活动目标：**

1. 活跃气氛，打破僵局，加速组员之间的了解；

2. 认识何谓暴力，知道暴力包含哪些类型，对"暴力"形成正确的概念；

3. 辨识家庭暴力与类型，澄清"施暴者就是强者"的错误迷思。

| 活动名称 | 活动流程 | 活动目的 | 器材 |
|---|---|---|---|
| 串名字游戏 | 小组成员围成一圈，轮流介绍。第二名学生介绍时要说：我是×××后面的×××，第三名学生说：我是×××后面的×××的后面的×××，依次下去。 | 1 | |

续表

| 活动名称 | 活动流程 | 活动目的 | 器材 |
| --- | --- | --- | --- |
| 听故事，动脑筋 | 1. 讨论<br>（1）小熊用什么方法来表现自己又强又厉害？<br>（2）这个方法对吗？为什么？<br>2. 教师介绍身体暴力、心理暴力和性暴力。 | 2 | 附件 |
| 我做小演员 | 请学生表演以下场景：<br>1. 小熊被球打到头时，怎么做比较好？<br>2. 小熊在美术课上，应该怎么和小象相处？<br>3. 如果小熊只是想开玩笑，可以怎么做？ | 2 | |
| 家里面的刺刺 | 1. 做一个家人头像卡，找出像小熊一样又强又厉害的家人，把准备好的"刺"粘到头像卡上；<br>2. 当家人长出刺刺后，我们的感受是？还愿意跟他待在一起吗？ | 2，3 | 头像卡、刺 |
| 总结 | 介绍家庭暴力的概念，引导学生认识到施暴者不是强者，反而处于被孤立的状态。 | 3 | |

**附件：**

小熊想交朋友，希望大家崇拜它，觉得它又强又厉害，所以只要有其他动物惹小熊生气，小熊就会揍它、骂它，随着小熊越来越凶，它身上长出越来越多的刺。小熊想："大家这么怕我，是因为我又强又厉害，所以很崇拜我吧！可是为什么我一个朋友也没有呢？"

【故事一】身体暴力

小熊在操场玩，忽然被球打到头，他转头一看，发现是兔子踢的。兔子跑过来还来不及说话，就被小熊狠狠揍了一拳。这时，小熊发现身上长出了一根刺。

【故事二】心理暴力

上美术课时，小熊对隔壁小象说："哈哈哈！你画得好丑喔！真是个大笨蛋！"小象难过地说："你怎么这样？我要去跟老师说。"小熊很凶地瞪着小象："如果你敢去跟老师说，我就打你！"小象吓得说不出话。这时，小熊发现身上又长出了一根刺。

【故事三】性暴力

小熊走到厕所，看到小狗正拿扫把扫地，突然想起一个恶作剧，他冲上去伸手往小狗的"小鸡鸡"抓过去,小狗吓了一跳,眼泪掉了下来。这时,小熊发现身上又长出一根刺。

## 第二单元:情绪宣泄魔法包

**活动目标:**

1. 和学生建立温暖、安全接纳的信任关系;
2. 引导学生体验触摸黏土的感觉,借助黏土宣泄压抑的情绪;
3. 引导学生分享目睹暴力的情绪,重新以另一个角度来面对困境。

| 活动名称 | 活动流程 | 活动目的 | 器材 |
| --- | --- | --- | --- |
| 热身游戏 | 1. 任意指定一个人当"诺亚",大家围成一圈。除了"诺亚"外,其余人坐在椅子上,每个人为自己选个代表的动物;<br>2. "诺亚"站在中间,他可以叫任何一个动物,被叫到的动物必须站起来跟着他走。当诺亚说:"洪水来了!"所有人必须赶紧找个空位坐下,没有座位的人变成"诺亚",原诺亚与其交换身份;<br>3. 当三次"诺亚"的人算输。 | 1 | 椅子 |
| 打击魔鬼 | 1. 发给每位学生一块黏土,播放轻柔音乐,请学生自然地躺在地板上,闭上眼睛;<br>2. 让学生在咨询师引导下,自由地揉、搓、捏黏土;<br>3. 当咨询师敲打小鼓时,让学生用力拍打黏土;<br>4. 请学生用黏土捏出一个自己觉得很可怕的魔鬼;<br>5. 邀请学生以各种方式用力摔打魔鬼;<br>6. 请学生分享活动时的感受。 | 2 | 黏土、小鼓 |
| "撕"而复得 | 1. 播放轻柔音乐,请学生躺在地板上,闭上眼睛;<br>2. 请学生冥想生活中最难过(或害怕)的一件事;<br>3. 请学生在纸上以各种形式画出当时的心情并分享;<br>4. 请学生撕毁纸,以此宣泄对这件事的害怕和不安;<br>5. 发给学生一张新纸,让学生创造一幅新作品;<br>6. 引导学生分享重新画画的心情,比较面对这两幅图画时感受的差异。 | 3 | 蜡笔、图纸 |
| 总结 | 害怕、难过都是我们在看到暴力行为后的正常反应,但是经过我们今天的魔法练习,我们将能很好地调整我们的情绪。 | | |

## 第三单元：我的情绪我做主

**活动目标：**

1. 以丰富语汇描述不同的情绪反应；
2. 根据经验区分情绪的类型和强弱；
3. 理解遭遇家暴事件对情绪的影响；
4. 增强自我调适、自我调控的能力。

| 活动名称 | 活动流程 | 活动目的 | 器材 |
| --- | --- | --- | --- |
| 热身游戏 | 学生每两人面对面站好，互相注视对方的眼睛，当咨询师喊口号："我们都是木头人，不会说话不会动"时，静止下来，看谁先动、先笑。 | | |
| 情绪对对碰 | 1. 出示表情图片，请学生将这些表情所表达的词语卡片（附件一）放在一起，找出正面情绪和负面情绪；<br>2. 写出平时让你最"喜、怒、哀、乐"的原因，并把当时的表情脸谱画下来（附件二）；<br>3. 说说哪些是我们在目击家暴时出现的情绪。并给自己的情绪从1—10赋分（1分最低，10分最高）。 | 1、2、3 | 表情图片、附件一、附件二 |
| 情绪调节我来试 | 1. 播放轻柔音乐，请学生躺在地板上，闭眼；<br>2. 请学生冥想生活中最难过（或害怕）的一件事，想象它变成一个物体，感受它的质地、颜色；<br>3. 想象自己手中有一个可以将这个物体炸碎的遥控器，每按一次遥控器，这个物体会变得更小，直至彻底消失；<br>4. 请学生分享想象过程中的内在感受。 | 4 | |
| 总结 | 1. 生活中，我们可以观察各种情绪对我们生活有哪些影响？<br>2. 我们需要知道的是：情绪不分对错，好的情绪让我们身心愉悦，坏的情绪能给我们警示和保护，施暴的人有坏情绪没有错，错在他们在失控的状态下做的坏行为。 | | |

**附件一：情绪词语卡**

高兴、快活、开心、兴奋、满足、陶醉、自豪、幸福、轻松、得意、忧郁、绝望、悲伤、难过、苦恼、痛苦、烦恼、失望、沮丧、生气、羞愧、愧疚、后悔、孤独、寂寞、灰心、不安、遗憾、同情、委屈、担心、忧虑、无助、害怕、惊慌、恐怖、震惊、屈辱、焦虑、紧张、惊讶、疑虑、尴尬、忐忑、气愤、烦躁、不满、愤怒、悲痛、懊恼、厌恶、轻蔑、羡慕、困扰、嫉妒、怨恨、仇恨。

附件二：

写出平时让你最"喜、怒、哀、乐"的原因，并把表情脸谱画下来：

1. 我高兴　　　　　　　　2. 我生气

　因为：　　　　　　　　　因为：

　脸谱：　　　　　　　　　脸谱：

3. 我难过　　　　　　　　4. 我快乐

　因为：　　　　　　　　　因为：

　脸谱：　　　　　　　　　脸谱：

## 第四单元：跟恐惧说拜拜

**活动目标：**

1. 明白负面情绪对身体的不良影响；
2. 协助学生宣泄及表达内在的恐惧和不安；
3. 催化学生表达内在真实的感觉；
4. 了解学生面对危机时的心理动力。

| 活动名称 | 活动流程 | 活动目的 | 器材 |
| --- | --- | --- | --- |
| 热身游戏 | 1. 每人拿一个气球，咨询师说"开始"，大家同时开始吹，一直到气球爆炸；<br>2. 讨论<br>（1）气球为什么会爆炸？发现快爆炸了应该怎么办？（停止或放气）<br>（2）假设吹的是人的负面情绪，气球是我们的身体，会有什么影响？ | 1 | 气球 |
| 发泄棒 | 1. 播放轻柔音乐，请学生躺在地板上，闭眼；<br>2. 请学生冥想生活中最难过（或害怕）的一件事，很想对这件事中的某人说些话，但是不敢；<br>3. 邀请学生拿抱枕当那个人说一些话。如果觉得生气，可以用抱枕用力打地板。（若学生对施暴者有矛盾心理，咨询师可以摆出两个布偶，分别代表有时对自己好的施暴者，以及有时对自己坏的施暴者，让学生追打坏的施暴者；<br>4. 邀请学生分享发泄前后的内心感受。 | 2，3 | 抱枕、CD |

续表

| 活动名称 | 活动流程 | 活动目的 | 器材 |
| --- | --- | --- | --- |
| 我和另一个我 | 1. 邀请学生从旧杂志中选择图片代表目睹暴力时的自己，将之剪下、粘贴在纸上，为之命名；<br>2. 再请学生从旧杂志中选择图片代表度过暴力后的自己，将之剪下、粘贴在纸上，为之命名；<br>3. 请学生分享这两幅图片代表的意义；<br>4. 引导学生看到度过暴力后的自己，所具有的生命力和希望。 | 4 | 旧杂志、剪刀、胶水、纸 |
| 总结 | 负面情绪就像我们不断往气球里吹的气，太满时需要放出来一些。当你觉得自己有担心、害怕等情绪时，可以试着画一画它们，也可以跟好朋友和老师讲一讲。 | | |

## 第五单元：避雷魔法

**活动目标：**

1. 知道当家庭气氛紧张或有冲突时，避免冲突扩大的方法；
2. 知道要以冷静的态度来处理危险事件，思考安全的解决策略；
3. 了解家庭暴力的求助渠道。

| 活动名称 | 活动流程 | 活动目的 | 器材 |
| --- | --- | --- | --- |
| 热身游戏 | 1. 两人一组，面对面站立，石头剪刀布定输赢，赢的学生获得拍击权；<br>2. 赢家手心朝上，输家手背朝上，放在赢家手心上方（两手之间间隔一定距离）；<br>3. 赢家快速拍打手心上方的输家，输家快速躲闪，拍到算赢，可继续做赢家，如没拍到，则两人互换角色玩。 | | |
| 别踩到地雷 | 1. 给学生讲爸爸妈妈吵架的故事（附件一），分析两个小孩从生气、害怕到心情变好的过程，赞赏故事中小孩的做法；<br>2. 出示地雷图片，请学生讨论：<br>（1）地雷是什么？有什么特点？（毁灭性、可怕、失控……）<br>（2）人在极端愤怒的状态下就像地雷。我们该如何避免扩大冲突，减少受伤的可能性？<br>3. 将学生分组，请每组轮流表演能量魔法师的对话及妙招，以加强印象；（附件二）<br>4. 跟组员分享自己觉得如何能够避免踩到地雷。 | 2 | 附件一、附件二 |

续表

| 活动名称 | 活动流程 | 活动目的 | 器材 |
| --- | --- | --- | --- |
| 谁能来帮忙 | 1. 讨论制作《安全计划卡》（附件三）；<br>2. 求助练习（附件四）。 | 3 | 附件三、附件四 |
| 总结 | 极度生气的大人有时会像地雷一样，所以小朋友们要学会分辨我们的家人什么时候会变身成地雷，如果发现他们变身地雷，别去踩哟；如果他们真的"爆炸"了，要记得我们的安全计划，任何时候都要保证自己不受到暴力伤害。 | | |

### 附件一：爸妈吵架记

晚餐后，我跟姐姐在客厅里做功课。爸爸突然抱怨外公电视开太大声，吵到他看报纸了。外公很生气，"砰"的一声，很大力地把门关起来，妈妈觉得爸爸的语气很不好，就骂爸爸不孝顺。爸爸跟妈妈吵架，还说全家人都对他不好，两个人越吵越凶。

我有点紧张，但是我真的很讨厌家里面吵吵闹闹的，好烦喔！我就说了一句话："爸爸你很奇怪耶，外公又没怎样。你们吵死了，不要吵了啦。"这下完蛋了，爸爸更生气了，对我跟妈妈越骂越凶。姐姐早就溜回房间躲了起来，早知道，我刚刚也不应该跟爸爸顶嘴的。我越来越害怕，慢慢走回房间躲了起来。

外面继续吵，我还听到爸爸摔电风扇的声音。我跟姐姐都很紧张，姐姐说想出去救妈妈，我拉住姐姐："不行啦，如果爸爸连你一起打，不就惨了。"我又着急又害怕，爸爸脾气这么坏，我很生气，真的很想哭。不过为了安慰姐姐，我没有马上哭出来，而是开始跟姐姐商量一些计划，之前我们学校有教过的"安全计划"。我告诉姐姐："如果等一下听到打架的声音，就去外公的房间，拜托外公赶快出来帮忙。"

我跟姐姐偷偷打开门缝看，还好爸爸只摔了家具，没有动手打人。后来我跟姐姐讨论爸妈吵架的内容，结论是无理取闹，比小孩还不讲道理。而且姐姐觉得，妈妈在爸爸抓狂的时候还一直讲他跟舅舅借钱的事，真是火上浇油。姐姐说："在爸爸生气的时候讲这件事，也没办法解决欠钱的事情呀，反而吵得更凶。"姐姐讲的好像有道理，刚刚爸爸抓狂时，我也不该去插嘴骂爸爸。

今天晚上虽然发生了不愉快的事，但是跟姐姐一起讨论和聊天，慢慢让我的心情又变好了，大人的事情还是让大人去解决吧。

**附件二：别踩到地雷**

地雷是一种埋在地下的炸弹，没有触碰它的时候，地雷是不会爆炸的，但是地雷被震动或是被碰到，就会引爆，发生大爆炸，这时候在地雷附近的人，就会被炸到喔！所以，要小心地雷！

小明：怪了，我们又不是部队的军人叔叔，又不会碰到地雷，干吗要小心地雷呢？

能量魔法师：嗯，虽然没有真正的地雷，但是你不觉得当一个人非常、非常、非常生气的时候，他就像一个可能会爆炸的地雷吗？生气爆发的威力，就像是地雷爆炸了一样。

小明：说的也是，有些人非常生气的时候都会打人耶！真的像爆炸一样可怕。怎么办？我们要怎样注意那些非常、非常生气的人，免得他爆炸的时候炸伤我们呢？

能量魔法师：我有几招避开地雷爆炸的好方法，你可以试试看喔！

避开地雷大妙招：

（1）察言观色。当发现他已经开始生气发怒时，可能就要爆炸了，不要再闹他、麻烦他。

（2）不要讲会激怒他的话（如"你凭什么管我呀""不然你打死我好了"等顶嘴的话）。

（3）不要做会激怒他的行为（不在爸妈生气时故意不收玩具、故意唱反调，做爸妈平常不喜欢的事情）。

（4）停、看、听，慢慢离开那个非常生气的人（家人吵架、打架，不要急着去劝架，先离开一下，让自己安全一点）。

**附件三：安全计划卡（示范版）**

姓名：张小花

住址：哈密市爱国南路23号院2号楼401室

家人打架，有紧急危险时，可以帮助我的人：

1. 外婆；2. 楼上的吴阿姨；3. 楼长王伯伯；4. 小明的妈妈（住711，如果前面的人都不管用，跑到711找小明妈妈）

求救电话号码：

1. 警察：110　2. 外婆：135\*\*\*\*3311

电话在客厅，万一爸爸在客厅打妈妈，该怎么求救：

拿无线电话或妈妈的手机，躲在房间里面打电话求救，记得先锁门。

如果爸爸太凶了，可能先偷偷溜出门比较好，可以去找楼长或吴阿姨求救；

如果没办法的话，只好等到隔天去学校再向老师求救了。

当家人打架时，躲到哪里是安全的？

1. 自己房间里；2. 假装上厕所。

如果要搬到安全的地方住一阵子，一定要带上贵重物品，或是对我最有意义、让我有安全感的东西，如书包、游戏机、爷爷给我的护身符、全家福照片等，最好能带着我的睡裤。

### 附件四：求助练习

所需人数：五人

角色：旁白、圆圆、外公、妈妈、舅妈（外公、妈妈不需要剧本，照旁白演动作即可）

剧情描述：

圆圆一家人在看电视，突然外公跟妈妈意见不合，吵了起来，越吵越凶，外公大发脾气，开始摔家具，圆圆很害怕，假装去厨房倒水喝，之后偷偷溜到妈妈房间拿了无线电话，再回到自己房间，躺在床上、盖着棉被打电话给舅妈。

圆圆：舅妈，外公跟妈妈又开始吵架了，我好害怕喔。

舅妈：他有没有打妈妈？

圆圆：好像还没有，只是在吵架，但外公把电风扇摔坏了。

舅妈：那你要我们现在去你家吗？

圆圆：我也不知道耶，他们只有吵架，但是我很害怕等一下会打起来。

舅妈：那你现在在哪里？

圆圆：我在楼上，可是我在想，要不要先去楼下，好像到楼下比较安全。

舅妈：如果外公等一下发现你在楼下，他一定会问你要干吗。

圆圆：那我就跟他说，我的鞋坏了，我在楼下修鞋子。而且在楼下，要逃跑比较容易吧！

舅妈：好吧，你觉得哪里比较安全就去哪里，电话拿好，如果有问题再打给舅妈。

执笔：杨阿娜

**参考文献：**

廖凤池编著：《牵小手，远暴力——目睹家庭暴力儿童辅导实务手册》，"高雄市政府家庭暴力暨性侵害防治中心"，2001年。

# 家暴家庭学生团体心理辅导方案（1）

### 一　团体名称

"向日葵小分队"——家庭暴力目击组员团体心理辅导。

### 二　团体目标

1. 探索自己目击家庭暴力的恐惧、无助、愤怒、怨恨等情绪，催化组员对目击家庭暴力的情绪宣泄；
2. 获得团体其他成员的接纳和支持，强化个人内在力量，提升组员的自我概念和自我价值感；检视目击暴力组员的信念，若有引起情绪困扰的不合理信念，引导组员认知重建；
3. 增加目击暴力组员对目前危机的觉察，协助组员发展有效的应对技巧；
4. 传递以"尊重、平权、非暴力"为核心的价值观。

### 三　团体性质

封闭性团体。

### 四　团体对象

8—10人，性别不限。曾目击过家庭暴力，希望通过活动提升应对能力的学生。

## 五　组员筛选方式

采取自愿报名与教师推荐结合。

## 六　团体时间频次及次数

每次 1.5—2 小时，每周 1 次，共 4 次。

## 七　理论基础

（1）心理研究及实务经验都发现，目击儿童所受到的伤害并不亚于直接受暴者，目击家庭暴力的过程对其生理、认知、行为、情绪、人际关系、自我概念等方面会产生严重的创伤，影响其健全成长与发展。而且，有相当比例的目击儿童在成年后成为施暴者，造成暴力的代代传递。因此，应该教导处于观念形成关键期的青少年学习有效的情绪管理方法，提升青少年的自我价值感，通过情绪教育来降低青少年未来施暴与受暴的可能性。

（2）根据伊扎德的分化理论观点：情绪是人格系统的组成部分，是人格系统的动力核心。因此，通过活动让青少年真实表达感受和重新塑造情感体验，有助于"尊重、平权、非暴力"的核心价值观植入。

（3）精神分析学派强调早期经验对健康的成年生活的重要性，强调游戏对于人格发展、心理健康的价值。在活动中的绘画、意象想象等游戏的安排，旨在释放青少年负面情绪，修正不良认知。游戏治疗是以游戏为治疗手段帮助儿童处理恐惧、愤怒、敌意等情绪障碍的一种情绪治疗方法。对于目击暴力青少年所造成的心理伤害，经游戏的方式使受压抑的情绪"玩出来"。

（4）目击家庭暴力青少年承受了许多与父母情绪纠葛相关的压力，可能对施暴者产生害怕、恐惧、疑惑等情绪，或与受虐者形成紧密的联盟，甚至因自己无法拯救受虐者而感到矛盾冲突，导致严重的自责和不合理信念。当发现这类青少年产生不合理信念时，可以通过认知重建，澄清青少年对整个事件的不合理信念，进而引导青少年讨论导致负向情绪的非理性认知，并尝试教导正向的自我对话，以促进其合理认知。认知疗法可以帮助青少年理解目击暴力后的身心反应，帮助组员识别适应不良的想法（错误或没有帮助的想法）与其负性情绪之间的联系,及这种联系会怎样影响到他们的行为。在活动中,咨询师会让组员练习应对技巧,并帮助组员找到其他可以感觉更好的想法和做法。

## 八 团体单元设计大纲

| 单元 | 活动名称 | 活动目标 | 活动内容 |
| --- | --- | --- | --- |
| 一 | 暴力行为我明辨 | 1. 活跃气氛,打破僵局,加速组员之间的了解;<br>2. 认识暴力,知道暴力包含哪些类型,对"暴力"形成正确的概念;<br>3. 能辨识家庭暴力及其类型,澄清"施暴者是强者"的迷思。 | 1. 认识新朋友<br>2. 朗读接龙识暴力<br>3. 火眼金睛辨对错<br>4. 小结 |
| 二 | 拨云见日——不良情绪调控 | 1. 和组员建立温暖、安全、接纳的信任关系;<br>2. 引导组员分享目击暴力的情绪,协助组员宣泄及表达内在的恐惧和不安,并能以另一个角度重新来面对困境;<br>3. 增强自我调适、自我调控的能力。 | 1. 热身游戏:信任之旅<br>2. 心情涂鸦<br>3. 跟恐惧说拜拜<br>4. 小结 |
| 三 | 向日葵,永向阳——认识正向与负向认知 | 1. 理解内在认知对事件结果的重要性;<br>2. 了解对暴力的正、负向认知,并找出生活中的负向核心认知;<br>3. 练习正向的行为认知。 | 1. 热身活动:撕纸游戏<br>2. "阳光天使"与"冰雹怪兽"<br>3. 揪出"冰雹怪兽"<br>4. 找出"阳光天使"<br>5. 小结 |
| 四 | 向日葵自救锦囊 | 1. 帮助组员获得团体其他成员的接纳和支持,强化个人内在力量;<br>2. 知道家庭气氛紧张或有冲突时,避免冲突扩大的方法;<br>3. 练习以冷静、不冲动的态度来处理危险事件,并能思考安全的解决策略;<br>4. 会使用家庭暴力求助渠道。 | 1. 热身游戏:变形金刚<br>2. 寻找不让气球爆炸的秘密<br>3. 自救锦囊妙计我来献<br>4. 小结 |

### 第一单元:暴力行为我明辨

**活动目标:**

1. 活跃气氛,打破僵局,加速组员之间的了解;

2. 认识暴力,知道暴力包含哪些类型,对"暴力"形成正确的概念;

3. 能辨识什么是家庭暴力及其类型,澄清"施暴者是强者"的迷思。

| 活动名称 | 活动流程 | 活动目的 | 器材 |
| --- | --- | --- | --- |
| 认识新朋友 | 1. 全体围坐成圈，由某人开始循顺时针方向起立，自我介绍说："各位朋友好，我是张××。"第二人起立说："张×× 你好，我是杨××。"第三人起立则说："张××、杨×× 你们好，我是刘××。"以后的人照样说下去。<br>2. 一轮结束后，改成由一人起立介绍左右邻居。游戏中使大家记住每个人的姓名。 | 1 | |
| 朗读接龙识暴力 | 朗读接龙一：<br>1. 请组员起立朗读文章《小贝的一天》（附件一），每位同学可以自己决定念到哪一个段落，再由其他同学续读下去，直到大家分工轮流将文章朗读完毕；<br>2. 请组员阅读文章，并在空白处写出小贝这样的行为（或语言）是属于身体暴力、心理暴力，还是性暴力？<br>朗读接龙二：<br>1. 请组员起立朗读文章《大拳头与慢头脑》（附件二），每位同学可以自己决定念到哪一个段落，再由其他同学续读下去，直到大家分工轮流将文章朗读完毕。<br>2. 议一议<br>(1) 你想用哪些形容词来形容王大明？<br>(2) 你会建议王大明怎么做？<br>(3) 你想用哪些形容词来形容陈小凯？<br>(4) 你会建议陈小凯怎么做？<br>(5) 你比较欣赏王大明还是陈小凯？还是两个人的综合体？为什么？ | 2 | 附件一、附件二 |
| 火眼金睛辨对错 | 认为对的双手举出圈圈，认为错的双手举叉叉：<br>(1) 家庭暴力只会发生在很贫穷的家庭里。（×）<br>(2) 家庭暴力不过是别人家的家务事罢了，没什么好大惊小怪的。（×）<br>(3) 会发生家庭暴力，是因为家里有人做错事，本来就应该被打呀！（×）<br>(4) 被打的人会一直被打，应该是他自己没用吧，不然早就离家出走了。（×）<br>(5) 施暴的人一定能赢得别人的尊重和拥护。（×） | 2, 3 | |
| 小结 | 真正的智慧和胜利，来自于可以成为自己情绪的主人，而非让情绪控制自己，暴力是一种错误行为，看似赢得了表面上的胜利，事实上却输得更惨。 | | |

附件一：小贝的一天

请仔细阅读文章，在空白处写出小贝这样的行为（或语言）属于身体暴力、心理暴力，还是性暴力？

"小贝呀！快迟到了，还不赶快起床！"小贝的爸爸在房门外大喊。小贝慢慢地从被窝里爬出来，心里有千万个不愿意，忽然想起来，今天是学校组织外出参观的日子，要比平常早半小时到校。这下，真的是快来不及啦。听着闹钟滴滴答答地响，想起自己快要迟到了，小贝越来越火大，出家门前，狠狠踹了小猫一脚（　　）！然后转身对一直制造噪声的哥哥瞪了一眼："你这个死娘炮，有本事再吵一句试试看！烦死人了！"（　　）

小贝往学校方向一路跑去，总算赶上了学校参观的大巴车。由于小贝最后一个到，车上位置已经没有选择了，只能坐在那个他最不喜欢的男生旁边，小贝觉得很不开心，于是对那个同学说："喂！我跟你说，你这个丑八怪，最好不要跟我说话！"（　　）

到了博物馆门口，小贝不满同学小可插队的行为，伸手就把小可推倒在地（　　）。正当大家排队入场时，小贝又趁机偷偷摸了一下胖胖的屁股（　　），这让胖胖非常不舒服，他抗议道："不要乱摸！"小贝不以为意："哼！都是男生，这有什么关系呢？"

在接下来的博物馆参观中，小贝就像个不定时炸弹一样，最后，大家都离小贝远远的，以免不小心被炸到了！

这就是小贝的一天！因为不愉快的起床，没有控制好自己的情绪，所以最后惹来所有同学对小贝的不满。

附件二：大拳头与慢头脑

请仔细阅读文章，然后说说你自己的想法。

**故事一**

王大明在全校是出了名的空手道高手，他的大拳头让他在无数个空手道比赛里获得奖牌。不仅体育表现骄人，他的学习成绩也相当优秀，可以说是文武双全，男神一样的人物。渐渐地，王大明变得骄傲起来，口气越来越大，动作也越来越粗暴，总觉得别人应该对他唯命是从。久而久之，他养成了一种习惯，只要碰到让他不爽的事情，根本懒得思考，拳头就飞了出去，结局不是让别人受伤，就是把自己弄伤，或者两败俱伤，这给他的生活带来了很多麻烦。

王大明开始感到困惑，一向聪明又优秀的自己，怎么会让生活变得这么辛苦呢？到底要怎么做才比较好呢？

**故事二**

陈小凯的动作很慢，走路慢，写字慢，说话也慢。有时候，他的慢动作很容易把同组做实验的同学惹毛，大家都不喜欢和陈小凯分到同一组。陈小凯很享受自己的慢步伐，总觉得太着急可能会出错，慢慢地考虑对策，往往会想到好的办法，这种感觉真不赖。然而同学经常抱怨他拖累进度，要他快一点，这让他感到困惑，到底要怎么做才好呢？

### 第二单元：拨云见日——不良情绪调控

**活动目标：**

1. 和组员建立温暖、安全、接纳的信任关系；

2. 引导组员分享目击暴力的情绪，协助组员宣泄及表达内在的恐惧和不安，并能以另一个角度重新来面对困境；

3. 增强自我调适、自我调控的能力。

| 活动名称 | 活动流程 | 活动目的 | 器材 |
| --- | --- | --- | --- |
| 热身游戏：信任之旅 | 1. 分为两组。一组先用眼罩蒙上眼睛，由另一组成员自选对象，一对一带领同伴走过设有障碍物的一段路。两人不可交谈；<br>2. 回到团体，摘下眼罩，两人分享彼此的感觉；<br>3. 两组角色互换，重复进行上述活动。 | 1 | 眼罩、障碍物 |
| 心情涂鸦 | 1. 播放轻柔音乐，请组员躺在地板上，闭上眼睛，冥想生活中所面对最难过（或害怕）的一件事；<br>2. 请组员在纸上以各种形式画出当时的心情，并分享；<br>3. 请组员以撕纸的方式来宣泄对这事的害怕和不安；<br>4. 发给每位组员一张新的图画纸，让组员在随意位置画出向日葵，将向日葵和撕毁的图画重组后创造出一幅新的作品；<br>5. 引导组员分享重组图画的心情。 | 2，3 | 图画纸、CD、水彩笔、胶水 |

续表

| 活动名称 | 活动流程 | 活动目的 | 器材 |
|---|---|---|---|
| 跟恐惧说拜拜 | 1. 播放轻柔音乐，请组员躺在地板上，闭上眼睛，想象自己被温暖而舒服的阳光普照，体会放松的感觉；<br>2. 请组员冥想生活中所面对最难过（或害怕）的一件事，想象这感觉变成一个物体，感受它的质地、颜色；<br>3. 想象自己手中有一个可以将这个物体炸碎的遥控器，每按一次遥控器，这个物体会变得更碎更小，直到彻底消失，引导组员记住物体消失后的感觉；<br>4. 邀请组员分享意象想象过程中的内在感受。 | 2, 3 | CD |
| 小结 | 害怕、难过是我们看到暴力行为后的正常反应，就像天气，有晴空万里也有乌云密布，只要是白天，太阳就一直在，不论我们有多糟糕的情绪，学会宣泄和调控，我们就能像向日葵一样，永远朝向阳光。 |  |  |

### 第三单元：向日葵，永向阳——认识正向与负向认知

**活动目标：**

1. 理解内在认知对事件结果的重要性；
2. 了解暴力的正、负向认知，并找出生活中的负向核心认知；
3. 练习正向的行为认知。

| 活动名称 | 活动流程 | 活动目的 | 器材 |
|---|---|---|---|
| 热身活动：撕纸游戏 | 把纸上下对折，再左右对折，在对折好的纸的左上角剪一个三角形；然后把这张纸左右对折，在右上角剪出个正方形。展开，观察自己的图形跟其他同学的异同。（在活动过程中，咨询师不对活动进行指导，组员独立完成，不能互相交流与询问） | 1 | A4纸、剪刀 |
| "阳光天使"与"冰雹怪兽" | 1. 咨询师分享情绪ABC（附件一），说明认知产生的信念如何影响一个人的行为和情绪；<br>2. 根据认知，自我对话分为"正向"和"负向"，正向认知形成的自我对话就像心中的"阳光天使"，会在我们心中说一些自己表现不错的地方，使我们获得力量，能够把事情做得更好；<br>3. 负向认知形成的自我对话是心中的"冰雹怪兽"，会说一些使人不舒服的话，让我们觉得自己是不好的，减少我们对自己的信心，使人焦虑、害怕或担心；<br>4. 给每位成员发一张寻找"阳光天使"和"冰雹怪兽"（附件二）的单子，咨询师示范如何寻找其中的正、负自我对话；<br>5. 让组员寻找后，一起讨论。 | 2 | 附件一、附件二 |

续表

| 活动名称 | 活动流程 | 活动目的 | 器材 |
| --- | --- | --- | --- |
| 揪出"冰雹怪兽" | 1. 发给每位成员一张揪出"冰雹怪兽"单子（附件三）；<br>2. 请组员分享，当这些负向内在对话出现时，内心的感受是什么？ | 2 | 附件三 |
| 找出"阳光天使" | 1. 给每位成员发一张"阳光天使——生活的好朋友"单子（附件四）；<br>2. 引导组员讨论，事情发生时及事情发生后，可以有哪些正向内在自我对话来帮助自己不难过，而且更有信心；<br>3. 请组员分享，当这些正向内在自我对话出现时，内心的感受如何？ | 3 | 附件四 |
| 小结 | 我们也许没有办法改变施暴人的行为，但我们可以改变自己的认知方式，我们心中的正向自我对话出现越多，我们的心情就会随之改变。 | | |

附件一：情绪 ABC

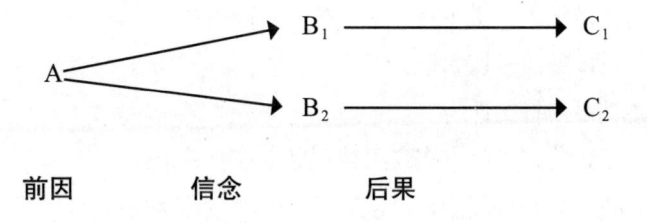

$$A \begin{cases} \rightarrow B_1 \rightarrow C_1 \\ \rightarrow B_2 \rightarrow C_2 \end{cases}$$

前因　　　　信念　　　　后果

**结论：事物的本身并不影响人，人们只受到对事物看法的影响。**

父母最近"战争"不断，一向活泼开朗的小阳，这段时间一下子沉默了许多，上课时无精打采，平常总是闷闷不乐，学习成绩也直线下降。她心想：这些日子以来，家庭温暖已远离我而去，他们整天打骂，吵着离婚，留给我的只有悲伤与烦恼。我好羡慕那些身边有父母关心、疼爱的同学，真想离开这个令人伤心的家。

在这个故事中，父母的争吵和打骂是 A，只有悲伤与烦恼是 B，情绪低落、成绩下滑是 C。不同的认知产生的信念可以改变后果。

假设小阳的信念 B 转换为：父母的争吵只是因为意见不合，他们的表达方式有问题,但他们都是爱我的……我们来推测一下:小阳的心情和行为会有什么样的转变?

结论:同样一件事,不同的认知产生的信念,会有不同的结果。

**附件二:你找得到"阳光天使"和"冰雹怪兽"吗?**

我们常常在心里会对自己说一些话,这些对话可以分成"阳光天使"(正向)和"冰雹怪兽"(负向)两种,"阳光天使"可以帮助我们把事情做得更好,"冰雹怪兽"会使人焦虑、生气,而且没有信心。

请检查下列的自我对话,找找看哪些是"阳光天使"(正向),哪些是"冰雹怪兽"(负向)。

(1)不管怎么做,我从来也不会成功;

(2)因为我不好,爸爸(妈妈)才会生气打人;

(3)只要我的力气比爸爸大,我就可以打败爸爸,保护妈妈;

(4)都没有人喜欢我;

(5)在这个世界上,最少有一个人是真心爱我的;

(6)拳头可以解决一切事情;

(7)女生都是挨打的;

(8)只要尽力就好,没有表现得特别好也没有关系;

(9)因为我的家吵吵闹闹,所以同学一定不会喜欢我;

(10)都是我不好,我没有力气保护妈妈。

**附件三:揪出"冰雹怪兽"**

**情境一**

明明的爸爸和妈妈吵架,妈妈被爸爸打得流血,明明觉得是自己不好,没有勇气跟爸爸反抗,没能保护到妈妈。

心中的"冰雹怪兽"说:_____

当时的心情:_____

**情境二**

明明的爸爸和妈妈吵架,明明不敢把这件事情跟同学讲,他担心同学知道了会笑他,再也不会跟他做朋友。

心中的"冰雹怪兽"说：_____

当时的心情：_____

你是不是也曾因为"冰雹怪兽"的出现而变得紧张、难过，请把这些经验写下来。

1. 当时发生了什么事？

2. "冰雹怪兽"对你说了什么？

3. "冰雹怪兽"出现时，你的感觉是什么？

**附件四：阳光天使 —— 生活的好朋友**

当我们遇到困难、觉得紧张或不快乐时，可以借着"阳光天使"对自己说一些话。

事情发生时，你可以告诉自己：

1. 父母亲有他们的想法，不管如何，我还是可以不受影响。

2. 父母亲的吵架并不是我造成的。

3. 我关心父母，但是可能没有办法制止他们吵架。

4. 家里有时发生一些不愉快的事，这是很难完全避免的。

5. 看到父母吵架，心情紧张、担心是正常的，可以找人谈谈。

6. 虽然父母常吵架，但是同学不会因此就不喜欢我。

注：组员可以继续补充。

## 第四单元：向日葵自救锦囊

**活动目标：**

1. 帮助组员获得团体其他成员的接纳和支持，强化个人内在力量；

2. 知道家庭气氛紧张或有冲突时，避免冲突扩大的方法；

3. 练习以冷静、不冲动的态度来处理危险事件，并能思考安全的解决策略；

4. 会使用家庭暴力求助渠道。

| 活动名称 | 活动流程 | 活动目的 | 器材 |
| --- | --- | --- | --- |
| 热身游戏：变形金刚 | 1. 把长绳子两头相结成一个大绳圈（两个），将组员分为两组，戴上眼罩，咨询师把大绳圈分别交给他们；<br>2. 根据变形指令，如正三角形、正四边形、正五边形等，组员通过合作完成，用时最少的组为胜；（注意：绳子的长度以比小组成员人数伸直双臂的长多五米为宜；"变形"过程中，要求绳子充分展开，不可以收缩部分绳子）<br>3. 分享感受。 | 1 | 长绳子、眼罩 |
| 寻找不让气球爆炸的秘密 | 1. 每人一个气球。咨询师发口令"吹"时，同时吹。咨询师的口令声大，组员用力大，咨询师的口令声小，组员用力小。吹气球的力度要和口令声配合，直至大家都把气球吹爆。<br>2. 分享气球快爆时组员的心情（紧张、害怕、想停但不能停）。<br>3. 讨论：如果施暴者像一个快要爆炸的气球，如何让他不爆炸（附件一）？ | 2 | 气球、附件一 |
| 自救锦囊妙计我来献 | 1. 演一演：我该怎么办？（附件二）<br>2. 制定自己的安全计划（附件三），放到"锦囊箱"中；<br>3. 抽取"锦囊箱"中的安全计划，讨论手中计划的有效性和安全性，最后将安全可行的结果总结到白板上；<br>4. 小组成员与白板上的"锦囊妙计"合影留念。 | 3，4 | 附件二、附件三、白板、白板笔、盒子（锦囊箱）、相机 |
| 小结 | 情绪失控状态下的人，就像明知会爆炸但停不下来的气球。即使是平时疼爱自己的家人，在那种状态下也不要去惹他。当我们头脑在冷静状态时，才会有办法和智慧来保护自己和其他家人。所以，获取"锦囊"的首要条件是：冷静。 | | |

**附件一：如何不让气球爆炸？**

人生气时就像一个快要爆炸的气球，及时发现气球爆炸的"点"，停下来，不在这个关键点激怒他。可以试试以下这些方法：

1. 察言观色。当发现他已经开始生气发怒，可能就要爆炸，不要再惹他。

2. 不要讲会激怒他的话（例如，不对爸妈讲"你凭什么管我呀""不然你打死我好了"等顶嘴的话）。

3. 不做会激怒他的行为（例如，不在爸妈生气时故意做爸妈平常不喜欢的事情）。

4. 停、看、听，慢慢地离开那个非常生气的人。

注：组员继续补充。

**附件二：该怎么做才好？**

小玲的爸爸又打妈妈了，而且骂了很多难听的话，还误会妈妈的好意。妈妈人这么好，为什么爸爸要这样欺负人？小玲越想越生气，越想越不甘心，越想越激动，实在忍无可忍了，她想冲过去跟爸爸拼了。

请两位同学分别代表失控状态下的小玲与冷静状态下的小玲，再请两位同学分别代表这两种应对模式下的爸爸。那么这两种状态下的小玲可能会怎么说？这两种状态下的小玲爸爸又会怎么做呢？

**附件三：安全计划**

家人打架，有紧急危险时，可以帮助我的人：

1.　　　　2.　　　　3.

可以求救的电话号码：

1. 警察：110　　　2.

自己在做作业，听到爸爸在客厅打妈妈，该怎么做：
_____

当家人打架，如何做，才不容易被波及：
_____

如果爸爸打妈妈，如何做，才能在保证自己安全的情况下帮到妈妈：
_____

执笔：杨阿娜

# 家暴家庭学生团体心理辅导方案（2）

## 一　团体名称

"恢复内心的强大"——家暴家庭学生团体心理辅导。

## 二　团体目标

（1）帮助成员认识生活中家暴的常识；
（2）帮助成员接纳现实，建立强有力的支持系统；
（3）帮助成员形成面对家暴的积极心态和有效策略。

## 三　团体性质

封闭性、结构式团体。

## 四　团体对象

8—10人，性别不限。

## 五　成员筛选方式

自愿报名与教师推荐结合，待说明团体的性质、目的及征询参加团体的动机后筛选决定。

## 六 团体时间频次及次数

每次 1.5—2 小时，每周 1 次，共 7 次。

## 七 理论基础

（1）认知心理学理论认为，人的情绪不是由某一诱发事件本身引起的，而是由经历了这一事件的个体对这一事件的解释和评价所引起的。依据这一理论，心理辅导首先要了解家暴家庭学生对家庭的认知，改变那些消极想法，引导学生以积极心态面对和接受现实。

（2）人际沟通理论认为，良好的沟通具有强大的心理保健功能，可以满足人交往、合群的需要，增进彼此情感的共鸣，从而在心理上产生归属感和安全感。家暴家庭的学生通常反应是退缩、拒绝说话，感到自身受到伤害，不愿付出爱与关怀，缺乏人际交往，使自己陷入孤独与无助中，这直接影响了他们的日常生活、学业进步和情感发展。

（3）社会支持理论认为，在相同的社会压力情境下，那些受到来自伴侣、朋友或家人较多心理或物质支持的人，比受到较少支持的人身心更健康。许多家暴家庭的孩子有一种强烈的被拒绝的感觉，由于爱的缺失，导致他们内心缺乏安全感。在这样的家庭氛围中成长起来的孩子，内心深藏着恐惧、不安、孤独、自卑、疑虑甚至是仇恨，很容易造成心理敏感和情感冷漠。

## 八 团体单元设计大纲

| 单元 | 活动名称 | 活动目标 | 活动内容 |
| --- | --- | --- | --- |
| 一 | 有缘千里 | 1. 协助成员了解团体的内容以及未来进行的方式；<br>2. 制定团体规范；<br>3. 彼此认识。 | 1. 自我介绍<br>2. 小小记者<br>3. 我们的约定<br>4. 总结与家庭作业 |
| 二 | 家暴行为知多少 | 1. 让成员了解暴力行为的类别；<br>2. 让成员能够区分生活中遇到的暴力行为。 | 1. "小宝的一天"<br>2. 我们来判断<br>3. 总结与家庭作业 |

续表

| 单元 | 活动名称 | 活动目标 | 活动内容 |
|---|---|---|---|
| 三 | 从暴力到尊重 | 1. 帮助成员了解亲密关系暴力；<br>2. 帮助成员了解如何促进亲密关系建立在相互尊重的基础上。 | 1. 自编暴力短剧<br>2. 小剧展示<br>3. 讨论<br>4. 小结 |
| 四 | 我的支持系统 | 1. 树立积极的生活态度；<br>2. 明确自己的支持系统，经营好自己的支持系统。 | 1. 热身游戏<br>2. 我们同行<br>3. 我的支持系统<br>4. 小结 |
| 五 | 我的安全计划 | 1. 帮助成员了解遭受家庭暴力后的正式与非正式求助资源；<br>2. 帮助成员制定安全计划和自我保护策略。 | 1. 谁来帮忙<br>2. 模拟求救<br>3. 我的安全计划<br>4. 小结 |
| 六 | 帮助家暴中的同学 | 1. 帮助成员了解家暴中青少年的心理境况；<br>2. 帮助成员学习如何帮助自己和他人应对家暴环境的影响。 | 1. 我能帮助人<br>2. 伸出你关爱的双手<br>3. 小结和家庭作业 |
| 七 | 生命中重要的人 | 1. 帮助成员澄清生命中最重要的人和事物；<br>2. 帮助成员用更强大的内心对待亲密关系的人。 | 1. 放松练习<br>2. 人生五样<br>3. 生命的长度<br>4. 小结 |

## 第一单元：有缘千里

**活动目标：**

（1）协助成员了解团体的内容以及未来进行的方式；

（2）制定团体规范；

（3）彼此认识。

| 活动名称 | 活动流程 | 活动目的 | 器材 |
|---|---|---|---|
| 自我介绍 | 教师自我介绍，说明团体的意义、目的、主要内容等。 | 1 | |
| 小小记者 | 1. 给每位成员发"记者访问清单"（附件一）；<br>2. 说明清单使用规则：每位成员都要去访问另一位成员，并填写清单内容；<br>3. 回到团体，介绍访问对象的资料。 | 3 | 附件一 |

续表

| 活动名称 | 活动流程 | 活动目的 | 器材 |
|---|---|---|---|
| 我们的约定 | 1. 拿出团体约定树（附件二）；<br>2. 说明约定树的用途，请成员逐条通过，检视规则，看有什么需要修改的，然后签名表示同意；<br>3. 保密仪式：请大家站起来，重复教师的示范："我，×××，愿意遵守今天在团体中制定的团体规范，离开团体后，我不会将团体中的事情告诉团体以外的人。" | 2 | 附件二 |
| 总结与家庭作业 | 1. 小结，并就下次团体事项进行预告；<br>2. 家庭作业：了解关于家暴的知识。 | | |

**附件一：记者访问清单**

（1）被访者的姓名、网名、绰号；

（2）被访者的生日、星座；

（3）被访者的兴趣爱好；

（4）被访者对团体的期待。

**附件二：团体约定树**

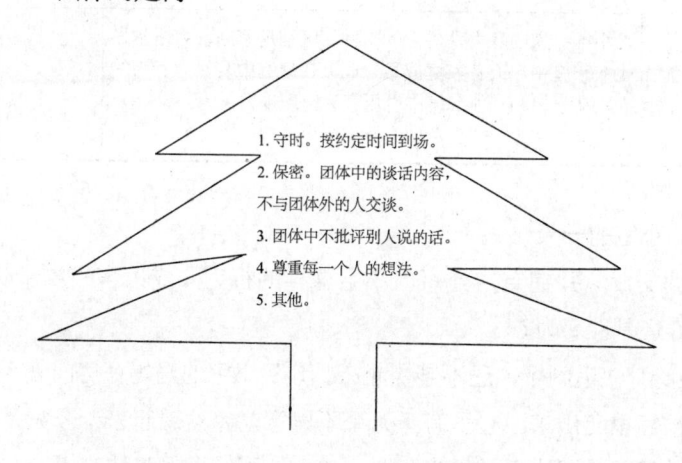

1. 守时。按约定时间到场。
2. 保密。团体中的谈话内容，不与团体外的人交谈。
3. 团体中不批评别人说的话。
4. 尊重每一个人的想法。
5. 其他。

## 第二单元：暴力行为知多少

**活动目标：**

1. 让成员了解暴力行为的类别；

2. 让成员能够区分生活中遇到的暴力行为。

| 活动名称 | 活动流程 | 活动目的 | 器材 |
| --- | --- | --- | --- |
| "小宝的一天" | 1. 4—6人为一组,发放事先印好的案例"小宝的一天"(附件);<br>2. 教师简单介绍暴力的三种类型:<br>(1)身体暴力:指伤害别人身体的举动,如打人、踢人、强迫喂食等;<br>(2)精神暴力:指会伤害别人感受、自尊的行为,如贬低、侮辱、威胁、恐吓、限制自由等。<br>(3)性暴力:我们的身体有些地方是别人不能触摸的,我们是自己身体的主人,没有任何人有权侵犯我们的身体。如果有人要求你触碰他/她的性器官,或是让你去看色情图像,或者说一些不堪入耳的话,你有权利拒绝,即使是长辈也不可以。<br>3. 讨论:在"小宝的一天"里,哪些是身体暴力、精神暴力和性暴力? | 1 | 附件 |
| 我们来判断 | 1. 讨论:小宝的暴力行为中,哪些是家庭暴力?<br>2. 讨论:小宝的家庭暴力与他在学校里的暴力行为有关系吗?是什么样的关系? | 2 | |
| 总结与家庭作业 | 1. 小结:家庭暴力是暴力的一种,区别是家庭暴力通常发生在家庭中,或者家庭成员之间。在家庭中有暴力行为的人,在学校和其他环境中也更容易出现暴力行为;<br>2. 请大家回去观察生活中的暴力行为。 | | |

**附件:小宝的一天**

请阅读文章,并在空白处写出小宝这样的行为(或语言)属于身体暴力、精神暴力,还是性暴力?

"小宝呀!快迟到了,还不赶快起床!!"小宝的妈妈在房门外大喊。小宝慢慢地从被窝里爬出来,心里有千万个不愿意,忽然想起来,今天是学校组织外出参观的日子,要比平常早半小时到校。这下,真的是快来不及啦。听着闹钟滴滴答答地响,想起自己快要迟到了,小宝越想越火大,出家门前,狠狠踹了小狗一脚(　　)!然后又转身对一直制造噪声的妹妹瞪了一眼:"你这个死三八,有本事再吵一句试试看!烦死人了!"(　　)

小宝往学校方向一路跑去,总算赶上了学校参观的大巴车。由于小宝最后一个到，车上位置已经没有选择了，只能坐在那个他最不喜欢的同学旁边，小宝觉得很不开心，于是对那个同学说："喂！我跟你说，你这个低能的大白痴，最好不要跟我说话！"（　　）

到了博物馆门口，小宝不满同学大可的插队行为，伸手把大可推倒在地（　　）。正当大家排队入场时，小宝趁机偷偷摸了一下胖胖的屁股（　　），这让胖胖非常不舒服，他抗议道："不要乱摸！"小宝不以为意："哼！都是男生，有什么关系？"

在接下来的博物馆参观中，小宝就像个不定时炸弹一样，最后，大家都离小宝远远的，以免不小心被炸到了！

这就是小宝的一天！因为不愉快的起床，没有控制好自己的情绪，所以最后惹来所有同学对小宝的不满。

## 第三单元：从暴力到尊重

**活动目标：**

1. 帮助成员了解亲密关系暴力；
2. 帮助成员了解如何促进亲密关系建立在相互尊重的基础上。

| 活动名称 | 活动流程 | 活动目的 | 器材 |
| --- | --- | --- | --- |
| 自编暴力短剧 | 请大家用15分钟准备两个短剧，反映一段亲密关系暴力，可以是已婚夫妇、未婚情侣、同性伴侣之间的暴力，也可以是身体或心理暴力。尽量贴近生活，用你所见所闻的事例作为原型；另一个短剧是同一情景，表现一段彼此尊重的亲密关系。 | 1 | |
| 小剧展示 | 先表演有暴力的短剧，再表演彼此尊重的短剧。 | 1 | |
| 讨论 | 1. 是什么导致了亲密关系暴力？<br>2. 健康和谐的关系具备哪些特征？<br>3. 身体暴力是否主要是男性施予女性？女性是否能对男性实施暴力？<br>4. 你认为建立彼此尊重的亲密关系可能吗？作为个人，我们能做些什么？ | 2 | |

| 活动名称 | 活动流程 | 活动目的 | 器材 |
|---|---|---|---|
| 小结 | 通过情景短剧的创作与表演，将有助于我们思考如何确保亲密关系建立在相互尊重的基础上。相信大家在未来的生活中，能体会到健康的亲密关系有多么美好。 | | |

## 第四单元：我的支持系统

**活动目标：**

1. 树立积极的生活态度；
2. 明确自己的支持系统，经营好自己的支持系统。

| 活动名称 | 活动流程 | 活动目的 | 器材 |
|---|---|---|---|
| 热身游戏 | 找一个同学喜欢的热身游戏，让气氛活跃起来。 | 1 | |
| 我们同行 | 1. 让同学一二、一二报数，报"一"的扮演盲人，报"二"的扮演"帮助者"；<br>2. 扮演盲人的同学被蒙上眼睛后原地转三圈，由扮演"帮助者"的同学逐一上前认领，每人认领一位"盲人"，带着他/她前行，整个过程不可用语言交流。然后互换角色；<br>3. 讨论：活动过程中的心情和感受。 | 1 | 眼罩 |
| 我的支持系统 | 1. 当你遇到困难或者非常抑郁的时候，你愿意与谁倾心交谈？你会向谁发出求助信息？你能得到谁的帮助？请列出名单；<br>2. 面对名单，好好分析并珍惜。 | 2 | |
| 小结 | 对于有家庭暴力的学生来说，这是人生中的一段泥泞路，你需要调整好心态，在必要时学会求助，让我们与你一起前行。你的支持系统是你情感结构中最强有力的支撑，一定要好好经营。 | | |

## 第五单元：我的安全计划

**活动目标：**

1. 帮助成员了解遭受家庭暴力后的正式与非正式的求助资源；
2. 帮助成员制定安全计划和自我保护策略。

续表

| 活动名称 | 活动流程 | 活动目的 | 器材 |
|---|---|---|---|
| 谁来帮忙 | 1.发放"谁来帮忙"活动单（附件一）；<br>2.讨论：遭遇家庭暴力侵害时，该怎么办？<br>3.教师出示安全计划卡（示范版）（附件二），提示同学：碰到危险，除了请人帮忙，自己也能帮自己，比如做好安全计划作为防范。 | 1 | 附件一、附件二 |
| 模拟求救 | 1.选两组同学，让他们依照"求救练习"（附件三）中的情景轮流演出；<br>2.请同学评判，各组的表演好在哪里。 | 1 | 附件三 |
| 我的安全计划 | 1.参照附件3，让学生想象自己处于这种状况中，想出减少伤害或逃脱的妙计，越具体越好；<br>2.让学生制作自己的安全计划卡。 | 2 | 附件三 |
| 小结 | 感谢学生的积极参与，提醒他们碰到任何暴力问题，都可以做安全计划，当发现有新的资源或新办法时，记得更新进去。 | | |

## 附件一：谁来帮忙？

| 有什么人可以帮忙 | 怎么帮忙 |
|---|---|
| 24小时的警察(110)或是直接到派出所求助 | 打电话报警，告诉警察哪里发生了事情，警察会过来处理。警察可以阻止暴力行为，还可以用警车送有需要的人去医院检查治疗。如果是逃出来没地方去，警察会帮你做出适宜的安排。 |
| 家庭暴力及性侵害援助机构（如白丝带热线） | 打电话给白丝带热线志愿者，志愿者会安慰、关心你，给你提供一些心理辅导和支持。如果你不知道怎么办，可以请志愿者提供意见。 |
| 热心的人<br>爱护你的人<br>你可以信任的人 | 可能是你认识的邻居、楼下保安叔叔、亲戚、老师，以及其他你信任的人。他们可以在紧急的时候保护你、鼓励你，帮你处理问题。 |
| 你自己！自己可以帮自己 | 动脑！脑力大激荡！自己想出家里哪个地方是安全的，待在安全的地方。记清楚怎么报警，记好重要人的电话或者他们住在哪里。当家人吵架或打起来时，尽量不加入战局。平常可以观察家人快"火山爆发"的样子，当他们快爆炸时，尽量不要去惹他们。 |

**附件二：安全计划卡（示范版）**

| 郑大明 |
| --- |
| 住址：济南市无影山中路芙蓉小区三区 8 号楼 1 单元 502<br><br>家人打架，有紧急危险时，可以帮我的人：<br>外婆；小区保安陈叔叔（一三五上班，二四六日不在）；三楼小齐的爸妈；警察<br><br>求救的电话号码：<br>警察电话 110，辖区派出所电话：0531-87654321<br>外婆家电话：0531-56871234<br><br>电话在客厅，万一爸爸在客厅打妈妈，该怎么求救：<br>用手机，躲在房间打电话，记得锁好门<br>偷偷溜出门，再打电话，或者向邻居求救<br><br>当家人打架时，躲到哪里最安全：待在自己房间，逃到外面<br><br>如果逃出，要随身带上对我最重要、能让我有安全感的东西：<br>如书包、手机、充电器、钱包、电脑。|

**附件三：求救练习**

**情景一**

阿信的爸妈离婚很久了，阿信跟爸爸、奶奶一起住，家里常常吵来吵去，打来打去。最近爸爸的公司倒闭了，三个月没有发薪水，爸爸和奶奶一天到晚四处借钱，阿信知道爸爸的压力一定很大，因为当奶奶骂他时，爸爸居然威胁要让奶奶早一点"回老家"（就是死的意思），还发酒疯说要把全家烧掉，一起解脱。

阿信好烦恼、好害怕，阿信不想死呀！每次爸爸喝酒要打奶奶时，阿信都好怕。邻居多多少少知道他们家的情况，只是拿他爸爸没办法，没人敢阻止他爸爸。

这天下午，阿信放学回到家，本来是要拿成绩通知单给爸爸，没想到在爸爸房间里发现了一桶汽油。阿信想："买汽油做什么？家里的摩托车都是直接到加油站加油的啊，难道是……不会吧……"

阿信突然想起新闻曾经报道过的一些社会事件，他心里七上八下的，希望不会有坏事情发生，但是万一真的发生了，该怎么办呢？

**情景二**

小明的妈妈对他非常严格，只要小明没有考到 95 分，回家一定会被妈妈胖揍一顿。妈妈很爱小明，期待他能成为顶尖人才，可她总是用批评、打骂的方法来对待小明。小明常常被打得伤痕累累，但他不想让同学知道。在这个家里，他觉得很有压力，很害怕。

小明的爸爸跟妈妈感情不好，最后离婚了，小明跟着爸爸住，但是妈妈常常会回来骚扰，小明生气时，她还会用衣架或任何东西捶打他。爸爸为了保护小明，只好搬家不让妈妈找到，小明也转到了另一所学校。

一天放学时，小明好像看到妈妈在校门口对面东张西望，该不会是妈妈知道他转学了，来这边找他了吧？那天小明从侧门出去了，接下来几天也没有看到妈妈再出现。然而小明心中非常担心，害怕万一妈妈找来要带走他。

## 第六单元：帮助家暴中的同学

**活动目标：**

1. 帮助成员了解家暴环境中青少年的心理境况；
2. 帮助成员学习如何帮助自己和他人应对家暴环境的影响。

| 活动名称 | 活动流程 | 活动目的 | 器材 |
| --- | --- | --- | --- |
| 我能帮助人 | 1. 请大家回忆一下，自己曾经得到过别人的哪些帮助，对此有什么感受？<br>2. 讨论：你愿意怎么帮别人。 | | |
| 伸出你关爱的双手 | 教师将求助案例发给大家讨论（附件一）：<br>生活在暴力家庭中的孩子，心理状况是怎样的？<br>暴力家庭对小佳（小庆）的学校生活有何影响？<br>小佳（小庆）的在校行为对我们有什么影响？为什么要帮助他们？<br>针对小佳（小庆）在校的行为，我们可以怎样帮助他们？ | 1、2 | 附件一 |
| 小结和家庭作业 | 1. 小结：我们应该同情和理解家暴环境中的同学，去关心、关爱他们，分担他们的忧愁，帮助他们健康、快乐地成长；<br>2. 家庭作业：帮助 1—3 位需要帮助的人，填写助人记录卡（附件二）。 | | 附件二 |

附件一：小佳和小庆的故事

小佳，初一女生，生活在暴力家庭里。在校很沉默，不与同学来往，功课稍有些跟不上，经常上课发呆、恍惚，同学或老师叫她做什么，或是和她说话时，她好像经常没有听到。有一次上体育课，一个同学不小心用球打到她，她突然生气大叫，追着那个同学要打他。

小庆，初一男生，父母离婚，和爷爷、叔叔生活在一起。叔叔和爷爷常起冲突，有一次两人吵架后，叔叔拿刀说要杀爷爷。小庆个性火爆，在班上经常生气，动不动就大吼大叫，喜欢攻击和嘲弄同学，因此不受欢迎，但他也无所谓，甚至变本加厉。他最不喜欢别人问他家里的情况，放学也不喜欢回家，他的功课不好，但流行歌曲唱得很棒！

附件二：

帮助1—3位需要帮助的人，记录下这个事件，然后写下自己的感受。

---

**助人记录卡**

日期：　　　　　　　地点：

助人事件：

助人后感受：

---

## 第七单元：生命中重要的人

**活动目标：**

1. 帮助成员澄清生命中最重要的人和事物；
2. 帮助成员用更强大的内心对待亲密关系的人。

| 活动名称 | 活动流程 | 活动目的 | 器材 |
| --- | --- | --- | --- |
| 放松练习 | 深吸一口气，稍作停顿，再慢慢呼出来。呼气时注意肩膀放松。 | | |
| 人生五样 | 1. 在白纸上迅速写下你生命中最重要的五样东西，可具体，也可抽象；<br>2. 讨论：假设我们的生活遇到意外，你保留不住所有这些东西，你会去去什么？最后留下一样。 | 1 | 白纸 |
| 生命的长度 | 发给每人一张印有如下数字和格子的纸条。<br>0 10 20 30 40 50 60 70 80 90 100<br>引导语：假如这张纸条的长度是我们的生命长度，从0—100岁，我们来玩个游戏。<br>1. 请问你现在几岁？(前面的撕掉)<br>2. 请问你想活到几岁？(后面的撕掉)<br>3. 请问一天24小时你会如何分配？<br>4. 想一想，你和亲密关系人有多少陪伴时间？<br>5. 请问你在未来会如何与亲密关系的人相处？ | 1，2 | 打印好的纸条 |
| 小结 | 我们应该珍惜那些平时被我们忽视的东西，如亲情、友情。我们要善待自己的生命，处理好我们的亲密关系，让人生更加充实精彩！ | | |

执笔：李修杰、温学琦

**参考文献：**

中国计划生育协会：《青春期健康教育指南》，2011年版。

徐西森：《团体动力与团体辅导》，中国台湾心理出版社2013年版。

谢丽红：《团体咨商方案设计与实例》，五南图书出版公司2013年版。

方刚：《学校性教育的新理念与新方法》，东方出版社2012年版。

阳志平：《积极心理学团体活动课操作指南》，机械工业出版社2012年版。

# 遭受性暴力学生团体心理辅导方案

## 一 团体名称

"恢复内心的平衡"——遭受性暴力学生团体心理辅导。

## 二 团体目标

（1）帮助组员释放负面情绪，形成对自我的正确认识；
（2）帮助组员认识生活中性暴力的存在形式；
（3）帮助组员掌握面对性暴力的有效策略，保持积极心态。

## 三 团体性质

封闭性、结构式团体。

## 四 团体对象

5—8人，性别不限。曾受到性侵犯、希望通过活动来解决相关困惑的人。

## 五 组员筛选方式

自愿报名与教师推荐结合，待说明团体性质、目的及征询参加团体的动机后筛选。

## 六 团体时间频次及次数

每次 1.5—2 小时，每周 1 次，共 7 次。

## 七 理论基础

（1）后现代心理学派有一个共同的特点，就是专注于效果而不是原因、专注于解决而不是问题、专注于未来而不是过去。"面对→接受→放下→转身向未来迈步"，这里"面对"就是能够谈，"接受"是承认有本人力量无法操控的事，如此才能做到真正的"放下"。在创伤治疗里，能够"谈"的不是创伤过程的细节，而是创伤产生的痛苦感受，这点很重要。因为要改变的不是创伤过程，而是对于创伤的感受。

（2）积极心理学的积极预防的思想认为，在预防工作中所取得的巨大进步来自于在个体内部系统地塑造各项能力，而不是修正缺陷。在它的看法中，当一个人处于孕育着抑郁、物质滥用或精神分裂等问题的环境中，或其遗传素质较差的情况下，要防止在其身上出现以上问题的可能性不大，但是人类自身存在着可以抵御精神疾病的力量，它们是：勇气、关注未来、乐观主义、人际技巧、信仰、职业道德、希望、诚实、毅力和洞察力等，预防的大部分任务是建造一门有关人类力量的科学，其使命是去弄清如何在青年人身上培养出这些品质。积极心理学认为通过发掘并专注于处在困境中的人自身的力量，就可以做到有效预防。单纯地关注个体身上的弱点和缺陷，不能产生有效的预防效果。对于心理学研究者而言，在这方面所需的工作是可靠并有效地测量这些品质，进行适当的纵向研究来弄清这些品质的形成过程，并进行恰当的干预以塑造这些品质。

（3）女性主义心理学理论认为，女性所体验的心理困境及其心理问题，折射了她们在整个父权社会中承受的性别不公。因此，女性主义心理学注重社会结构性压迫的分析视角，注重帮助女性来访者体会并意识到这种结构性的不平等，帮助她们进行性别意识觉醒，认识到她们自身的遭遇并非源于自己的"不够好"，而很大程度上与父权社会的性别不公有关。女性主义心理咨询避免将心理"问题"归责于受害者，注重咨询师和来访者的平等关系。该理论流派与传统心理学最大的区别在于，它改变了传统心理学的"个体"分析范畴，取而代之以"个人的就是政治的",将视角投入到更大的社会关系、社会文化中,因此其终极服务模式往往是基变的。比如,以女性主义心理团体小组的方式连接性别压迫的共同点,激发彼此的帮助,重视个体之间的"联系",从而达到改变社会文化的终极目标。

## 八 团体单元设计大纲

| 单元 | 活动名称 | 活动目标 | 活动内容 |
| --- | --- | --- | --- |
| 一 | 初次相识 | 1. 让组员与教师互相认识与了解,讲述参加团体的目标;<br>2. 初步形成新团体,确立共同的团体目标和规范。 | 1. say you, say me<br>2. 我们的规范树<br>3. 我是你的天使<br>4. 总结 |
| 二 | 说出我的困境 | 1. 初步建立团队的信任与安全感;<br>2. 找到心理困境的共同点和不同点,进行思考与交流;<br>3. 增强面对困境时的有能感(觉得自己有处理问题的能力)。 | 1. 疾风劲草<br>2. 我的生命树<br>3. 总结 |
| 三 | 认识性侵犯 | 1. 增强团队内部的信任和安全感;<br>2. 进一步面对"性侵犯",认识到伤害的症结。 | 1. 信任盲行<br>2. 我理解的"性侵犯"<br>3. 认识性侵犯<br>4. 总结与家庭作业 |
| 四 | 我依然是我1(方案一) | 1. 帮助组员增强问题解决的信心和有能感;<br>2. 帮助组员认识导致性侵犯二度伤害的观念;<br>3. 帮助组员重塑自我价值,确认"我依然是我"。 | 1. 心有千千结<br>2. 故事接龙<br>3. 故事重构"我依然是我"<br>4. 总结 |
| 四 | 我依然是我1(方案二) | 1. 帮助组员增强问题解决的信心和有能感;<br>2. 帮助组员认识导致性侵犯二度伤害的观念;<br>3. 帮助组员重塑自我价值,确认"我依然是我"。 | 1. 心有千千结<br>2. 改写我的故事<br>3. 故事接龙<br>4. 总结 |
| 五 | 我依然是我2 | 1. 帮助组员避免"贴标签效应",降低遭受性侵后的精神伤害;<br>2. 挖掘和发现自身特点,强化自我价值感。 | 1. 拜拜,污名的"标签"!<br>2. 优点轰炸<br>3. 小诗"我是……"<br>4. 总结 |
| 六 | 反对性侵犯,我们在行动 | 1. 帮助组员认识性侵犯的行为表现;<br>2. 帮助组员了解如何建立反性侵犯的校园环境;<br>3. 帮助组员形成辨识人权、尊重人权和性别平等的意识。 | 1. 什么是校园性侵犯?<br>2. 反对校园性侵犯要怎样做?<br>3. 拟一封呼吁建立反性侵犯校园环境的信或画一幅宣传画<br>4. 总结 |

续表

| 单元 | 活动名称 | 活动目标 | 活动内容 |
|---|---|---|---|
| 七 | 珍重，再见 | 1. 整理团体经验，处理离别情绪；<br>2. 组员相互反馈，结束团体；<br>3. 评估团体成果。 | 1. 过去的点点滴滴<br>2. 记忆珍藏<br>3. 填写反馈单<br>4. 结语 |

**提示：**

其中第四单元设计了两个方案，组织者可以根据小组成员的创伤情况及前期互动情况选择，其中方案一的心理挖掘比较浅层，让组员初步体会性侵犯创伤的文化建构，方案二的心理挖掘比较深层，组员彼此连接更深，对自我创伤的探究也更加深刻，组织者需要更多关注组员的情绪，该方案更适合深层心理创伤者，并建议同时配以个别辅导。

## 第一单元：初次相识

**活动目标：**

（1）让组员与教师互相认识与了解，讲述参加团体的目标；

（2）初步形成新团体，确立共同的团体目标和规范。

| 活动名称 | 活动流程 | 活动目的 | 器材 |
|---|---|---|---|
| say you, say me | 1. 领导者自我介绍；<br>2. 引导组员简单自我介绍，说明对团体的期待。 | 1 | |
| 我们的规范树 | 1. 在白板上画一棵苹果树，将团体规范（附件）的每一条印在剪成苹果形状的纸上，与组员一起逐条讨论苹果纸上的说明，同意用手比圈，不同意胸前比叉。大家都同意的规范，贴到苹果树上；<br>2. 讨论是否增加规范条目；<br>3. 都同意后，将所有规范打印在同一张纸上，大家签名。 | 1，2 | 附件 |
| 我是你的天使 | 1. 每人发一张同样大小的纸，将名字写在纸上；<br>2. 将写好名字的纸对向折叠几次，叠成指甲盖大小，放入敞口纸盒中；<br>3. 请大家随意抽签，将来活动中，在对方不知情的情况下，做对方的帮助者——"天使"。<br>提示：这个帮助者的角色贯穿整个小组活动过程，不要向对方透露，也不要公开，默默帮助对方，支持对方。 | 2 | 同等规格与人数相同数量的纸片，敞口盒 |

续表

| 活动名称 | 活动流程 | 活动目的 | 器材 |
|---|---|---|---|
| 总结 | 1. 小组组员每人再用一句话总结一下自己的期待，并按1—10的范围打一个满意度分数；比如"大家好，我是某某某，我希望自己在这个团体中得到……，我对今天活动的满意度是8分。"<br>2. 教师对这次活动进行总结，并就下次团体的事项进行预告。 | 2 |  |

附件：团体规范

（1）我愿意每次准时参加团体活动；

（2）我愿意认真地投入活动；

（3）我如果有紧急事情会告诉老师；

（4）我保证不会将团体中的事情告诉别人；

（5）我愿意在别人有困难时提供帮助；

（6）我愿意在团体中认真地听别人说话；

（7）我愿意有自己的想法时，及时说出来跟大家分享；

（8）我愿意尊重每个人，不会对团体组员作人身或言语的伤害；

（9）我愿意去遵守这些规范；

（10）其他。

## 第二单元：说出我的困境

**活动目标：**

（1）初步建立团队中的信任与安全感；

（2）找到心理困境的共同点和不同点，进行思考与交流；

（3）增强面对困境时的有能感（感觉自己有处理问题的能力）。

| 活动名称 | 活动流程 | 活动目的 | 器材 |
| --- | --- | --- | --- |
| 疾风劲草 | 1. 一位组员站在中间做"劲草";<br>2. 其他组员在"劲草"周围围圈而站;<br>3. "劲草"闭眼,双臂交叉抱在胸前,身体保持直立,在身后组员的引导下后仰,其他组员作为"疾风",从身后推扶"劲草",使他/她不摔倒,并向右传递,将"劲草"旋转一周后扶其站直;<br>4. 每位组员都要当一次标准的"劲草";<br>5. 谈谈游戏中的感受。<br>提示:这个活动做到位,要求"劲草"对"疾风"要信任,"疾风"对"劲草"要负责。根据情况,可以让部分组员多次尝试"劲草"的感觉,教师开始要示范好"疾风",也可以示范"劲草"。 | 1 | |
| 我的生命树 | 1. 每人一张纸片,画一棵树,代表自己的生命历程;<br>2. 请一位自愿的组员上来介绍自己的树,组织者进行引导型提问。比如,这个树结代表什么?这里的叶子为什么那么少?你怎么看你的树根?你觉得这棵树为什么长不大?——引导组员说出这棵"树"上所投射的内心创伤。<br>提示:允许组员用"那件事""他""那个"等指代词来形容创伤,分享的同时,组织者适当询问其他组员,如有相似感觉、情绪或者遭遇的,给予回应,但注意不要进行评价。尽量让每个组员都有表达机会。<br>3. 最后让每个组员总结,用几个形容词来表达我们共同的内心"创伤",并且一起写在一个大纸板上,如羞耻、委屈、愤怒、脏、等等。有组员有自己特别形容词的,单独写下来,自己保存好。 | 2,3 | 同等规格与人数相同数量的白纸、彩色笔、大纸板一张 |
| 总结 | 请组员们思考,自己认为的"性侵犯"是什么,备下次活动使用。 | 1 | |

## 第三单元:认识性侵犯

**活动目标:**

(1) 增强团队内部的信任和安全感;

(2) 进一步面对"性侵犯",认识到伤害的症结。

| 活动名称 | 活动流程 | 活动目的 | 器材 |
| --- | --- | --- | --- |
| 信任盲行 | 1. 设计一段复杂的路线，包括需跨越、钻过、绕开、上下楼等阻碍；<br>2. 每人发一个眼罩，请一半组员（自己决定）蒙上眼罩，另一半组员逐一辅助，帮助该组员从起点安全行走至终点，整个行进过程不能说话，只能靠身体引导；<br>3. 完成后，换另一半组员蒙上眼罩，由前一部分组员分别护送，从终点走回起点。<br>4. 一开始蒙眼罩时，不能用语言或手势交流，要求身为"天使"者，如果发现自己要保护的对象已经蒙上了眼罩，自己就不能再蒙眼罩了。<br>提示：组织者可以给全体组员10分钟讨论时间，讨论如何有效地开展活动。要求是整个过程不能用任何方式暗示或明示自己的"天使身份"。 | 1 | 与人数相等的眼罩 |
| 我理解的"性侵犯" | 1. 请组员们回答上次活动留下的思考题，用一句话描述"我认为什么是性侵犯"；<br>2. 描述"性侵犯"的特征，组织者帮助归纳；<br>3. 进一步请组员们总结"性侵犯"中伤害我们最深的是什么。<br>提示：这部分引导主要是总结"性侵犯"带来最深的伤害症结，可以用描述感觉的方式来进行提炼。 | 2 | |
| 认识性侵犯 | 1. 向大家呈现几个事件（附件一），请大家讨论这些事件中的主人公哪些遭遇了性侵犯？<br>2. 总结这些受害者受到伤害的症结有哪些？组织者进行引导，帮助归纳；<br>3. 组织者根据大家发言进行总结（参考附件二）。<br>提示：用抽离的方式总结性侵害的伤害症结：性的污名、贞操情节、来自社会文化的二度伤害等。组织者注意归纳过程要避免自我谴责，而是启发组员认识到伤害症结来源于社会文化。 | 2 | 附件一、附件二 |
| 总结与家庭作业 | 作业和下期预告：几个事件中的主人公，将怎么继续自己的生活？ | | |

附件一：

事件一

夏芳菲有一次晚上跟组员一起玩到很晚，当她回家路过一个漆黑的小胡同时，被一个黑影用匕首胁迫拖到路边草丛中，夏芳菲因为害怕不敢动弹……直到家人因为电话联系不上出来找她，才发现她衣衫不整，坐在路边发呆。

**事件二**

陈嘉林是个好学的男生，尤其物理学得非常好。最近他报名参加了物理奥赛辅导班，因为成绩出众，物理老师经常在晚自习期间叫他到办公室单独辅导。每当办公室没人时，物理老师就会借讲解之便，抚摸陈嘉林的大腿，有几次甚至抚摸他的下体。陈嘉林很恐慌，老师却告诉他这是对他的喜爱，良好的师生关系有利于陈嘉林的物理学习。

**事件三**

李晶的男朋友赵刚老是逼她跟自己发生性关系。她知道自己并非真的想做，然而有一次他们一起吃饭，喝多了的李晶被赵刚带回自己宿舍，赵刚做了自己想做的，李晶什么都没有说。

**事件四**

有一次钱晓洁上学坐公交车时，人很多、很挤，她觉得有人在用手摸自己的臀部，转头看到是个社会青年，见钱晓洁瞪自己，他就附在她耳边说："你要是敢叫，让你大庭广众之下丢丑！"面红耳赤的钱晓洁感觉这段行程真是漫长啊！

**事件五**

陈新娜和李奥是大学组员，他们谈恋爱已经几个月了，彼此被对方吸引。他们没有很深的相爱，但都同意发生关系。在协商使用安全套后，他们做爱了。

**附件二：知识链接**

（1）性侵犯的定义。"性侵犯"泛指一切与性相关、违反他人意愿，对他人做与性有关的行为。性侵犯可能使用暴力，也可能没有暴力，但由于彼此的权力关系，对受害一方形成难以反对的威胁；性侵犯可能来自陌生人，也可能来自熟人甚至伴侣，受害方可能是女性也可能是男性；除了直接的性器官接触，违背对方意愿的言语骚扰、暴露生殖器、强迫观看色情品等也是性侵犯。

（2）性侵犯的主要形式。①暴力型性侵犯。指使用暴力和野蛮的手段，如携带凶器威胁、劫持受害方，或以暴力威胁加之言语恐吓，对对方实施强奸、猥亵等。②胁迫型性侵犯。指利用自己的权势、地位、职务之便，对受害人加以利诱或威胁，胁迫受害人与其发生性行为。其核心是双方存在于现实中的权力关系，如上下级、雇佣关系等。包括：利用职务之便或乘人之危迫使受害人就范；设置圈套，致使受害人难以反抗或拒绝；利用过错或隐私要挟受害人等。

③社交型性侵犯。指双方在熟人交往或约会过程中的性侵犯，彼此是熟人、同乡、亲密伴侣等，又称为"熟人强奸""社交性强奸""沉默强奸"。受害人往往出于"面子"、彼此原来的关系等各种因素的考虑而不敢揭发。社交型性侵犯和胁迫型性侵犯可能有重合的部分。④滋扰型性侵犯。主要形式：一是利用靠近受害人的机会，有意识地接触对方的身体敏感部位。如在公共汽车、商店等公共场所有意识地挤碰对方等。二是故意有指向性地暴露性器官，进行惊吓、滋扰。三是向对方寻衅、纠缠，在被拒绝的情况下，仍用语言或行为对其进行侮辱、骚扰。

（3）性侵犯受害者的"污名"。所谓贞操观念是父权社会对女人的"性"和身体进行客体化而施以的控制手段。因为贞操观，女人不能随心所欲地追求性，否则会饱受谴责和诟病（在中国传统社会中，有一系列制度的安排，让"淫妇"失去尊严、现实权利和社会地位）。于是，当女性遭受性侵犯时，迫于"失贞"的文化压力，就不敢站出来揭发或举报；同时，由于"贞操情结"的潜移默化，一部分女性在遭遇性侵后会自我否定、自我污名、自我谴责，造成更大的伤害。

## 第四单元：我依然是我 1（方案一）

**活动目标：**

（1）帮助组员增强问题解决的信心和有能感；

（2）帮助组员认识导致性侵犯二度伤害的观念；

（3）帮助组员重塑自我价值，确认"我依然是我"。

| 活动名称 | 活动流程 | 活动目的 | 器材 |
| --- | --- | --- | --- |
| 心有千千结 | 1. 所有人手拉手围成一个圆圈，各自记住左边和右边的人是谁。<br>2. 松手，随着音乐在教室里随意走动，也可以找朋友聊天。<br>3. 音乐停止时，所有人立定，再用左右手分别去拉住刚才在自己左边和右边的人。这时拉手可能造成"一团乱麻"的感觉。<br>4. 请大家在牵手相连且不断开的情况下，想办法将这团"乱麻"解开，恢复开始时的那个圆圈。<br>5. 有一句歌词说"生活，是一团麻"，刚才这个活动，大家有什么感受？这团乱麻，是如何被我们理顺的？ | 1 | 音乐和播放设备 |

续表

| 活动名称 | 活动流程 | 活动目的 | 器材 |
|---|---|---|---|
| 故事接龙 | 1. 将附件一、附件二打印在纸上，发给所有组员；<br>2. 请大家根据自己的认识，为这些事件编写后续情节发展，并写在纸上；<br>3. 针对每个事件，大家逐一分享自己的设想；<br>4. 讨论：<br>（1）性侵犯的伤害有哪些？<br>（2）性侵犯的伤害来源于哪些观念？ | 2 | 附件一和附件二 |
| 故事重构"我依然是我" | 1. 根据前面的讨论，组员共同对故事进行重构；<br>2. 每人针对故事中的主人公讲一个他／她可能遇到的困境，然后再讲出该主人公的解决办法；<br>3. 每人讲完后，可以用这样几句话作为结束：<br>（1）他／她对自己说："虽然我遭遇了这些，但我依然是我，一个独特而有价值的我！"<br>（2）他／她对自己说："虽然我遭遇了这些，但我依然是我，一个有多种发展可能的我！"<br>（3）他／她对自己说："虽然我遭遇了这些，但我依然是我，一个可以自我决定的我！" | 2，3 | |
| 总结 | 1. 谁都不希望性侵犯发生在自己身上，也不希望性侵犯发生在自己身边，但是谁也不能保证它不会发生；如果这样的事发生在你身上，或你所认识的人身上，要记住无论发生了什么，生活依然在继续。<br>2. 生活的路很长，你会有更多经验，无论是好的还是坏的；人类的奇妙在于能够从恐怖经历中吸取教训，并从这些经验中成长，不断完善自己。<br>3. 不管发生什么，请告诉自己：虽然遭遇这些，我依然是我，一个独特而有价值的我！ | 3 | |

附件一：与第三单元的附件一相同

附件二：知识链接

性侵犯的伤害，除了身体伤害还有精神创伤。

不同于其他形式的侵犯，性侵犯的受害者可能承受沉重的耻辱感，这和"性"被污名后的羞耻感有关。它与文化中的贞操观念共同作用，使得被性侵成为受害者难以启齿的耻辱，即使这种遭遇不是受害者的错。女性受到侵害后觉得自己肮脏，就是这种社会文化的体现。

在传统以男性为中心的社会里，男性作为"第一性"，是社会的主体，拥有绝对权力；女性被视为"第二性"，是男性的附属品，"被排除在男性视野之外"。例如按照传统的婚姻制度，妻子的贞操是丈夫的特权，在婚前失去贞操就是"不纯洁"，会遭到社会的唾弃。即使失身是被迫的，也会受到世俗社会的百般指责，然而却没有人谴责男性的"不洁"行为。

在受性侵犯的男性那里，最重要的是性侵犯直接损害了男性气质，由于传统性别文化对男性在性方面的要求是积极主动，具有进攻性。主动的性是支配性男性气质的重要表现，因此男性在遭遇性侵犯后，支配性男性气质会受损，会被人贬损为"不是男人"。

无论男性还是女性，这些伤害都是精神上的，也是文化意义上建构出来的，对于受害者来说是极度不公的。由于这些观念弥散于社会文化中，因此受害者会承受很大的屈辱，遭受来自进一步的伤害和贬斥，甚至否定自己。这些精神伤害就是性侵犯带来的二度伤害。

## 第四单元：我依然是我1（方案二）

**活动目标：**

（1）帮助组员增强问题解决的信心和有能感；

（2）帮助组员认识导致性侵犯二度伤害的观念；

（3）帮助组员重塑自我价值，确认"我依然是我"。

| 活动名称 | 活动流程 | 活动目的 | 器材 |
| --- | --- | --- | --- |
| 心有千千结 | 与方案一的活动相同。 | 1 | 音乐和播放设备 |
| 改写我的故事 | 1. 提问：如果事情可以重来，我希望从哪里开始改变？每个组员上前分享、重构自己的故事。<br>提示：每个组员说的时候，其他人不要打断，如果不想说，就停下，别人不要评价。可以让组员用一些指代词、模糊词来重构自己故事中的细节，比如："我不希望苹果被吃掉"；"我想，那个时候小鸟可以大声说：我不！你走开！""我希望妈妈来抱抱我，不要再骂我。"<br>2. 每个人讲完后，组织者鼓励其他组员前去拥抱他/她，表述鼓励和支持。<br>3. 组织者总结，如果受到伤害这件事没办法改变，在这之后，你最希望改变的部分有哪些。 | 3 | |

续表

| 活动名称 | 活动流程 | 活动目的 | 器材 |
| --- | --- | --- | --- |
| 故事接龙 | 1. 将附件一、附件二打印在纸上，发给所有组员；<br>2. 请大家根据自己的认识，为这些事件编写后续情节发展，并写在纸上；<br>3. 针对每个事件，大家逐一分享自己的设想；<br>4. 讨论：性侵犯的伤害与哪些观念有关？ | 2, 3 | 附件一和附件二 |
| 总结 | 与方案一相同。 | | |

附件一、附件二：与方案一相同

## 第五单元：我依然是我 2

**活动目标：**

（1）帮助组员避免"贴标签效应"，降低遭受性侵后的精神伤害；

（2）挖掘和发现自身特点，强化自我价值感。

| 活动名称 | 活动流程 | 活动目的 | 器材 |
| --- | --- | --- | --- |
| 拜拜，污名的"标签"！ | 1. 给每个组员几张小纸条，让组员在小纸条上写下自己遭遇性侵后，感觉到的、存在于自己身上的最讨厌的词或句子，每个词或句子写一张，每人可以写 3—5 张，按讨厌程度排序；<br>2. 每个组员分享你自己写的词，以及当别人这样说或看待自己时的感受。一边说，一边贴在自己身上；<br>3. 每个组员说完，别的组员上去对她说一句鼓励的话，帮他/她揭掉这张纸，交给他/她本人；<br>4. 全部完成后，所有组员在组织者引导下，撕掉这些"标签"；<br>5. 组织者进一步引导大家讨论，遭遇"性侵"之后，"我"并没有贬值。 | 1, 2 | 若干纸条、透明胶带 |
| 优点轰炸 | 1. 大家围圈而坐，随机找一个人坐到圈里面；<br>2. 大家看看坐在中间的这位组员，回想这一段时间的相处，找到你眼中他/她身上的闪光点，真诚地表达出来；<br>3. 听完所有人的表达后，圈中心的组员发表三句感言，以"我依然是我"结束；<br>4. 更换另一个组员坐到圈中心，重复以上步骤，直到所有人都坐过圈子中心。<br>提示：（1）注意真诚的表达；（2）"天使"要履行自己的职责。 | 2 | |

续表

| 活动名称 | 活动流程 | 活动目的 | 器材 |
|---|---|---|---|
| 小诗"我是……" | 1. 每人发一张"我是……"的小诗（附件一）；<br>2. 请大家跟随自己内心的声音，根据每一行括号里的提示，在横线上写下看到提示后脑海中浮现出来的话；<br>3. 写完后，自己默念一遍；<br>4. 愿意的话，跟大家分享自己写的小诗中特别有感触的几句。 | 2 | 附件一 |
| 总结 | （呈现一张两可图，见附件二）<br>我们是怎么样的，取决于我们对自己的态度。<br>我们对自己越积极、肯定，我们自己就更有价值！ | 2 | 附件二 |

**附件一：我是……**

我是 _____

（我所具有的两种特别品格）

我好奇 _____

（我所好奇的事物）

我听见 _____

（一种想象的声音）

我看见 _____

（一种想象的景象）

我愿 _____

（一种实在的愿望）

我是 _____

（重复本诗第一行）


我假设 _____

（我真正想假设的事情）

我感到 _____

（我想象的某种感觉）

我触到 _____

（一种想象的触觉）

我担心 _____

（一种令我烦心的事情）

我哭泣 _____

（一些令我伤心的事情）

我是 _____

（重复本诗第一行）

我明白 _____

（我真实知道的事情）

我说 _____

（我所相信的事情）

我梦想 _____

（我真正梦想的事情）

我试图 _____

（我真正想尝试的事情）

我希望 _____

（我真正希望之事）

我是 _____

（重复本诗第一行）

附件二：两可图

| 两可图 | 态度一 | 态度二 |
|--------|--------|--------|

**注**：这幅图想要说明的是，我们从不同角度来看同一幅图，可能会看到不同的事物。比如态度一，我们看到的是一个小姑娘，而态度二，我们看到的是一个老妇人。

## 第六单元：反对性侵犯，我们在行动

**活动目标：**
（1）帮助组员认识性侵犯的行为表现；
（2）帮助组员了解如何建立反性侵犯的校园环境；
（3）帮助组员形成辨识人权、尊重人权和性别平等的意识。

| 活动名称 | 活动流程 | 活动目的 | 器材 |
| --- | --- | --- | --- |
| 什么是校园性侵犯 | 1. 根据组员人数分为3—5人一个小组；<br>2. 每组发一张大白纸和彩笔；<br>3. 小组讨论：哪些行为属于校园性侵犯？<br>4. 进行小组分享。<br>**提示**：小组汇报时，注意保护学生的隐私，比如提示学生无须提及任何人的名字。 | 1 | 白纸、彩笔 |
| 反对校园性侵犯要怎样做 | 1. 组员按小组进行活动；<br>2. 根据主题进行讨论：反对校园性侵犯涉及哪些对象，各自的责任是什么？<br>3. 进行分享交流，将反性侵犯中学生、教师、学校各自的责任和义务分别写在三张大白纸上。<br>**提示**：学生、教师、学校各方的责任和义务有：<br>学生要从自己的言行做起，不对他人实施性侵犯。不戴有色眼镜看待被性侵的人。如果遭遇性侵犯，要大胆说"不"，及时向老师或其他可信任的成年人报告，不要忍气吞声。<br>教师要从自己的言行做起，以身作则。在日常工作中加强对学生的教育和引导，必要时为学生提供帮助和支持，在态度上重视预防性侵犯。<br>学校有责任维护教职员工和学生的尊严与权益，建立完善的性侵犯申述处理机制，切实推进性别平等教育。特别要提到的是，许多学校认为发生性侵犯有损学校声誉，倾向于息事宁人，但这样做不但无法解决问题，还可能造成更大的危机。 | 2<br><br>3 | 三张大白纸、彩笔 |

续表

| 活动名称 | 活动流程 | 活动目的 | 器材 |
| --- | --- | --- | --- |
| 拟一封呼吁建立反性侵犯校园环境的信或画一幅宣传画 | 1. 每个小组发一张大白纸；<br>2. 根据上一活动的讨论内容，每组草拟一封呼吁信或画一幅宣传画；<br>3. 进行分享。 | | 一张大白纸、彩笔 |
| 总结 | 1. 每个人（不论性别），都可能成为被性侵的对象；<br>2. 常见的校园性侵犯有哪些表现形式；<br>3. 建立反性侵犯的校园环境，需要校方、老师、学生全员参与，人人有责。 | | |

## 第七单元：珍重，再见

**活动目标：**

（1）整理团体经验，处理离别情绪；

（2）组员相互反馈，结束团体；

（3）评估团体成果。

| 活动名称 | 活动流程 | 活动目的 | 器材 |
| --- | --- | --- | --- |
| 过去的点点滴滴 | 1. 老师向组员说明这是最后一次团体辅导，不再讨论新问题，主要是回顾过去的事情和活动；<br>2. 3人一组，一起探讨过去在团体中发生的事情，每个小组回顾总结一个团体主题；<br>3. 讨论完后，进行小组间的分享，请其他小组组员进行补充；<br>4. 小组分享后，每个人发一张纸，各自写下参与团体的收获和对团体即将结束的感受；<br>5. 写完后，请组员将纸条贴在黑板上，并分享；<br>6. 讨论如何将团体学到的内容应用到生活中。 | 1 | 白纸、彩笔 |
| 记忆珍藏 | 1. 每个人找到活动中自己的"天使"；<br>2. 每个组员在自己"天使"的纸上写或画出感谢之意；<br>3. 每个组员作为"天使"在自己保护对象的纸上写或画出自己的鼓励。 | 2 | A4纸 |
| 填写反馈单 | 1. 教师发下反馈单（附件），说明填写事项；<br>2. 组员填写。 | 3 | 附件 |
| 结语 | 教师做团体结语，并请组员轮流发言，说出离别时心中的话。 | | |

附件：

## 团体参与反馈单

亲爱的伙伴们：

我们的7次团体辅导结束了，希望这不是一个终点，而是一个新的起点！为了评估这个团体的效果，希望能留下您的感受，作为我们今后工作改进的参考。您可以在组织者的协助下填写下面的问题。（1表示不符合；2表示较符合；3表示符合；4表示非常符合）

|  | 1 | 2 | 3 | 4 |
|---|---|---|---|---|
| （1）我们在团体中感到非常舒服自在。 | □ | □ | □ | □ |
| （2）我可以很自在地表达自己的看法。 | □ | □ | □ | □ |
| （3）我觉得在团体中大家互相都很坦诚。 | □ | □ | □ | □ |
| （4）参加团体让我对自己有了更深入的认识。 | □ | □ | □ | □ |
| （5）参加团体让我提高了应对生活中性暴力的能力。 | □ | □ | □ | □ |
| （6）参加团体让我在今后的人际交往中更自信。 | □ | □ | □ | □ |
| （7）参加团体让我能够更好地应对生活中的逆境。 | □ | □ | □ | □ |
| （8）总的来说，我喜欢老师的带领方式。 | □ | □ | □ | □ |
| （9）参加这个团体，我最大的收获是…… | □ | □ | □ | □ |
| （10）团体即将结束，我最想说的一句话是…… | □ | □ | □ | □ |

执笔：李修杰、温学琦、朱雪琴

**参考文献：**

中国计划生育协会：《青春期健康教育指南》，2011年版。

徐西森：《团体动力与团体辅导》，中国台湾心理出版社2013年版。

谢丽红：《团体咨商方案设计与实例》，五南图书出版公司2013年版。

方刚：《学校性教育的新理念与新方法》，东方出版社2012年版。

阳志平：《积极心理学团体活动课操作指南》，机械工业出版社2012年版。

《YTL当代青少年问题（教师培训手册）》，中国红十字会总会2001年版。

| 活动名称 | 活动流程 | 活动目的 | 器材 |
|---|---|---|---|
| 拟一封呼吁建立反性侵犯校园环境的信或画一幅宣传画 | 1. 每个小组发一张大白纸；<br>2. 根据上一活动的讨论内容，每组草拟一封呼吁信或画一幅宣传画；<br>3. 进行分享。 |  | 一张大白纸、彩笔 |
| 总结 | 1. 每个人（不论性别），都可能成为被性侵的对象；<br>2. 常见的校园性侵犯有哪些表现形式；<br>3. 建立反性侵犯的校园环境，需要校方、老师、学生全员参与，人人有责。 |  |  |

## 第七单元：珍重，再见

**活动目标：**

（1）整理团体经验，处理离别情绪；

（2）组员相互反馈，结束团体；

（3）评估团体成果。

| 活动名称 | 活动流程 | 活动目的 | 器材 |
|---|---|---|---|
| 过去的点点滴滴 | 1. 老师向组员说明这是最后一次团体辅导，不再讨论新问题，主要是回顾过去的事情和活动；<br>2. 3人一组，一起探讨过去在团体中发生的事情，每个小组回顾总结一个团体主题；<br>3. 讨论完后，进行小组间的分享，请其他小组组员进行补充；<br>4. 小组分享后，每个人发一张纸，各自写下参与团体的收获和对团体即将结束的感受；<br>5. 写完后，请组员将纸条贴在黑板上，并分享；<br>6. 讨论如何将团体学到的内容应用到生活中。 | 1 | 白纸、彩笔 |
| 记忆珍藏 | 1. 每个人找到活动中自己的"天使"；<br>2. 每个组员在自己"天使"的纸上写或画出感谢之意；<br>3. 每个组员作为"天使"在自己保护对象的纸上写或画出自己的鼓励。 | 2 | A4纸 |
| 填写反馈单 | 1. 教师发下反馈单（附件），说明填写事项；<br>2. 组员填写。 | 3 | 附件 |
| 结语 | 教师做团体结语，并请组员轮流发言，说出离别时心中的话。 |  |  |

附件：

## 团体参与反馈单

亲爱的伙伴们：

我们的 7 次团体辅导结束了，希望这不是一个终点，而是一个新的起点！为了评估这个团体的效果，希望能留下您的感受，作为我们今后工作改进的参考。您可以在组织者的协助下填写下面的问题。（1 表示不符合；2 表示较符合；3 表示符合；4 表示非常符合）

|  | 1 | 2 | 3 | 4 |
|---|---|---|---|---|
| （1）我们在团体中感到非常舒服自在。 | □ | □ | □ | □ |
| （2）我可以很自在地表达自己的看法。 | □ | □ | □ | □ |
| （3）我觉得在团体中大家互相都很坦诚。 | □ | □ | □ | □ |
| （4）参加团体让我对自己有了更深入的认识。 | □ | □ | □ | □ |
| （5）参加团体让我提高了应对生活中性暴力的能力。 | □ | □ | □ | □ |
| （6）参加团体让我在今后的人际交往中更自信。 | □ | □ | □ | □ |
| （7）参加团体让我能够更好地应对生活中的逆境。 | □ | □ | □ | □ |
| （8）总的来说，我喜欢老师的带领方式。 | □ | □ | □ | □ |
| （9）参加这个团体，我最大的收获是…… | □ | □ | □ | □ |
| （10）团体即将结束，我最想说的一句话是…… | □ | □ | □ | □ |

执笔：李修杰、温学琦、朱雪琴

**参考文献：**

中国计划生育协会：《青春期健康教育指南》，2011 年版。

徐西森：《团体动力与团体辅导》，中国台湾心理出版社 2013 年版。

谢丽红：《团体咨商方案设计与实例》，五南图书出版公司 2013 年版。

方刚：《学校性教育的新理念与新方法》，东方出版社 2012 年版。

阳志平：《积极心理学团体活动课操作指南》，机械工业出版社 2012 年版。

《YTL 当代青少年问题（教师培训手册）》，中国红十字会总会 2001 年版。

# 校园性别暴力叙事取向团体干预方案

运用叙事疗法的理念和方法，对校园性别暴力当事人双方进行干预，并通过成立"反欺凌秘密行动小组"、信件、见证仪式等方法不断丰富心理辅导师、当事人、见证人之间的故事。

## 一　团体名称

秘密行动小组 —— 校园欺凌者的叙事疗法干预。

## 二　团体目标

（1）被欺凌者在与秘密行动小组的匿名联络中，摆脱欺凌者对自我价值的"摧毁"，重新建构自我认同；

（2）欺凌者在团体活动中不断澄清"欺凌"行为背后的信念，产生新的领悟和行为；

（3）其他小组成员讲述自己行动故事的同时，成为欺凌行为的见证人。

## 三　团体性质

封闭式、结构式小组。

## 四　团体对象

5—8人，包括欺凌者。

## 五　组员筛选方式

参与学生与被欺凌者协商之后选出，再由老师与学生商量，组成反欺凌秘密行动小组。

## 六　团体时间频次及次数

依据实际情况可调整，每次1—2小时，4—6次，每周1次。

## 七　理论基础

1. 基本观点

基于叙事疗法的性别暴力干预方案，不仅关注双方达成共识，获得一个调解结果，更重要的是探索双方期待中的共同点，最后获得理解和尊重。

在冲突调解方面，叙事疗法的基本观点是：①冲突不仅是个人意向的产物，也是个人所在文化背景驱使下产生的结果；②叙事疗法的实践建立在"人不是问题的所在，问题才是问题的所在"这一前提下；③叙事疗法的冲突调解更关注提高双方关系中的相互理解，相互尊重与合作，而不是简单达成共识；④叙事疗法中，调解人不再单纯地将冲突双方认作"加害方"与"受害方"，减少这种文化背景下的身份象征，不仅能弱化双方对自身身份的认同，也使调解人在没有"有色眼镜"（施暴者是强者，需要惩罚，受暴者是弱者，需要保护）的前提下，中立地引导冲突的缓解。

对于经历校园暴力伤害的学生，重点是协助他们重获"我是谁"的认同感，摆脱施暴者强加在他们身上的观点。

校园暴力的干预不仅要关注被欺凌者，也要关注欺凌者。尤其对于中小学生来说，他们的身心发育尚未完善，周围环境和生活中发生的事情影响着他们的行为。例如很多欺凌者表示，学生时代欺负别人，是因为自己那个时候经历了一些很糟糕的事情，如家庭虐待、学业压力等。注重欺凌者攻击行为背后的故事，才能保证干预效果的时效性和解决问题的根本性。

区别于其他干预方案，叙事疗法处理欺凌者和被欺凌者的关系时，将欺凌者与被欺凌者分开。这样可以保证双方提供更加真实和隐私的信息，以减少欺凌者对被欺凌者"告状"的威胁，也有助于建立双方对于调解人的信任。双方不同时在场，可以减少对于双方身份的固有建构，减少情绪上的焦虑，更加关注问题本身，进而能够客观地追溯问题产生的过程。在此过程中，调解人不再是一个权威的专家，而是与双方处于同一文化背景下的引导人。

在干预效果评估方面，叙事疗法注重故事性而非个人动机，关注个体在情境中的多方面感受，而不是简单刻板的量化结果。

2. 主要干预技术

（1）外化对话

通过隐喻外化问题是叙事疗法的主要对话方式，如迈克尔·怀特的经典个案"黄金先生"。这是一个关于"大便失禁"的个案，大便被称为"黄金先生"，孩子因为大便失禁的失败感、羞愧感、沮丧感开始变弱，通过与"黄金先生"的对话，人和问题实现了分离，人的控制感开始增强。

外化对话是把问题本身当作客体，而不是定义和探讨人本身。外化主要是针对支持暴力行为的想法或假设来叙述，如"'打人不算什么'这种观念支配着你"。

举例：对态度和信念的问题外化（小学生，男，经常嘲笑同桌）

你怎么会想到用"嘲笑"这种方式来跟同桌说话呢？

看到同桌因为你的嘲笑哭了，是不是让你觉得有种"胜利"的感觉？

你从来没试过表达关心同学吗？

"男生比女生强大"的说法让你觉得自己可以嘲笑同桌吗？

（2）改写故事

一个在校园里被欺凌的学生，很可能是一个柔弱、不爱说话、平时不太引人注意的乖孩子。他可能觉得自己没有力量、没有出息，可是成长中总有一件事是他能够靠自己的信念去坚持的。一个在校园里的施暴学生，可能一直是个问题学生或老师、同学眼中的坏孩子，在他成长的记忆中，也可能是个问题不断的闯祸精。可是无论怎样，总会有那么一件事让他感觉温暖，让他觉得自己是没有问题的。那些时刻、那些事件，也就是例外（不被问题控制的生活空间），可以用来帮助改写故事。

改写过程：

①回想自己做过的一件喜欢的事情；

②通过提问丰富这件事情发生的情况，比如什么时候、什么情况、什么感受；

③再回顾一下，是否还做过类似的事情，也有同样的想法和感受，体现了同样的价值观；

④通过这些事情，思考一下自己是个什么样的人。

举例：一个施暴学生可能会想起有些情况下，他并没有动手打人。比如自己跟邻居家小弟弟一起玩时，弟弟弄坏了自己的玩具，他很生气，可是没有动手。

询问他当时的感受，为什么没有打人？

答：因为他比我小，我要让着他。

问：让着他是什么意思？

答：就是他犯错了，但我比他大，比他懂事，所以就不打他了。

继续回溯，你还有没有做过一些别的事，让你觉得自己是一个懂事的孩子。

答：照顾亲戚家的小妹妹。

问：让着邻居家的小弟弟，照顾小妹妹，这些事让你觉得自己怎么样？

答：挺好、挺懂事的。

问：作为一个挺好、挺懂事的你，你打算将来在学校怎么做？

答：不打人了，对同学好一点。

问：如何做算是对同学好一点？

答：就是当同学惹到我的时候，我不打人，用说的。

问：这个决定，你准备好了吗？你打算从什么时候开始呢？

答：准备好了，明天去学校就这样做。

（3）信件疗法

信件是叙事疗法中比较常用的交流方式。除了传统信件，电子邮件等媒介都可以实现"记下来"的交流。信件疗法补足了言语交流的"空间性"缺失，将"讲述的故事"保存下来，并顺着时间的轨迹，呈现了一个人变化和成长的过程。

一封对有自杀倾向的高中生进行干预的咨询师的回信[①]

会面是在阳光灿烂的上午，和煦的阳光照在你身上似乎也是冷的。你脸色黯淡，头发胡乱地扎着，额前的刘海把右眼都给遮了，一袭黑色的装束，怎么也看不出是个十八岁的女孩。你让我看手腕，我第一次看到这样的伤害，手腕上密密麻麻、重重叠叠地划了十几刀，每一个刀疤都是一个故事啊。你多次把奶奶治疗糖尿病、风湿、高血压的各种片剂全吞到肚里，你还把一个月的生活费全买东西吃了，吃了吐，吐了吃，"想死都死不了！"

我在咨询中"狠心"地让你看了各种自杀者惨状的图片。你看着看着就跑到卫生间"嗷嗷"直吐，你说，这场翻江倒海的呕吐把你想自杀的念头彻底粉碎了。记得吗？吐完后，你虽然精神萎靡，但说了一句很逗的话："哇！死也要死得美丽一些。"

从此，你把我送的精美卡片挂在卧室显眼的墙上："生如夏花般灿烂。死如秋叶般静美"。从此，你按家庭作业要求，每天至少三次在镜中端详自己，对自己微笑，用心和自己对话……

（4）关于命名

命名是外化的一个重要步骤，结合活动主题，选择一个恰当的名字非常重要。比如一个小学校园要反对性别暴力，倡导非暴力的沟通方式，可以设计一个校园代言人，起个名字叫笑笑，寓意与人沟通时要保持微笑。"无名万物之始，有名万物之母"，一个名字就是一个故事的朝向。

为了更好地理解命名的重要性，我们来看澳大利亚《达利奇中心期刊》报道的一个被强暴女孩讲述的故事。

---

[①] 林盛、林琳：《叙事信的力量：解读台湾叙事治疗的书信疗法》，《中小学心理健康教育》2011年第3期，第21—23页。

### 一个幸存者的故事（A Story of Survival）[1]

一个 17 岁女孩 Cecily 被人强奸了，她这样讲述自己的故事："那些关于强奸的故事大多充满了羞愧、耻辱和保密，而我却告诉所有人自己是一个幸存者。在一个假期的白天，我走在海滩上，遭到一个陌生男子的暴力攻击，他手里拿着武器。我跟很多人一样，是一个被强奸的受害者，但我不觉得这有什么羞耻，因为我没有错。在警察局里，我是一个受害者。因为在他们那里，事实最重要，警察的眼里只有行凶者和受害者，而我一定是那个受害者。而在咨询室里，我不再只是受害者，从一开始加入咨询小组，我就是一个幸存者。"

Cecily 经历了一段难过的时间，那段时间她感觉很抑郁，不能参加集体活动，彻夜哭泣，甚至饮酒来麻醉自己，用三个月时间等待 HIV 的检查结果。她"感到自己是世界上最痛苦的人"。这个过程并不容易，她时常觉得自己一夜之间变成了大人，又时常感觉自己像孩子一样无助。Cecily 认为这些小台阶（little steps）对她来说非常重要，回想起自己走出家门来到购物中心时的场景，这是巨大的一步，她为自己感到骄傲。

为了讲述这事，Cecily 给强奸犯起了个名字叫 Davo。她曾经想过让这个人受到公众的羞辱和指责，在他脸上贴上"强奸犯"的字样，让他受到最严苛的惩罚，不能再活下去。可是后来，她发现问题已经超越了"Davo"这个人，她开始关注女性遭受强奸和暴力的现状。她不再那么生气和害怕了，因为那样 Davo 就得逞了，他会发现"她害怕我了，她对我屈从了"。Cecily 说，Davo 可能永远不会被警察抓住，即使他被抓，自己也不会感觉好一些，所以 Davo 是否受到处罚，不是她最在意的了。

一周年幸存纪念日，Cecily 召集朋友们来聚餐。她最开始有点担心朋友误解，以为她要纪念自己被强奸？她解释是要纪念自己幸存下来一周年。Cecily 的男朋友 Nathan 讲述了他的转变，以前他会容忍很多性别歧视的笑话，会半开玩笑地附和，现在却完全不能接受了。另一个朋友向 Cecily 表达了自己的关心："我从来没有考虑过 Davo，他和我无关，我只关心你，而他不值得我们任何人

---

[1] Cecily, A Story of Survival, *Dulwich Centre Journal*, Nos. 2 & 3, 1998, pp. 64-66.

注意。"还有一个朋友 Paul 走过来说:"我也煎熬了一年,我告诉父母我是一个同性恋,我正在想办法去解决这件事。"在朋友的真诚分享中,信任建立起来了,友谊的故事变得丰厚了,这些也成为"幸存故事"的一部分。

## 八　团体活动设计大纲

| 单元 | 活动名称 | 活动目标 | 活动内容 |
| --- | --- | --- | --- |
| 一 | 为我的秘密行动命名 | 1. 组建秘密行动小组;<br>2. 明确小组的活动任务和规范;<br>3. 为每个小组成员的行动命名。 | 1. 神秘任务<br>2. "神秘人"的信件<br>3. 我的 X 行动<br>4. 总结 |
| 二 | 讲述我的"行动"故事 | 1. 小组行动解密;<br>2. 追溯行动故事的历史;<br>3. 重新审视"小组行动"与自己成长的关系。 | 1. 解密 X 行动<br>2. X 行动的故事<br>3. X 行动的修正<br>4. X 行动的现实讨论 |
| 三 | 给"神秘人"的一封信 | 1. 通过角色扮演,理解神秘人现在的状况;<br>2. 作为见证人给神秘人写封信。 | 1. 角色扮演<br>2. 给"神秘人"写一封信 |
| 四 | 秘密行动结束会 | 1. 每个小组成员做出个人总结,绘制秘密踪迹图;<br>2. 通过见证仪式,让每个小组成员体验到自己的成长。 | 1. 绘制"秘密踪迹图"<br>2. 见证仪式 |

提示:

这个干预方案中,并没有直接跟欺凌者探讨欺凌行为,但这并不是要规避欺凌者的责任。相反,叙事疗法特别强调,对于暴力或虐待行为,绝对不能通过外化来开脱责任,而是期待用外化的对话来让人更可能积极地对自己的行为负责。

叙事疗法对施暴者的干预是基于一种"放空立场",心理辅导员在实施干预前,不把"欺凌者就是一个有错的人"作为唯一的立场,干预目标也不是努力说服或者矫正他的行为,而是尝试让他在自己的故事中发现自己"不只是一个施暴者"。当然,这并不意味着把人和行为截然分开,而是想去发掘哪些信念和行动维系着问题的存在。比如一个人对别人施加暴力,这一行为背后的信念可能是"维护公平""要当强者""看不惯别人"等。干预的目的是探究这些信念的来源以及什么时候这些信念比较薄弱,当时是什么情况,结合在活动中发现的例外,去建构一个新的故事。

当然,在实际活动中,我们并不能确定目标真的如我们所期待的那样,只是抱持着更多好奇和创造力,试图去和讲述者一起遇见更多的可能性。

## 第一单元:为我的秘密行动命名

**活动目标:**

(1)组建秘密行动小组;
(2)明确小组的活动任务和规范;
(3)为每个小组成员的行动命名。

| 活动名称 | 活动流程 | 活动目的 | 器材 |
| --- | --- | --- | --- |
| 神秘任务 | 1.组织者自我介绍;<br>2.明确神秘行动小组的要求;<br>3.小组成员签署秘密协议(附件一)。 | 1,2 | 附件一 |
| "神秘人"的来信 | 1.读神秘人的来信(附件二);<br>2.组织者提问:<br>(1)你听了明明的故事有什么感受?<br>(2)请你给明明的烦恼起一个名字;<br>(3)为了帮助明明,你可以为他做一件什么事?你给自己的这个行动起个什么名字? | 3 | 附件二 |
| 我的 X 行动 | 1.每个人拿一张心形纸片,写下自己的行动名称;<br>2.把心形纸片贴到秘密行动小组档案中;<br>3.提示:这个 X 行动先不要公开,保持小组的神秘性,充分尊重每个人的行动选择。 |  | 与人数相同数量的心形纸片、神秘档案盒 |
| 总结 | 1.小组成员每人用一句话总结自己采取行动的决心,如"大家好,我是某某某,接下来的一周我会积极开展 X 行动,我的决心是 8 分";<br>2.组织者鼓励大家,期待下次的行动汇报。 |  |  |

附件一:

秘密协议书

同学,你好!

欢迎你加入反欺凌秘密行动小组,也请你遵守我们的规定:第一,对于秘密小组的事情做到完全保密；第二，在小组行动中积极努力，认真负责；第三，尊重每一个小组成员，真诚、友爱。

如果你同意以上三点要求，请填写下面的同意书。

我是_____，我阅读了秘密协议书，愿意遵守秘密协议中的要求。

签名：

年　月　日

**附件二：一封神秘来信**

大家好，我是小学生明明（化名），我最近遇到一个烦恼。班上同学都讨厌我、排挤我，不跟我玩，甚至有几个同学对我拳打脚踢。我非常不开心。

我想告诉你们一个秘密，我的父母对我非常严厉，给我安排了很多课外辅导班，我没有课余时间和同学好好相处。在家父母只是要求我好好学习，其实我特别渴望得到同学们的关注和喜欢。由于父母给我的压力太大，我的心情很不好，所以和同学们相处时经常情绪失控，为了引起同学注意，我故意碰别人，拿别人的东西。我知道大家是因为这些才不喜欢我的。

还有一件让我特别烦恼的事情，就是当我和男生玩的时候，有同学说我是同性恋，当我和女生玩的时候，就说我要结婚了。

这些事情让我很烦恼，如果你们是我，你会怎么办呢？

## 第二单元：讲述我的"行动"故事

**活动目标：**

（1）小组行动解密

（2）追溯行动故事的历史

（3）重新审视"小组行动"与自己成长的关系

| 活动名称 | 活动流程 | 活动目的 | 器材 |
| --- | --- | --- | --- |
| 解密 X 行动 | 1. 打开秘密行动档案，展示大家的 X 行动，让每个成员猜一下是谁，并简单说明一下理由；<br>2. 公布 X 行动的所属人，请他完善行动计划。 | 1 | 秘密档案盒 |
| X 行动的故事 | 1. 请所属人讲述他的行动的故事，并回答问题：<br>（1）你能一直采取"这个行动"吗？你能讲一个和它相关的故事吗？<br>（2）你觉得坚持这个行动，你会成为什么样子？<br>2. 其他小组成员倾听，先不做回应。 | 2 | |
| X 行动的修正 | 1. 小组成员反馈：听了这个故事，你是否支持他的想法？<br>2. 所属人反馈：听了其他小组成员的反馈，你觉得自己的行动是积极的还是消极的？这个行动会帮助明明什么？ | 3 | |
| X 行动的现实讨论 | 1. 询问小组成员是否在班上实践这一行动；<br>2. 鼓励大家在接下来的生活中去实践。 | | |

**提示：**

叙事疗法创始人迈克尔·怀特说，故事为我们提供了诠释经验的架构，而诠释让我们成功地积极参与到故事之中。讲述故事的过程就是建构故事、诠释自己、做出行动选择的过程。比如一个学生可能将行动定义为以暴制暴，以牙还牙。这个命名会引出一个问题故事，分享过去的经历时，会让学生重新审视这种行为给自己带来的影响。当学生意识到以暴制暴会让自己陷入一个不停斗争的生活里，而周围人都表示不支持这个行动时，他的"问题故事"就开始被解构了。

解构故事是让一个故事更完整，让一个行动有更多选择和可能性。例外故事往往是一个问题故事的"灯塔"，让人们看到新的希望和力量，而这也是问题故事被改写的开始。在上面那个案例中，我们可以提出以下问题：（1）有没有一次你并没有选择"以牙还牙"？（2）那次你觉得自己有什么不同？

## 第三单元："给"神秘人"的一封信

**活动目标：**

1. 通过角色扮演，理解神秘人现在的状况；

2. 作为见证人给神秘人写一封信。

| 活动名称 | 活动流程 | 活动目的 | 器材 |
| --- | --- | --- | --- |
| 角色扮演 | 1. 组织者结合被欺凌者的实际状况设计一个情景剧；<br>2. 小组成员扮演被欺凌者，组织者扮演欺凌者；<br>3. 小组成员观看情景剧。 | 1 | |
| 给"神秘人"写一封信 | 1. 请每个小组成员谈谈看了情景剧的感受；<br>2. 结合自己之前的行动，给明明写一封信。 | 2 | |

**提示：**

这些信在给欺凌者明明的心理辅导过程中可以作为一个见证，其他人在听到他的故事时的感受和想法，以及他们对这个故事接下来发展提出的"剧本"。为了更好地绘制更丰富的行动树，第三单元的活动可以重复进行。

## 第四单元：秘密行动结束会

**活动目标：**

1. 每个小组成员做出个人总结，绘制"秘密踪迹图"；
2. 通过见证仪式，让每个小组成员体验到自己的成长。

| 活动名称 | 活动流程 | 活动目的 | 器材 |
| --- | --- | --- | --- |
| 绘制"秘密踪迹图" | 1. 打开秘密档案盒，以人名和行动名为中心，总结秘密小组的行动踪迹；<br>2. 成员绘制自己的踪迹图。首先在白纸上画好行动路线，再在贴纸上写上自己的行动内容，贴到行动路线上。 | 1 | 秘密档案盒、白纸、贴纸 |
| 见证仪式 | 1. 每个小组成员用一个词来见证（附件一），写下其他人在整个活动中对自己最大的影响；<br>2. 组织者帮助完善每个人的见证书，并邀请每个小组成员站到蜡烛圈中心，朗读见证书内容，颁发证书（附件二）；<br>3. 秘密小组合影，封存秘密行动档案。 | 2 | 附件一、蜡烛、附件二 |

**提示：**

整个团体活动过程中，被欺凌者没有被暴露，但组织者要与被欺凌者保持沟通，每次小组活动后都要与被欺凌者沟通，询问欺凌是否停止或有所改善，直至欺凌行为停止或者被欺凌者认为可以停止。

附件一：见证词列表

| 秘密小组成员 | 见证词语 | 对自己的影响 |
| --- | --- | --- |
| ××× | 冷静 | 他的冷静让我印象深刻，我以后遇事也要冷静。 |
|  |  |  |

附件二：见证书

×××同学：

××××年××月××日至××月××日，你参加了校反欺凌秘密小组行动，出色地完成了××行动。

面对欺凌行为，你坚决举起反对旗帜，通过自己的行动做出回应，为班级零欺凌行为做出了重大贡献。

你的（见证词语）给我们留下了深刻的印象，也影响了小组成员的成长。

特发此证，让它见证你选择的行动和成长。

反欺凌秘密行动小组<br>
××××年××月××日

执笔：马艳杰

**参考文献：**

吴舒婷：《叙事疗法在校园暴力干预中的应用》，北京林业大学心理学系2017年毕业生论文。

# 性别暴力创伤咨询方法介绍：消除恐惧法

本治疗方法参考了美国 NLP（Neuro-Linguistic Pngramming）创始人理查德·班德勒（Richard Bandler）发明的"消除恐惧法"，可参见他在 1985 年出版的《大脑操作手册》（*Using Your Brain For Change*）一书。这是一套治疗恐惧症相当有效的技巧，即使恐惧症已经维持很多年，如果能够纯熟运用这套技巧，恐惧症就可以在半小时至一小时内完全消失。本技巧除了用于消除恐惧，还可以应用在其他伤痛治疗和情绪治疗中，性别暴力受害者的创伤治疗也适用本方法。

## 一 理论背景

消除恐惧法原理：大脑储存一份经验必须有情绪的同时存在，所以每份经验都有其独特的情绪标记。人的思想、态度、行为、情绪乃至能力，都是大脑里神经元网络的储存和运作。

第一次经验出现时的情绪感觉，会在每次提取这份经验（回忆）时重现。当事人会在回忆中再次出现紧张、焦虑、恐惧、害怕等情绪，这些情绪或景象由视觉、听觉、感觉、嗅觉、触觉记录。这个画面和感觉（可以在意识层面里，也可以在潜意识层面里）使当事人的大脑制造出情绪网络，产生触景生情的效应。

当事人的大脑在一次经验中产生的负面情绪，可以在其他经验中化解，替换为正面情绪。消除恐惧法可以改变经验中的情绪效应，找出因事故产生的负面情绪，剥离它，对储存这份情绪的神经网进行修改。于是，当事人再次想起这件事情时，就不会引起负面情绪。

消除恐惧法快速而高效，是 NLP 最具盛名的技巧，不过咨询师需要注意：

（1）有这类恐惧的青少年学生受到的情绪困扰很大，往往不敢重提记忆，所以学生对咨询师的信任是这个技巧成功的重要因素之一；

（2）每一个步骤和其中的细则要清晰掌握；

（3）咨询师应保持以学生的状态为整个过程的主导，从精细和不断的观察中得到信息。

## 二　消除恐惧法的步骤

### 1. 掌握扼要的资料

（1）若当事人愿意说出来，可引导他简单说出引起恐惧或深层情绪的经验的总结性资料。包括：经验给他的一份怎样的感觉，对他是什么样的意义。这样做的目的，是找出有没有隐藏的事件需要另作处理。从中总结出简短的一段话，避免可引起该学生全部情绪感觉出现。如果当事人在说的过程中出现强烈痛苦和恐惧，应马上停止。

（2）若当事人不愿说出任何内容，应尊重他。类似强奸、性侵犯等涉及个人声誉的个案，受害者往往不愿说出内容。消除恐惧法，可以不用知道任何内容而达到治疗效果。

（3）引导当事人去找出该次引起恐惧的经验的开始画面和结束画面。开始画面是该次经验展开之前的一刻，应该是引起恐惧产生的过程之前一刻。结束画面是整个经验完全结束的一刻，应该是让当事人重新感到安全的一幕。这两个画面都应该是静止的，像照片般而没有活动进行。例如，一个遇溺的人，开始画面可以是离开家门的一刻、上船的一刻或者跳下水前的一刻；结束画面可以是遇救醒来的一刻、上救护车的一刻或者离开医院的一刻。

### 2. 帮助当事人设立一个支持力量的"经验掣"

当事人在回忆恐惧经验时往往很辛苦，咨询师预先在他身上设立一个支持力量的"经验掣",就可以避免这份辛苦。"经验掣"是一个心锚,相当于一个正面情绪按钮。比如在当事人处于潜意识放松状态时,在他手臂处用手强压一下,这个地方的神经就有了一个正面力量的记忆。可以引导当事人找出一次代表支持力量的经验,当他感到很安全、很受保护,或者内心有很大面对挑战的决心时,在他身上的一些适当位置"安装经验掣",比如手臂或者肩膀等。测试这个"经验掣",保证有效后,才正式开始消除恐惧法的步骤。

提示:

若咨询师忘记了预装支持力量的"经验掣",或者在消除恐惧法的过程中,与安装的"经验掣"效果不是很理想时,咨询师观察到当事人不能支持下去时,应帮助他打破状态,例如叫他站起来走动,做深呼吸,使他迅速脱离不好的状态。

咨询师也可以考虑,把支持力量预设在自己手臂上,让当事人任何时间需要这份力量时,握住你的手臂。

3. 解释恐惧的形成和能够容易消除的原因

这类恐惧是从一次经验中建立起来的,故亦可在另一次经验中消除。用轻松的口吻向当事人解释这一点,例如:"你有没有觉得很奇妙?每次想起这件事你都觉得害怕或者痛苦,既然你可以在一次经验中产生那些感觉,你也可以在另一个经验中消除它。现在就让我们制造消除恐惧的经验,好吗?"

4. 进入虚拟戏院(抽离)

在潜意识中,引导当事人想象进入一间电影院,在中排找到一个适当的座位,面对荧幕坐下,看到空白的荧幕。然后,引导者把开始画面改为黑白放在荧幕上。

5. 飞入戏院(双重抽离)

引导当事人想象,化身飞入座位后面墙上高高位置的播映室中。该同学从播映室的小玻璃窗中可以看到下面座位上的自己,同时意识到座位上的自己正在看着荧幕上的黑白照片,里面有另一个自己。注意小心提醒播映室中的同学,不是直接看到荧幕，而是看到座位上的自己，同时知道他正在看荧幕。否则，就没有双重抽离的效果了。

### 6. 播放黑白电影

提醒当事人，播映室很安全，小窗口有防弹玻璃；播映机由当事人自己控制，每一个按键都是可控的，可以调慢、调快、倒卷播放，可以播放黑白片，也可以播放彩色片，甚至暂停播影，让他尝试几个按钮的使用方法，你会看到受助者的手指在动，再让他确认手指是按哪个按钮；预置支持力量"经验掣"。

当事人预备好后，引导他按键开始播出整个经验的黑白电影。再提醒他去注意座位上的自己，同时意识到座位上的自己在观看那部黑白电影。播电影的时间长短由他自己决定，他可以按键控制，由他眼皮不断跳动可知正在播放中。

若当事人有不能控制的情绪出现，引导他把电影放慢、调暗、暂停，或者启动"经验掣"去取得支持力量。如果仍不能使受助者安定下来，应停止，帮助当事人打破状态，结束辅导，然后检查何处疏忽了。

当电影播放到末尾，即结束画面时，停下来，把这个画面停留在荧幕上。

### 7. 倒卷过程

引导当事人把结束画面的颜色从黑白转为彩色。然后把电影飞快倒放一次，这次倒放应该在数秒内完成。

这个部分需要咨询师细心观察，确保当事人是完全在带领下，清晰准确地做到每一点。

### 8. 重复快速倒卷

做完第一次倒卷后，引导当事人重复第7步，约5—7次。每次比上一次更快，直至可以在1—2秒内完全倒卷，从声调和身体语言上显示出自己有改变。

### 9. 打破状态，测试结果

若不足够，重复一次，并且检查什么地方没有做好。

### 三　咨询实例

有一位学生叫 Dave，曾经被一个身体强壮的男同学殴打，当时有几十人围观。Dave 被打的起因是，强壮的男生称呼他为"娘娘"，他不愿意被这样称呼，就骂了对方。这次殴打比较严重，他不仅仅是身体受伤，心理伤痛更重，压力很大，情绪压抑，无法面对生活，只要看到认识他的同学，就会紧张、焦虑、害怕，会躲躲闪闪，平时一个人独来独往，或者一个人关在家里不出来。

经过沟通，Dave 愿意把这个心理阴影消除。以下节选部分是帮助他疗愈的过程：

咨询师与 Dave 开始交谈：
"Dave，多谢你信任老师。你想让我帮你些什么？"
"我曾经多次被我的同学侮辱、殴打，每次见到同学我都抬不起头，很痛苦，想起当众被打的场面，心理就恐惧，所以我不愿意上学了，甚至不愿意见任何人。每次回忆起来，都特别恐惧、焦虑。"
"那次事件发生在什么时候？"
"发生在两年前了。"
"你准备好做这个治疗了吗？"
"准备好了，不过有一些紧张。"
"紧张是好的，证明你的潜意识很希望有效果。放心，我会帮助你的。"
"现在，你合上双眼。把注意力放在呼吸上面，注意每一下的吸气和呼气。吸气的时候深深的吸气，呼气的时候保持缓慢绵长的速度……对了，很多人这样做的时候都会慢慢放松。（确定第一个画面是背着书包从家里出来去学校的瞬间，中间过程是他被殴打，同学围观，最后一个画面是背着书包回家的路上。）

现在，你想象有一块防弹玻璃墙在我们的前面，你与我在玻璃墙的里面，你在这里会感到安全。

然后，你想象来到了一个很舒服的海滩，天空很蓝，沙滩软软的……海浪拍打岸边……一个浪，又一个浪，水声……感受一下双脚踏在沙滩的舒服感受，当你躺在沙滩上，温暖的太阳照射在身体上的感觉……每次当你来到这个海边时，你便会感受到舒服和安全。"

有时候当事人会因为进入过度负面的情绪而没法进行下去。如果出现这种情况，咨询师可以先引导当事人离开戏院，重返沙滩，使内心恢复平静。然后再决定下一步怎样做。

"你看见前边有一间屋，那间屋是一间电影院。你走到门前，打开门进入电影院，看见里面很宽敞。我想你选一个位置坐下，望着前面的荧幕。当你做到之后，请点一点头给我一个指示"。

现在，想象你的意识从身体里飘浮出来，一直飘浮进入后面上方的播映室。播映室前面有一块坚硬的防弹玻璃。我想你从防弹玻璃望下去，是否看见自己？

这个地方，咨询师给Dave加了支持他力量的"经验挚"，让他感到在播映室足够安全，来自宇宙的爱围绕着他，通过观察他的面部表情，可以发现他已经获得了这个力量支持，这将成为他接下来的资源。

Dave点头表示完成步骤。

"在防弹玻璃前面，有一个控制台，台上有几个按钮，可以调整荧幕的距离、大小、位置等。你现在通过这个控制台，把荧幕推远、缩小，放在令你最舒服的位置。完成后请你给点点头。"

咨询师要当事人做的，就是调整那次事件的次感元，视觉、听觉、感觉、触觉等，使他不会出现过度紧张的情况，这是治疗前的安全铺垫。

Dave点头表示完成步骤。

"你看见防弹玻璃后面有一部播映机。你重点看见上面有四个按钮键，其中可以快放、慢放、倒卷播放，试试这几个按钮键。中间一个按钮键是黑色的，当你按下这个键时，播映机便会向前播放黑白的片段。另外一个按钮键是红色的，当你按下这个键时，播映机便会用彩色倒卷播放。另外一个键是开始的画面，最后一个按钮键是结束的画面。是否可以看见这四个键？"

有时当事人会说，看不到黑色的按钮。这是由于他的潜意识抗拒重新回忆那次事件。咨询师需要保持灵活，例如可以发挥想象力，引导当事人想象这是一部声控的播映机，又或者当开始的时候，告诉当事人可以控制荧幕升起的高度，使他感到安全。在治疗的过程中，治疗师不单是要相信当事人的潜意识能力，更要相信自己潜意识的能力。

Dave 点头表示完成步骤。

"这个播映机同时是一部摄录机，它会把整个过程记录下来。现在，你身旁是一个储存了你过去发生一切的档案柜。我想你拣出储存了那次事件的影带，放入播影机内。

现在，用黑白按钮，播放事发前的画面。按黑色按钮键，由头到尾播映那次事件的过程，直至结束画面，然后停止。完成后请你给我一个指示。"

Dave 比较紧张、辛苦、艰难，最后点头，表示完成步骤。

"现在，按红色按钮键。把电影从尾到头快速倒放一次。在数秒内完成，直到返回开始画面。完成后请你给我一个指示。"

Dave 点头表示完成步骤。

"现在，让我们重复这个过程数次，一次比一次快。我想你这次回卷的时候，加入回卷走音的声音。把回卷的过程变得有趣。

预备，现在回卷！咻……（约4秒）

再来一次！咻……（约3秒）

再来一次！咻……（约2秒）

再来一次！咻……（约1秒）

再来一次！咻……（约1秒）"

这个过程的目的是要破坏伤痛及恐惧经验的结构。

"做得很好。我想问一问你，在那次事件之中，当时的你，就是两年前的他，需要什么资源，以至那次事件再不会成为一个问题？"

"他需要勇气。"

"需要勇气。好好。

现在，我想你回想过去一个你曾经充分体会勇气的经验（童年的一次摔倒又爬起来的正面经历）……完全投入这次经验里面，就好像发生在现在一样，充分感受这份勇气的感觉。当你感受到这份勇气的时候，大力吸一口气，把这份勇气加强三倍……对了，我想你把这份感觉化为一团光，送给那次事件中的 Dave，看看他有什么反应？"

"他起了身，从地上爬起来，被金光包围。"

"好。这盒影带记录了这个过程，我想你把它放回档案柜之中。

现在，飘浮到下面的身体，离开播映院，重回舒服温暖的海边，慢慢返回来，做三个呼吸，打开双眼，恢复清醒。"

"Dave，你今天早上吃了什么早餐？"

"唔……，牛奶。"

（打破状态）

"我想你现在回想那次事件，看看感觉上有什么分别。"

"感觉舒服了。"

"好。多谢你来体验。"

跟进：完成这次治疗的数个月后，Dave 开始新生活，可以抬头走路了，敢于面对同学了，很平静的样子。

**本次治疗技巧分析：**

很多人在一次负面经验中感受到的恐惧与伤痛，往往数十年之内挥之不去，原因是这些伤痛已经在他们的头脑内形成一个稳定的神经网络结构。回卷的过程就是要破坏这些结构，以及建立新的愉快的神经网络。要注意的是，要使新的神经网络结构稳定，必须加入良好的感觉。例如在以上例子中，引导当事人回想那次有勇气的、童年的正面经验，必须要肯定他真的能够重新感受那份勇气，确信能够得到这份勇气。

执笔：王文彬

**参考文献：**

李中莹：《简快身心积极疗法》，北京世界图书出版公司 2012 年版。

# 第九编　PPT 与海报设计

这一编我们有五个工具，四个是教学 PPT，一组海报设计。

这些工具可以直接使用，也可以根据自己的实际需求，经过修订后使用。

它们包括：

教学 PPT：认识与终止校园性别暴力（韩海萍）

教学 PPT：家庭暴力及其对孩子的伤害（石于乔）

教学 PPT：《地球上的星星》赏析（李春）

教学 PPT：如何应对校园性别暴力（梁先波）

校园反对性别暴力海报设计（方刚、黄伟、冯楠）